权威·前沿·原创

皮书系列为

“十二五”“十三五”国家重点图书出版规划项目

BLUE BOOK

智库成果出版与传播平台

证券公司蓝皮书

BLUE BOOK OF SECURITIES COMPANIES

中国证券公司竞争力研究报告（2021）

ANNUAL REPORT ON THE COMPETITIVENESS OF SECURITIES COMPANIES IN CHINA (2021)

鲁信发展研究院

山东省亚太资本市场研究院

主编　孙国茂

社会科学文献出版社

SOCIAL SCIENCES ACADEMIC PRESS (CHINA)

图书在版编目(CIP)数据

中国证券公司竞争力研究报告. 2021 / 孙国茂主编
. -- 北京：社会科学文献出版社，2021. 12
（证券公司蓝皮书）
ISBN 978 -7 -5201 -9486 -0

Ⅰ. ①中… Ⅱ. ①孙… Ⅲ. ①证券公司 - 竞争力 - 研究报告 - 中国 - 2021 Ⅳ. ①F832. 39

中国版本图书馆 CIP 数据核字（2021）第 250654 号

证券公司蓝皮书
中国证券公司竞争力研究报告（2021）

主　　编 / 孙国茂

出 版 人 / 王利民
责任编辑 / 高　雁　贾立平
责任印制 / 王京美

出　　版 / 社会科学文献出版社 · 经济与管理分社（010）59367226
地址：北京市北三环中路甲 29 号院华龙大厦　邮编：100029
网址：www. ssap. com. cn
发　　行 / 市场营销中心（010）59367081　59367083
印　　装 / 三河市东方印刷有限公司

规　　格 / 开 本：787mm × 1092mm　1/16
印 张：22. 75　字 数：339 千字
版　　次 / 2021 年 12 月第 1 版　2021 年 12 月第 1 次印刷
书　　号 / ISBN 978 -7 -5201 -9486 -0
定　　价 / 188. 00 元

《中国证券公司竞争力研究报告（2021）》
编　委　会

机构介绍

山东省亚太资本市场研究院是一家致力于金融与资本市场研究的智库机构，拥有一支30多人的专业研究团队，主要从事政策研究、行业咨询、企业孵化、管理培训、市值管理、会议论坛、编辑出版和数据挖掘等业务，为政府提供决策咨询和研究服务，为企业提供实用、专业、权威和有价值的财富管理资讯服务，孵化和培育具有增长潜力的中小企业进入资本市场并提供市值管理和资本运营服务，为政府相关部门、大学及研究机构提供具有战略价值的产业发展、区域规划、数字经济、双碳经济、绿色金融等专项研究解决方案。

研究成果

山东省亚太资本市场研究院连续多年编写《山东上市公司经营绩效及市值管理研究报告》《山东省金融科技与数字经济发展报告》等5本年度研究报告。其中，《中国证券公司竞争力研究报告》《山东省普惠金融发展报告》《山东省民营及中小企业发展报告》3本年度报告被列入中国社会科学院蓝皮书系列。每年编写《山东省中小企业年鉴》，发布《山东省上市公司白皮书》《山东省区块链产业发展白皮书》等研究报告。

会议论坛

中国公司金融论坛自2012年创办以来已连续举办9届，每年根据国家宏观经济政策和国内外广受关注的金融经济热点问题确定论坛主旨。参加论坛的人员有政府部门和金融监管部门工作人员，金融、类金融和财富管理等机构的高管人员、金融从业人员，大学及研究院（所）的研究人员，以及海内外关注中国经济改革和金融改革的专家、学者。

专家团队

山东省亚太资本市场研究院特约李扬、夏斌、吴晓求、贾康、贺强、王忠民、刘尚希、韦森、胡汝银、巴曙松、姚洋、祁斌、王松奇、姚景源、张承惠、管涛、刘李胜、谭雅玲、徐洪才、马庆泉、马险峰、李迅雷、郭田勇、曾刚、王力、黄震、袁红英、张述存等近百名国内著名经济学家、金融学家和证券投资与研究专家，组成了在行业内享有盛誉的专家团队。

合作伙伴

山东省亚太资本市场研究院与中国社会科学院、北京大学、中国人民大学、中央财经大学、山东大学、山东社会科学院、青岛大学、济南大学、山东财经大学、山东工商学院、上海证券交易所、中国金融四十人论坛、中国上市公司市值管理研究中心、齐鲁股权交易中心、山东省小额贷款企业协会、山东省普惠金融研究院等近百家大学、研究机构、金融机构以及人民网、新华网、光明网、中国网、中国经济网、央视网、央广网、国际在线、中国社会科学网、山东电视台、山东广播经济频道、齐鲁网、《中国证券报》、《上海证券报》、《证券时报》、《金融时报》、《证券日报》和《经济日报》等近百家中央、地方专业媒体建立了良好的合作关系。

主编简介

孙国茂 山东省泰山产业领军人才，山东省金融高端人才，山东省人大常委会财经专家顾问，山东省政府研究室特邀研究员，青岛大学经济学院特聘教授、博士生导师，山东工商学院金融学院特聘教授、金融服务转型升级协同创新中心首席专家。先后担任济南大学公司金融研究中心主任、济南大学金融研究院院长、山东省资本市场创新发展协同创新中心主任、济南大学商学院教授等职。主要研究领域为公司金融、资本市场和制度经济学。出版《中国证券市场宏观审慎监管研究》《普惠金融组织与普惠金融发展研究》《制度、模式与中国投资银行发展》《公司价值与股票定价研究》等专著10部；在《管理世界》《中国工业经济》《经济学动态》等学术期刊以及《人民日报》《经济参考报》《中国证券报》等报纸上发表论文近200篇，其中40多篇被《新华文摘》和人大复印报刊资料转载；连续10年主编《中国证券公司竞争力研究报告》，连续8年主编《山东省上市公司经营绩效及市值管理研究报告》《山东省区块链与金融科技发展报告》。主持国家社科基金项目、省部级重大研究课题以及横向研究课题10多项，获得山东省社会科学一等奖、二等奖等奖项多次。作为省政府特邀研究员和金融专家，参加山东省“十二五”“十三五”“十四五”规划的编写和讨论。每年为省委、省政府撰写专题报告，获得包括省委、省政府主要领导在内的领导批示10余项。

摘　要

2020年是中国资本市场建立30周年，也是资本市场推进全面深化改革的第一年。面对年初新冠肺炎疫情冲击，证券市场监管部门贯彻党中央、国务院决策部署，以“打造一个规范、透明、开放、有活力、有韧性的资本市场”为目标，统筹推进防控疫情、深化改革、防范风险和支持经济社会发展各项工作，全年资本市场保持了稳健发展势头。新修订的《证券法》2020年3月正式施行，在全面推行证券发行注册制、大幅提高证券违法违规成本、加大投资者保护力度等方面实现重大突破，《刑法修正案（十一）》获得审议通过，期货法立法取得重大进展。新三板首批精选层企业挂牌，创业板注册制改革落地，转板规则出台，发行上市、信息披露、再融资等一系列基础性制度得到进一步完善和优化。在“建制度、不干预”的同时，监管部门针对违法违规行为采取零容忍态度，从严查处一批要案，债券、私募基金等领域风险总体得到收敛，市场生态更加完善。综观2020年，资本市场服务实体能力进一步增强，在提高上市公司质量、强化市场化资源配置、丰富居民财富配置渠道、加强金融体系抗风险能力等方面发挥了重要作用。

证券公司既是资本市场的重要组成部分，也是资本市场的重要服务机构。2020年证券行业积极发挥投资银行中介功能，在服务实体经济的同时，服务居民财富管理能力进一步提升，行业财富管理转型初见成效。从全行业看，证券公司经营情况普遍向好，资产规模稳步提升。行业风控指标优于监管标准，合规风控水平健康稳定。2020年中国资本市场加大对外开放力度，在证券行业规范发展的同时，进一步放开期货、基金和证券公司的外资股比限制，这无疑将导致证券行业竞争愈加激烈。因此，运用科学方法，评价一定周期内的证券公司竞争力显得尤为必要。本书秉承及时有效、科学严谨、客观权威的理念，对2020年证券公司竞争力、系统重要性以及行业数字化转型进行了评估，对研究证券行业的专家学者、从事证券行业的高级管理人员以及关注中国资本市场发展的高校学生及社会公众具有重要的参考价值。

本书分为总报告、评价篇、专题篇和附录4个部分。

总报告首先介绍了一级市场、二级市场发展情况，对其中的IPO、再融资、债券、基金市场进行了总结。其次，对新三板、科创板和并购重组市场情况做了介绍，并进行分析和研判。最后，总结了证券公司发展状况。

评价篇充分利用证券公司各种公开数据，通过构建评价体系对证券公司竞争力进行评比和排名。首先，介绍了证券公司2020年发展情况，并列出多项指标数据；其次，在借鉴以往经验的基础上，创新运用基于宏观审慎和微观审慎的风险控制能力指标，评价各个证券公司竞争力情况；最后，对系统重要性证券公司以及证券公司数字化转型进行排名，这是本书的核心研究成果。

专题篇对上市证券公司、上市银行、保险行业进行对比，并对证券公司的并购、治理和监管体制等进行了全面分析。

附录部分以“大事记”的方式对2020年我国证券市场发生的事件进行梳理。

关键词： 证券公司竞争力　系统重要性　数字化转型

中国证券市场的产生、发展与回顾

（代序）

贺　强*

2020 年是中国证券市场成立 30 周年。30 年来，中国证券市场从最初只有几家上市公司的改革试验，发展到今天成为拥有 4000 多家上市公司、近百万亿元市值的全球第二大市场。无论是从市场规模上看，还是从制度体系建设上看，中国证券市场取得的成就都举世瞩目。作为中国证券市场的见证者和参与者，我一直有个心愿，即对中国证券市场的发展做一些总结、回顾和反思，给我的学生、证券市场以及其他所有关心证券市场的人留下一点有价值的东西。因此，从 2019 年开始，我和我的团队就开始编写两卷本的《资本市场口述史》，这篇作为序言的文章也是在这个过程中形成的。

一

改革开放后，为了解决企业融资问题，国家采用试点的方式，在极少数地区允许国有企业探索发行股票进行融资。这意味着，我国开始重新恢复证券市场。事实上，我国证券市场与绝大多数国家证券市场发展的历史逻辑完全一致，都是沿着先发行、后交易，先场外、后场内的过程不断演进。

---

* 贺强，第十一届、十二届、十三届全国政协委员，政协第十三届全国委员会经济委员会委员，中央财经大学金融学院教授、博士生导师，证券期货研究所所长。

1983 年，哈尔滨松江木器厂向社会公开发行 3000 万股股票，同年，深圳宝安公司也发行了股票。1984 年，北京天桥、上海小飞乐公开发行股票，上海小飞乐股票在中国工商银行上海分行静安服务社进行柜台交易。1987 年 9 月，新中国第一家专业性证券公司——深圳经济特区证券公司正式成立。深圳经济特区证券公司完成的第一单承销业务是深圳发展银行股票发行。在当时的社会环境下，股票作为新生事物无法让普通百姓理解和认同，深圳发展银行股票公开发行并不顺利。最后是在政府号召下，党员干部带头认购才完成首次公开发行。1988 年 4 月，深圳经济特区证券公司开始受理深圳发展银行的股票转让业务。与此同时，成都和鞍山等地的“一级半市场”也开始逐渐兴盛起来。

1990 年对中国证券市场来讲是一个非常重要的历史节点，它在我国改革开放史上也具有里程碑意义。这一年的 12 月 19 日，经国务院批准，上海证券交易所正式开业。当时社会上广泛流传着一句经典媒体语言：“黄浦江畔一声锣响，标志着中国证券市场正式诞生了。”随后，1991 年 7 月 3 日，深圳证券交易所正式开业。两家证券交易所先后开业，标志着我国改革开放后的证券市场重新建立起来。此后，以两家证券交易所为代表的证券市场几经变革，快速发展。在早期，我国证券交易所场内市场叫作个人流通股市场。按照当时的政策和法律，国有股不能流通，只有上市公司向社会公开发行、由社会上个人购买的股票才能流通交易，这就是早期所谓个人流通股市场的由来。

以证券交易所为代表的证券市场迅猛发展，首先催生了国内一大批证券公司。1992 年 9 月 22 日，经中国人民银行批准，华夏证券、国泰证券和南方证券三家大型全国性证券公司正式成立。以中国工商银行为背景的华夏证券总部设在北京；以中国建设银行为背景的国泰证券总部设在上海；以中国农业银行为背景的南方证券总部设在深圳。“国家级”三大证券公司成立后，各地纷纷成立证券公司，短短几年内，我国证券公司数量已经达到 100 多家。同时，交易所的诞生也促进了我国证券市场的场外交易不断发展壮大。全国形成了以两家证券交易所为龙头，以 NET 与 STAQ 两个全国性的法人股市场为两翼，以29家地区性证券交易中心为基础的多层次证券市场。1997年，东南亚金融危机爆发后，为了防范金融风险，我国金融监管部门出台了一系列与证券市场有关的文件，明确规定：证券只能在证券交易所交易，在证券交易所以外的交易均属违法。当时，监管部门准备把证券场外市场全部关闭，但是在市场中产生了一些问题。为此，我邀请中央财经大学的刘桓教授，对当时NET市场存在的问题进行了广泛的调研，写出一份两万多字的调研报告，报送给朱镕基总理。朱镕基总理在调研报告上做出批示，责成中国证监会处理和解决问题。后来，监管部门把NET市场的南海发展与STAQ市场的海南航空转到证券交易所上市，其他的交易送到上海证券交易所的柜台上进行交易，这就是最早的三板市场的产生。

2010年与2011年我连续两年向国务院办公厅与中国证监会递交了关于建立全国性证券场外市场、进一步解决中小企业融资难问题的政协委员提案。2012年9月，国务院终于发布了关于建立全国中小企业股份转让公司与转让系统的红头文件，新三板市场正式建立起来了。

二

我国证券市场自诞生以来，监管体系经历了由分散监管、多头监管到集中统一监管三个发展阶段。

分散监管阶段（1981年至1992年4月）。从1981年到1985年，我国证券市场以国债发行为主，股票和企业债券发行很少。1986年以后，以柜台形式存在的股票交易市场开始起步，国债二级市场也逐步形成，特别是1990年以来上海证券交易所、深圳证券交易所两家证券交易所相继成立，股票交易开始有了集中的场内场所，市场规模有一定的扩大，但此时的交易市场还是地方性市场试点。在这个时期，对证券市场的监管是分散的、不成体系的。主要表现为几个特征。一是形成了以中国人民银行为主、多部门介入的监管格局。根据1986年1月颁布的《银行管理暂行条例》，中国人民银行为证券市场的主管机关，负责金融债券、企业债券等证券的发行管理，审批股票公开发行，管理证券交易市场。财政部负责国债的发行，并参与国债交易市场的管理。国家计委自1988年逐步介入证券市场的计划管理，会同中国人民银行制定国内证券发行计划。1990年后，国家体改委介入股份制试点企业的审批管理。1991年，由中国人民银行牵头，包括国家计委、国家体改委、财政部、国资局、国家经贸委、国家工商行政管理局、国家外管局在内的8个部门组成了股票市场办公室会议制度，对证券市场进行监管。二是地方政府在证券市场监管中扮演着重要的角色。尽管中国人民银行是法定的证券市场主管机关，但由于其监管职责不够明确，加上当时上海、深圳股票市场仍是地方性市场，在实际运作中，证券市场监管主要由上海、深圳地方政府和中国人民银行当地分行进行，地方政府充当了重要的管理者角色。三是证券交易所的自律监管发挥了重要作用。由于当时缺乏明确的监管主体，上交所、深交所在实践中承担了重要的监管职责。证券交易所实施的涨跌停板制度、全面开放股价限制等措施，对当时的股市走势产生了重要的影响。

多头监管阶段（1992年5月至1997年末）。1992年5月，中国人民银行成立证券管理办公室；同年7月，国务院建立证券管理办公会议制度，对证券市场行使日常管理职能；同年8月10日，深圳发生了抢购股票认购证的“8·10事件”，表明了我国需要设立专门的监管机构对证券市场实行集中统一监管。为此，国务院总结了地方性证券市场试点的经验教训，1992年10月26日，决定成立专门的国家证券监管机构——国务院证券管理委员会。作为国务院证券管理委员会的执行机构，中国证券监督管理委员会也于同日成立，行使对证券市场的日常监管职能。国务院证券委和中国证监会的成立，标志着中国证券市场的管理重心从地方政府转移到中央政府。同年12月，国务院发布《关于进一步加强证券市场宏观管理的通知》，确立了中央政府对证券市场统一管理的体制，明确国务院证券委是国家对全国证券市场进行统一宏观管理的主管机构，中国证监会是国务院证券委的监管执行机构，并将公开发行股票的试点由上海、深圳等地推广到全国。同时，国务院赋予中央有关部门部分证券监管的职责。此外，地方政府在证券管理中仍发挥着重要作用，从而形成了国务院各部门和地方政府共同参与管理的体制。

集中统一监管阶段（1998 年初至今）。随着我国证券市场的迅速发展，为加强证券市场的规范化建设，防范和化解市场风险，1997 年 8 月，国务院决定将上交所、深交所统一划归中国证监会管理。同年 11 月，全国金融工作会议召开，党中央、国务院决定对银行业、证券业、保险业进行分业管理，决定“建立全国统一的证券期货监管体系，理顺中央和地方监管部门的关系”，由“证监会统一负责对全国证券、期货业的监管”。1998 年 4 月，国务院决定撤销证券管理委员会，将其全部职能和中国人民银行履行的对证券经营机构的监管职能划入中国证监会。同时，对地方证券监管体制进行改革，在全国中心城市设立 9 个证券监管办公室和 2 个直属于中国证监会的办事处（北京、重庆），在 25 个省、自治区、计划单列市设立证券监管特派员办事处。至此，中国证监会成为全国证券市场的统一监管部门。1998 年 12 月，《中华人民共和国证券法》通过，进一步明确了国务院证券监督管理机构（中国证监会）对市场进行集中统一监管的职责。1999 年 7 月 1 日，中国证监会 36 个派出机构统一挂牌，从此建立了集中统一的证券监管体系。

三

中国证券市场监管体制包括两个方面，一是监管部门对证券机构的监管；二是行业自律组织的自我监管。除交易所一线监管机构以外，还成立了中国证券业协会、中国期货业协会、中国证券投资基金业协会、上市公司协会四个自律性组织。中国证券业协会成立于 1991 年 8 月，是中国证券市场最早的自律性组织，自律性组织是依法注册的非营利性社会团体法人。协会采取会员制的组织形式，会员单位主要是全国证券公司。协会在国家对证券业实行集中统一监管前提下进行自律管理，发挥政府与行业间的桥梁和纽带作用。从行业角度看，中国证券业协会自成立以来也经历了四个发展阶段。

创立发展阶段（1991 年 8 月至 1999 年 6 月）。这一阶段主要是发挥桥梁和纽带作用。中国证券业协会筹建工作会议于 1991 年 8 月 4 日在北京召开，商讨证券业协会成立的相关事宜。1991 年 8 月 28 日，经中国人民银行批准，中国证券业协会正式成立。至此，中国证券业有了全国性的行业自律性组织。同年，第一次会员大会召开并制定了《中国证券业协会章程》，其中明确了中国证券业协会的宗旨：根据发展社会主义有计划商品经济与市场调节相结合的要求，贯彻执行国家有关方针、政策和法规，发挥政府与证券经营机构之间的桥梁和纽带作用，促进证券业的开拓发展，加强证券业的自律管理，维护会员的合法权益，建立和完善具有中国特色的证券市场体系。初期创立阶段，虽然证券业协会的定位是自律性组织，但其自律管理的作用尚未体现，而是发挥政府与证券经营机构之间的桥梁和纽带作用。这种状况一直持续到 1999 年《中华人民共和国证券法》的施行。在《证券法》颁布前，中国证券业协会没有明确的法律地位和必要的管理权力，其工作主要集中在宣传普及证券知识和组织相关活动，没有明确的自律管理的目标和具体的自律管理模式，并不像其章程第一条规定的那样，发挥"全国证券业行业自律性组织"的作用，其职能更多地体现为"传导"与"服务"，而不是"自律"。

快速发展阶段（1999 年 7 月至 2006 年末）。这一阶段主要是搭建自律管理框架，担负自律管理职能。1999 年颁布实施的《证券法》第八条规定"在国家对证券发行、交易活动实行集中统一监督管理的前提下，依法设立证券业协会，实行自律性管理"；第一百六十二条规定"证券业协会是证券业的自律性组织，是社会团体法人"。这是国家首次以立法的形式明确证券业协会的性质和法律地位。在《证券法》的法律框架下，协会的自律管理功能有了实质性进展。同年 12 月，协会召开第二次会员大会，并根据《证券法》修订了《中国证券业协会章程》，改变了有关协会宗旨的表述，修订后的章程第二条规定"在国家对证券业实行集中统一监督管理的前提下，进行证券业自律管理；发挥政府与证券行业间的桥梁和纽带作用；为会员服务，维护会员的合法权益；维持证券业的正当竞争秩序，促进证券市场的公开、公平、公正，推动证券市场的健康稳定发展"。可以看出，协会开始由发挥桥梁和纽带作用向自律性管理职能偏移。2002 年 7 月，中国证券业协会召开第三次会员大会，依据《证券法》进行了改组，完善了组织机构体系并进一步修订了自律规则，将协会职能定义为“自律、传导、服务”，初步搭建起行业自律监管框架。与此同时，监管部门也开始放松对证券市场的严格管制，把通过市场和自律能够解决的问题，交给市场和协会来解决。2004 年 1 月，国务院发布《关于推进资本市场改革开放和稳定发展的若干意见》（即“国九条”），为加快证券市场改革发展奠定了基础，证券业协会按照“国九条”精神，完善协会的自律监管职能。这一阶段证券市场发生的最大事情就是始于 2004 年的证券公司综合治理。2005 年 7 月，国务院办公厅转发中国证监会《证券公司综合治理工作方案》，明确提出综合治理的原则、目标并对综合治理工作做出具体部署。经过为期三年的证券公司综合治理，全国共有 31 家高风险证券公司得到处置，27 家证券公司进行了重组。中国证券业协会通过创新试点类证券公司评审，遴选出了大量优质证券公司，在引领行业创新和规范发展中发挥了关键作用。

稳步发展阶段（2007 年 1 月至 2011 年 5 月）。这一阶段主要是加强自律管理，推动证券行业稳步健康发展。2007 年 1 月，中国证券业协会召开了第四次会员大会，确定未来五年的工作主线，即加强会员单位自律管理、从业人员自律管理和代办股份转让系统自律管理，进一步完善和加强行业自律管理和服务的基础性制度建设。会议审议通过了《中国证券业协会会员管理办法》，对协会会员和从业人员的管理做出相关规定，加强会员的自律性管理。2010 年 12 月，中国证券业协会发布《证券公司信息隔离墙制度指引》，指导证券公司建立健全信息隔离墙制度，完善基础性制度。2011 年 3 月，中国证券业协会召开第四届理事会第五次会议。会议提出，我国行业自律管理体系基本形成，会员单位的自我约束能力明显增强。在这一发展阶段，中国证券业协会更加有效地履行“自律、服务、传导”职责，不断完善自律管理体系和制度体系，推动证券业稳步发展。

创新驱动券商高质量发展阶段（2011 年 6 月至今）。这一阶段主要是深化自律监管，推动行业创新发展。随着我国证券市场的飞跃式发展，证券公司等机构快速发展壮大，我国证券行业的发展面临瓶颈，未来业务发展亟待创新。对证券行业发展起着举足轻重作用的证券业协会开启了创新发展的大门，在深化自律管理的同时，创新服务方式，提高服务品质，推动行业创新。2011 年 6 月，中国证券业协会召开第五次会员大会。会议提出，证券业协会要着重提高自律规则的执行效力，加大自律管理力度，实现协会“归位尽责”，把握证券业发展机遇，推动行业创新发展。2012 年 10 月，《国务院关于第六批取消和调整行政审批项目的决定》规定，保荐代表人的注册和变更执业机构登记由中国证券业协会进行自律管理。中国证券业协会能够充分发挥行业组织在人员资格管理和行为监管方面的自律功能，将保荐代表人纳入证券从业人员管理体系统一进行管理，推动市场诚信建设和各方“归位尽责”。2014 年 5 月，国务院出台了《关于进一步促进资本市场健康发展的若干意见》（即“新国九条”）后，中国证券业协会按照“新国九条”的要求，进一步推动证券公司实现差异化、专业化、特色化发展，推进各证券经营机构自主创新。当月，中国证监会发布了《关于进一步推进证券经营机构创新发展的意见》，要求证券公司必须坚持服务实体经济，紧紧围绕实体经济的现实需求推进业务和产品创新，支持中小微企业发展，提升证券经营机构服务实体经济的能力和水平。2015 年 3 月，中国证券业协会修订发布了《证券公司信息隔离墙制度指引》，进一步优化证券公司信息隔离墙制度体系，为经营机构的创新发展提供保障。在创新发展阶段，证券业协会在政策方针的指导下，不断创新工作理念和思路，提高服务质量，健全体制与机制，加强自身建设，为行业创新发展提供了必要的保障。2019 年 8 月，中国证监会出台《建设证券基金行业文化、防范道德风险工作纲要》，中国证券业协会发出《证券行业文化建设倡议书》，要求证券行业全体经营机构和从业人员，树立“忠、专、实”的文化底蕴和合规、诚信、专业、稳健的文化理念，打造规范、透明、开放、有活力、有韧性的资本市场，实现证券行业高质量发展。

四

回顾我国证券市场30年发展历程，雄辩的事实充分说明，没有党中央、国务院的一系列重大决策，就不可能有证券市场的今天，也不可能有证券市场所取得的辉煌成就。正是党的“十四大”首次确立了我国社会主义市场经济体制，才有了证券市场存在的合法性。事实上，中国证监会和国家级三大证券公司的成立都是发生在“十四大”召开之际。党的十四届三中全会通过的《关于建立社会主义市场经济体制若干问题的决定》提出“规范股票的发行和上市，并逐步扩大规模”，又给中国证券市场快速发展创造了条件。党的十四届三中全会提出建立现代企业制度，意味着我国大量国有企业将通过证券市场大规模募集资金，为证券公司发展提供了历史性重大机遇。习近平总书记曾经说过：“无论我们走得多远，都不能忘记来时的路。”作为证券市场30年发展的见证者和亲历者，我对此感悟至深。

其实，对证券市场的回顾在很大程度上就是对证券公司发展的回顾。作为证券市场最重要的市场主体，证券公司对证券市场的发展至关重要。正因如此，我始终关注着孙国茂教授主编的《中国证券公司竞争力研究报告》。据我所知，这是目前国内唯一关于证券公司的年度研究报告，也是中国社会科学院蓝皮书系列中专业水平和学术水平极高的一本。孙国茂教授和他的团队已连续10年编写这本研究报告，其间他曾经多次找过我，与我讨论报告编写中的各种问题。有时，孙国茂教授也会因为报告结构和内容的调整征求我的意见。两年前他们决定，在报告中增加证券公司系统重要性评价，2021年他们又增加了证券公司数字化转型评价。我认为《中国证券公司竞争力研究报告》不仅具有很高的学术价值和应用价值，而且报告的内容也与时俱进。

记得10年前，《中国证券公司竞争力研究报告》首次出版发行（当时报告的名字是《中国投资银行竞争力研究报告》，中国金融出版社出版）时，我参加了在北京金融街丽思卡尔顿酒店举办的新书发布会。那天中国证监会原主席周道炯、天相投资的林义相等业界元老和来自高校和研究机构的近百人参加了新书发布会。周主席拿着报告看得很仔细，他对国茂说，证券市场缺这样的报告，更缺你这样的人，你要一直搞下去啊！如今10年过去，10年坚持做一件事并不容易，要知道编写这样一本30万字的专业研究报告本身就是一件大不易的事情。孙国茂教授是在证券市场从业20年后才进入高校，从事与证券市场相关的学术研究，近年来取得了一系列研究成果，他的成果先后两次获得山东省社会科学优秀成果一等奖。他的研究成果除了出版和发表以外，每年还向政府和监管部门报送，并获得各级领导批示。从这个意义上讲，孙国茂教授和我，和我熟悉的很多为证券市场口述史提供宝贵资料的朋友们一样，都是对中国证券市场怀有特殊感情的“老兵”。我期待孙国茂教授不管遇到什么困难都要想办法克服，能将业内仅有的这本研究报告一直编写下去。其实，这也是参与中国证券市场建设的一种方式，同样功不可没。

目 录

Ⅰ 总报告

Ⅱ 评价篇

Ⅲ 专题篇

Ⅳ 附录

皮书数据库阅读使用指南

总 报 告

General Report

B.1

中国证券行业发展报告（2021）

孙国茂　李宗超*

摘　要：2020年初，面对新冠肺炎疫情冲击，党中央、国务院统筹推进疫情防控、复工复产、支持实体经济发展等各项工作，全年资本市场保持稳健发展。资本市场迎来全面深化改革第一年，制度更加健全，新《证券法》正式实施，注册制扩至创业板，IPO、交易、监管、投资者保护、中介机构责任等制度领域均迎来创新。资本市场支持实体经济发展效果明显，其中IPO融资创下近10年新高，在支持新兴科创企业发展方面更为突出，再融资规模出现复苏迹象。债券市场发行规模创历史新高，存量规模首次突破百万亿元。基金市场持续高光，首发规模创历史新高，全年爆款基金频出，公募REITs正

* 孙国茂，青岛大学经济学院特聘教授、博士生导师，山东省亚太资本市场研究院院长，研究领域为公司金融、资本市场、制度经济学；李宗超，山东省亚太资本市场研究院高级研究员，研究领域为证券投资、商业银行。

式起步等行业亮点频现。新三板改革全面推进，精选层成功开市，股票成交额迎来增长，扭转了自2017年以来持续下降的局面，年末转板上市细则公开征求意见，未来转板上市将更加通畅。科创板市场创新制度运行良好，全年市场增容显著，科研投入比例明显高于其他板块，科研成果转化亮点闪现。并购市场活跃度降低，但随着鼓励并购政策的出台，未来服务实体经济功能将再次发挥。作为资本市场重要机构的证券公司，全年经营业绩保持增长，外资证券公司加大布局内地市场力度，竞争加剧使得行业头部效应明显，加快数字化转型成为证券公司差异化竞争的突破口。

关键词：　证券市场　证券公司　基金市场　债券市场

2020 年，面对新冠肺炎疫情全球流行和复杂国际形势带来的严峻挑战，中国证监会认真贯彻党中央、国务院决策部署，坚持“建制度、不干预、零容忍”新发展理念，统筹推进防控疫情、深化改革、防范风险和支持经济社会发展各项工作，资本市场保持了稳健发展势头。2020 年是资本市场推进全面深化改革的第一年，IPO、交易、监管、投资者保护、中介机构责任等制度领域均迎来创新，资本市场基础性制度建设全面加强。同时也要认识到，我国资本市场在市场结构、融资结构、投资者结构、产品结构等方面，还存在不健全、不平衡的问题。2020 年 5 月党中央提出构建国内、国际“双循环”新发展格局，这为资本市场功能的发挥提供了重大战略机遇，同时也对资本市场改革提出了更高的要求。只有切实完善资本市场枢纽功能，才能更好地服务于“双循环”新发展格局。

“建制度、不干预、零容忍”的新发展理念贯穿全年。2020 年春节后，突袭而至的新冠肺炎疫情使整个市场笼罩着恐慌情绪。监管部门坚决维护市场规则，尊重市场规律，正常开市并使市场常态化运行，缓解了市场压力、稳定了投资者预期。面对新冠肺炎疫情和市场现实，监管部门推出一些特殊时期特别安排，强化 IPO、再融资功能，有力地支撑了实体经济恢复发展。新三板首批精选层企业挂牌，创业板注册制改革落地，转板规则出炉，发行、上市、信息披露、交易、退市、科创板再融资等一系列基础性制度得到统筹完善，市场基础制度逐步优化。年末公募基金资产管理规模创历史新高，公募基金成为支持实体经济增长的长期重要资金来源。推进资本市场对外开放，放开对期货、基金和证券公司的外资股比限制，《合格境外机构投资者和人民币合格境外机构投资者境内证券期货投资管理办法》正式实施。更加重视法治建设，从严查处一批要案，市场生态更加完善。建立科技监管架构体系，监管效能进一步提升。防范化解股票质押等重大金融市场风险，债券、私募基金等领域风险总体得到收敛。① 综观 2020 年，资本市场服务实体经济能力进一步增强，在提高上市公司质量、完善公司治理、优化市场化资源配置、丰富居民财富配置渠道、加强金融体系抗风险能力等方面发挥了重要作用。

2020 年是我国资本市场的而立之年。经过 30 年的发展，我国资本市场从无到有、从小到大，取得了举世瞩目的辉煌成就。截至 2020 年末，我国上市公司数量达到 4145 家，总市值达到 84.49 万亿元；股票和债券市值规模均居世界第二位，对外开放程度更高，国际影响力与日俱增。在高端金融领域，不少欧美发达国家金融投资商和投资银行持续扩大在华业务，展现出我国资本市场的影响力。当下，我国进入经济转型升级、迈向高质量发展的新时期，这就要求我国多层次资本市场提高直接融资比重、改善融资结构、更加有效地服务实体经济等，这也对我国资本市场的新发展提出了更高的要求。

---

① 《中国证监会召开 2021 年系统工作会议》，2021 年 1 月 28 日，http：//www.csrc.gov.cn/pub/newsite/zjhxwfb/xwdd/202101/t20210128_391517.html。

一　证券市场运行情况

（一）证券一级市场

1. 注册制下 IPO 加速推进

2019 年 12 月，修订后的《中华人民共和国证券法》（以下称新《证券法》）经第十三届全国人大常委会第十五次会议审议通过，新《证券法》进一步完善了证券市场基础性制度，为证券市场深化改革提供了法制保障。2020 年 4 月，中国证监会就《创业板上市公司持续监管办法（试行)》《创业板上市公司证券发行注册管理办法（试行)》《创业板首次公开发行股票注册管理办法（试行)》《证券发行上市保荐业务管理办法》修订草案向社会公开征求意见。同年 6 月，深圳证券交易所创业板证券发行注册制度正式实施。随着注册制的推广和深化，越来越多企业的融资需求得到满足，金融对实体经济的支持力度进一步增强。尽管 2020 年上半年受新冠肺炎疫情影响，中国证监会仍坚持 IPO 常态化运行，在注册制推动下，2020 年 IPO 数量显著增加，有力地支持了实体经济的发展。

2020 年沪深两市 IPO 数量达 396 家，同比增长 95.07%，在近 10 年中数量仅次于 2017 年（见图 1）。2021 年 4 月，深圳证券交易所中小板上市公司的证券类别变更为“主板 A 股”，根据证券市场板块这一最新分类标准，2020 年科创板 IPO 数量达 145 家，占全年 IPO 总量的 36.62%，成为全年上市主力。其次是主板，上市 144 家，占比 36.36%。最后是创业板上市 107 家，占比 27.02%。随着注册制的持续推进，政策鼓励新兴科创企业发展，在资本市场进行直接融资吸引了更多科创型中小企业的加入，科创板 IPO 数量由此快速增长。

在IPO 数量出现大幅增长的同时，2020 年 IPO 融资额也创下自 2011 年以来首发融资规模的新高。全年 IPO 融资额共计 4699.63 亿元，同比增长 85.57%（见图 2）；平均融资额 11.87 亿元/家，比 2019 年减少 0.61

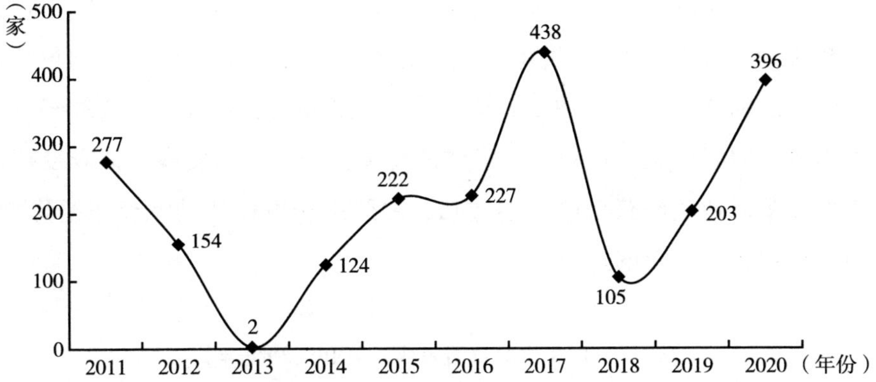

图 1　沪深两市 IPO 数量统计（2011～2020 年）

资料来源：Wind、山东省亚太资本市场研究院。

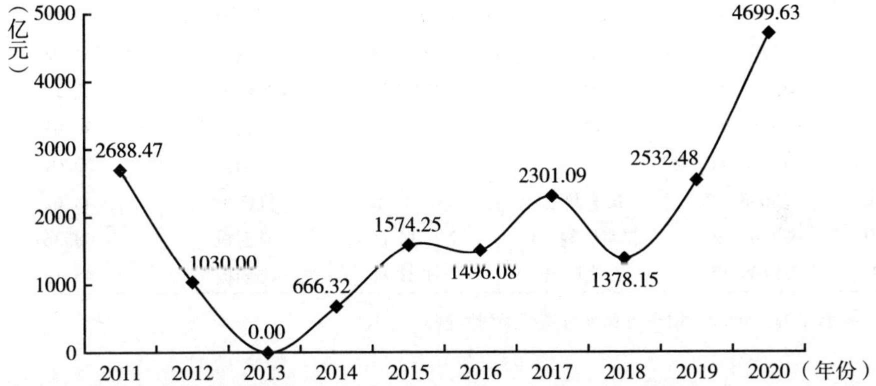

图 2　沪深两市 IPO 融资额统计（2011～2020 年）

资料来源：Wind、山东省亚太资本市场研究院。

亿元/家。融资总额的增长主要得益于注册制的实施有力地推进了科创板和创业板的上市速度。从主板、创业板和科创板 3 大板块来看，科创板 IPO 融资额合计 2226. 22 亿元，占比 47. 37%；主板市场 IPO 融资额合计 1580. 47 亿元，占 IPO 融资总额的 33. 63%；创业板 IPO 融资额为 892. 95 亿元，占比 19. 00%。在政策鼓励和注册制推动下，科创板 IPO 融资额发展迅速，几乎占了 2020 年 IPO 融资额的一半。从 IPO 融资额排名前十的个股来看，科创板占据 7 家，其中中芯国际（688981. SH）融资额为 532. 30 亿元，居沪深两市 2020 年 IPO 融资额之首（见表 1），科创板已成为最受欢迎的 A 股上市板块。整体来看，虽然新冠肺炎疫情对全球经济产生了影响，但我国迅速控制住了疫情的蔓延，经济平稳发展，证券发行注册制度改革落地实施获得阶段性成功，A 股市场 IPO 活动不仅未受影响，反而呈现出积极活跃的态势。

表 1　沪深两市 IPO 融资额 TOP10（2020 年）

单位：亿元

序号	股票代码	股票简称	上市日期	板块	融资额
1	688981. SH	中芯国际	7 月 16 日	科创板	532. 30
2	601816. SH	京沪高铁	1 月 16 日	主板	306. 74
3	300999. SZ	金龙鱼	10 月 15 日	创业板	139. 33
4	601995. SH	中金公司	11 月 2 日	主板	131. 98
5	688561. SH	奇安信 - U	7 月 22 日	科创板	57. 19
6	688065. SH	凯赛生物	8 月 12 日	科创板	55. 61
7	688185. SH	康希诺 - U	8 月 13 日	科创板	52. 01
8	688608. SH	恒玄科技	12 月 16 日	科创板	48. 62
9	688180. SH	君实生物 - U	7 月 15 日	科创板	48. 36
10	688169. SH	石头科技	2 月 21 日	科创板	45. 19

资料来源：Wind、山东省亚太资本市场研究院。

根据申万一级行业标准，2020 年电子、医药生物行业 IPO 融资热度明显上升，一改过去银行、非银金融等融资领衔行业的历史。电子行业 IPO 融资额达 1014. 90 亿元，是唯一融资规模过千亿元的行业（见图 3），其中，芯片制造公司中芯国际（688981. SH）融资额为 532. 30 亿元，占电子行业的 52. 45%。中芯国际（688981. SH）是国内芯片制造领域领先企业，在科创板 IPO 仅用了 19 天，刷新首发上市速度，体现了我国对科技企业的支持和重视。在芯片制造领域我国呈现短板，只有加大科技投入，才能不被国外“卡脖子”。医药生物行业 IPO 融资额为 561. 80 亿元，位居全行业第 2（见图 3），各领域上市公司融资额差距不大，平均每家公司融资 13 亿元，康希诺-U（688185.SH）以52.01亿元的融资额位居行业之首。医药生物行业共有42家首发上市公司，其中科创板上市公司28家，占比66.67%。医药生物行业是科创板重点支持行业之一，科创板允许未营利生物科技企业IPO，为行业内企业提供了更多的上市机会。此外，2020年新冠肺炎疫情也为医药健康行业带来了新机遇。

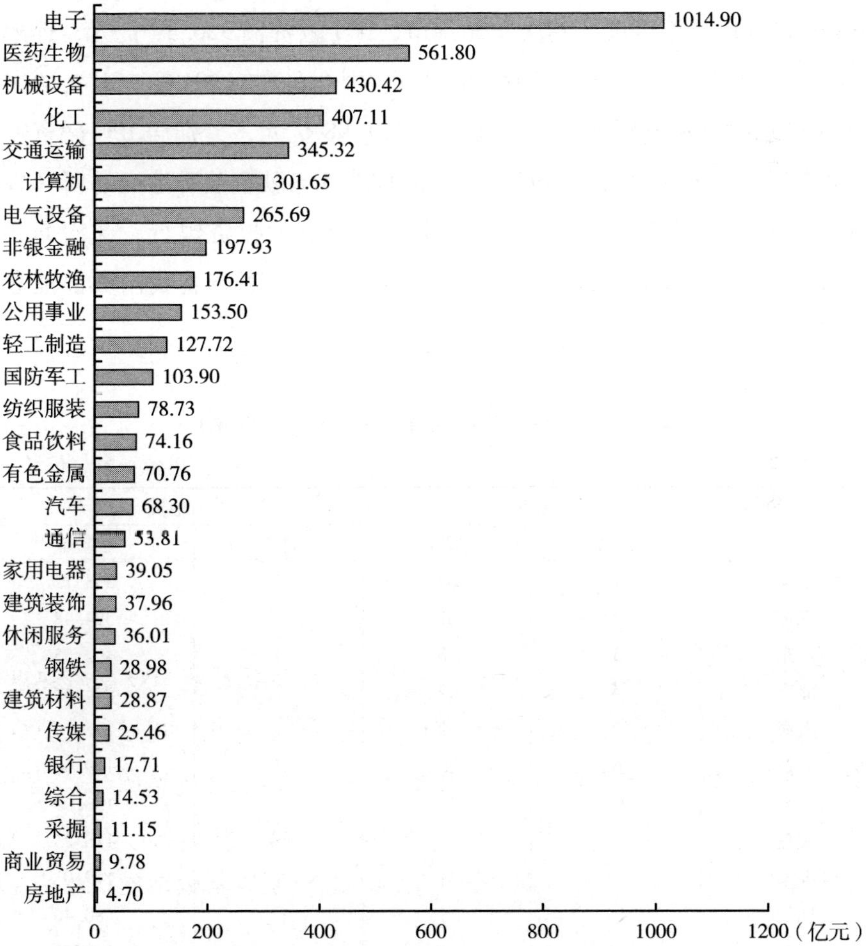

图3　沪深两市IPO融资额行业分布（2020年）

资料来源：Wind、山东省亚太资本市场研究院。

全年共有26个省份实现IPO。同往年一样，东部沿海地区依然是首发上市公司的聚集区域。浙江省2019年IPO数量25家，居全国各省份第4，而2020年IPO数量增至62家，跃居第1（见表2）。江苏省、广东省紧随其后，三省IPO数量仅相差1家。安徽省、湖南省、四川省等中西部省份后来居上，IPO数量均突破10家。上海市IPO融资额达1197.10亿元，居各省份首位，也是唯一融资额过千亿元的地区（见表2），这其中，中芯国际（688981.SH）功不可没。其次是北京市，IPO融资额926.39亿元，远超其他省份，区域内京沪高铁（601816.SH）、中金公司（601995.SH）两家主板上市公司融资额分别为306.74亿元、131.98亿元，分别居IPO融资额第2、第4位。中金公司（601995.SH）早在2015年就登陆香港交易所（香港交易及结算所有限公司），是我国首家中外合资的投资银行，此次回归A股，成为我国第14家"A+H"上市证券公司，也意味着我国头部证券公司齐聚A股。

表2 沪深两市IPO地域分布情况（2020年）

单位：家，亿元

省份	数量		融资	
	排名	家数	排名	融资额
浙江	1	62	5	393.12
江苏	2	61	3	524.48
广东	3	60	4	492.55
北京	4	42	2	926.39
上海	5	39	1	1197.10
安徽	6	20	7	129.60
山东	7	17	6	153.99
福建	8	13	10	116.25
湖南	9	11	9	119.01
四川	10	11	13	80.46
江西	11	10	8	119.03
湖北	12	9	14	58.19
河南	13	7	15	48.00
天津	14	6	12	91.77

续表

省份	数量		融资	
	排名	家数	排名	融资额
陕西	15	6	11	92. 87
河北	16	4	19	16. 37
重庆	17	3	16	33. 16
吉林	18	3	17	22. 08
辽宁	19	2	20	15. 13
新疆	20	2	22	11. 67
山西	21	2	25	8. 27
贵州	22	2	18	17. 01
黑龙江	23	1	24	9. 39
云南	24	1	23	9. 66
西藏	25	1	21	11. 99
海南	26	1	26	2. 08

资料来源：Wind、山东省亚太资本市场研究院。

民营经济及中小企业为我国经济发展做出了巨大贡献，民营经济贡献具有“5、6、7、8、9”的特征，即贡献了全国50%以上的税收、60%以上的GDP、70%以上的创新、80%以上的就业和90%以上的企业数量。2018年11月，习近平总书记在民营企业座谈会上的重要讲话为民营企业发展把脉定向提振信心。2020年10月，国家发改委、科技部等多个部门联合发布《关于支持民营企业加快改革发展与转型升级的实施意见》（发改体改〔2020〕1566号），该意见提出“支持民营企业承担国家重大科技战略任务”，在解决民营企业融资难问题时提出“拓展民营经济直接融资渠道”“支持民营企业在全国中小企业股份转让系统、区域性股权市场挂牌交易和融资”①。在政策的推动下，民营企业迎来了登陆资本市场高潮期。2020年，民营企业IPO数量达335家，比2019年增长1.23倍，民营企业IPO数量占比也由2019年的73.89%增至2020年的84.60%。2020年民营企

① 《关于支持民营企业加快改革发展与转型升级的实施意见》，中国政府网，2020年10月，http：//www. gov. cn/zhengce/zhengceku/2020 – 10/23/content_ 5553704. htm。

业 IPO 融资额为 2922.91 亿元，占全部 IPO 融资额的 62.19%，成为融资主力军。民营企业在七大属性类公司中以 8.73 亿元/家的平均 IPO 融资额排名第 5，由于民营企业规模相对偏小，与公众企业、央企相比存在一定差距（见图 4）。得益于国家和地方政策的扶持，我国越来越多的民营企业规范法人治理结构、优化产权结构，建立了现代企业制度，逐渐迈上高质量发展之路，而在证券市场获得融资，可以进一步激发民营企业的活力和创造力，有利于我国经济可持续发展。

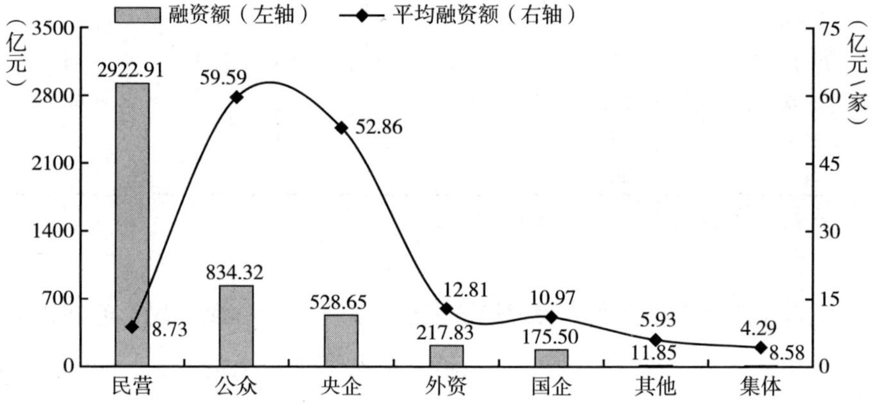

图 4　沪深两市 IPO 融资公司属性统计（2020 年）

注：国企为地方国有企业。

资料来源：Wind、山东省亚太资本市场研究院。

2020 年新股发行市盈率出现下滑。2019 年，备受市场关注的科创板成功推出运行，科创板上市公司发行市盈率普遍高于 30 倍，市场给予的估值整体高于其他板块。2020 年，包括主板、创业板和科创板在内，新股发行市盈率整体下滑，57.32% 的新股发行市盈率低于 30 倍。在注册制背景下，新股发行速度加快，投资者可选标的增多，一级市场对 IPO 定价渐趋理性，机构针对不同行业和属性公司的“估值差”显现。以科创板为例，在 2020 年新上市的 145 家科创板公司中，发行市盈率低于 30 倍的共有 16 家，占比 11.03%，而 2019 年发行市盈率不足 30 倍的公司仅有 1 家；2020 年新股发行市盈率高于 50 倍的共有 15 家，占比 10.34%，而这一比例几乎是 2019 年的两倍。可见，在2020年新股整体估值下滑的同时，两极分化也出现加剧趋势。另外，在市场趋于理性的情况下，新股整体估值也向行业平均估值水平靠近。2020年在科创板、创业板注册制上市新股中，53%的新股发行市盈率低于披露的行业均值，而在2019年，发行市盈率低于同期行业水平的新股仅占15%。[①]

新股市场股价表现出现分化。剔除新股上市后至年末交易时间长短的因素，截至2020年末，全年157只新股实现上涨，占全部新股的39.65%，全年新股涨幅排名前3的股票均超过10倍，它们是立昂微（605358.SH）、万泰生物（603392.SH）和斯达半导（603290.SH），股价涨幅分别为16.01倍、14.99倍和12.15倍（见表3）。全年有180家新上市公司股价出现连续“一字板”涨停（包括出现1次），其中最多的是在上海证券交易所主板上市的万泰生物（603392.SH），封板次数达26次。康泰医学（300869.SZ）以收盘价格10.61倍的涨幅成为年度上市首日收益最高的新股，其日内最高点涨幅更是达30倍，这主要得益于公司所生产的产品与防疫有关。与上涨对应，全年239只新股股价至年末出现下跌，其中6只新股跌幅较大，跌幅均超过60%，云涌科技（688060.SH）跌幅最大，达到67.23%，紧随其后的赛科希德（688338.SH）也达到了67.12%的跌幅。2020年8月起，科创板和创业板均实现注册制发行，注册制发行的股票多集中在新兴行业和高科技行业。在主板上市依然实行核准制，并且主板公司多属于传统行业，这些传统行业公司在市场的价格博弈周期更长。注册制和核准制的差异成为影响新股股价变化的因素之一。此外，2020年我国公募基金规模超过20万亿元，创历史纪录，规模庞大的机构资金青睐的是半导体芯片、新能源、新材料等行业，在这些行业中，财务状况优良、拥有核心技术的公司受资金追捧股价大幅上涨，而传统行业中财务状况、科研能力表现一般化的公司则被资金离弃，股价表现偏弱。

---

① 《2020年新股专题报告》，《证券时报》2021年2月6日，https://baijiahao.baidu.com/s?id=1690910969731160429&wfr=spider&for=pc。

表 3　新股股价涨幅 TOP10（2020 年）

单位：%

序号	股票代码	股票简称	上市日期	板块	涨跌幅
1	605358. SH	立昂微	9 月 11 日	主板	1600. 57
2	603392. SH	万泰生物	4 月 29 日	主板	1499. 44
3	603290. SH	斯达半导	2 月 4 日	主板	1215. 03
4	605111. SH	新洁能	9 月 28 日	主板	582. 04
5	002985. SZ	北摩高科	4 月 29 日	主板	501. 80
6	300850. SZ	新强联	7 月 13 日	创业板	464. 78
7	603893. SH	瑞芯微	2 月 7 日	主板	421. 72
8	300841. SZ	康华生物	6 月 16 日	创业板	362. 09
9	300846. SZ	首都在线	7 月 1 日	创业板	358. 25
10	002975. SZ	博杰股份	2 月 5 日	主板	347. 70

资料来源：Wind、山东省亚太资本市场研究院。

2. 再融资政策放宽，再融资公司数量增加

再融资是上市公司 IPO 后在证券市场进行的直接融资，增发、配股以及发行优先股、可转债和可交换债是再融资的主要方式。2016 年至 2018 年，在再融资政策趋严情况下再融资规模不断缩小，由 2016 年的 19214. 28 亿元缩减至 2018 年的 10731. 20 亿元，降幅达 44. 15%，再融资公司数量也下降 54. 60%。2019 年，中国证监会发布再融资新规则征求意见稿，再融资规模出现回暖迹象。

2020 年 2 月，中国证监会发布《关于修改〈上市公司证券发行管理办法〉的决定》《关于修改〈创业板上市公司证券发行管理暂行办法〉的决定》《关于修改〈上市公司非公开发行股票实施细则〉的决定》，再融资规则正式实施。再融资新规调整的内容主要包括：一是精简发行条件，拓宽创业板再融资服务覆盖面。降低发行条件门槛、降低承销难度，删除了创业板上市非公开发行股票的盈利要求，取消创业板上市公司公开发行股票资产负债率不低于 45% 的限制。二是优化非公开制度安排，支持上市公司引入战略投资者。将锁定期由 36 个月和 12 个月分别缩短至 18 个月和 6 个月，且不适用减持规则的相关限制。严禁“保底发行”，禁止发行人及其控股股

东、实际控制人、主要股东对定增投资者进行保底保收益或变相保底保收益承诺。三是适当延长批文有效期，方便上市公司选择发行窗口，将再融资批文有效期从6个月延长至12个月。[①] 2020年，再融资规模为11976.91亿元，同比下跌7.02%。尽管再融资金额出现下降，但再融资家数相比上年却出现了45.98%的增幅，再融资新规的实施，有效地推动了再融资市场复苏（见图5）。

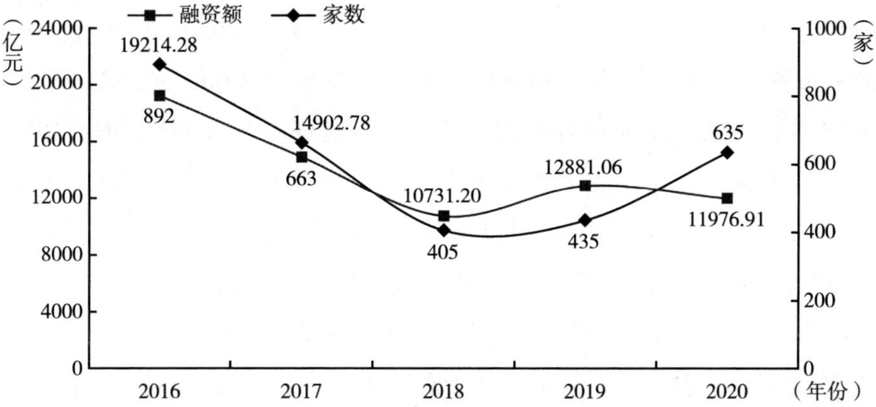

图5　A股再融资市场统计（2016～2020年）

资料来源：Wind、山东省亚太资本市场研究院。

增发融资包括定向增发和公开增发两种方式，其中以定向增发为主。2020年2月，中国证监会发布再融资新规，从供需两端改善了再融资尤其是增发市场环境。同年9月，中国证监会又发布《上市公司再融资分类审核实施方案（试行）》，该方案指出，在审核主板、中小板上市公司非公开发行股票申请时，对新受理的最近连续两个信息披露工作考评期评价结果为A的上市公司予以快速审核。增发市场政策再次放松，激发了增发市场的热情。根据Wind数据，2020年共计362家上市公司实施了增发融资，

① 《上市公司再融资制度部分条款调整涉及的相关规则》，中国证监会，2020年2月14日，http：//www.csrc.gov.cn/pub/newsite/zjhxwfb/xwdd/202002/t20200214_370777.html。

共计融资 8341.37 亿元，与上年相比，家数增长 44.22%，融资额增长 21.11%（见图 6）。其中，全年公开增发仅 2 家公司，融资额为 25.71 亿元。根据中国证监会行业标准，计算机、通信和其他电子设备制造业增发融资额为 982.95 亿元，占定增融资额的 11.82%。但值得关注的是，2020 年资本市场服务业融资需求爆发，增发融资额达 810.72 亿元，位居中国证监会行业第 2。资本市场服务业需求的爆发主要与证券公司有关，资本市场的深层次改革带来众多利好，多家上市证券公司也在新规出台的风口调整定增方案加紧融资。Wind 数据显示，2020 年中信证券（600030.SH）、海通证券（600837.SH）、国信证券（002736.SZ）等 9 家上市证券公司通过定向增发融资，其中，海通证券（600837.SH）以 200 亿元的融资额居首位（见表 4）。根据统计，全年有 17 家上市公司增发融资金额过百亿元，这 17 家公司合计融资 2685.70 亿元，占增发融资额的 32.20%，其中，中国船舶（600150.SH）以 373.68 亿元的融资额位居全部增发融资公司之首，募集资金用于收购江南造船 100% 股权。此外，从募集资金用途上看，51% 的企业募集资金用于项目融资，项目融资成为公司定增的主流用途。

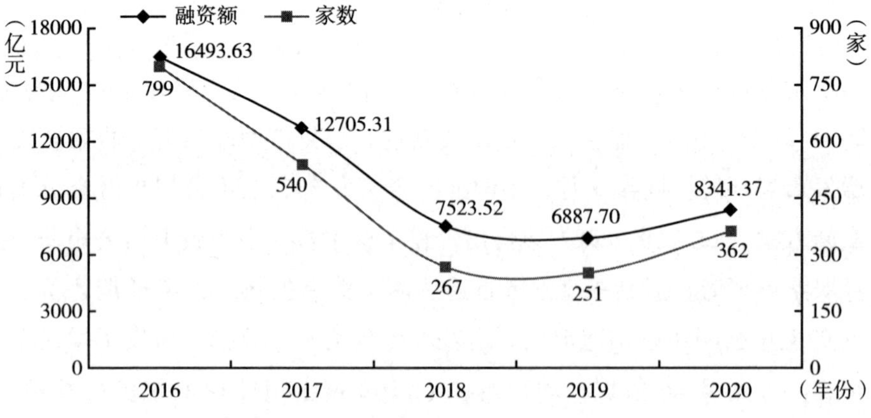

图 6　增发市场统计（2016～2020 年）

资料来源：Wind、山东省亚太资本市场研究院。

表 4　证券公司定向增发融资统计（2020 年）

单位：亿元

序号	股票代码	股票名称	上市日期	融资额
1	002797. SZ	第一创业	7 月 22 日	42. 00
2	002736. SZ	国信证券	8 月 14 日	150. 00
3	600837. SH	海通证券	8 月 5 日	200. 00
4	601990. SH	南京证券	11 月 6 日	43. 75
5	600369. SH	西南证券	7 月 22 日	49. 00
6	600095. SH	湘财股份	6 月 9 日	106. 08
	600095. SH	湘财股份	8 月 6 日	10. 00
7	600030. SH	中信证券	3 月 11 日	134. 60
8	601066. SH	中信建投	12 月 28 日	38. 84
9	601375. SH	中原证券	7 月 30 日	36. 45

资料来源：Wind、山东省亚太资本市场研究院。

可转债融资是再融资的又一重要手段。与增发融资不同，可转债融资近 5 年总体呈现上升趋势。2017 年，中国证监会修订了再融资规则，增发融资趋紧，而可转债融资受到鼓励。可转债融资具有融资成本低、渐进式稀释股权的优势，自 2019 年再融资新规征求意见稿出台后，可转债融资规模突破 2000 亿元，实现了质的飞跃，当年融资额同比大幅增长 1. 31 倍。2020 年再融资新规落地实施后，再融资规模继续保持高位。全年 206 家上市公司进行了可转债融资，数量比 2019 年多出 100 家；全年可转债融资额 2475. 25 亿元，几乎与 2019 年持平（见图 7）。2019 年可转债融资中，浦发银行（600000. SH）、中信银行（601998. SH）、平安银行（000001. SZ）等货币金融服务机构（主要是银行）推高了可转债融资规模，而 2020 年东方财富（300059. SZ）、瑞达期货（002961. SZ）等证券及期货资本市场服务行业发行规模排在了第 1 位，银行业仅占很小比例。在全部可转债融资公司中，仅南方航空（600029. SH）发行债额超过 100 亿元，以 160 亿元的融资额居首位。

投资者申购可转债跟申购新股一样均采用信用申购方式，即参与网上申购的投资者申购时无须预缴申购资金，待确认获得配售后，再按实际获配金

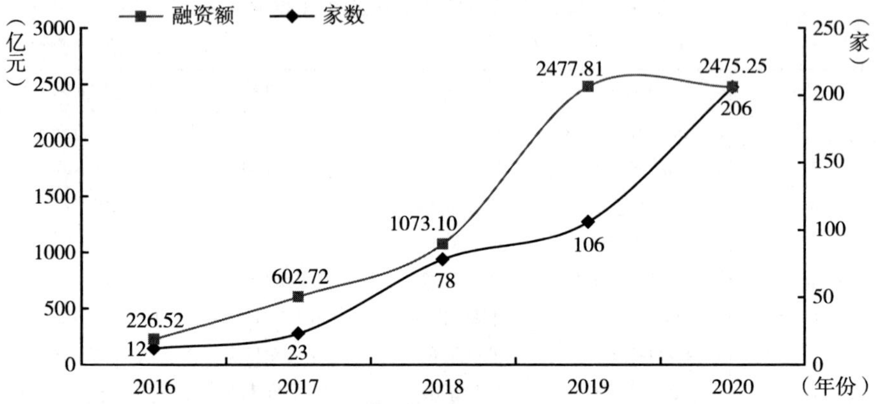

图7 可转债融资市场统计（2016～2020年）

资料来源：Wind、山东省亚太资本市场研究院。

额缴款，这一规则使得可转债打新人数激增，2020年可转债打新平均网上中签率仅为0.0087%，而2019年这一比例为0.1110%，投资者中签难度进一步加大。进入10月，可转债市场在资金炒作下交易额一度超越中小板，月底深圳证券交易所发布《关于完善可转换公司债券盘中临时停牌制度的通知》，在政策监管下可转债市场恢复理性。在市场充满对可转债投资热情的同时，2020年市场上出现了第一只暂停上市的可转债——辉丰转债。2020年5月，深圳证券交易所发布公告，由于*ST辉丰（002496.SZ）在2018年、2019年连续两年出现亏损，对其可转债自2020年5月25日起暂停上市。这一事件为广大投资者敲响了警钟。

可交换债、配股和优先股再融资方式额度相对较少。2020年，配股融资额512.97亿元，同比增长2.83倍，成为这3种融资方式中唯一增长的品种（见图8）。2020年是证券公司融资年，在18家配股融资的上市公司中，证券公司数量占1/3，招商证券（600999.SH）成为实施配股融资方式中唯一过百亿元的公司，达到127.04亿元。6家证券公司共计配股融资372.72亿元，占全部配股融资额的72.66%（见表5）。全年优先股共计融资187.35亿元，长沙银行（601577.SH）以60亿元的优先股融资额居首位，募集资金主要用于提高资本充足率，在保持银行资金流动性、提高赢利能力和抗风险水平、满足监管要求等方面也具有重要意义。全年可交换债共计融资 459. 97 亿元，其中，三一重工（600031. SH）以 80 亿元的可交换债融资额居首位。

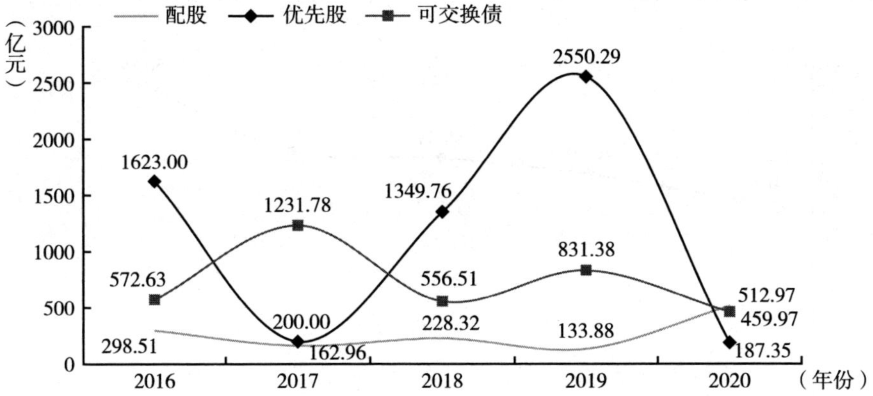

图 8　配股、优先股和可交换债融资统计（2016 ~ 2020 年）

资料来源：Wind、山东省亚太资本市场研究院。

表 5　上市证券公司配股融资统计（2020 年）

单位：亿元

序号	股票代码	股票简称	上市日期	融资额
1	000728. SZ	国元证券	10 月 30 日	54. 31
2	601162. SH	天风证券	3 月 31 日	53. 49
3	000750. SZ	国海证券	1 月 23 日	39. 94
4	601555. SH	东吴证券	4 月 2 日	59. 88
5	002500. SZ	山西证券	7 月 10 日	38. 05
6	600999. SH	招商证券	7 月 31 日	127. 04

资料来源：Wind、山东省亚太资本市场研究院。

3. 债券发行规模再创新高

2020 年，虽然受新冠肺炎疫情冲击，党中央、国务院统筹疫情防控和经济社会发展，我国率先恢复经济增长，GDP 达到 101. 60 万亿元，比上年增长

2.3%，成为全年世界唯一实现正增长的主要经济体。为对冲疫情带来的不利影响，国债、地方政府债等各类债券大力发行支持实体经济发展，全年债券市场发行规模创历史新高，为经济社会发展贡献金融力量。根据Wind债券分类标准，2020年我国共计发行50259只债券，比上年增长14.69%；发行规模达56.89万亿元，比上年增长25.89%，再创历史新高（见图9）。

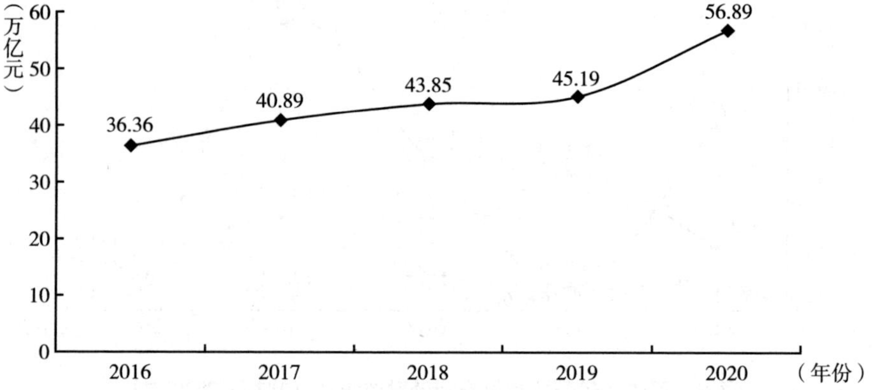

图9 债券发行规模统计（2016~2020年）

资料来源：Wind、山东省亚太资本市场研究院。

从债券发行登记机构来看，2020年中央结算公司（中央国债登记结算有限责任公司）、上海清算所（银行间市场清算所股份有限公司）和中证登（中国证券登记结算有限公司）3大机构共计发行各类债券37.75万亿元①，同比增长39.61%（见表6）。其中，中央结算公司登记发行债券21.87万亿元，占比57.93%，与上年相比，登记发行额增长42.85%，在3大机构中增长最快。2020年，在中央结算公司登记发行的国债、地方政府债额度加大，一是由于自2019年允许发行30年期地方债后，2020年在疫情影响下超长期债券品种（含30Y、20Y、15Y）占比将近一半；二是疫情期间各省

① 发行量数据不包括同业存单，其全年发行量为18.97万亿元，年末余额为11.15万亿元。此处数据来自中央结算公司《2020年债券市场统计分析报告》，由于统计口径原因，与Wind数据存在差异。

份财政部门不得出本省份发债，只能委托财政部在中央结算公司发行；三是老旧城区改造专项债成为全年力推品种；四是为促进复工复产、保障重大项目进程，地方债审批额度提前。

表6　债券市场发行统计（2019年和2020年）

单位：万亿元，%

登记发行机构	2020年	2019年	增幅	占比
中央结算公司	21.87	15.31	42.85	57.93
上海清算所	9.69	7.21	34.40	25.67
中证登	6.19	4.52	36.95	16.40
全市场	37.75	27.04	39.61	100.00

资料来源：中央结算公司、上海清算所、山东省亚太资本市场研究院。

在2020年债券市场，国债、地方债无疑成为全年的亮点。年初的新冠肺炎疫情对我国经济社会生活造成严重冲击，为应对疫情冲击、支持实体经济发展和加快经济恢复正常状态，从国家到地方，各级政府加大财政支出力度，债券发行规模出现较快增长。2020年政府工作报告提出我国发行1万亿元抗疫特别国债，大幅增加地方政府专项债发行规模，提高专项债券可用作项目资本金的比例。全年共计发行国债7.12万亿元，同比增长71.15%；地方政府债共计发行6.44万亿元，同比增长47.71%。国债、地方政府债等发行规模的大幅增加，使得2020年我国债券发行量首次超过50万亿元，达到56.89万亿元的历史最高水平。地方政府债方面，根据财政部政府债务研究和评估中心公布的数据，全国36个省、自治区、直辖市、计划单列市及新疆生产建设兵团①发行地方政府债券1848只，共计6.44万亿元。其中，发行一般债券2.30万亿元，发行专项债券4.14万亿元（见表7）。按债券性质划分，新增债券4.55万亿元，再融资债券1.89万亿元。从地区来看，全年山东、江苏和广东地方政府债发行额位居前3，分别是4500.20亿元、4181.20亿元和4121.21亿元，余下省份发行额均在4000亿元以内（见表8）。

① 新疆生产建设兵团在核定的额度内，以新疆维吾尔自治区名义发行地方政府债券。

表7　地方政府债券发行统计（2020年）

单位：亿元

项目	发行额
地方政府债券发行额合计	64438.12
一般债券	23033.65
专项债券	41404.47
一、新增债券发行额小计	45524.85
一般债券	9506.15
专项债券	36018.7
二、再融资债券发行额小计	18913.27
一般债券	13527.5
专项债券	5385.77
各发行场所发行额合计	64438.12
中央结算公司	40230.61
其中:商业银行柜台市场	39.4
上海证券交易所	17285.45
深圳证券交易所	6922.06

注：地方政府债券发行额＝新增债券发行额＋再融资债券发行额。

资料来源：财政部政府债务研究和评估中心、山东省亚太资本市场研究院。

表8　地方政府债券发行情况（2020年）

单位：亿元

地区	合计	一般债券		专项债券	
		新增债券	再融资债券	新增债券	再融资债券
北京	1676.28	208.05	208.44	1132.00	127.79
天津	1805.15	102.00	302.55	1156.00	244.60
河北	2999.63	576.78	578.75	1691.00	153.10
山西	1408.62	308.10	275.12	706.00	119.40
内蒙古	1847.30	411.25	682.04	663.00	91.01
辽宁	1552.31	127.48	870.37	282.00	272.46
吉林	1383.92	295.81	383.64	599.00	105.47
黑龙江	1350.87	475.17	340.29	459.00	76.41
上海	1754.80	291.00	249.40	1041.00	173.40
江苏	4181.20	363.00	859.73	2213.00	745.47

续表

地区	合计	一般债券		专项债券	
		新增债券	再融资债券	新增债券	再融资债券
浙江	3369.58	466.00	667.49	1944.00	292.09
安徽	2328.98	175.65	475.14	1496.00	182.19
福建	1964.92	232.72	190.69	1353.00	188.51
江西	2287.62	349.88	331.66	1521.00	85.08
山东	4500.20	276.08	931.53	3134.00	158.59
河南	2728.39	427.26	524.35	1626.00	150.78
湖北	2899.79	565.02	580.11	1530.00	224.66
湖南	2550.20	403.06	613.42	1334.00	199.72
广东	4121.21	396.82	501.75	3191.00	31.64
广西	1840.08	369.04	447.69	953.00	70.35
海南	566.40	153.28	115.45	265.00	32.67
重庆	1695.96	147.00	287.00	1054.00	207.96
四川	3543.26	475.80	811.16	1840.00	416.30
贵州	2522.57	210.41	776.87	979.00	556.29
云南	2293.25	261.88	376.47	1490.00	164.90
西藏	140.00	62.00	19.00	59.00	—
陕西	1532.79	363.83	351.52	668.00	149.44
甘肃	1123.40	218.64	212.37	614.00	78.39
青海	511.59	231.56	137.85	133.00	9.18
宁夏	315.58	127.42	120.58	28.00	39.58
新疆	1642.28	434.16	305.07	864.70	38.35
合计	64438.12	9506.15	13527.51	36018.70	5385.77

资料来源：财政部政府债务研究和评估中心、山东省亚太资本市场研究院。

2020年我国债券市场存量规模继续保持扩张势头，并首超百万亿元。自2019年我国债券以97.11万亿元的市场规模超越日本成为全球第二大债券市场之后，市场存量规模继续保持较快速度增长。2020年，在债券发行提速增量带动净融资规模增长的同时，也引起债券存量规模的增长。截至2020年末，我国债券市场存量规模突破百万亿元，达114.30万亿元，同比增长17.70%，增加17.19万亿元。在债券存量规模中，金融债（政策银行债、商业银行债、商业银行次级债券、保险公司债、证券公司债、证券公司短期融资券、其他金融机构债）余额27.06万亿元，同比增长18.53%。地方政府债余额25.49万亿元，同比增长20.69%；国债余额20.69万亿元，同比增长24.26%（见表9）。特别是国债再次发行、地方政府专项债提速增量，引起国债、地方政府债的存量规模出现较快增长，同时也带动整个债券市场存量规模的上升。

表9　债券市场存量规模统计（2020年）

类别	债券数量(只)	债券数量比重(%)	债券余额(亿元)	余额比重(%)
国债	271	0.47	206858.65	18.10
地方政府债	6230	10.92	254864.10	22.30
央行票据	3	0.01	150.00	0.01
同业存单	15434	27.04	111168.10	9.73
金融债	2204	3.86	270637.94	23.68
政策银行债	288	0.50	183109.75	16.02
商业银行债	325	0.57	18143.50	1.59
商业银行次级债券	539	0.94	40581.53	3.55
保险公司债	64	0.11	3035.50	0.27
证券公司债	738	1.29	17547.66	1.54
证券公司短期融资券	55	0.10	1429.00	0.13
其他金融机构债	195	0.34	6791.00	0.59
企业债	2603	4.56	22694.45	1.99
一般企业债	2598	4.55	22658.85	1.98
集合企业债	5	0.01	35.60	0.00
公司债	8978	15.73	89221.02	7.81
一般公司债	3759	6.59	46486.65	4.07
私募债	5219	9.15	42734.36	3.74
中期票据	6260	10.97	74775.23	6.54
一般中期票据	6260	10.97	74775.23	6.54
短期融资券	2292	4.02	20929.33	1.83
一般短期融资券	503	0.88	4799.78	0.42

续表

类别	债券数量(只)	债券数量比重(%)	债券余额(亿元)	余额比重(%)
超短期融资债券	1789	3.13	16129.55	1.41
定向工具	2973	5.21	21356.35	1.87
国际机构债	16	0.03	319.60	0.03
政府支持机构债	166	0.29	17225.00	1.51
资产支持证券	9094	15.94	45606.77	3.99
交易商协会 ABN	1563	2.74	7060.91	0.62
中国证监会主管 ABS	6377	11.17	22627.60	1.98
中国银保监会主管 ABS	1154	2.02	15918.25	1.39
可转债	400	0.70	5339.33	0.47
可交换债	96	0.17	1721.48	0.15
标准化票据	26	0.05	28.92	0.00
项目收益票据	22	0.04	98.60	0.01
合计	57068	100.00	1142994.87	100.00

资料来源：Wind、山东省亚太资本市场研究院。

4. 公募基金规模发展迅速

2020年，股市、债市均快速增长，对于基金市场而言，同样是不平凡的一年。全年爆款基金不断亮相、公募REITs（基础设施领域不动产投资信托基金）正式起步、首批新三板基金获批发行、科创50ETF开启发售、部分基金业绩大幅增长，这些行业亮点延续了2019年来的“高光时刻”。2020年，股票市场在经过年初疫情冲击后震荡上行，在资本市场深层次体制改革及流动性宽松等利好加持下，全年股票市场估值不断升高，但板块及个股也出现急剧分化。股票市场的走强带动了公募基金发行规模及管理规模的大幅增加。截至2020年末，我国基金公司数量共计153家，其中143家公司发行了公募基金产品。根据中国证券投资基金业协会数据，截至2020年12月，我国公募基金数量达7913只，同比增长20.92%，增加1369只；公募基金份额17.03万亿份，同比增长24.40%；公募基金净值19.89万亿元，同比增长34.66%。开放式基金占据多数，达6770只，同比增长

19.13%；开放式基金净值规模17.33万亿元，同比增长31.69%（见表10）。随着资管新规打破刚性兑付及“房住不炒”要求的明确，股票、债券和基金成为更多居民投资理财的首选。同时，随着我国居民可支配收入增长、财富年龄结构向着年轻人转变，在网络、智能手机普及的影响下，居民获取投资更为简捷和便利。在金融供给和需求两端的调整下，基金行业迎来了更加广阔的发展空间。

表10 公募基金统计情况（2020年）

类别	基金数量(只)	份额(亿份)	净值(亿元)
封闭式基金	1143	23967.66	25609.21
开放式基金	6770	146378.86	173305.7
股票基金	1362	11930.28	20607.94
混合基金	3195	27857.78	43600.75
货币市场基金	332	80915.99	80521.47
债券基金	1713	24660.6	27286.59
QDII基金	168	1014.21	1288.94
其他	—	—	—
合计	7913	170346.52	198914.91

资料来源：中国证券投资基金业协会、山东省亚太资本市场研究院。

受政策支持、市场向好和公募基金赚钱效应等因素的影响，新基金发行市场迎来超级大年。2020年基金首发规模创历史新高，新成立百亿元规模基金高达40只。Wind数据显示，以基金认购起始日计算，全年新成立基金1399只，几乎是2017年的两倍，同比增长35.69%；新发行基金份额3.13万亿份，同比增长1.11倍（见图10）。在股票型基金、混合型基金、债券型基金等类型中，凭借权益型产品和固收+产品的热度，混合型基金新发行688只，比上年增加390只，混合型基金新发行量占全年新成立基金总量的比重为49.18%，占据新发基金市场的半壁江山；在全面推动权益基金大发展的背景下，以往主导基金市场格局的债券型基金不再持续，全年债券型基金发行446只，比上年减少55只，债券型基金占全年新成立基金总量的比重为31.88%。从新发基金募集资金金额来看，2020年新发基金合计募集资金3.18万亿元，同比增长1.22倍，创下公募基金成立以来的历史新高。2020年新发规模已超越2017年至2019年的新发基金规模总和。与此同时，在2020年共计发行的近1400只新基金中，首募规模达百亿元的新基金达40只，刷新公募基金市场上年度百亿元新发基金的数量纪录，合计募资规模超6100亿元，在新基金发行总规模中占两成。其中，南方成长先锋以321亿元募集规模排名第一，汇添富中盘价值精选、鹏华匠心精选等基金的首募规模均超290亿元。可见，在公募基金新发市场上，投资能力较强的权益类基金公司凭借产品多样化运作模式，受到投资者的追捧。同时，随着基金数量的不断增长，基金公司业绩也呈现两极分化特征。

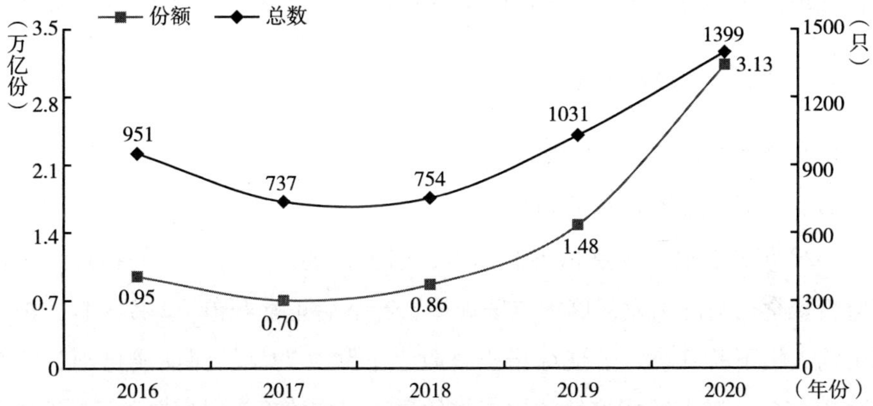

图10　新成立公募基金统计情况（2016~2020年）

资料来源：Wind、山东省亚太资本市场研究院。

伴随着基金市场的火暴，合规销售愈加重要。为规范基金销售行为，保护投资者核心利益，发挥基金行业增加居民财富效应，支持实体经济发展，2020年8月，中国证监会发布《公开募集证券投资基金销售机构监督管理办法》（中国证券监督管理委员会令〔第175号〕，以下简称《管理办法》），并于当年10月开始实施。《管理办法》在新修订内容中，一是“强化基金销售活动持牌要求，厘清基金销售机构及相关基金服务机构职责边界”，明晰基金销售业务内涵和外延，厘清基金销售机构与非持牌互联网平台合作的业务边界和底线要求；二是“优化基金销售机构准入、退出机制，着力构建进退有序、良性发展的行业生态”，实行“先批后筹”程序，完善销售机构股东准入要求，强化停止业务、吊销牌照等制度安排等；三是“夯实业务规范与机构管控要求，推动构建以投资者利益为核心、促进长期理性投资的体制机制”，强调销售行为底线要求，完善销售业务规范，引导投资者树立长期理性投资观念，加强销售机构内部控制等；四是“完善独立基金销售机构监管，促进独销机构专业合规稳健发展”，实施“一参一控”，在合规风控、展业范围等方面对独立基金销售机构提出针对性要求。① 同时，中国证监会配套发布《关于实施〈公开募集证券投资基金销售机构监督管理办法〉的规定》，并于10月实施。

（二）证券二级市场

1. 经济复苏带动股市回暖

（1）全球重要经济体股指涨跌不一

2020年初新冠肺炎疫情突袭而至，引发市场对经济走势的担忧，中国证监会从全局角度出发，尊重市场规律，春节后正常开市，2月3日，沪深两市均大幅下跌开盘，上证综指当日收盘下跌7.72%，深证成指当日收盘下跌8.45%。随着我国疫情防控工作的深入，疫情逐步得到遏制，2月末我国股市指数逐步恢复至春节前水平。但3月意大利、伊朗等国家疫情不断加剧，疫情扩展的不确定性成为全球市场担心的主要因素，欧美等主要经济体股市出现大幅下跌。这一时期中国股市也受到冲击，但随着疫情防控工作成效初显和复工复产工作的开展，沪深两市展现出一定的抗跌优势，逐渐成为全球资本的避风港。为应对新冠肺炎疫情冲击，中国人民银行实施整体稳健的货币政策，通过降低存款准备金率、下调再贷款再贴现利率、增加再贷款再贴现额度、创设直达实体经济的货币政策工具等，支持实体经济发展。同

① 中国证监会：《关于实施〈公开募集证券投资基金销售机构监督管理办法〉的规定》，2020年8月28日，http：//www.csrc.gov.cn/pub/zjhpublic/zjh/202008/t20200828_382328.htm。

时，结合多种措施，保持市场流动性合理充裕。我国国内需求逐步变暖，出口形势好转，产业内部循环通畅，国内经济强劲复苏。我国股市自4月起逐步进入抬升阶段，全年沪深两市以高点收盘。随着我国半年度、第三季度经济数据的好转，全球重要经济体市场信心得以提振，经济复苏的乐观情绪向世界蔓延，部分重要经济体股指跟随中国股市上涨。截至2020年末，在全球重要经济体中中国上证综指和深证成指、美国纳斯达克指数、日本日经225、德国DAX等股票指数出现上涨，法国CAC40、俄罗斯RTS、英国富时100等经济体股票指数以跌幅收盘（见表11）。

表11　全球重要股票指数涨幅（2020年）

单位：%

排序	股指名称	涨幅
1	纳斯达克指数	43.64
2	中国深证成指	38.73
3	韩国综合指数	30.75
4	标普500	16.26
5	日经225	16.01
6	印度SENSEX30	15.75
7	中国上证综指	13.87
8	道琼斯工业指数	7.25
9	德国DAX	3.55
10	巴西IBOVESPA指数	2.92
	澳洲标普200	-1.45
12	恒生指数	-3.40
13	法国CAC40	-7.14
14	俄罗斯RTS	-10.42
15	英国富时100	-14.34

资料来源：Wind、山东省亚太资本市场研究院。

（2）股市韧性增强

2020年，面对新冠肺炎疫情、贸易摩擦等内外风险因素的挑战，我国经济表现令世界瞩目，成为唯一实现经济正增长的世界主要经济体。股市作为经济的“晴雨表”，疫情发生后恐慌情绪虽一度笼罩市场，但在疫情得到有效遏制、新《证券法》实施、注册制范围扩至创业板、新一轮退市制度改革启动、基金市场发行规模迅速扩大等利好因素的推动下，A 股指数快速收复失地，并在年终以高点收盘（见图 11）。回首 2020 年，我国经济表现得足够坚韧，股市也表现得足够顽强。截至年末，上证综指收于 3473.07 点，全年涨幅 13.87%；深证成指收于 14470.68 点，涨幅 38.73%；创业板收于 2966.26 点，涨幅 64.96%，创近 5 年来新高；科创 50 指数收于 1393.03 点，涨幅 39.30%。个股层面分化明显，A 股 54% 的个股实现年度上涨，更有 307 只个股全年跌幅超过 30%。沪深两市之间、板块之间、行业之间股票涨幅不一，说明 A 股市场已呈现明显的结构性股市特征，未来市场分化将进一步加剧。

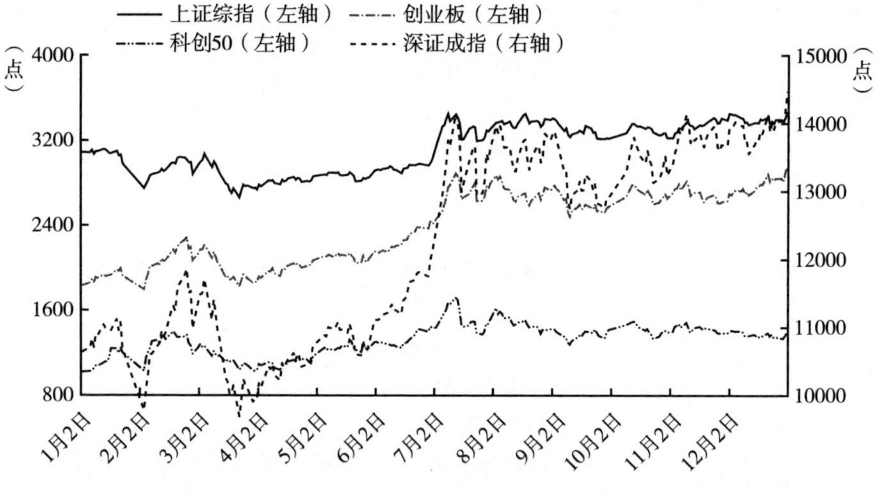

图 11　上证综指、深证成指、创业板和科创 50 指数走势（2020 年）

资料来源：Wind、山东省亚太资本市场研究院。

（3）市场热度空前提高

2020 年 1 月，中国银保监会发布《关于推动银行业和保险业高质量发展的指导意见》（银保监发〔2019〕52 号），其中提到“有效发挥理财、保险、信托等产品的直接融资功能，培育价值投资和长期投资理念，改善资本市场投资者结构。大力发展企业年金、职业年金、各类健康和养老保险业务，多渠道促进居民储蓄有效转化为资本市场长期资金。鼓励各类合格投资机构参与市场化法治化债转股”。这意味着中国银保监会支持将养老投资与养老储蓄引入家庭理财，通过把家庭储蓄、家庭财富转化为长期投资产品，支持实体经济发展。另外，2019 年以来中国银保监会严查银行资金违规进入楼市、股市等违法违规行为，在“房住不炒”的政策要求下，越来越多的居民把家庭储蓄转移到理财、基金、股票市场，带动了证券市场的整体繁荣，对于股票市场来讲，一个显著特征即成交规模大幅增长。2020 年，沪深两市（包含 A 股、B 股）共计成交 16.65 万亿股，同比增长 32.35%；共计成交 206.08 万亿元，同比增长 62.37%。其中，A 股市场全年成交 16.64 万亿股，同比增长 32.38%；共计成交 206.02 万亿元，同比增长 62.37%；全年共计 243 个交易日，平均换手率为 2.97%，比上年提高 0.36 个百分点（见图 12）。在全国 4145 家沪深上市公司中，全年换手率超过 10 倍的共有 1001 只股票，其中，前 3 只股票换手率均超过 40 倍，分别是聚杰微纤（300819.SZ），年换手率 4172.87%；容大感光（300576.SZ），换手率 4084.03%；新余国科（300722），换手率 4054.88%。同时，也有 4 只股票年度换手率不足 10%，分别是振邦智能（003028.SZ），换手率 2.19%；吉大正元（003029.SZ），换手率 2.45%；中晶科技（003026.SZ），换手率 5.54%；一鸣食品（605179.SH），换手率 9.18%。

（4）总市值稳步增长

2020 年，在我国上市公司内有各行业头部企业积极作为、外有市场偏好转向价值投资双重因素的作用下，新股发行增速，科技公司股价上涨，股票市场回暖，这些因素均带动了总市值的增长。此外，远程医疗、新能源汽车和白酒等板块也推动了股票市值进一步攀升。不过，个股市值也出现了两极分化加剧的迹象。基于 2020 年宏观经济背景，市值整体表现为前低后高。Wind 数据显示，截至 2020 年末，全国共计 4145 家上市公司[①]，总市值 84.49 万亿元，同比增长 28.35%，新增 18.66 万亿元（见图 13）。从个股来看，资金抱团白酒板块使其股价上涨明显，龙头股贵州茅台

① 数据导出时间为 2021 年 5 月 7 日。

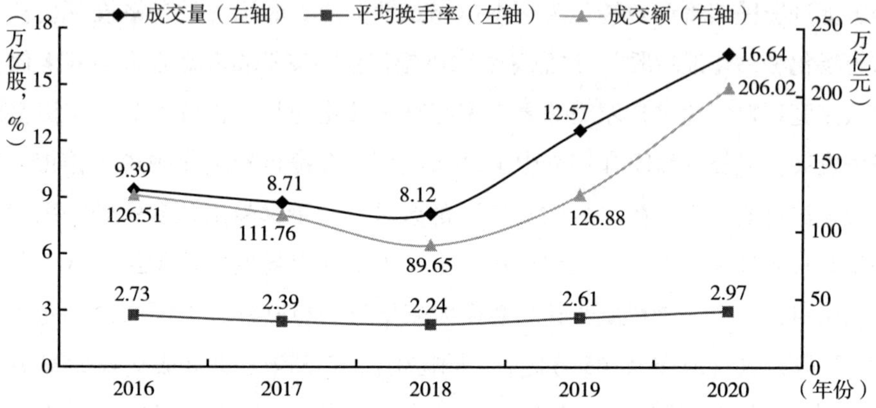

图 12　A 股市场成交情况及换手率（2016～2020 年）

资料来源：Wind、山东省亚太资本市场研究院。

（600519. SH）以 2. 51 万亿元的市值一举超越连续多年居首位的工商银行（601398. SH），居上市公司榜首；工商银行（601398. SH）以 1. 71 万亿元市值居第 2，紧随其后的中国平安（601318. SH）、建设银行（601939. SH）、五粮液（000858. SZ）、招商银行（600036. SH）和农业银行（601288. SH）市值也均超过了 1 万亿元。与 2019 年相比，2020 年上市公司市值超过 1 万亿元的公司也为 7 家，但是中国银行（601988. SH）和中国石油（601857. SH）2020 年市值均缩水至 1 万亿元之下。在股市市值整体提高的同时，个股市值分化加剧，剔除 2020 年新上市公司，全年 2016 家上市公司市值出现上涨，占 2020 年上市公司数量的比重为 48. 64%，10 家上市公司市值没有变动，其中，英科医疗（300677. SZ）、天山铝业（002532. SZ）和湘财股份（600095. SH）3 家公司市值同比增长均超过 10 倍。在市值下跌的 1723 家上市公司中，ST 与 *ST达到 174 家，占下跌家数的比重为 10%。在股票发行注册制下，上市公司不再成为稀缺性的资源，经营业绩差、壳资源类、违法违规类等上市公司价值严重打折，其股价也受到巨大的冲击。根据最新退市规定，连续 20 个交易日总市值均低于 3 亿元将被市值退市，未来这类公司退市风险越来越大。

根据中国证监会最新板块分类标准，2020 年主板上市公司共计 3038 家，总市值 70. 03 万亿元，占上市公司总市值的比重为 82. 89%；创业板上

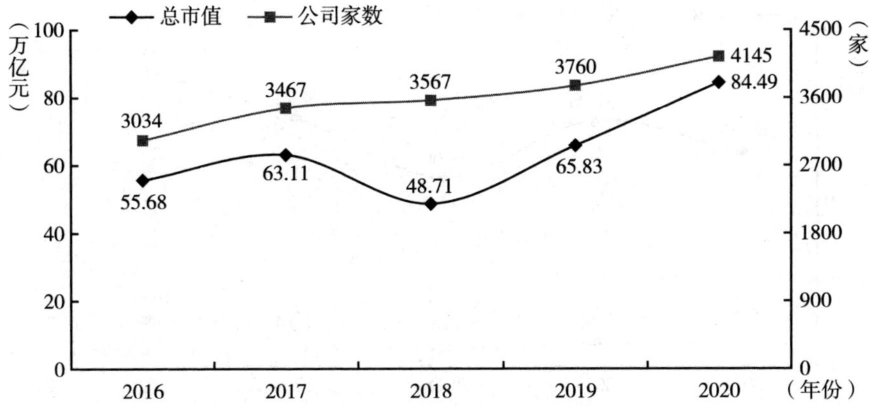

图 13　上市公司家数及总市值（2016～2020 年）

资料来源：Wind、山东省亚太资本市场研究院。

市公司 892 家，总市值首次突破 10 亿元大关，达 10.97 万亿元，占上市公司总市值的比重为 12.98%；科创板上市公司 215 家，虽然市值相对较小但增速较快，年末市值为 3.49 万亿元，同比增长接近 3 倍（见图 14）。2020 年，主板上市公司多属于化工、通用设备等传统行业，在产业循环逐步畅通、市场需求不断改善、减税降费等多重利好因素影响下，上市公司营业收入增长，推动股价和市值增长，主板总市值比上年增长 19.08%，其中，关系国计民生的支柱、龙头型公司，表现出较强的抗风险能力，是实体经济稳健运行的“基本盘”。创业板聚集了大量新经济标杆企业，抗疫板块、芯片、新能源汽车等科技类公司表现突出，带动了整个板块实现了 78.66% 的增长。科创板自 2019 年设立并实施注册制试点以来，整个板块迅速发展，科创板代表着中国新经济发展方向，也是经济发展的新动能，在资本推动下，科创板成为 2020 年 IPO 公司中市值最高的板块，中芯国际（688981.SH）、金山办公（688111.SH）和传音控股（688036.SH）3 家公司市值更是超过千亿元。

按照申万一级行业标准，2020 年末银行行业共计 37 家上市公司，以 9.64 万亿元总市值居行业首位；紧随其后的医药生物、食品饮料、非银金融和电子行业总市值居第 2 梯队，市值均超过 7 万亿元；化工和电气设备行业居第 3

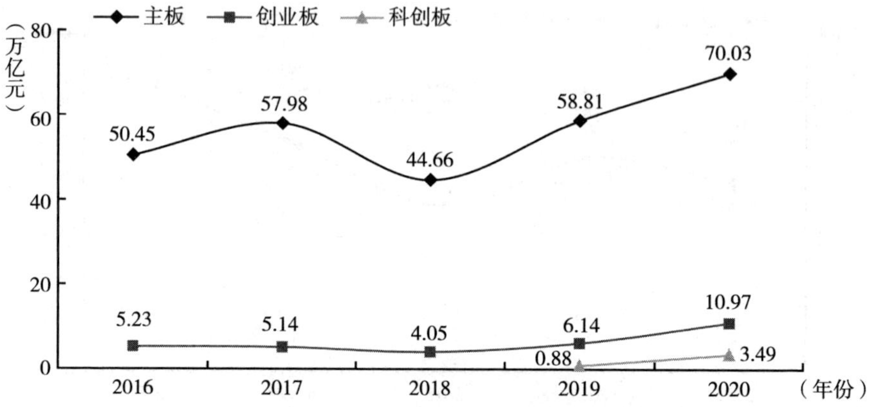

图 14　主板、创业板和科创板市值统计（2016～2020 年）

资料来源：Wind、山东省亚太资本市场研究院。

梯队，市值均突破 40 万亿元。与 2019 年相比，机械设备、电子和医药生物行业新增上市公司数量较多，分别增加 53 家、49 家和 45 家。2020 年，23 种行业市值相比上年出现增加，其中电气设备行业和休闲服务行业市值实现倍增，分别同比增长 137.06% 和 105.64%。与之相反，采掘、房地产、银行、建筑装饰和通信行业市值呈现负增长，尤其是采掘行业，其上市公司市值同比下降 16.87%（见图 15）。2020 年，电气设备行业指数上涨 81.65%，涨幅居申万行业之首，成为最具赚钱效应的行业，其中，宁德时代（300750.SZ）又成为电气设备行业中市值最高的上市公司，其股价年度涨幅高达 229.99%。

（5）退市公司数量创新高

2020 年 3 月 1 日，新《证券法》正式实施，标志着我国资本市场发展进入了一个新的历史阶段，意味着资本市场改革发展在法治轨道上全面铺开。为落实新《证券法》关于上市公司退市的规定，同时为全面推行注册制夯实基础，2020 年 12 月 14 日，上海证券交易所、深圳证券交易所分别发布《股票上市规则（征求意见稿）》①，与旧退市规则相比，新退市规则

① 《上海证券交易所股票上市规则（征求意见稿）》《上海证券交易所科创板股票上市规则（征求意见稿）》（上证公告〔2020〕47 号）；《深圳证券交易所股票上市规则（征求意见稿）》《深圳证券交易所创业板股票上市规则（征求意见稿）》（深证上〔2020〕1198 号）。

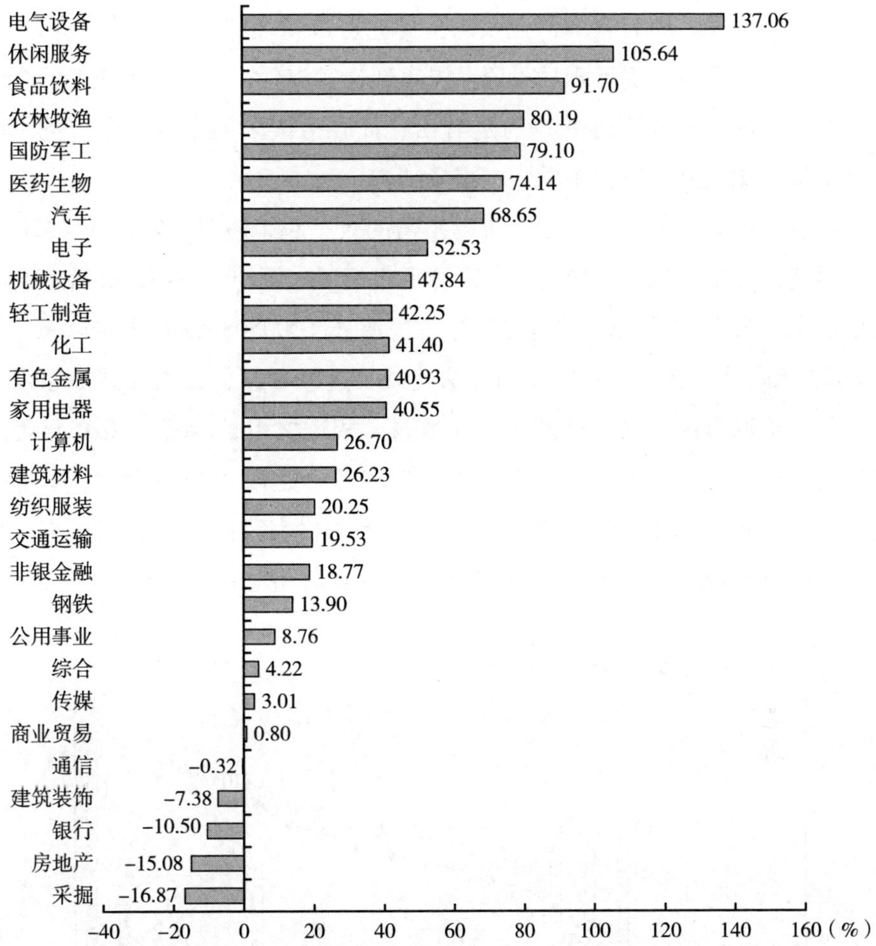

图 15　沪深两市行业市值同比变化情况（2020 年）

资料来源：Wind、山东省亚太资本市场研究院。

主要体现在完善退市指标、缩短退市流程两个方面。年末，两大交易所分别正式发布新修订的《上海证券交易所股票上市规则》《深圳证券交易所股票上市规则》（以下简称《股票上市规则》）以及《上海证券交易所科创板股票上市规则》《深圳证券交易所创业板股票上市规则》等多项配套规则（以下合并简称退市新规）。其中，财务造假退市规则尤为值得关注：将造假年限由3年减少为2年，将造假比例由100%降至50%，造假金额合计数由10亿元降为5亿元，同时新增营业收入指标。退市新规将加大市场出清力度，同时强化风险警示，引导理性投资。退市新规实施后，业绩表现较差的企业将被淘汰出局，有利于建立“有进有出、优胜劣汰”的市场生态，进一步优化市场资源配置，完善中国资本市场结构。

随着退市制度的不断完善，市场出清的效率越来越高。2020年共计20家公司终止上市，创下历史纪录，具体退市情况如图16、表12所示。Wind数据显示，自1999年第一只退市股票琼民源A（000508. SZ）退市以来，截至2020年末共计有147只股票因违法违规、连续亏损、吸收合并等原因退市，年平均退市仅7只，远低于IPO数量。相比之下，2005~2020年美股年均退市公司达到366家①，年平均退市24家，远高于我国股市。退市率过低导致A股小市值个股大量积聚，指数无法代表我国经济发展成果，资本市场难以形成“有进有出、优胜劣汰”的良好生态机制。随着注册制的

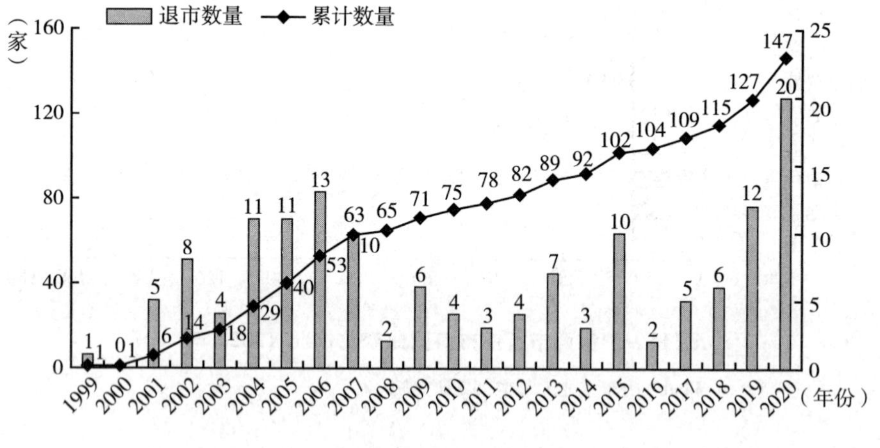

图16　上市公司退市数量统计（1999~2020年）

资料来源：Wind、山东省亚太资本市场研究院。

① 张奥平、孟竹青：《2021年中国资本市场将迎来退市大年（附：退市制度与现状全梳理）丨新资本增量价值主义》，https：//baijiahao. baidu. com/s？id=1691096067891016701&wfr=spider&for=pc。

实施，上市公司资源稀缺性将逐渐消失，壳资源价值将不复存在。尤其是国务院出台的《关于进一步提高上市公司质量的意见》（国发〔2020〕14 号）明确要求，“完善退市标准，简化退市程序，加大退市监管力度”。实施退市新规后，多元化的退市指标将导致更多劣质公司退出市场，2021 年中国资本市场有望迎来新的退市高峰。

表 12　退市公司统计（2020 年）

序号	代码	名称	退市日期	退市原因	三板代码	三板简称
1	200018. SZ	神城 B 退(退市)	1 月 7 日	重大违法	420079. NQ	神州城 B3
2	000018. SZ	神城 A 退(退市)	1 月 7 日	重大违法	400079. NQ	神州城 A3
3	600240. SH	退市华业(退市)	2 月 5 日	面值低于 1 元	400080. NQ	华业 3
4	600074. SH	退市保千(退市)	6 月 2 日	净资产连续为负	400081. NQ	保千里
5	601558. SH	退市锐电(退市)	7 月 2 日	面值低于 1 元	400082. NQ	华锐 5
6	002604. SZ	龙力退(退市)	7 月 15 日	连续四年亏损	400083. NQ	龙力 3
7	002509. SZ	天茂退(退市)	7 月 20 日	面值低于 1 元	400086. NQ	广茂 1
8	200160. SZ	东洋 B 退(退市)	7 月 21 日	面值低于 1 元	420085. NQ	东洋 B
9	300104. SZ	乐视退(退市)	7 月 21 日	重大违法	400084. NQ	乐视网 3
10	300028. SZ	金亚退(退市)	8 月 3 日	重大违法	400087. NQ	金亚科技
11	002220. SZ	天宝退(退市)	8 月 11 日	面值低于 1 元	400092. NQ	天宝食品
12	600175. SH	退市美都(退市)	8 月 14 日	面值低于 1 元	400088. NQ	美都 1
13	300156. SZ	神雾退(退市)	8 月 25 日	面值低于 1 元	400090. NQ	神雾 A
14	300090. SZ	盛运退(退市)	8 月 25 日	重大违法	400089. NQ	盛运 3
15	900951. SH	退市大化 B(退市)	8 月 27 日	面值低于 1 元	420091. NQ	大化 B
16	600069. SH	退市银鸽(退市)	8 月 27 日	面值低于 1 元	400094. NQ	银鸽投资
17	300216. SZ	千山退(退市)	9 月 16 日	重大违法	400093. NQ	千山 1
18	300431. SZ	暴风退(退市)	11 月 10 日	未披露定期报告	——	——
19	900956. SH	东贝 B 股(退市)	11 月 23 日	吸收合并	——	——
20	000939. SZ	凯迪退(退市)	12 月 17 日	连续三年亏损	400096. NQ	凯迪生态

资料来源：Wind、山东省亚太资本市场研究院。

2. 债券二级市场

（1）国债收益率曲线先降后升

面对新冠肺炎疫情冲击，2020年前三季度中国人民银行实施适度宽松的货币政策，通过三次降低存款准备金率释放1.75万亿元长期流动性，新增1.8万亿元再贷款再贴现额度。进入第四季度，随着疫情防控工作向好及经济复苏，货币政策趋于常态化。同时，2019年8月中国人民银行改革完善LPR形成机制以来，经过一年多的实践，LPR改革促进了金融结构优化，畅通了货币政策传导渠道，有效引导贷款利率市场化运行。2020年国债收益率先下后上，整体呈V字形走势。1～4月，在新冠肺炎疫情冲击下，国债、政金债收益率大幅下行，债券收益率一路下行。进入5月，随着国内疫情逐渐得到有效控制，政策对冲力度不断加大，全面复工复产有序推进，国内经济复苏迹象明显，债券市场收益率整体转向上升。6～11月，国内疫情得到有效控制，在经济基本面持续修复、货币政策回归常态化、债券供给继续增加等背景下，债券市场收益率不断上行。其中，11月高等级国企违约事件引发市场流动性紧张，债券收益率上行。进入12月，为缓解信用风险事件的影响，央行货币政策超预期宽松，同时国外发现新冠病毒变异毒株，债券市场收益率出现下降。以中债新综合净价指数为例，1～4月为上行趋势，并在4月29日达到年内最高点103.3877点；5月之后转入下降趋势；11月下旬至年末稍有回升，在11月20日达到年内最低点99.1803点。截至2020年末，中债新综合净价指数收于99.8606点，较上年末下降0.73%。

（2）交易市场成交量增幅扩大

近三年来我国债券市场发展速度加快，债券市场在服务实体经济、提升融资比重、支持融资供给侧结构性改革方面发挥了巨大的作用。2020年我国债券发行额达到57万亿元，创历史新高。发行量的增加也推动了交易规模的扩大。根据中央结算公司数据，2020年，我国债券市场交易结算量共计1540.11万亿元，同比增长17.81%，增速比上年提高3.13个百分点。其中，中央结算公司结算量为943.23万亿元，占全市场的61.24%；上海清算所结算量为302.26万亿元，交易所市场结算量为294.61万亿元。从交易类型看，现券结算量241.02万亿元，同比增长12.93%，略低于前两年增长速度；回购结算量1291.97万亿元，同比增长18.56%；债券借贷结算量7.11万亿元，同比增长69.69%[①]（见表13）。其中，现券交易占比已连续三年上升，占比超过15%，显示我国债券市场的资本市场功能逐渐显现。从现券交易金额的占比来看，金融债、同业存单、国债的交易规模占比较大，三者合计交易规模占交易总额的79.0%；从现券交易金额的增速来看，地方政府债、国债增速较快，地方政府债的现券交易规模同比增长38.1%，国债的现券交易规模同比增长34.8%。[②]

表13　债券市场交易结算情况（2019年和2020年）

单位：万亿元，%

结算机构	2020年	2019年	同比增长	占比
中央结算公司小计	943.23	813.79	15.91	61.24
现券交易	153.16	139.40	9.87	—
回购交易	782.96	670.21	16.82	—
债券借贷	7.11	4.19	69.69	—
上海清算所小计	302.26	254.24	18.89	19.63
现券交易	76.57	71.17	7.59	—
回购交易	225.69	183.07	23.28	—
中证登小计	294.61	239.28	23.13	19.13
现券交易	11.29	2.86	294.76	—
回购交易	283.32	236.42	19.84	—
全市场	1540.11	1307.31	17.81	100.00

资料来源：中央结算公司、上海清算所、山东省亚太资本市场研究院。

从地方政府债券交易规模来看，全年二级市场现券交易金额13.38万亿元。其中，银行间债券市场13.25万亿元，占比99.03%；上海证券交易所1223.17亿元，占比0.91%；深圳证券交易所30.84亿元，占比0.02%。截至2020年末，全国地方政府债券余额25.49万亿元，其中，一般债券余额

① 中央结算公司：《2020年债券市场统计分析报告》，2020年1月15日。

② 国家金融与发展实验室：《中国债券市场2020》，2021年2月6日。

12.59 万亿元，专项债券余额 25.48 万亿元。地方政府债券剩余平均年限为 6.9 年（其中一般债券为 6.3 年，专项债券为 7.5 年），比 2019 年末延长 1.9 年。地方政府债券平均利率 3.51%，其中一般债券 3.51%，专项债券 3.50%。[①]

（3）债券违约受到市场关注

2017 年以来，随着金融供给侧改革的深化，市场整体融资环境趋紧，由于民营企业在融资方面较国有企业存在诸多天然劣势，导致 2017 ~ 2019 年出现民营企业违约潮。尽管此时期也有国有企业债券违约，但数量较少。进入 2020 年，市场一向偏爱有加的国有企业债券违约金额大幅增长，新增违约金额 718.02 亿元，超过之前年份国企违约总和，也超过所有企业新增债券违约金额的半数。过去一段时间机构投资者主动抱团国有企业债券，使得一些低资质主体得到了较充裕的资金供给，导致了风险的积聚。

Wind 数据显示，2020 年违约债券共计 150 只，比上年减少 35 只；违约债权金额 1697.02 亿元，同比增长 13.04%（见图 17）。虽然债券市场新增违约情况稍有好转，但违约仍处于历史高位。根据中央结算公司数据，2020 年债券市场新增违约债券 113 只，同比下降 30.25%；新增违约规模 1253.75 亿元，同比增长 1.68%，增速比上年减少 4.99 个百分点。2020 年的新增违约金额，主要是由北大方正（24 只）、华晨集团（14 只）、中信国安（6 只）、泰禾集团（6 只）等企业的债券违约导致的，违约既受新冠肺炎疫情、行业整体下行影响，也与企业自身债务规模庞大、资金周转困难、债务集中到付有关。

2020 年新增违约或展期债券以中高等级债券为主。自 2018 年 5 月发行时 AAA 评级的“17 沪华信 SCP002”发生违约后，高等级债券违约开始扩散开来。2020 年评级在 AAA 级、AA + 级的违约或展期债券规模分别为 731.16 亿元和 457.94 亿元，合计占比超 83%，比上年上升 29 个百分点。

① 财政部政府债务研究和评估中心：《地方政府债券市场报告（2020 年 12 月）》，2021 年 1 月 19 日。

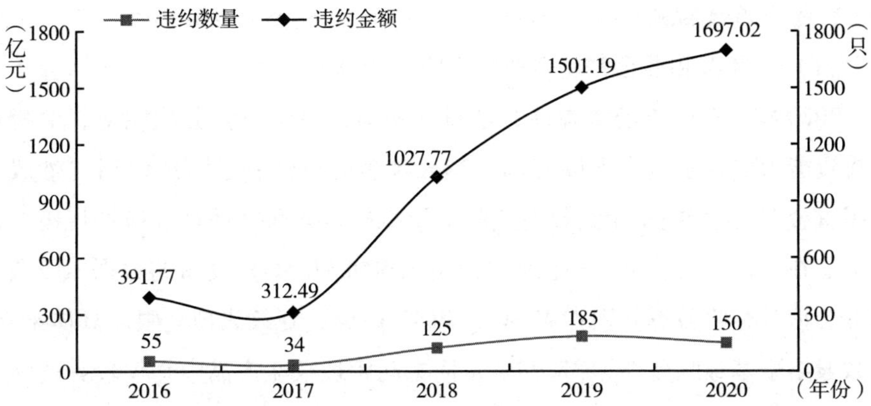

图 17　债券违约数量及违约金额（2016～2020 年）

资料来源：Wind、山东省亚太资本市场研究院。

违约或展期债券评级上移主要由于国有企业违约增多，这其中高达 92% 的违约金额属于 AA + 级及以上债券。2018 年至 2020 年，发行时主体评级为 AAA 级的债券违约金额由 131. 15 亿元增加至 664. 89 亿元，违约金额占比也由 14% 提高到 47%，违约主体评级中枢加速上移。此外，协议展期事件有所增多。全年新增协议展期债券 35 只，展期规模 271. 46 亿元，同比分别增长 52. 17% 和 31. 76%。展期债券中，仅 1 只完成兑付，规模 2. 5 亿元；有 3 只展期后仍发生违约，规模 15 亿元。

近年来，债券市场欺诈发行、虚假陈述、信披违规等事件频发，由此导致的债券违约现象时有发生，金融风险不断积聚。与此同时，处理债券违法违规又缺少严格的法律法规依据，造成投资人维权难问题突出。为更好地维护债券投资人的合法权益，促进证券市场健康平稳发展，2020 年 3 月，正式实施的新《证券法》在强化债券发行人信用约束、提高市场主体违法违规行为成本、保护投资人合法权益等方面做出了诸多改进。为进一步畅通司法诉讼途径、统一法律适用，2020 年 7 月，最高人民法院印发《全国法院审理债券纠纷案件座谈会纪要》。这些措施，使得债券投资者、持有人在司法维权时以及法院在审理债券纠纷案件时，能够有法可依，有助于保护债券投资人的合法权益。

3. 基金市场回顾

(1) 股票型和混合型基金业绩亮眼

2020 年，A 股市场结构性行情特征明显，股市收益分化明显，对投资者投资能力的要求也在不断提高，越来越多的投资者逐渐意识到"炒股不如买基金"，选择将资金交给专业的投资机构，从而推动基金市场规模快速扩增。在结构性行情下，根据海通证券（600837. SH）发布的数据，股票型和混合型基金收益率分别为 40. 41% 和 43. 68%，业绩表现亮眼。具体来看，指数股票型基金收益率为 32. 29%，而主动管理权益产品中仓位较高的强股混合型和偏股混合型基金收益率分别为 61. 05% 和 53. 97%，表现大幅优于指数。股混型基金中排名靠前的产品收益率超过了 100%。债券型基金中，指数债券型基金平均收益率 2. 53%；可转债债券型基金和偏债债券型基金表现较优，收益率分别为 18. 99% 和 8. 46%；纯债债券型和准债债券型基金收益率则整体略低，分别为 2. 60% 和 3. 56%。此外，受益于全年贵金属价格持续上涨，黄金 ETF 表现突出；QDII 股混型基金收益率为 19. 71%，FOF 产品的收益率为 22. 09%，而 QDII 债券型基金表现一般。[①] 多家公募基金跑赢上证综指，显示出机构投资者的专业性，能够抓住市场结构性机遇。但更重要的变化是，市场愈来愈成熟，股票定价更趋理性，专业投资机构话语权上升。未来，普通投资者选择优秀基金经理管理的产品进行投资，或许是更好的选择。

(2) 基金公司"马太效应"明显

在基金市场规模快速增长的背景下，公募基金"马太效应"也进一步加剧。申购资金向头部产品集中，头部基金经理、基金公司管理规模持续提升，成为公募市场的突出特点。海通证券（600837. SH）发布的数据显示，在剔除货币和部分理财债后，2020 年公募基金市场管理规模整体扩容 64. 02%，易方达、汇添富和华夏基金管理规模居前，其中易方达和汇添富基金管理规模接近翻倍，基金公司强者恒强的"马太效应"更为明显。

---

① 海通证券：《记录不平凡的一年——2020 年公募基金市场回顾》，2021 年 2 月 10 日。

从近年来基金公司市场占有率可以发现，头部基金公司的市场占有率在不断上升，“马太效应”愈发明显。从总规模来看，2019 年管理规模排名中前 10% 的基金公司所管理的总规模占到全市场的 48.44%，这一比例在 2020 年升至 50.84%，意味着 2020 年 15 家基金公司管理的总规模占到全市场 147 家基金公司管理规模的一半以上，头部效应显著。而在更为考验基金公司投研能力的主动权益类产品方面，资金则更明显地向头部公司聚拢，根据统计的 2015 年以来主动权益管理规模排名前 10% 的基金公司管理规模可以发现，头部公司主动权益类产品规模占比不断上升，从 2015 年初的 33.29% 上升至 2020 年末的 61.08%，意味着 2020 年末市场前 15 家主动权益管理公司管理着主动权益基金的半壁江山。[①]

（3）MOM 和 REITs 创新型产品涌现

由于 A 股在 2020 年第二季度走出了明显的上涨行情，第二、第三季度股票型和混合型基金发行量出现“井喷”，全年新基金发行规模创下历史新高。此外，2020 年爆款基金频出，“日光基”、小比例配售等情况频现。如果将实际认购规模超过 80 亿元的新发基金定义为爆款基金，全年共计发行 80 只，总募集资金达到 8475.59 亿元，其中有 43 只基金按比例配售，睿远均衡价值三年持有混合 A（008969.OF）的配售比甚至低至 4.90%。在基金市场火暴、产品数量和规模大幅上涨的同时，2020 年基金产品的创新也在不断推进。

MOM（Manager of Managers，全称“管理人的管理人”）产品正式获批，公募 MOM 渐行渐近。MOM 是由 MOM 投资经理在全基金市场挑选出契合自己投资理念和风格的基金经理，将资产或子账户委托多个基金经理代为管理的一类基金产品。2019 年 12 月，中国证监会发布《证券期货经营机构管理人中管理人（MOM）产品指引（试行）》，明确了 MOM 的产品定义及运作模式，界定了参与主体职责，并要求加强信息的披露和管控。此后，招商基金、创金合信、华夏基金、建信基金和鹏华五家基金公司相继上报了公募

① 海通证券：《记录不平凡的一年——2020 年公募基金市场回顾》，2021 年 2 月 10 日。

MOM 产品。2020 年 12 月，首批 5 只 MOM 产品正式获批。

公募 REITs（Real Estate Investment Trusts）配套规则逐渐发布。REITs 是一种由管理人通过发行股份或信托凭证，进行房地产投资及经营管理，将所得收益分配给投资者的一种产品。REITs 产品所募集的资金和收益大部分集中于地产行业，且在分配所得收入时，一般仅需单次征税。2020 年 4 月，中国证监会与国家发改委联合发布《关于推进基础设施领域不动产投资信托基金（REITs）试点相关工作的通知》，国内基础设施领域公募 REITs 试点正式起步。2020 年 12 月，国家发改委在已完成答辩的近 30 个公募 REITs 项目中，选出了 5 个项目推荐给了中国证监会。2021 年 5 月末，首批 9 只公募 REITs 正式公开发售。

二　新三板市场

（一）推进和深化新三板改革

2020 年 3 月，新《证券法》的实施成为我国资本市场最为重大的事件。在新《证券法》修订之前，新三板市场所依据的仅是行政法规，法律地位不足，对违法违规行为进行追责的法律依据并不充分，投资者保护力度不够。新《证券法》为新三板市场的投资者保护提供了更加有力的法律保证。在保护新三板市场投资者的同时，新《证券法》还提升了新三板市场法律地位。新《证券法》规定，新三板作为目前唯一一家国务院批准的其他全国性证券交易场所，与证券交易所具有相同的法律地位。二者都可以组织公开发行证券的交易、有挂牌公司与上市公司履行同等的信息披露义务、依法实施自律管理等，从而确立了新三板场内、公开、独立市场的法律地位。

新三板市场再分层，精选层成功开市，既是新三板市场发展的里程碑，也是进一步深化改革的起点。2020 年 7 月，新三板市场精选层首批 32 家企业开始交易，市场形成了“基础层—创新层—精选层”梯次递进的结构，挂牌公司质量基础有效提升。截至 2020 年末，精选层挂牌公司达 41

家。精选层将发挥引领和带动作用，改善包括创新层和基础层在内的市场整体效益。

为持续优化新三板市场运行生态，2020 年全国股转系统出台 60 多份深化改革细则，涉及分层业务调整、资产重组、挂牌审查、再融资等多个方面。融资方面，引进向不特定合格投资者公开发行制度，满足企业大额高效融资需求；持续优化定向发行机制，进一步打开发行限制、降低发行成本；全年股票发行实现融资 338. 50 亿元，同比增长 27. 91%。市场流动性方面，为不同层次的投资者提供相匹配的流动性需求，实施差异化的交易制度，市场成交规模整体上涨，全市场日均成交 5. 33 亿元，同比增长 57. 44%，市场活跃度明显提升。引导机构资金入市，引入公募基金，明确 QFII、RQFII 投资挂牌股票的具体安排，实施差异化投资者准入制度，投资群体积极性明显提升，全年有 16 只公募基金投资精选层，合格投资者数量达 165. 82 万户，是上年末的 7. 12 倍。随着新三板改革的不断深入，新三板市场在支持实体经济发展、为中小企业提供融资、发挥市场资源配置作用、满足投资者财富管理需求等方面的基础功能不断夯实。

（二）挂牌公司数量降幅缩小

新三板市场挂牌公司数量在经历最初几年的高速增长后，2017 年达到 11630 家历史高点后，至 2020 年挂牌企业数量已连续 3 年减少，但下降速度相比往年明显降低。根据全国股转系统数据，截至 2020 年末，新三板市场挂牌企业数量为 8187 家，同比下降 8. 56%，比上年的降幅减少 7. 7 个百分点（见图 18）。相比于 2017 年的历史高点，2020 年挂牌企业数量已下降 30%。市场的出清有利于向着高质量的方向发展。随着改革措施的平稳落地，新三板作为资本市场服务创新型、创业型、成长型中小企业的重要平台，在规范企业经营、助力中小企业发展等方面的成效不断显现。2020 年，新三板市场涌现了一批小特精专企业，336 家公司被评为专精特新“小巨人”，26 家成长为“单项冠军”企业；2017 ~ 2019 年，累计有 48 家公司获得国家科学技术奖。

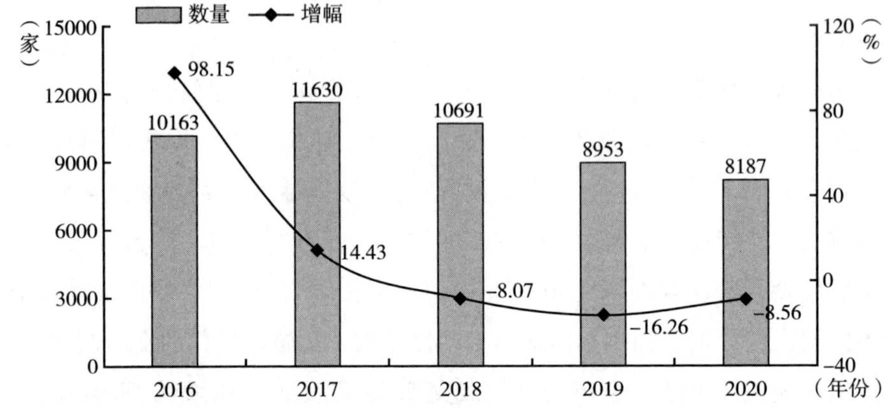

图18　新三板市场挂牌企业数量及增幅（2016～2020年）

资料来源：全国中小企业股份转让系统、山东省亚太资本市场研究院。

（三）市场回暖融资额上涨

新《证券法》的实施有力地保护了新三板市场投资者，实施差异化的交易制度，匹配不同层次企业公众化程度和流动性需求，同时设置更加合理的投资者门槛，这些措施都推动了市场流动性的回升。截至2020年末，合格投资者数量达165.82万户，同比增6.12倍，其中，机构投资者5.74万户，个人投资者160.08万户，新三板市场交易效率、定价功能提升明显。2020年，新三板市场10只指数全部上涨，其中，创新成指从1236.81点涨至1510.89点，涨幅22.16%，高于三板成指8.83%的涨幅和三板做市17.32%的涨幅。在单项指数中，三板制造指数、三板医药指数年内涨幅则高达41.68%、49.04%。市场整体市盈率水平由改革前的19.12倍提升至21.10倍，精选层市盈率为28.10倍，估值定价能力得到改善。股票发行方面，全年共计发行716次，比上年增加79次；共计发行74.54万股，同比微增1.10%；股票发行融资金额338.50亿元，同比增长27.91%。全年全市场挂牌公司累计融资上万次，筹资金额约5300亿元。股票成交方面，2020年新三板股票总成交额达1294.64亿元，同比提升56.79%，扭转了自

2017 年以来持续下降的局面；总成交量 260.42 亿股，同比提升 18%；总体换手率达到 9.9%，较上年提升了 3.6 个百分点；整体市盈率达到 21.1 倍，高于 2019 年 19.74 倍的水平。

（四）转板细则出台打通转板通道

自 2019 年 10 月中国证监会宣布启动深化新三板市场改革以来，新三板市场系统化、深层次的改革从未停息。2020 年 1 月，全国股转系统发布《全国中小企业股份转让系统股票向不特定合格投资者公开发行与承销管理细则（试行）》《全国中小企业股份转让系统股票向不特定合格投资者公开发行保荐业务管理细则（试行）》《全国中小企业股份转让系统股票向不特定合格投资者公开发行并在精选层挂牌规则（试行）》，标志着新三板公司公开发行并在精选层挂牌业务已正式启动。此后至 3 月，全国股转系统又发布《全国中小企业股份转让系统股票向不特定合格投资者公开发行并在精选层挂牌业务指南 2 号——发行与挂牌》等多个业务规则，至此精选层公开发行相关业务规则全部发布。2020 年 6 月，中国证监会发布《关于全国中小企业股份转让系统挂牌公司转板上市的指导意见》，提出符合条件的新三板挂牌公司可以申请转板至上海证券交易所科创板或深圳证券交易所创业板上市。此后 11 月，沪深交易所分别就《精选层向创业板和科创板转板上市办法（试行）》公开征求意见。此后 2021 年 2 月，沪深交易所分别发布《全国中小企业股份转让系统挂牌公司向上海证券交易所科创板转板上市办法（试行）》及《深圳证券交易所关于全国中小企业股份转让系统挂牌公司向创业板转板上市办法（试行）》，两项规则对各自的转板条件、审核程序、制度衔接等内容做出了明确规定。Wind 数据显示，2020 年全年新三板成功转板 A 股上市企业 105 家，同比增长 1.44 倍，增加 62 家；募集资金总额达到 811.34 亿元，同比增长 1.81 倍。随着转板数量和募资总额的增长，新三板转板公司上市数量占总体 A 股上市公司比重逐年增大，意味着新三板已成为整个资本市场不可或缺的一部分，将发挥越来越重要的作用。同时，多层次的资本市场体系的建立，能够更好地服务实体经济、民营经济及中小企业。

三 科创板市场

（一）科创板扩容迅速

自2019年设立科创板并试点注册制以来，科创板市场发展迅速。2020年尽管受到新冠肺炎疫情的冲击，科创板公司仍迎难而上，全市场取得喜人成绩。全年新上市公司145家，占全部IPO数量的36.62%，数量居主板、创业板、科创板三大板块之首；募集资金总额2226.22亿元，占IPO融资额的47.37%。截至2020年末，科创板上市公司累计215家，占沪深上市公司数量的5.19%；科创板上市公司总市值3.49万亿元，占比4.13%，尽管整体占比大幅小于主板和创业板，但增速快于其他板块；年末科创板上市公司总资产9315.18亿元，同比增长52.62%，占沪深上市公司总资产的0.30%。与传统行业上市公司相比，科创板上市公司重视研发投入、科技创新和产品创新，其资产较轻，呈现出明显的“新经济”特征。按照科创板主题行业细分领域来看，智能制造装备产业内科创板上市公司共计23家，智能制造装备产业、生物医药产业、电子核心产业、新兴软件和新型信息技术服务以及下一代信息网络产业科创板公司数量均超过10家，其中，智能制造装备产业以23家居各产业之首（见图19）。

（二）整体业绩稳定增长

2020年，科创板上市公司总体经营稳健，业绩持续向好。Wind数据显示，截至2020年末，215家科创板上市公司共计实现营业收入3323.01亿元，同比增长19.77%；实现净利润412.14亿元，同比增长58.73%。营业收入方面，75.81%的公司实现营业收入增长，其中10家公司营业收入增长翻倍；净利润方面，67.44%的公司实现盈利，其中25家公司净利润增长翻倍，圣湘生物（688289.SH）更是以同比65倍的增幅傲视群雄。作为实体经济高质量发展的生力军，科创板上市公司整体维持了较强的盈

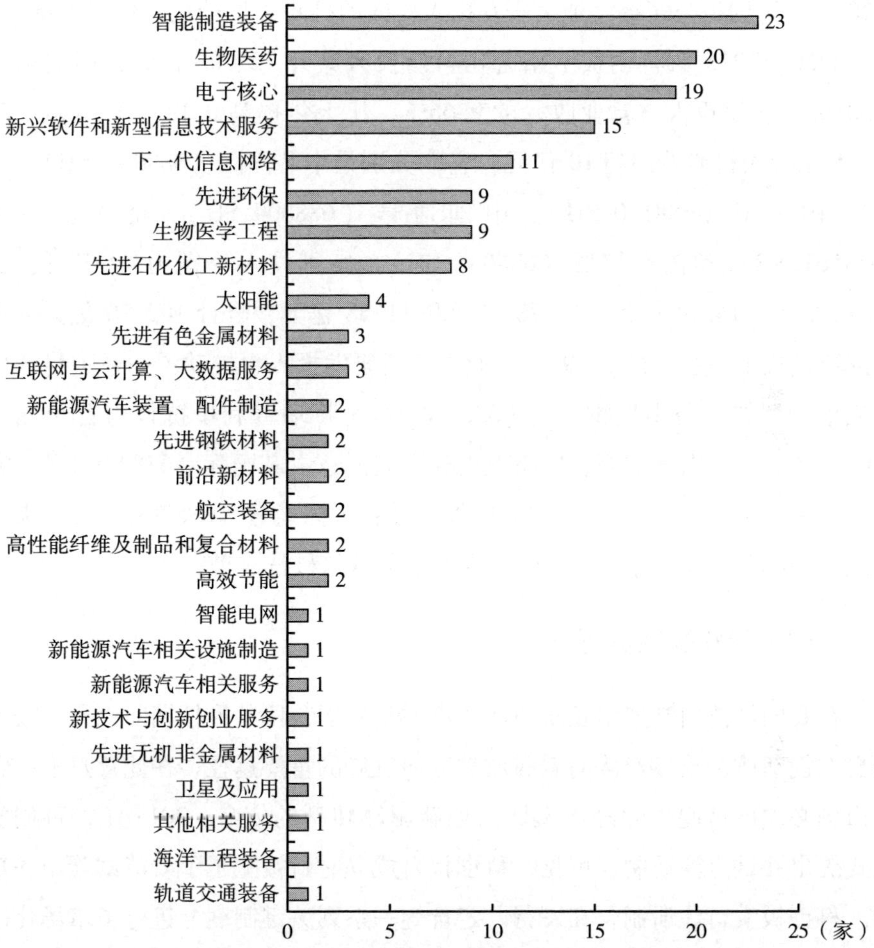

图 19　科创板细分产业公司数量（2020 年）

资料来源：Wind、山东省亚太资本市场研究院。

利质量，现金流良好。2020 年经营活动现金流合计 3475.48 亿元，同比增长 19.41%。维持良好的现金流回款抗风险能力，是科创板公司“硬实力”的体现。

（三）持续加大研发投入

研发投入和研发水平是检验科创板上市公司科创属性的“硬核”指标。

2020 年，科创板公司继续加大研发投入，推动科研成果转化。根据 Wind 数据，2020 年 215 家科创板上市公司科研投入共计 321.02 亿元，同比增长 22.01%。科研投入占营业收入的 9.66%，比上年提高 0.18 个百分点。其中，5 家公司科研费用超 10 亿元，它们分别是中芯国际（688981.SH）、君实生物 – U（688180.SH）、中国通号（688009.SH）、奇安信 – U（688561.SH）和传音控股（688036.SH），科研投入分别为 46.72 亿元、17.78 亿元、14.34 亿元、12.28 亿元和 11.58 亿元，合计 102.70 亿元，占全部科创板上市公司的 31.99%。此外，高研发投入也推动了一系列科技创新成果。例如，君实生物 – U（688180.SH）特瑞普利单抗作为首个国产 PD – 1 产品，新增鼻咽癌、尿路上皮癌适应证；中芯国际（688981.SH）完成先进制程 1.5 万片 FinFET 安装产能目标；中国通号（688009.SH）、天合光能（688599.SH）等多家公司也取得了卓越的科技成果。

（四）创新制度运行良好

在我国经济由高速增长阶段转向高质量发展阶段的换挡期间，科学技术和自主创新成为支撑经济向着高质量方向发展的重要途径。在此背景下，资本市场必须肩负起引领经济发展向创新驱动转型的使命。2018 年，科创板正式提出并试点注册制，可见，科创板自成立时就被赋予了改革试验田的功能。科创板实行注册制，在发行、定价等一系列关键制度上进行了市场化改革的突破，2020 年注册制扩展至创业板。科创板采用信息披露为核心的监管理念，从信息披露、并购重组、再融资等多个方面进行创新，创建了适合板块自身特色的监管模式。经过一年多的成功运行，各项创新制度运行良好。例如，再融资制度试点注册制，不仅激发了市场活力，还推动公司加大科研投入力度。根据上海证券交易所数据，在科创板上市公司 2020 年年报披露期间，有 10 家公司尝试“小额快速”再融资简易程序制度，合计拟募集资金 29 亿元，在一定程度上满足了公司科研投入，促进公司技术创新和成果转化。再如股权激励制度，截至 2020 年年报披露完毕，有 109 家公司推出 124 份股权激励计划，激励对象主要面向核心管理人员、核心技术人员和骨干员工等，涉及人数达2万余人。激励制度为公司核心员工注入“强心剂”，有利于公司人才队伍的建设和稳定。

四　并购重组市场运行情况

（一）交易活跃度降低

2020年，受新冠肺炎疫情突袭、并购重组监管政策要求较高、全球经贸摩擦加大和复杂的地缘政经关系等因素影响，我国上市公司并购重组交易活跃度降至5年来最低谷。对比IPO、增发、债券、新三板等市场的火暴，并购重组市场作为资本市场重要组成部分却格外“冷清”。无论是交易金额和交易数量，还是并购手段，都显得数量少，乏善可陈，在现有的并购交易方案中缺乏创新案例，注册制背景下借壳上市也近乎销声匿迹。根据Wind数据，按照上市公司首次披露日计算，全年A股市场实施重大资产重组100起，交易金额1603.23亿元，分别比2019年下降47.09%和77.21%（见图20）。全年交易金额超百亿元的并购共计6起，这6起并购事件共计879.53亿元，占全年并购金额的54.86%，其中，*ST中房（600890.SH）通过重大资产置换及发行股份以305亿元金额收购忠旺集团全部股权成为全年A股市场最大的一起并购重组事件。

（二）以寻求买方和国内并购为主

在全年A股市场发生的百起并购重组事件中，上市公司以买方为主，数量占65%，交易金额共计1177.30亿元，占全部交易额的73.43%。从并购目的看，这些上市公司的并购重组以战略合作、横向整合为主。在构建“以国内大循环为主、国内国际相互促进”双循环新格局的态势下，上市公司主动围绕产业链寻求购并，通过强化供应链与产业链的弹性和多样化，加快建链、强链、补链、延链，提升行业、同质性产业整合效率，采取纵向一体化并购重组方式，向自身核心业务的上下游整合，与被收购企业优势互

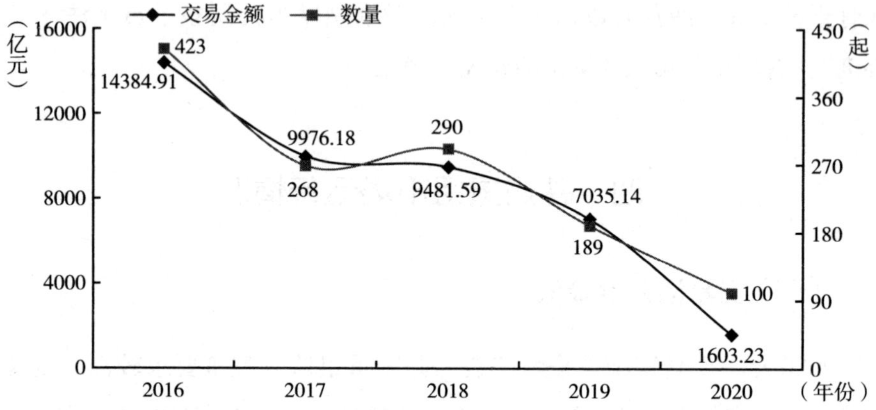

图 20　A 股市场并购重组交易数量及交易金额（2016～2020 年）

资料来源：Wind、山东省亚太资本市场研究院。

补，推动企业实现产业结构的转型和升级。从并购发生的区域来看，境内并购是上市公司的主要并购方式，数量高达 93 起，而出境并购为 5 起，入境并购 2 起。新冠肺炎疫情持续时间不确定，给国内企业并购境外标的带来一些不确定性，加上以美国为首的西方国家通过贸易壁垒、技术保护、资金限制等措施保护本国经济，致使境外并购门槛日益提升，压制了海外并购需求与供给，造成全年出境并购事件减少。

（三）科创板和创业板并购重组实现突破

Wind 数据显示，2020 年中国证监会并购重组委员会共召开 54 次会议，审核了 77 家上市公司的重组案例。由于新冠肺炎疫情的影响，相比上年中国证监会并购重组委会议的频率及审核的重组案例数量显著减少，其中，会议减少 20 次，审核公司数量减少 41 次。尽管如此，注册制制度下科创板和创业板上市公司在并购重组市场均实现了零突破。2020 年 6 月，中国证监会同意科创板上市公司华兴源创（688001. SH）发行股份购买苏州欧立通自动化科技有限公司 100% 股权并募集配套资金进行项目注册，由此成为首单科创板上市公司重大资产重组项目。华兴源创（688001. SH）此次并购重组，为之后科创板上市公司的并购交易提供范例，更预示着科创板的运行逐渐步入常态化。在以信息披露为核心的注册制理念中，重组并购属于市场行为，行为企业只要保证信息充分披露即可。并购重组是中小企业实现外延式扩张的重要方式，有利于科创板企业做大做强，从而产生更强的竞争力。

2020 年 9 月，中国证监会同意创业板上市公司楚天科技（300358. SZ）发行股份、可转债购买德国医药设备制造龙头企业 Romaco 部分股权并募集配套资金进行项目注册，这标志着创业板上市公司并购重组注册制正式落地。楚天科技（300358. SZ）的海外并购案获监管层肯定，从创业板注册制落地、支持实体经济发展、鼓励海外并购等多个维度来看都有深远意义。楚天科技（300358. SZ）联合控股股东楚天投资、澎湃投资等耗资 11 亿元并购德国 Romaco 公司 75. 1% 的股权，创下中国制药装备行业最大并购案纪录。楚天科技（300358. SZ）作为注册制下首个创业板走完全注册流程的重大资产重组项目意义重大：一是监管层大力支持上市公司并购海外优质资产；二是真正打通了注册制下创业板资产重组新通道。

（四）并购重组政策密集出台

2020 年 2 月，中国证监会发布再融资新规，月末表示允许上市公司履行内部决策程序后，对配套融资部分做出适当调整。3 月，中国证监会对《上市公司重大资产重组管理办法》、《上市公司收购管理办法》和相关配套规则进行了修改，进一步提升了监管的效率与水平，促进了上市公司质量提升。7 月，为落实新《证券法》上位规定，深化“放管服”改革，释放并购重组市场活力，中国证监会将涉及上市公司日常监管及并购重组审核的监管问答进行清理、整合并重新发布：一是明确认定构成重组方案重大调整的标准；二是明确发行价格调整方案的相关要求。8 月，中国证监会就《欺诈发行上市股票责令回购实施办法（试行）（征求意见稿）》公开征求意见。9 月，中国证监会修订《关于加强上市证券公司监管的规定》与新《证券法》等规则衔接，完善相关条款及表述。10 月，国务院发布《关于进一步提高上市公司质量的意见》（国发〔2020〕14 号），其中提到促进市场化并购重组，充分发挥资本市场的并购重组主渠道作用，鼓励上市公司盘活存量、提质增效、转型发展。完善上市公司资产重组、收购和分拆上市等制度，丰富支付及融资工具，激发市场活力。

五　证券公司发展概况

（一）证券公司数量再迎高增长

习近平总书记在中共中央第十三次集体学习时提出“深化金融供给侧结构性改革”以来，资本市场被提到了前所未有的高度。2020 年，伴随着新《证券法》实施、注册制改革扩至创业板并试点成功，作为直接服务资本市场的证券公司自然也被置于聚光灯下，一个社会各界共同关注的事实是证券公司数量显著增加。根据中国证券业协会官网“信息公示”中的“证券公司财务报告信息公示”数据，2020 年我国证券公司数量达到 138 家[①]，比 2019 年增加 6 家，在过去的十年中仅次于 2015 年新增的 7 家（见图 21）。在 2020 年新增的 6 家证券公司中，包括 2 家证券公司和 4 家资产管理公司，它们分别是甬兴证券（以下简称甬兴证券）有限公司、金圆统一证券有限公司（以下简称金圆统一证券）和上海甬兴证券资产管理有限公司、天风（上海）证券资产管理有限公司、德邦证券资产管理有限公司、安信证券资产管理有限公司。其中，甬兴证券是时隔十年来中国证监会批设的首家内资证券公司，在中国证券史上具有重要意义。甬兴证券总部位于浙江宁波，是宁波现有唯一的综合类证券公司。2020 年 9 月，金圆统一证券获得中国证监会颁发的《经营证券期货业务许可证》，成为首家两岸合作设立的证券公司，自申请成立至开业已经历了 4 个年头。金圆统一证券两大股东分别是厦门金圆投资集团有限公司和台资股东统一企业集团，分别持有公司 51% 和 49% 的股权。金圆统一证券的设立，是两岸金融合作史上具有里程

① 中国证券业协会实际披露了 137 家证券公司年报。华融证券因股东相关交易尚待确定，延迟披露 2020 年年报。

碑意义的重大事件，对于深化两岸金融交流合作、丰富区域金融产业链、促进资本和人才聚集、丰富厦门自贸区金融改革创新内涵具有重要意义。金圆统一证券将扎根东南沿海、服务台资企业、打造精品投行，积极发挥两岸股东资源优势，在服务厦门市、福建省区域内企业的同时，为在大陆地区深耕发展的台企台胞提供深度综合金融服务，成为两岸证券合作的领航者。

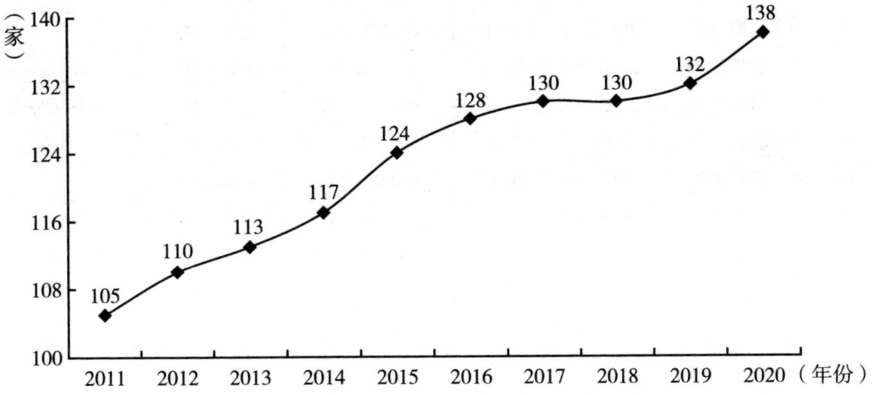

图 21　证券公司数量（2011～2020 年）

资料来源：中国证券业协会、山东省亚太资本市场研究院。

从上市证券公司数量来看，截至 2020 年末沪深上市证券公司达 41 家，比 2019 年同期增加 4 家，新增的 4 家证券公司分别为中银证券（601696. SH）、中泰证券（600918. SH）、国联证券（601456. SH）和中金公司（601995. SH）。其中，既在沪深交易所上市又在香港交易所上市的证券公司共计 14 家，全年共有 2 家港股证券公司登陆 A 股，国联证券（601456. SH）于 7 月在上海证券交易所上市，中金公司（601995. SH）于 11 月登陆上海证券交易所，成为第 14 家以“A + H”实现两地上市的证券公司，至此，国内头部证券公司全部实现 A 股上市。此外，恒投证券（1476. HK）在香港上市，粤开证券（830899. OC）、东海证券（832970. OC）和国都证券（870488. OC）在新三板市场挂牌交易（见表 14）。

表 14　全国证券公司在新三板市场挂牌交易统计

序号	股票简称	上市日期	股票代码		交易所
1	申万宏源	2015 年 1 月 26 日	000166. SZ	6806. HK	沪深交易所 + 香港交易所
2	广发证券	1997 年 6 月 11 日	000776. SZ	1776. HK	
3	中信证券	2003 年 1 月 6 日	600030. SH	6030. HK	
4	海通证券	1994 年 2 月 24 日	600837. SH	6837. HK	
5	东方证券	2015 年 3 月 23 日	600958. SH	3958. HK	
6	招商证券	2009 年 11 月 17 日	600999. SH	6099. HK	
7	中信建投	2018 年 6 月 20 日	601066. SH	6066. HK	
8	国泰君安	2015 年 6 月 26 日	601211. SH	2611. HK	
9	中原证券	2017 年 1 月 3 日	601375. SH	1375. HK	
10	华泰证券	2010 年 2 月 26 日	601688. SH	6886. HK	
11	光大证券	2009 年 8 月 18 日	601788. SH	6178. HK	
12	国联证券	2020 年 7 月 31 日	601456. SH	1456. HK	
13	中国银河	2017 年 1 月 23 日	601881. SH	6881. HK	
14	中金公司	2020 年 11 月 2 日	601995. SH	3908. HK	
15	国信证券	2014 年 12 月 29 日	002736. SZ		沪深交易所
16	第一创业	2016 年 5 月 11 日	002797. SZ		
17	华西证券	2018 年 2 月 5 日	002926. SZ		
18	长城证券	2018 年 10 月 26 日	002939. SZ		
19	华林证券	2019 年 1 月 17 日	002945. SZ		
20	东北证券	1997 年 2 月 27 日	000686. SZ		
21	国投资本	1997 年 5 月 19 日	600061. SH		
22	国元证券	1997 年 6 月 16 日	000728. SZ		
23	国金证券	1997 年 8 月 7 日	600109. SH		
24	国海证券	1997 年 7 月 9 日	000750. SZ		
25	西南证券	2001 年 1 月 9 日	600369. SH		
26	长江证券	1997 年 7 月 31 日	000783. SZ		
27	山西证券	2010 年 11 月 15 日	002500. SZ		
28	华安证券	2016 年 12 月 6 日	600909. SH		
29	太平洋	2007 年 12 月 28 日	601099. SH		
30	财通证券	2017 年 10 月 24 日	601108. SH		
31	天风证券	2018 年 10 月 19 日	601162. SH		
32	东兴证券	2015 年 2 月 26 日	601198. SH		
33	红塔证券	2019 年 7 月 5 日	601236. SH		
34	兴业证券	2010 年 10 月 13 日	601377. SH		
35	西部证券	2012 年 5 月 3 日	002673. SZ		

续表

序号	股票简称	上市日期	股票代码		交易所
36	东吴证券	2011 年 12 月 12 日	601555. SH		沪深交易所
37	浙商证券	2017 年 6 月 26 日	601878. SH		
38	方正证券	2011 年 8 月 10 日	601901. SH		
39	南京证券	2018 年 6 月 13 日	601990. SH		
40	中泰证券	2020 年 6 月 3 日	600918. SH		
41	中银证券	2020 年 2 月 26 日	601696. SH		
42	恒投证券	2015 年 10 月 15 日		1476. HK	香港交易所
43	粤开证券	2014 年 8 月 1 日	830899. OC		全国股转系统
44	东海证券	2015 年 7 月 27 日	832970. OC		
45	国都证券	2017 年 3 月 31 日	870488. OC		

资料来源：中国证券业协会、山东省亚太资本市场研究院。

（二）外资证券公司加大布局内地市场

早在 2018 年博鳌亚洲论坛上，我国就公布了金融业对外开放的具体措施和时间表。随后的 2019 年，中国证监会释放对外开放重磅政策，即明确提前取消期货公司、证券公司和基金公司外资持股的股比限制。具体来看，2020 年 1 月，放开期货公司外资股权比例限制；4 月，放开证券公司外资股权比例限制。这意味着资本市场对外开放工作再向前迈出一大步。2020 年 2 月，金圆统一证券获准设立。自 4 月证券公司外资持股放开后，高盛（亚洲）有限公司控股的高盛高华证券（占股权 51%）和摩根士丹利（亚洲）有限公司的摩根士丹利华鑫证券（占股权 51%）纷纷获得中国证监会核准。同月，中国证监会还核准了瑞信方正证券变更控股股东，瑞士信贷银行股份有限公司增资后持股增至 51%。8 月，大和证券（控股股东日本大和证券集团）和星展证券（控股股东新加坡星展集团）的设立先后获得中国证监会核准。10 月，渣打银行（香港）设立证券公司的申请材料获得中国证监会接收。12 月，高盛启动收购合资公司高盛高华 100% 股权的程序。根据中国证监会公布的数据，截至 2020 年 9 月，外资参股的证券公司数量已达 15 家（见表 15）。从近两年外资证券公司在我国的布局来看，财富管理业务和投资银行业务成为布局重点。随着国外资本加速进入我国证券行业，我国内资证券公司的业务模式和行业生态将受到一定程度的冲击，机构的财务管理能力和投行服务能力将成为市场竞争的焦点。可以预见，未来证券行业将会加剧竞争，我国中小证券公司也将面临更大的竞争压力。

表 15　外资参股证券公司一览（2020 年 9 月）

序号	公司名称	境外股东名称	注册资本（亿元）	出资比例（%）	批准时间
1	中国国际金融股份有限公司	Tencent Mobility Limited	43. 69	43. 58	1995 年 5 月
		Des Voeux Investment Company Limited			
		名力集团控股有限公司			
		其他公众股东			
2	中银国际证券股份有限公司	中银国际控股有限公司（BOC International Holdings）	25	37. 14	2002 年 1 月
3	光大证券股份有限公司	中国光大控股有限公司（China Everbright Ltd）	46. 11	21. 30	1996 年 5 月
4	高盛高华证券有限责任公司	高盛（亚洲）有限公司（Goldman Sachs Asia Limited）	10. 94	51	2004 年 11 月
5	瑞银证券有限责任公司	瑞士银行有限公司（UBS AG）	14. 9	51	2006 年 12 月
6	瑞信方正证券有限责任公司	瑞士信贷银行股份有限公司（Credit Suisse AG）	10. 89	51	2008 年 6 月
7	中德证券有限责任公司	德意志银行股份有限公司（Deutsche Bank AG）	10	33. 30	2008 年 12 月
8	摩根士丹利华鑫证券有限责任公司	摩根士丹利（亚洲）有限公司（Morgan Stanley Asia Limited）	10. 2	51	2010 年 12 月
9	申港证券股份有限公司	茂宸集团控股有限公司	43. 15	34. 85	2016 年 3 月
		民众证券有限公司			
		嘉泰新兴资本管理有限公司			
10	华菁证券有限公司	华兴金融服务（香港）有限公司	14. 048	48. 83	2016 年 4 月
11	汇丰前海证券有限责任公司	香港上海汇丰银行有限公司	18	51	2017 年 6 月
12	东亚前海证券有限责任公司	东亚银行有限公司	15	49	2017 年 6 月

续表

序号	公司名称	境外股东名称	注册资本（亿元）	出资比例（%）	批准时间
13	野村东方国际证券有限公司	野村控股株式会社	20	51	2019 年 3 月
14	摩根大通证券（中国）有限公司	J. P. Morgan International Finance Limited	8	51	2019 年 3 月
15	金圆统一证券有限公司	统一综合证券股份有限公司	5. 88	49	2020 年 2 月

资料来源：中国证监会、山东省亚太资本市场研究院，http：//www. csrc. gov. cn/pub/newsite/gjb/sczr/wzcgzqgsylb/202011/t20201118_ 386446. html。

（三）证券公司经营及财务状况

1. 经营业绩保持增长

2020 年初，在新冠肺炎疫情冲击下股指不断下挫，后受全球流动性宽松、我国经济率先超预期修复带动，跨境资金大幅涌入，医药等板块大幅上涨带动股指于 7 月起大幅反弹，形成结构性牛市。股指上涨点燃交易热情，股基、两融余额出现明显增长。资本市场改革深入推进，IPO、再融资规模实现高增长。证券行业抓住机遇加快业务转型，加强能力建设，积极服务实体经济和居民财富管理，经营情况整体向好。根据中国证券业协会公布的数据①，全年证券行业实现营业收入 4485 亿元，同比增长 24. 41%；实现净利润 1575 亿元，同比增长 27. 94%（见图 22），127 家证券公司实现盈利。轻资本业务全线增长，其中经纪业务、投资银行业务、资产管理业务收入分别为 1161. 10 亿元、672. 11 亿元、299. 60 亿元，同比增速分别为 47%、39%、9%。业务收入结构呈现明显变化，经纪业务、投行业务收入占比经过几年的下滑后首次提升，占总营收比例分别为 26% 和 15%；资管业务收入占比继续下滑至 7%，轻资本业务收入占比合计提升近 5 个百分点，重资本业务

① 中国证券业协会，https：//www. sac. net. cn/hysj/zqgsjysj/202102/t20210223_ 145587. html。

及其他收入占比下降至52%。投行业务及经纪业务表现优异是拉动行业营业收入、净利润稳步增长的主要原因。

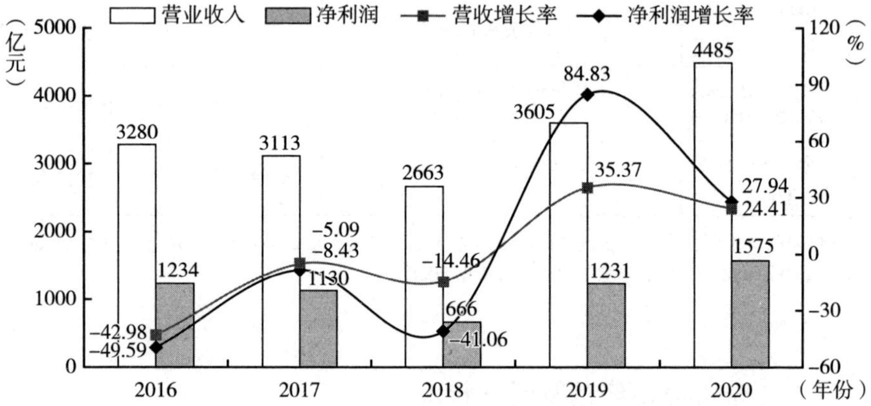

图22　证券行业营业收入、净利润及增长率统计（2016～2020年）

资料来源：中国证券业协会、山东省亚太资本市场研究院。

2. 资产规模不断增加

根据中国证券业协会数据，截至2020年末，证券行业总资产为8.90万亿元，同比增长22.50%；净资产为2.31万亿元，同比增长14.10%。客户交易结算资金余额（含信用交易资金）1.66万亿元，受托管理资金本金总额10.51万亿元。在注册制全面推行的背景下，证券公司通过增加资本金进行业务拓展的需求更加明显，加上经历了2018年股票质押风险之后，证券公司都意识到通过补充资本金、夯实资本实力来提升抗风险能力的重要性。2020年资本市场稳健向好，为证券公司融资提供了较好的时点，因此，较多的证券公司通过定向增发、配股等方式进行融资，提升自己的资本实力。根据证券公司公告，2020年共有14家上市证券公司实施了定增、配股融资，实际融资金额达1067.36亿元，占当年定增配股总融资规模的12.05%，融资规模达到了自2015年证券公司实施定增、配股以来历史新高。在监管支持打造航母级头部证券公司的政策导向下，大型证券公司凭借政策和资本优势强者恒强，头部证券公司通过并购整合方式业绩及实力获得突破式发展机会，而中小证券公司希望通过资本补充方式实现突围，2020 年实施再融资的证券公司中，有不少中小证券公司的身影。

3. 风控水平整体稳定

重资本业务触发增资热潮致净资本突增，在证券公司以净资本为核心的风险控制指标体系下，净资本的增长有利于降低风险。2020 年，4 家证券公司于 A 股上市，14 家上市证券公司实施定增、配股融资。其中，海通证券（600837. SH）、国信证券（002736. SZ）、中信证券（600030. SH）定增规模均超 100 亿元，不仅名列证券公司定增募资前三名，也在 A 股上市公司定增募资金额前十名之列。由于 2019 年出台多项政策对重资本业务起到促进作用，自营业务（投资交易及 FICC[①]）、资本中介业务成为 2020 年证券公司增资的主要用途。根据中国证券业协会发布的数据，2020 年末，证券行业净资本 1. 82 万亿元，其中核心净资本 1. 60 万亿元。截至 2020 年末，行业平均风险覆盖率 252. 34%（监管标准≥100%），平均资本杠杆率 23. 59%（监管标准≥8%），平均流动性风险覆盖率 235. 89%（监管标准≥100%），平均净稳定资金率 153. 66%（监管标准≥100%），行业整体风控指标优于监管标准，合规风控水平健康稳定。

4. 杠杆率上升助力 ROE 提高

2020 年，证券行业加大融资力度支持重资产业务发展，其中，A 股上市证券公司通过 IPO、再融资等股权融资方式共计完成补充资本金 1570. 28 亿元，为 2019 年的 27. 38 倍。根据中国证券业协会数据，2020 年证券公司发行证券公司债及证券公司短期融资券共融资 16735. 81 亿元，同比增长 85. 04%。截至 2020 年末，行业平均杠杆倍数（剔除客户交易结算资金余额）为 3. 13 倍，4 年来保持稳定提升。在杠杆提升的助益下，2020 年证券行业平均 ROE（净资产收益率）提升 0. 73 个百分点至 6. 82%（见图 23）。

---

① FICC 业务，即固定收益（Fixed Income）、外汇（Currency）和大宗商品（Commodities）业务。

ROE 的提升主要是由于轻资产类业务如经纪、代销、投行等业务大幅增长以及证券公司杠杆率的提升。

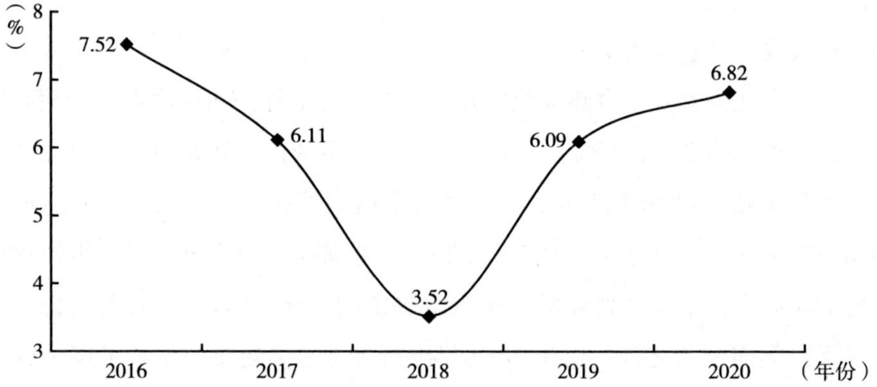

图 23　证券行业 ROE 统计（2016～2020 年）

资料来源：中国证券业协会、山东省亚太资本市场研究院。

（四）证券公司头部效应明显

当前，证券行业竞争与分化加剧。在监管政策“打造具有国际竞争力的航母级证券公司”、支持行业优胜劣汰做大做强的背景下，规模较大的全牌照、综合型证券公司政策红利显著，在净资本存量及增量上优势更为明显，赢利能力进一步增强，而中小证券公司则需要通过在细分领域及特定区域被动践行差异化策略，打造业务标签。由于重资产业务弹性高、风险大，轻资产业务“护城河”更宽，未来证券公司的业务发展策略和重点有所不同，证券行业集中、分化不可避免。2020 年以来，头部证券公司表现优于中小证券公司，业绩稳健性凸显。

根据 Wind 数据，2020 年 41 家 A 股上市证券公司实现营业收入 5219.52 亿元，同比增长 27.38%，占全部证券公司营业收入的比重为 76.93%，比 2019 年提高 2.32 个百分点，头部 5 家证券公司中信证券（600030.SH）、海通证券（600837.SH）、国泰君安（601211.SH）、华泰证券（601688.SH）和申万宏源（000166.SZ）实现营业收入 1886.57 亿元，占全部证券公司营业收入的比重为27.81%，占上市证券公司累计营业收入的比重为36.14%；41家上市证券公司实现净利润1552.67亿元，同比增长36.52%，占全部证券公司净利润的比重为79.55%，几乎与2019年持平，上述5家证券公司净利润合计580.38亿元，占全部证券公司累计净利润的比重为29.74%，占上市证券公司累计净利润的比重为37.38%；年末41家证券公司总资产为89972.37亿元，同比增长24.20%，占全部证券公司累计总资产的比重为80.74%，比2019年提高2.71个百分点，上述5家证券公司总资产合计为36578.10亿元，占全部证券公司累计总资产的比重为32.83%，占上市证券公司累计总资产比重为40.65%；年末41家证券公司净资产合计为19532.55亿元，同比增长15.29%，占全部证券公司累计净资产的比重为77.35%，比2019年提高3.15个百分点，上述5家证券公司净资产合计为7226.49亿元，占全部证券公司累计净资产的比重为28.50%，占上市证券公司累计净资产的比重为37.00%。41家上市证券公司加权ROE也由2019年末的7.14%提升至2020年末的8.85%，扣除客户保证金的整体杠杆率由2020年年初的3.49倍提升至3.69倍。

在“打造一个规范、透明、开放、有活力、有韧性的资本市场”背景下，监管部门鼓励创新政策不断落地给行业带来新的利润增长点，加上宏观经济压力尚存，逆周期政策持续，利率下行、成交量增大、风险偏好提升等利好证券公司板块，头部证券公司受益于政策红利，在资本金实力、风险定价能力、机构客户布局等方面竞争优势突出，行业集中度提升明显。

（五）数字化转型稳步推进

在互联网、大数据、云计算等信息技术高速发展的时代，证券行业对金融科技的重视程度愈发增强，加大科技投入已经成为行业共识。2020年8月，中国证券业协会发布《关于推进证券行业数字化转型发展的研究报告》，指出在数字化浪潮方兴未艾的新形势下，推动证券行业数字化转型，实现动力变革、效率变革、质量变革，是我国证券行业高质量发展的必由之路。2020年初，在新冠肺炎疫情冲击下，多家证券公司抓住线上化机遇及时布局，更新公司 App，争夺零售市场。例如，2020 年 8 月，国金证券（600109. SH）旗下 App 佣金宝 6. 0 正式上线，该版本所推出的“智能服务精准匹配系统”，其核心目的在于解决“证券公司服务和客户需要”的精准、精细匹配问题。9 月，招商证券（600999. SH）在其 App 内推出“招财智投”智能化资产配置平台，客户只要在平台中输入自己的理财目标和条件，可一键生成资产配置方案。

证券公司 App 也成为其流量入口。根据平安证券统计，规模方面：2020 年“东方财富”月活用户数达 1395. 98 万人，同比增长 76. 20%，为各类证券公司 App 中的最高值；华泰证券（601688. SH）旗下“涨乐财付通”月活用户数达 574. 65 万人，同比增长 98. 75%，为传统证券公司中最高值。增速方面：申万宏源（000166. SZ）旗下“申万宏源证券”月活用户规模达 108. 44 万人，同比增长 518. 95%，进步速度最快。2020 年以来，证券公司与互联网巨头的合作也在不断深化。11 月，兴业证券（601377. SH）与阿里云联合挂牌成立金融科技创新实验室。同月，国泰君安（601211. SH）与腾讯正式签署金融科技战略合作协议。

为吸引金融科技领域的复合型人才，2020 年中信证券（600030. SH）、国信证券（002736. SZ）、中信建投（601066. SH）等 8 家证券公司开启金融科技招聘专场，集中招聘风控系统开发、数据分析、人工智能等领域的科技人才。证券公司搭上数字化转型的快车，需要既懂业务又懂技术的专业型人才，在人才引进方面面临着激烈的竞争和挑战。目前，懂业务、懂技术的复合型人才在国内比较稀缺，证券公司在引入国际化人才的同时也应该在内部培养自己的人才。

参考文献

[1] 孙国茂、张辉、张运才：《宏观审慎监管与证券市场系统性风险测度研究》，《济南大学学报》（社会科学版）2020 年第 6 期。

[2] 孙国茂：《中国证券市场宏观审慎监管研究》，中国金融出版社，2020。
[3] 孙国茂主编《中国证券公司竞争力研究报告（2020）》，社会科学文献出版社，2020。
[4] 孙国茂、李猛：《宏观审慎监管下的证券公司系统重要性评价体系研究》，《山东大学学报》（哲学社会科学版）2020 年第 5 期。
[5] 中国人民银行：《2020 年金融市场运行情况》，2021 年 1 月 27 日。
[6] 中央结算公司：《2020 年债券市场统计分析报告》，2021 年 1 月 15 日。
[7] 国家金融与发展实验室：《中国债券市场 2020》，2021 年 2 月 6 日。
[8] 财政部政府债务研究和评估中心：《地方政府债券市场报告（2020 年 12 月）》，2021 年 1 月 19 日。
[9] 全国中小企业股份转让系统：《2020 年市场统计快报》，2020 年 12 月 31 日。
[10] 中航证券：《2020 年年报及 2021 年一季报总结：政策红利推动业绩提升，强者恒强错位竞争》，2021 年 5 月 26 日。
[11] 平安证券：《市场与政策共振，通道业务转型初见成效》，2021 年 4 月 17 日。
[12] 中国证监会：《公开募集证券投资基金销售机构监督管理办法》，2020 年 8 月 28 日。
[13] 海通证券：《记录不平凡的一年——2020 年公募基金市场回顾》，2021 年 2 月 10 日。
[14] 中银证券：《证券行业 2020 年年报及 2021 年一季报综述业绩维持可观增势，业务转型进展加速》，2021 年 5 月 10 日。

评 价 篇

Evaluation Reports

B.2

中国证券公司单项指标排名（2021）

郭文娟　黄晓艳*

摘　要：　2020年第一季度我国经济受新冠肺炎疫情影响较为严重，第二季度起随着疫情防控形势向好，企业复工复产有序推进，推动资本市场恢复活力。证券行业景气度在2019年基础上继续上升，行业业绩持续改善。经纪业务方面，受成交量上升和佣金率下降的双重影响，行业整体佣金率继续下行，但经纪业务成为中小证券公司年度业绩增长的主要来源。承销业务方面，随着新股发行常态化和再融资新规的宽松，承销市场火热，承销收入已成为证券公司收入增长的重要支撑来源，但行业竞争更加激烈，大型证券公司优势明显。2020年证券公司营业收入和净利润均呈现上升趋势。多家龙头证券

* 郭文娟，聊城大学经济学硕士，山东省亚太资本市场研究院高级研究员，研究领域：普惠金融、证券投资；黄晓艳，山东大学金融学硕士，山东省亚太资本市场研究院高级研究员，研究领域：公司金融。

公司凭借自身更强的资本实力、抗风险能力及投资能力取得了亮眼的财务业绩。部分中小型证券公司凭借自身特色业务实现了稳健的增长，但也有部分抗风险能力较弱的小型证券公司业绩表现不佳。

关键词： 证券公司 经纪业务 承销业务

2020年国内外形势严峻且复杂，完善资本市场基础制度对于推动高质量发展和助力形成新发展格局意义重大。资本市场的一系列深化改革为证券行业提供了宽松的发展环境，直接拓宽了证券公司展业空间，提高了赢利能力。在监管部门持续推进疫情防控、深化改革、防范风险的背景之下，证券行业积极把握市场机遇，加快构建更加成熟、更加定型的资本市场基础制度体系。投资银行服务实体经济能力持续提升，强化全面合规风控管理，全力推动各项业务稳步转型。随着新《证券法》的实施，监管层继续推进资本市场全面深化改革，未来政策利好延续，将拓宽证券公司业务空间，证券公司业绩继续保持高增长，赢利能力改善支撑估值中枢上移。

同时，2020年上半年股市持续向好，成交活跃度提升，股票发行逐渐常态化。再融资松绑，两融规模显著提升，基金发行火爆，证券行业资产规模稳步提升。国家出台的一系列改革举措、流动性以及A股市场上涨带动的β属性，在资本市场深化改革进程中，带动证券公司板块上涨。2020年度证券行业业绩持续改善，达到最近3年最高水平。根据中国证券业协会公布的各证券公司经审计数据，全行业实现营业收入4398.15亿元，同比增长24.93%；实现净利润1707.78亿元，同比增长39.20%。证券行业2020年度总资产达到8.78万亿元，实现净资产2.23万亿元。[①] 随着证券公司自营、资管业务集中度的提升，证

① 《中国证券业协会发布2020年证券公司经营业绩排名》，https：//www.sac.net.cn/hysj/zqgsyjpm/202106/t20210618_146750.html，本报告数据源自中国证券业协会公布的经审计的各证券公司数据。

券行业服务居民财富管理的能力也持续提升。头部证券公司凭借雄厚的资本实力和风控能力，在“扶优限劣”政策倾斜下，优势更加明显。部分中小证券公司在代理销售金融产品业务、证券投资咨询业务、服务机构客户交易等领域表现突出，行业差异化发展与特色化经营初见成效。

作为服务科技型中小企业发展的助力器，科创板的设立不仅增强了资本市场对科创企业的包容性，还解决了国内科技企业的融资问题，为小微科技创新型企业提供更多的发展机会及发展空间。因此，证券行业积极向居民财富管理转型，经营情况整体向好，业绩不断提升，投资银行业务、证券经纪业务、基金管理业务、期货管理业务均带动利润不同程度地增长。中国证券业协会公布的数据显示，2020 年证券公司经纪、投行咨询、客户证券资产规模、代理机构客户买卖证券交易金额分别同比增长 54.82%、24.01%、37.67%、557.65%。

本报告对我国证券公司各项业务的单项指标进行排名，主要涉及经纪、承销保荐、资产管理等主要业务指标及主要财务指标，证券公司一些主要指标的排名可参考全书附录部分。经纪业务是多数证券公司涉及的业务范畴，主要通过证券公司交易量、经纪业务收入、营业部部均交易量以及营业部部均收入来反映；承销保荐业务情况主要用股票与债券主承销家数、主承销金额、主承销收入来描述；资产管理业务主要通过集合理财产品数量、资产数量反映。证券公司财务指标包括营业收入、净利润、总资产、净资产和净资本等。

一　业务指标

伴随着财富管理转型和公募基金投顾试点落地，证券公司在多年佣金战下，经纪业务长期拉低其成长性，财富管理成为提升零售客户 AUM（管理客户总资产）和费率的关键，带动手续费业务回归高增长。经纪业务得益于市场成交活跃度的提升，占比达到 21%，仍然是证券公司业绩的重要决定因素。资管业务方面，2019 年以来证券公司资产管理业务稳步上升，

2020 年资产管理业务净收入达 299.60 亿元，在营收中占比保持相对稳定。近几年自营业务投资规模大幅扩张，债券自营为行业主要配置方向，业务市值保持高增长，对证券公司业绩贡献度不断提升。自营业务和经纪业务的同步性有所削弱，在市场波动中证券公司自营占比相对稳定，周期性有所削弱。但是，由于投资品种、投资策略、配置理念、衍生品等创新业务发展存在差异，证券公司自营业绩开始分化。民生证券和中航证券营收增长主要来自经纪、投行业务增长；安信证券和英大证券营收增长主要来自经纪、信用业务增长；五矿证券营收增长主要来自投行、信用业务增长；华鑫证券营收增长主要来自经纪和自营业务增长。

（一）经纪业务

1. 经纪业务市场概况

受益于 2020 年资本市场景气度提升，经纪业务成为中小证券公司 2020 年业绩增长的主要来源。金融科技与证券业正在加速融合，多家头部证券公司将金融科技作为“核心竞争力”，头部证券公司的市场份额提升明显，不少中小证券公司也借力数字技术走出差异化路线。在金融科技的助力下，证券公司加速向财富管理方面转型，其经纪业务成为业绩爆发点。同时，由于大型证券公司综合实力较强，各类机构经纪业务牌照资质取得较早，行业集中度较高，头部证券公司与尾部证券公司分化明显，头部证券公司结构更加均衡，尾部证券公司业务结构相对单一。机构经纪业务相较零售经纪业务较为稳定，越来越多的证券公司将更多精力投向机构客户。

受成交量上升和佣金率下降的双重影响，行业整体佣金率继续下行，证券公司经纪业务正加快向财富管理转型。随着佣金率的逐年下滑，行业利润空间有所压缩。自 2018 年，A 股年成交额和年成交量持续增大，但年成交量和成交量增幅均缓慢上升。2020 年国内证券市场大幅波动，市场交易活跃度增加，A 股市场总成交金额相比 2019 年同期出现较大幅度增长。证券公司抓住市场机遇，积极推进各项业务发展，财富管理、证券投资及交易等业务取得了较好的业绩，推动公司整体业绩提升。2020 年 A 股市场全年成交 16.64 万亿股，同比增长 32.38%；共计成交 206.02 万亿元，同比增长 62.37%。证券二级市场的热度提升直接推动了证券公司佣金收入的增加（见图 1）。根据中国证券业协会发布的 2020 年证券公司经营业绩排名情况，在经纪业务排名中，中信证券（600030.SH）、国泰君安（601211.SH）领跑，招商证券（600999.SH）强势逆袭，中国银河（601881.SH）排名下跌。从产品代销方面看，中信证券（600030.SH）排名第一，国泰君安（601211.SH）升至第二，东方证券（600958.SH）、方正证券（601901.SH）排名大幅上升，中国银河（601881.SH）、兴业证券（601377.SH）等出现明显下滑。各证券公司具体经纪业务收入情况见附表 1。

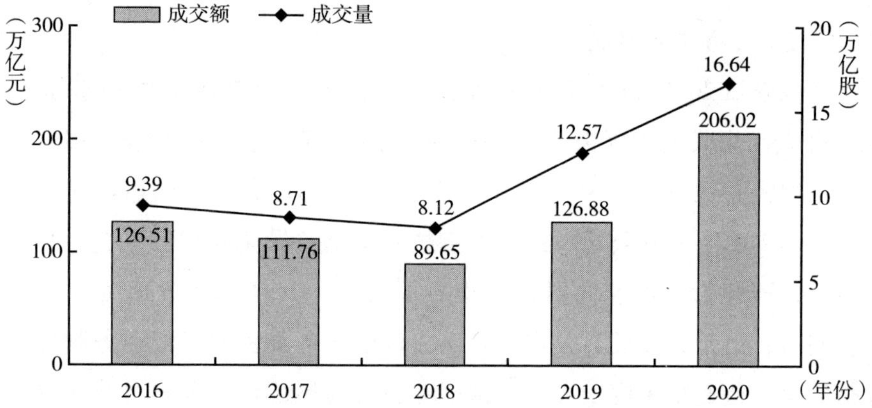

图 1　A 股市场成交额及成交量（2016～2020 年）

资料来源：Wind、山东省亚太资本市场研究院。

从证券公司经纪业务收入 TOP20 来看，中信证券（600030.SH）、国泰君安（601211.SH）、招商证券（600999.SH）等 20 家的经纪业务收入合计 912.43 亿元。其中，中信证券（600030.SH）2020 年的经纪业务收入为 87.76 亿元，营收占比达到 25.71%；国泰君安（601211.SH）2020 年经纪业务收入 77.01 亿元，营收占比 31.99%；招商证券（600999.SH）和国信证券（002736.SZ）两大头部机构经纪业务收入超 60 亿元，营收占比达到

32. 6%和 37. 56%（见图 2）。但从营收占比上看，东方财富（300059）、方正证券（601901. SH）经纪业务收入占营收比重超过 1/2，经纪业务的收入占比不断提升，处于高位。

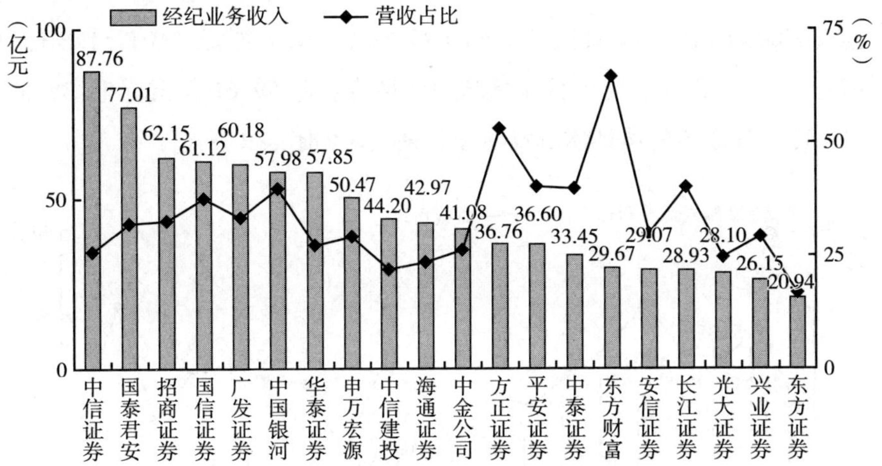

图 2　证券公司经纪业务收入及营收占比 TOP20（2020 年）

资料来源：中国证券业协会、山东省亚太资本市场研究院。

2. 融资融券业务

2020 年以来，市场利率环境相对宽松，短期融资发行灵活，已经成为证券公司首选融资工具，使得证券公司债券融资规模显著增长，证券行业债券融资规模远超 2019 年全年总量。短融替代其他品种发行，证券公司加强对负债端主动管理。同时，证券公司在扩表的同时有效降低了融资成本，进一步提升资本运用能力和促进业务升级。2020 年债券融资 13. 54 万亿元，同比增加 28. 02%。证券公司债券融资规模显著扩大，融资融券利息收入不断增长。

两融业务保持高位，融资融券余额整体呈现上涨趋势。融券业务制度进一步完善，融资余额稳定上行。整个证券公司行业从 2019 年开始压缩股票质押业务，但 2020 年债券市场高评级主体出现违约，中小市值公司的股票质押相关业务减值增多，市场质押股数和其占总股本的比例始终处于下降通道，质押业务呈现持续收缩态势，但部分证券公司质押余额开始企稳，利息收入质量逐步提升。截至 2020 年 12 月 31 日，融资融券余额达 1.62 万亿元，较年初的 1.03 万亿元上涨 57.28%。其中融资余额 1.48 万亿元，融券余额 0.14 万亿元，均创 2019 年以来新高。从融资融券利息收入来看，中信证券（600030.SH）、华泰证券（601688.SH）、国泰君安（601211.SH）位列前三，2020 年利息收入分别实现 65.44 亿元、59.61 亿元、58.38 亿元（见图 3）。各证券公司具体融资融券利息收入见附表 2。

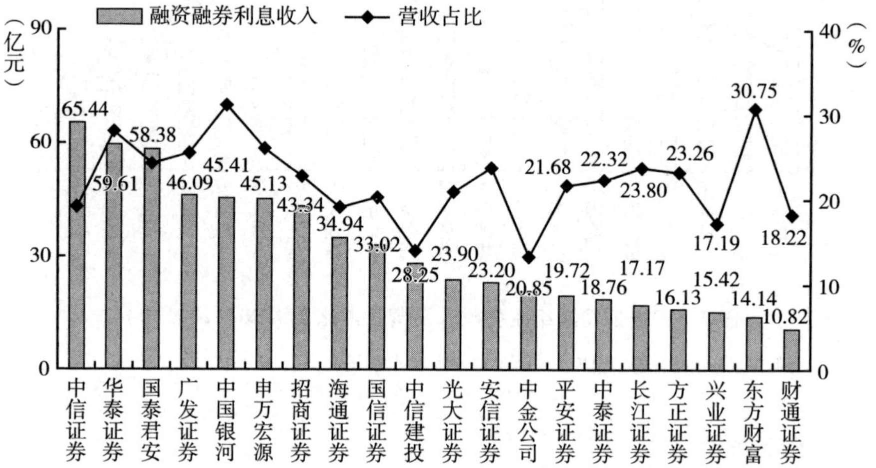

图 3　证券公司融资融券利息收入及营收占比 TOP20（2020 年）

资料来源：中国证券业协会、山东省亚太资本市场研究院。

（二）证券承销业务

募集资金主要投向科技创新领域，2020 年科创板共受理 IPO 申请企业 327 家，其中，成功发行上市 145 家，首发融资 2226 亿元，上市家数及融资额较 2019 年分别增长 107%、170%，IPO 融资额接近 A 股同期的一半。年初新冠肺炎疫情突袭而至，导致现场工作受限，带来负面影响，自营业务和经纪业务的相对增速较高，使占比被动下滑。随着创业板注册制落地，证券公司投行业务占比有所回升。再融资新规出台后，再融资结构发生变化，增发融资8341亿元，同比增加21.1%。2020年，证券市场IPO、再融资分别募集4699.63亿元、11976.91亿元，同比增加85.57%、下跌7.02%。尽管2020年是IPO大年，但并非所有证券公司都能从中分得一杯羹，不同证券公司之间的投行手续费净收入差异极大，民生证券、安信证券、中山证券2020年投行收入较高，而资管业务则仍处于整体下降趋势中。

1. 投行业务概况

随着A股市场全面注册制的推进及落地，资本市场将继续扩容，投行业务直接融资能力进一步提升。2020年度投行业务收入达到670.67亿元，同比增长39.76%。投行业务是证券公司整体业务的重要入口，2020年证券行业业绩增长很大一部分来自投行业务的增长。有2家证券公司在2020年投行业务收入超过50亿元，中信建投（601066.SH）、中信证券（600030.SH）投行业务收入分别达到57.46亿元、57.02亿元。浙商证券（600999.SH）、民生证券、兴业证券（601377.SH）投行业务收入增幅明显，分别排第19名、第11名、第15名（见图4）。各证券公司具体IPO业务收入见附表3。

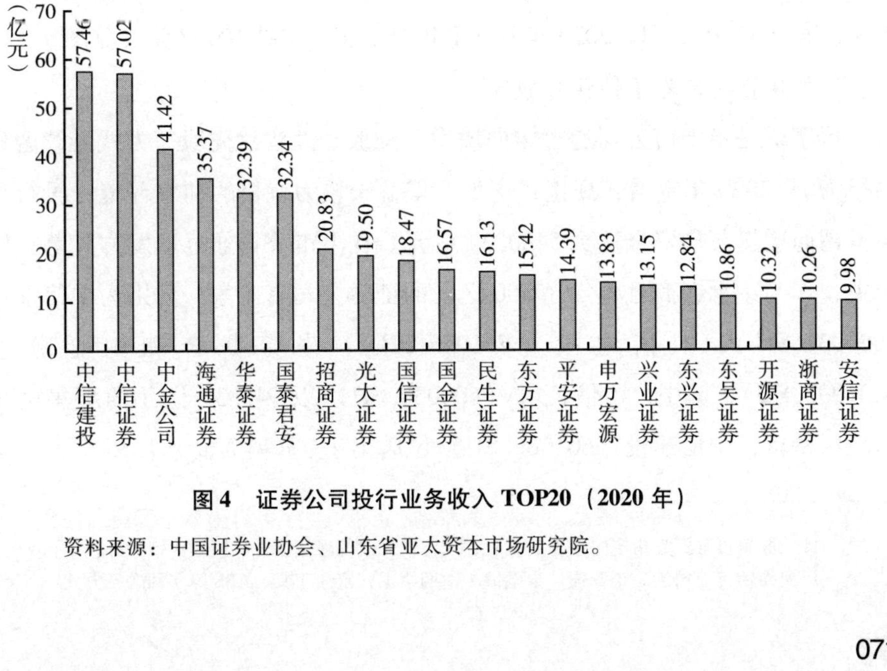

图4　证券公司投行业务收入TOP20（2020年）

资料来源：中国证券业协会、山东省亚太资本市场研究院。

证券公司争夺细分市场竞争激烈，IPO 项目竞争加剧。大型证券公司通过打造全生命周期、全产业链的大投行生态圈，市场竞争优势明显，而中小证券公司则发力差异化转型。其中，中信建投（601066. SH）IPO 家数和首发募集资金金额均列市场第 1，全年完成 IPO 业务 40 家，IPO 募集金额 839. 97 亿元。从最近 3 年来看，中信建投（601066. SH）在投行业务中竞争优势愈发明显。

2020 年沪深两市 IPO 数量达 396 家，同比增长 95. 07%；IPO 融资额共计 4699. 63 亿元，同比增长 85. 57%。在 IPO 保持常态化及注册制推动下，证券公司投行业务增长提速。有 20 家证券公司 IPO 募集金额超过 50 亿元，募资金额共计 4118. 43 亿元，占 IPO 总额的 87. 63%。证券公司 IPO 发行金额较大，其在高净值用户开拓上潜力较大。其中，中信建投（601066. SH）在首发承销项目上力压中信证券（600030. SH），以 839. 97 亿元问鼎 2020 年 IPO 募集资金额排行榜。海通证券（600837. SH）、中金公司（601995. SH）、中信证券（600030. SH）分列第 2、第 3、第 4 位，IPO 募集资金额分别为 607. 79 亿元、499. 94 亿元、451. 15 亿元。此外，华泰联合、国泰君安（601211. SH）、国金证券（600109. SH）、招商证券（600999. SH）、民生证券、光大证券（601788. SH）2020 年 IPO 募集资金额也突破 100 亿元（见图 5）。

2. 再融资与债券承销业务概况

再融资是指上市公司通过定向增发、配股、发售优先股等方式继续融资的行为。[①] 2020 年定增新规正式落地，得益于较为宽松的利率环境，投行为主承销商增发募集资金达到 5480. 34 亿元。在上市公司通过增发方式募集资金中，作为主承销商且募集超 500 亿元的证券公司有 4 家，分别为中信证券（600030. SH）、中信建投（601066. SH）、华泰联合和中金公司（601995. SH）。其中，中信证券（600030. SH）以 946. 35 亿元的募集资金额高居榜首；中信建投（601066. SH）位居第 2，募集资金 701. 35 亿元；华

① 此处股票再融资是指定向增发、配股、发售优先股等融资方式；债券承销业务包括可转债、可交换债、公司债、企业债、金融债、中期票据、定向工具、ABS 等多种融资方式。

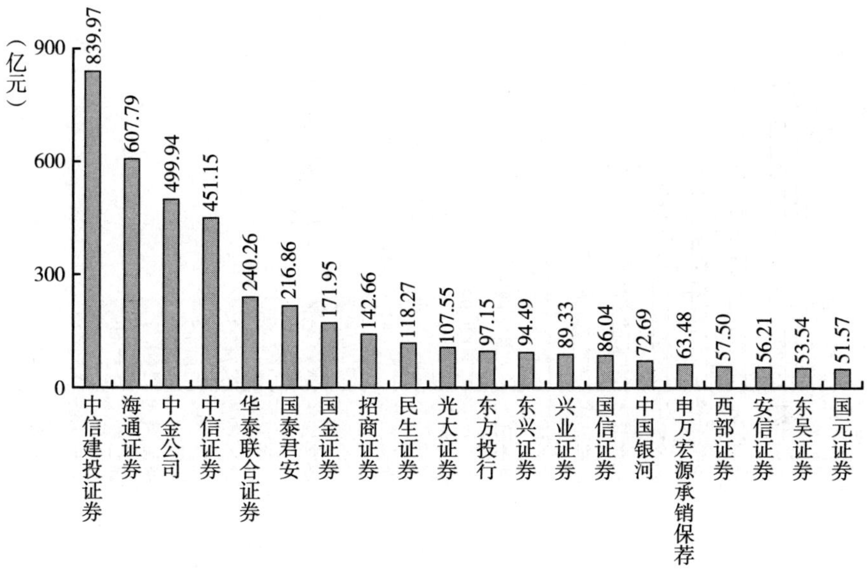

图 5　证券公司 IPO 募集资金额 TOP20（2020 年）

资料来源：Wind、山东省亚太资本市场研究院。

泰联合募集资金达 612.67 亿元，位居第 3；3 家证券公司占增发募集资金的比重分别为 17.27%、12.80%、11.18%（见图 6）。尽管中原证券（601375.SH）、第一创业承销保荐投行为主承销商增发募集资金不到 100 亿元，主承销增发规模相对小，但是二者证券承销金额占比超过 1/4。光大融资业务主要包括股权融资、债务融资、海外投行和融资租赁；2020 年，该业务集群实现业务收入 20.58 亿元，占比 12.97%。各证券公司具体债券承销业务排名见附表 4。

科创板支持和鼓励“硬科技”企业上市，对科技龙头企业的吸引力不断提高，2020 年科创板六大行业均实现不同程度增长。同时，科创板从再融资、并购重组、股权激励、信息披露等多个方面推进制度创新，建立符合科技创新型企业特征的持续监管制度体系。科创板再融资制度改革并试点注册制，持续推进关键制度创新，加快创新资本的形成和有效循环。科创板再融资制度改革进一步激发了市场活力，助推公司持续加大科技创新领域投资

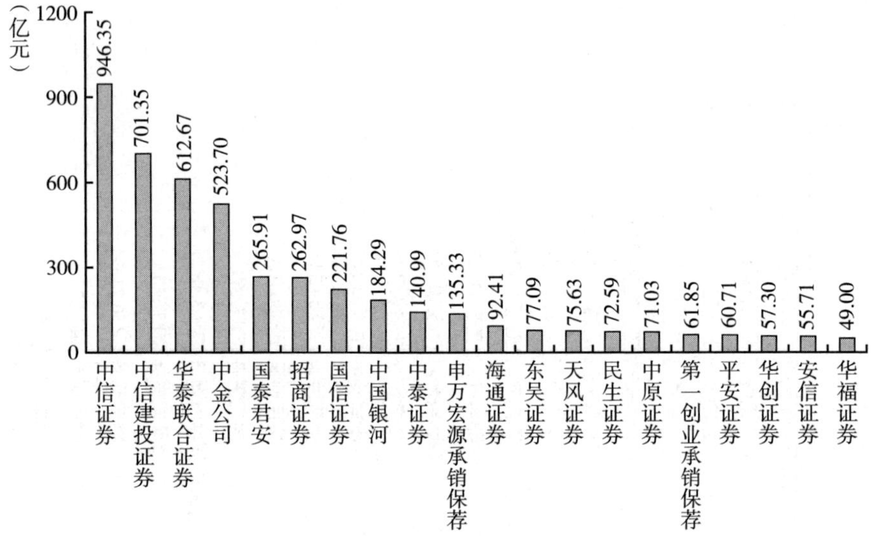

图 6　证券公司主承销商增发募集资金额 TOP20（2020 年）

资料来源：Wind、山东省亚太资本市场研究院。

力度。2020 年以来已有 20 家科创板公司先后发布再融资方案，合计拟募资 419 亿元。科创板全年实现成交额 6. 59 万亿元，同比增长 395. 49%；成交 1199. 54 亿股，同比增长 293. 27%。成交额和成交量先在 2 月小幅增长，之后 3 月、4 月连续下滑，5 月、6 月持续增长；在 7 月科创板达到年度最大值，月成交额 12079. 36 亿元，月成交量达到 194. 52 亿股。7 月到达峰值，之后 4 个月连续下滑，第四季度缓慢上升（见图 7）。

（三）资产管理业务

“资管新规”“去通道”冲击致使证券公司管理资产规模收缩。中国证监会发布《公开募集证券投资基金销售机构监督管理办法》及配套规则，证券公司资管向主动管理转型，管理费率提高使得资管规模下降对资管收入造成的影响减弱，证券公司资管行业逐步进入恢复发展阶段。银行理财的保本保息模式被打破，多数投资者对资产管理的关注度与认知度在提升，更愿

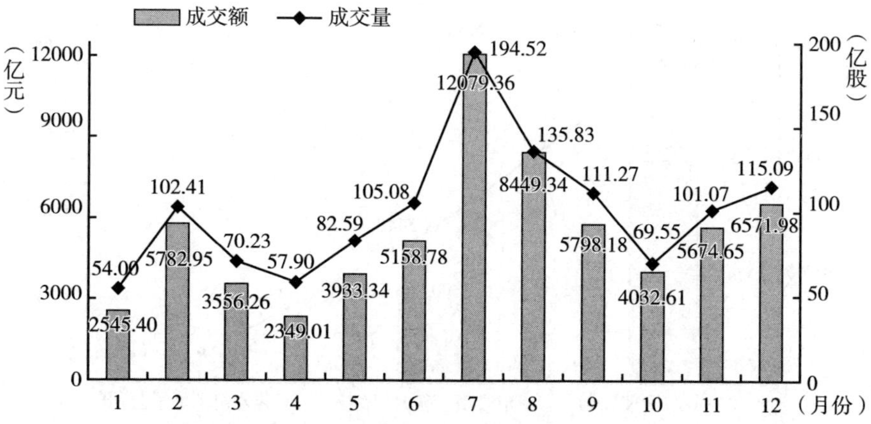

图7　科创板成交量和成交额月度变化（2020年）

资料来源：Wind、山东省亚太资本市场研究院。

意选择稳定增长的投资产品。2020年全年新发集合资管907.14亿份，较2019年下降446.39亿份。截至2020年末，基金管理公司及其子公司、证券公司、期货公司、私募基金管理机构资产管理业务总规模约58.99万亿元，其中，证券公司及其子公司私募资产管理业务规模8.55万亿元，包括单一资产管理计划规模5.92万亿元，集合资产管理计划2.09万亿元，证券公司私募子公司私募基金规模5424.06亿元（见图8）。

随着通道业务告别历史舞台，证券公司资管经历阵痛，整体规模仍在持续下滑。尽管证券公司资管整体规模缩水明显，但部分证券公司资管业务依旧能凭借主动管理优势，为业绩“增色”。证券行业加快财富管理业务转型，服务市场投资理财需求。在财富管理转型大趋势下，证券公司资管可以发挥长业务链条的优势，与证券公司的投行、经纪等其他业务协同，以客户为中心，提供量身定制的全方位金融服务。同时，2020年权益基金规模呈现爆发式增长，证券公司基金代销也迎来高增长，40家上市证券公司基金代销收入同比增长164%，证券公司代销基金保有规模和旗下公募基金规模的增长将驱动证券公司大财富管理板块业绩实现高增长。虽然证券行业资管规模整体在下降，但资管业务收入同比依然维持正增长，证券行业资产管理

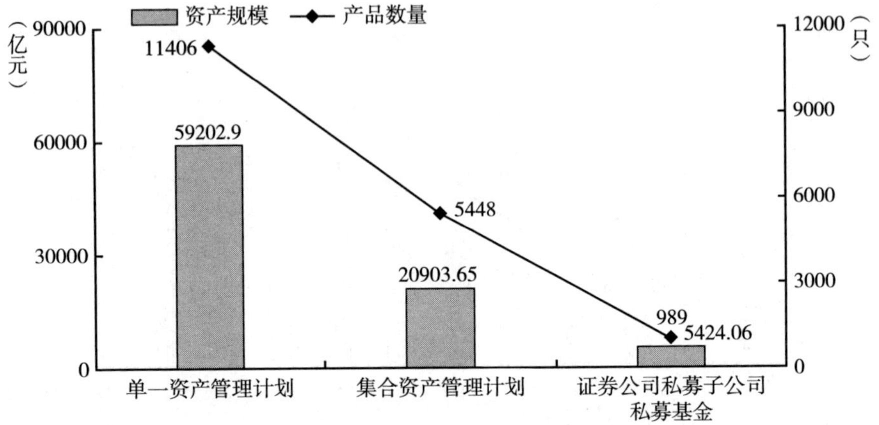

图 8　证券公司及其子公司私募资产管理业务数量及规模（2020 年）

资料来源：中国证券投资基金业协会、山东省亚太资本市场研究院。

业务收入逐年增长。根据中国证券业协会发布的经营数据，2020 年证券公司共实现资产管理业务净收入 299.60 亿元，同比增长 8.88%。这一数据已经创下近三年新高，仅略少于 2017 年的 310.21 亿元。大资管业务大开展，证券公司业务结构已明显优化。

同时，不同证券公司的资管业务分化格局正在进一步加剧。从中国证券业协会发布的数据来看，不少证券公司 2020 年资管业务突飞猛进。光大证券（601788.SH）财富管理业务集群主要包括零售业务、融资融券业务、股票质押业务、期货经纪业务及海外财富管理及经纪业务，2020 年，该业务集群实现收入 81.95 亿元，占比 51.65%。东方证券（600958.SH）实现资管业务收入 23.65 亿元，中信证券（600030.SH）和华泰证券（601688.SH）资管业务收入分别为 19.39 亿元和 19.07 亿元，与排名第四的国泰君安（601211.SH）的 15.69 亿元拉开了较大距离。天风证券（601162.SH）、中银国际（601696.SH）、财通证券（601108.SH）的资产管理对营业收入的奉献已达到较高水平，2020 年赢利占比分别为 23.14%、18.97% 和 18.94%（见图 9）。

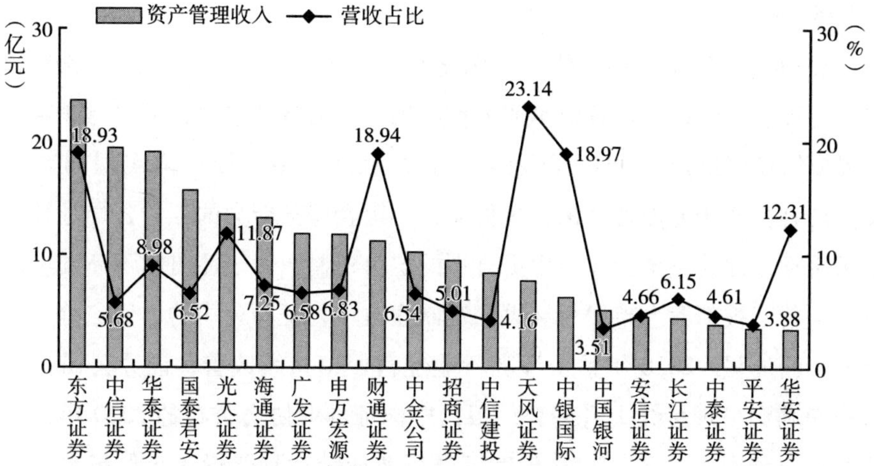

图 9　证券公司资产管理业务收入及营收占比 TOP20（2020 年）

资料来源：中国证券业协会、山东省亚太资本市场研究院。

二　财务指标

随着资本市场改革的推进，证券公司业务结构也随之调整，传统通道类业务持续压缩，证券机构相比银行、保险公司、基金公司等更加多维地开展了财富管理数字创新探索，涵盖产品设计、销售、投顾等全流程的技术创新。直投、FICC、财富管理等业务发展空间广阔，资本实力和投资能力的重要性愈发凸显，证券公司板块强者恒强趋势明显，头部证券公司优势更加突出。在政策鼓励下的数字金融创新发展中，以智能投顾、智能投研、数字渠道为代表的科技赋能，覆盖财富管理业务全流程，大数据技术助力财富管理机构描画全维度用户信息，实现成本结构优化和机构整体的降本增效。当前国内衍生品种类逐步丰富，机构投资者、上市公司股东、证券公司等各方市场参与者对衍生品的需求日益增加。在资本市场深化改革的过程中，资本成熟度逐步提升，衍生品需求快速增长，国内衍生品市场巨大的发展空间被打开，有望成为提升证券公司业绩的新蓝海，成为证券公司差异化竞争的重要业务。

2020 年，资本市场继续全面深化改革，聚焦加强服务实体经济和居民财富管理能力建设。随着资本实力和市场竞争力持续增强，证券行业高质量发展取得良好进展，IPO、再融资、证券承销等多个板块均实现同比高增长。具有行业研究能力、销售定价能力、综合服务能力的证券公司继续集中市场份额，促使整个行业产生更合理的定价机制。由于注册制不断推进，创业板、新三板新股上市发行和再融资制度改革，证券公司的估值定价及承销能力不断加强。2020 年整个证券行业经营业绩持续改善，证券公司营业收入和净利润呈现持续上升趋势。根据中国证券业协会公布的 2020 年证券公司经营业绩排名情况，2020 年度证券行业业绩达到最近 3 年最高水平，全行业实现营业收入 4398. 15 亿元，同比增长 24. 93%；实现净利润 1707. 78 亿元，同比增长 39. 20%。东方财富（300059. SZ）2020 年营业收入达 45. 98 亿元，净利润达 29. 60 亿元，相比 2019 年净利润实现了翻倍。东方财富（300059. SZ）赢利能力连续提升，净资产收益率达 15. 46%。

多家龙头证券公司凭借自身更强的资本实力、抗风险能力及投资能力取得了亮眼的财务业绩。部分中小型证券公司凭借自身特色业务实现了稳健增长，但也有部分抗风险能力较弱的小型证券公司业绩表现不佳。中信证券（600030. SH）达到 5 年来最高水平，稳居行业领先地位，2020 年总资产 8102. 59 亿元，净资产 1576. 57 亿元，实现营业收入 341. 40 亿元，净利润 149. 02 亿元。

（一）主要财务指标分析

伴随着证券资产规模的增长，证券行业业绩保持增长，服务实体经济能力增强。即便是受到疫情的影响，2020 年证券行业整体赢利能力仍旧继续增强，资产规模稳步提升。新《证券法》规定证券发行实施注册制，但创业板尤其是主板（中小板）实施注册制需一定的时间，逐步带动改善不同板块上市公司质量。同时，再融资新规助力中小创注入优质资产，完善再融资规则，有助于中小创上市企业再融资规模的扩大，有利于上市公司通过融资购入优质资产，从而提升证券公司净利润增幅。

截至2020年末，证券行业2020年总资产达到8.78万亿元，实现净资产2.23万亿元，分别较上年末增长22.32%、14.02%；行业净资本1.80万亿元，较上年末增长11.80%。2020年证券行业业绩达到最近3年最高水平，全行业营业收入和净利润增速分别达到24.93%和39.2%。2020年证券行业净资产收益率为7.82%，较2019年提高了1.58个百分点。相对而言，龙头证券公司业绩稳健，中小证券公司更具弹性。证券行业中总资产规模排名前三位的证券公司分别为中信证券（600030.SH）、华泰证券（601688.SH）和国泰君安（601211.SH）；营业收入涨幅排名前三位的也是上述三家证券公司。东海证券（832970.OC）、民生证券也获得了较快发展，营收分别增长50%及35%，净利润分别增长462%及72%。东海证券（832970.OC）2019年的基数较低，且2020年在经纪业务及投行业务方面都较2019年有所增长。民生证券主要得益于投行收入的增长，其投行手续费净收入达16.13亿元，同比增长131%。

（二）主要财务指标排名

具备较强资本金实力以及风险定价能力的证券公司能更好地满足机构客户的投资需求，龙头证券公司竞争优势较为明显。大型证券公司业绩稳健，中小证券公司更具弹性。截至2020年末，总资产超过千亿元的证券公司合计19家，净资产超千亿元的证券公司有5家，127家证券公司实现盈利。2020年度中信证券（600030.SH）总资产、净资产两大指标再度领跑整个行业，截至2020年末总资产、净资产分别达到8102.59亿元、1576.57亿元。同时，在零售客户财富管理需求不断增强的当下，中小证券公司通过互联网就能更高效地享受财富管理红利。2020年，证券行业实现代理买卖证券业务净收入（含交易单元席位租赁）1161.1亿元，同比增长47.42%；实现代理销售金融产品净收入134.38亿元，同比增长148.76%；实现投资咨询业务净收入48.03亿元，同比增长26.93%。证券行业服务居民财富管理能力进一步提升，财富管理转型初见成效。各证券公司具体财务指标见附表5。

1. 营业收入和净利润排名

受益于2020年A股市场指数走高、整体交易活跃度大幅提升等，证券公司的经纪、自营投资、投行等业务也迎来了爆发式增长。其中，2020年证券行业投行业务收入达到670.67亿元，同比增长39.76%，占营业收入比例达15.25%。2020年证券公司实现股票主承销佣金收入268.52亿元，同比增长115.25%，债券主承销佣金收入252.44亿元，同比增加24.76%，行业服务实体经济直接融资能力进一步提升。而经纪业务手续费净收入的增幅普遍为30%～65%，二级市场的高活跃度给证券公司业绩带来了增厚效应。

从证券公司收入排名上看，2020年中信证券（600030.SH）营业收入为341.40亿元，比2019年同期增加27.07%；2020年，中信证券（600030.SH）积极探索投资阶段适当前移，继续发挥综合优势，在科技与先进制造、现代服务、医疗健康、新材料及工业品等行业深入挖掘投资机会。排名第二位的国泰君安（601211.SH）实现营业收入240.73亿元，比2019年同期增加13.80%，主要原因在于其股票承销和债券承销收入均同比上升。受益于私募基金投资股权的估值增值，投资管理业务收入有所提升，同时由于两融规模大幅增长，财富管理业务转型，华泰证券（6016880.SH）2020年实现营业收入212.47亿元，比2019年同期增长19.86%（见图10）。中信建投（601066.SH）2020年营业收入达到201.53亿元，增幅高达58.18%。

受证券市场逐渐向好影响，证券公司抓住市场机遇，推动各项业务发展。由于证券经纪业务、投资银行业务收入增长较快、报告期内公司计提金融资产减值减少，证券公司业绩明显提升。从证券公司净利润TOP20看，前20家证券公司净利润总计为1311.82亿元，有5家证券公司净利润超过100亿元。其中，中信证券（600030.SH）、国泰君安（601211.SH）、海通证券（600837.SH）净利润排名前三位，2020年分别实现净利润149.02亿元、111.22亿元、108.75亿元（见图11）。国泰君安（601211.SH）由于融资规模增加，利息支出相应增加，零售经纪业务收入增长，资产管理业务

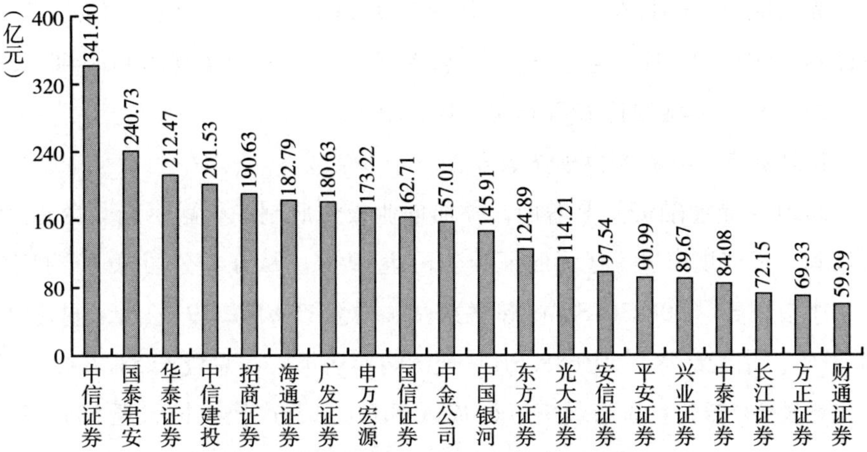

图 10　证券公司营业收入 TOP20（2020 年）

资料来源：中国证券业协会、山东省亚太资本市场研究院。

利润率下降，营业收入和净利润缓慢增长。华泰证券（601688. SH）主要业务类别收入均实现同比增长，全年股市交投活跃使财富管理业务有所增长，两融规模大幅增长，受益于私募基金投资股权的估值增值，投资管理业务收入有所提升，因而 2020 年营业收入和净利润增幅约 20%。其中，增速最快

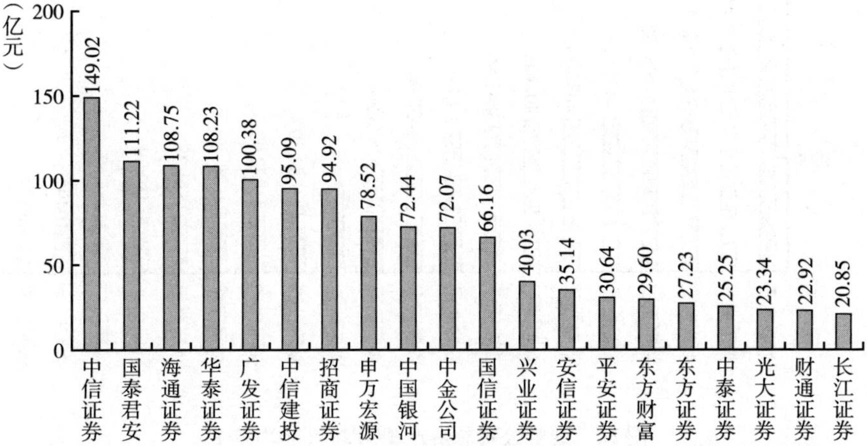

图 11　证券公司净利润 TOP20（2020 年）

资料来源：中国证券业协会、山东省亚太资本市场研究院。

的是光大证券（601788. SH），净利润实现 23. 34 亿元，增长 3 倍之多。兴业证券（601377. SH）与东方财富（300059. SZ）分别实现净利润 40. 03 亿元、29. 6 亿元，增幅达 127. 13%、106. 23%。

2. 总资产、净资产和净资本排名

2020 年企业融资需求增加，叠加创业板注册制和再融资新规落地等政策红利，资产规模过千亿元的证券公司达 19 家。从证券公司总资产排名来看，中信证券（600030. SH）蝉联第一，总资产 8102. 59 亿元，同比增长 30. 37%；华泰证券（601688. SH）连续两年居第二，总资产 5377. 42 亿元，同比增长 24. 32%；国泰君安（601211. SH）总资产快速扩张至 5343. 53 亿元，上升至第三名，同比增长 23. 48%。在 2020 年证券公司总资产排名 TOP20 中，中金公司（601995. SH）实现总资产 3701. 47 亿元，比 2019 年同期增长 56. 24%，增幅远超其余证券公司（见图 12）。仅方正证券（601901. SH）一家总资产继续缩水。其中华泰证券（601688. SH）、中信建投（601066. SH）总资产增长趋于平稳，增速比 2019 年大幅回落。

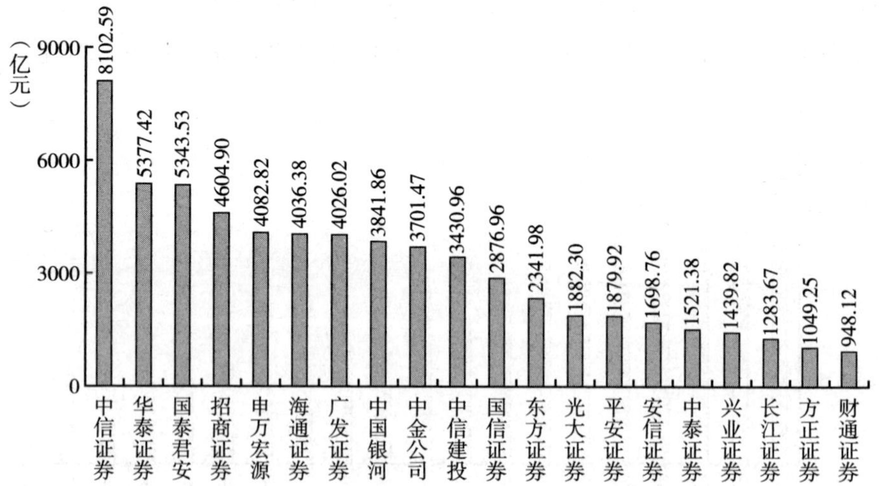

图 12　证券公司总资产 TOP20（2020 年）

资料来源：中国证券业协会、山东省亚太资本市场研究院。

从证券公司净资产 TOP20 看，20 家证券公司合计实现净资产 1.46 万亿元，国泰君安（601211.SH）净资产规模稍微收缩。就净资产规模和业绩增速看，净资产规模最大的中信证券（600030.SH）蝉联第一，2020 年净资产规模达到 1576.57 亿元，同比增长 13.46%；国信证券（002736.SZ）净资产规模达到 795.56 亿元，较 2019 年同期增长 45%，增速最快的中金公司（601995.SH）净资产规模达 624.14 亿元，同比增长 49.18%。海通证券（600837.SH）上升至第二名，净资产 1395.99 亿元，同比增长 21.04%。受证券市场行情影响，国泰君安（601211.SH）资产管理业务利润率下降，本年度处置长期股权投资收益减少，投资管理业务营业收入和营业利润率同比下降，净资产下降至第三名，净资产规模 1339.27 亿元，同比下降 0.81%；华泰证券（601688.SH）净资产 1204.74 亿元，位列第四名，同比增长 3.04%（见图 13）。

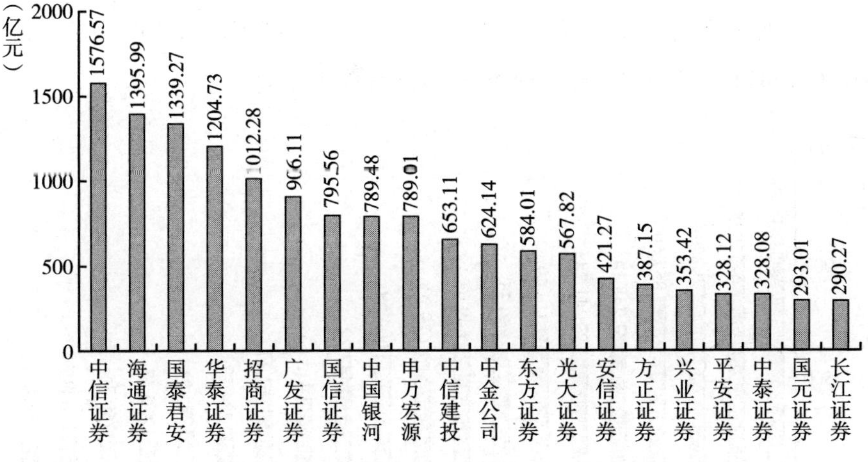

图 13　证券公司净资产 TOP20（2020 年）

资料来源：中国证券业协会、山东省亚太资本市场研究院。

在复杂的市场环境下，证券行业有效防范金融风险，推进分类监管、精准监管和科技监管，行业整体风控指标优于监管标准，合规风控水平整体稳定。截至 2020 年末，证券行业净资本 1.82 万亿元，其中核心净资本

1.60 万亿元；行业平均风险覆盖率 252.34%，平均资本杠杆率 23.59%，平均流动性风险覆盖率 235.89%，平均净稳定资金率 153.66%。从净资本 TOP20 来看，16 家证券公司 2020 年净资本同比实现增长，国信证券（002736.SZ）、西部证券（002673.SZ）净资本增速超过 50%。从证券公司净资本 TOP20 分析，国泰君安（601211.SH）净资本 1048.38 亿元，比 2019 年同期增长 2.85%，蝉联第一；中信证券（600030.SH）净资本 1035.86 亿元，比 2019 年增长 2.76%，位列第二名；海通证券（600837.SH）净资本 932.08 亿元，比 2019 年增长 12.06%，位列第三名（见图 14）。国信证券（002736.SZ）以 629.23 亿元的净资本排名居中，但净资本的增幅却高达 57.09%，成为证券公司净资本 TOP20 中增速最快的证券公司。西部证券（002673.SZ）净资本 232.73 亿元，在证券公司净资本 TOP20 中排名靠后，但同比增长 53.15%。在证券公司净资本 TOP20 中，东方证券（600958.SH）净资本 415.63 亿元，比 2019 年同期下降 2.62%。兴业证券（601377.SH）、长江证券（000783.SZ）、方正证券（601901.SH）净资本均比 2019 年有不同程度的下降。

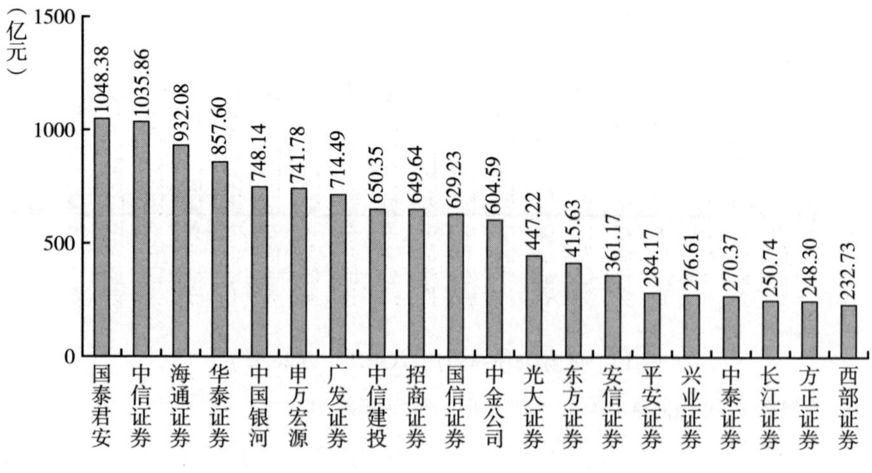

图 14　证券公司净资本 TOP20（2020 年）

资料来源：中国证券业协会、山东省亚太资本市场研究院。

附表 1　证券公司经纪业务收入情况（2020 年）

单位：万元，万元/家

证券公司	经纪业务收入	排名	营业部数量	排名	部均经纪收入	排名
中信证券	877620	1	333	4	2635.50	7
国泰君安	770085	2	418	2	1842.31	15
招商证券	621469	3	259	11	2399.49	8
国信证券	611196	4	179	16	3414.50	6
广发证券	601767	5	282	10	2133.93	13
中国银河	579806	6	491	1	1180.87	26
华泰证券	578505	7	243	14	2380.68	9
申万宏源	504724	8	309	6	1633.41	18
中信建投	441975	9	292	8	1513.61	19
海通证券	429654	10	302	7	1422.70	22
中金公司	410847	11	23	62	17862.91	1
方正证券	367577	12	347	3	1059.30	32
平安证券	366023	13	55	49	6654.96	5
中泰证券	334470	14	289	9	1157.34	28
东方财富	296749	15	169	19	1755.91	17
安信证券	290698	16	326	5	891.71	42
长江证券	289277	17	247	13	1171.16	27
光大证券	280999	18	254	12	1106.30	30
兴业证券	261528	19	143	20	1828.87	16
东方证券	209360	20	177	17	1182.82	25
华西证券	165801	21	114	28	1454.39	21
国金证券	155652	22	68	43	2289.00	10
浙商证券	147003	23	99	34	1484.88	20
东吴证券	136315	24	130	21	1048.58	34
东莞证券	118670	25	56	48	2119.11	14
财通证券	118024	26	121	25	975.40	38
西部证券	101986	27	102	32	999.86	37
东北证券	95103	28	102	32	932.38	40
东兴证券	94401	29	72	40	1311.13	23
长城证券	91836	30	121	25	758.98	53
国盛证券	91418	31	196	15	466.42	76
中银国际	90839	32	107	30	848.96	44
国元证券	90532	33	117	26	773.78	50

续表

证券公司	经纪业务收入	排名	营业部数量	排名	部均经纪收入	排名
华福证券	90219	34	170	18	530.70	69
华安证券	87625	35	128	22	684.57	58
恒泰证券	83969	36	122	24	688.27	56
华创证券	83523	37	75	39	1113.64	29
信达证券	78006	38	86	35	907.05	41
财达证券	71955	39	112	29	642.46	62
天风证券	71708	40	106	31	676.49	59
西南证券	70816	41	86	35	823.44	45
中原证券	68512	42	86	35	796.65	49
湘财证券	64751	43	63	45	1027.79	35
财信证券	64545	44	86	35	750.52	54
国海证券	62752	45	97	35	646.93	61
华鑫证券	55810	46	69	42	808.84	46
南京证券	53011	47	101	33	524.86	71
国联证券	52625	48	89	36	591.29	66
民生证券	52090	49	48	53	1085.21	31
山西证券	51964	50	126	23	412.41	79
东海证券	50601	51	70	41	722.87	55
华龙证券	50272	52	80	36	628.40	63
万联证券	49975	53	65	44	768.85	51
太平洋证券	49556	54	106	31	467.51	75
渤海证券	45618	55	45	55	1013.73	36
华林证券	45170	56	115	27	392.78	80
第一创业	41206	57	44	56	936.50	39
瑞银证券	39279	58	4	65	9819.75	2
国都证券	37270	59	56	48	665.54	60
中航证券	36645	60	76	38	482.17	74
新时代证券	33302	61	63	45	528.60	70
江海证券	31397	62	56	48	560.66	68
粤开证券	30941	63	63	45	491.13	72
宏信证券	30449	64	40	57	761.23	52
华宝证券	27609	65	23	62	1200.39	24
开源证券	27447	66	47	54	583.98	67
北京高华	24631	67	3	66	8210.33	4
大同证券	24312	68	40	57	607.80	65

续表

证券公司	经纪业务收入	排名	营业部数量	排名	部均经纪收入	排名
红塔证券	22910	69	59	46	388.31	81
中山证券	22642	70	79	37	286.61	85
英大证券	22477	71	28	61	802.75	48
世纪证券	22178	72	36	60	616.06	64
首创证券	20175	73	53	50	380.66	82
金元证券	19478	74	52	51	374.58	83
大通证券	19417	75	45	55	431.49	78
瑞信方正	18837	76	2	67	9418.50	3
中天证券	16656	77	59	46	282.31	86
银泰证券	14637	78	56	48	261.38	87
德邦证券	13728	79	56	48	245.14	89
爱建证券	13151	80	36	60	365.31	84
国融证券	12301	81	69	42	178.28	93
万和证券	11279	82	50	52	225.58	90
长城国瑞	11268	83	23	62	489.91	73
联储证券	10634	84	58	47	183.34	92
中邮证券	10594	85	23	62	460.61	77
五矿证券	9707	86	39	58	248.90	88
川财证券	8042	87	10	63	804.20	47
华金证券	7556	88	38	59	198.84	91
国开证券	7073	89	117	26	60.45	97
九州证券	4109	90	6	64	684.83	57
网信证券	3637	91	40	57	90.93	96
申港证券	3529	92	4	65	882.25	43
汇丰前海	2262	93	1	68	2262.00	11
野村东方	2181	94	1	68	2181.00	12
东亚前海	1190	95	0	69	0.00	100
华兴证券	1055	96	1	68	1055.00	33
甬兴证券	337	97	10	63	33.70	98
中天国富	94	98	1	68	94.00	94
摩根大通	93	99	1	68	93.00	95
金圆统一	1	100	0	69	0.00	99

资料来源：中国证券业协会、证券公司年报、山东省亚太资本市场研究院。

附表 2　证券公司融资融券利息收入统计（2020 年）

单位：万元，万元/家

证券公司	融资融券业务利息收入	排名	营业部数量	排名	部均利息收入	排名
中信证券	654371	1	333	4	1965.08	4
华泰证券	596087	2	243	14	2453.03	3
国泰君安	583792	3	418	2	1396.63	10
广发证券	460885	4	282	10	1634.34	7
中国银河	454101	5	491	1	924.85	17
申万宏源	451325	6	309	6	1460.60	8
招商证券	433353	7	259	11	1673.18	6
海通证券	349448	8	302	7	1157.11	12
国信证券	330178	9	179	16	1844.57	5
中信建投	282483	10	292	8	967.41	15
光大证券	239012	11	254	12	940.99	16
安信证券	232010	12	326	5	711.69	29
中金公司	208525	13	23	64	9066.30	1
平安证券	197220	14	55	51	3585.82	2
中泰证券	187636	15	289	9	649.26	35
长江证券	171704	16	247	13	695.16	31
方正证券	161272	17	347	3	464.76	51
兴业证券	154150	18	143	20	1077.97	14
东方财富	141404	19	169	19	836.71	22
财通证券	108181	20	121	25	894.06	18
长城证券	104784	21	121	25	865.98	20
东方证券	104681	22	177	17	591.42	39
东兴证券	104150	23	72	42	1446.53	9
东吴证券	95167	24	130	21	732.05	28
国元证券	90322	25	117	26	771.98	26
华西证券	88103	26	114	28	772.83	25
华福证券	85267	27	170	18	501.57	45
浙商证券	82959	28	99	34	837.97	21
国金证券	78233	29	68	45	1150.49	13
东北证券	75352	30	102	32	738.75	27
西南证券	75196	31	86	37	874.37	19
东莞证券	68547	32	56	50	1224.05	11
中银国际	66353	33	107	30	620.12	36

续表

证券公司	融资融券业务利息收入	排名	营业部数量	排名	部均利息收入	排名
信达证券	58994	34	86	37	685.98	32
华安证券	51955	35	128	22	405.90	53
湘财证券	50672	36	63	47	804.32	23
南京证券	49080	37	101	33	485.94	47
国海证券	46458	38	97	35	478.95	49
中原证券	46458	39	86	37	540.21	41
山西证券	43369	40	126	23	344.20	58
国联证券	42869	41	89	36	481.67	48
财信证券	40426	42	86	37	470.07	50
西部证券	39455	43	102	32	386.81	54
民生证券	37221	44	48	55	775.44	24
财达证券	35854	45	112	29	320.13	64
东海证券	35841	46	70	43	512.01	43
华鑫证券	35239	47	69	44	510.71	44
天风证券	34688	48	106	31	327.25	61
恒泰证券	34519	49	122	24	282.94	70
国盛证券	33616	50	196	15	171.51	82
江海证券	32950	51	56	50	588.39	40
万联证券	31701	52	65	46	487.71	46
第一创业	30985	53	44	58	704.20	30
国都证券	29711	54	56	50	530.55	42
渤海证券	29707	55	45	57	660.16	34
新时代证券	26819	56	63	47	425.70	52
华创证券	26285	57	75	41	350.47	57
华龙证券	23978	58	80	38	299.73	67
中航证券	23163	59	76	40	304.78	65
五矿证券	23119	60	39	60	592.79	38
粤开证券	20570	61	63	47	326.51	62
太平洋证券	18764	62	106	31	177.02	81
首创证券	17759	63	53	52	335.08	60
华林证券	17523	64	115	27	152.37	84
英大证券	16798	65	28	63	599.93	37
开源证券	16057	66	47	56	341.64	59
中山证券	15723	67	79	39	199.03	77

续表

证券公司	融资融券业务利息收入	排名	营业部数量	排名	部均利息收入	排名
中天证券	15667	68	59	48	265.54	73
联储证券	15659	69	58	49	269.98	71
金元证券	15617	70	52	53	300.33	66
大通证券	13392	71	45	57	297.60	68
世纪证券	13009	72	36	62	361.36	56
德邦证券	11570	73	56	50	206.61	76
华金证券	11095	74	38	61	291.97	69
大同证券	10204	75	40	59	255.10	74
宏信证券	10045	76	40	59	251.13	75
万和证券	9468	77	50	54	189.36	79
银泰证券	9214	78	56	50	164.54	83
华宝证券	8881	79	23	64	386.13	55
国融证券	8739	80	69	44	126.65	86
红塔证券	8321	81	59	48	141.03	85
中邮证券	7404	82	23	64	321.91	63
爱建证券	6784	83	36	62	188.44	80
长城国瑞	6186	84	23	64	268.96	72
国开证券	4740	85	117	26	40.51	87
九州证券	4018	86	6	66	669.67	33
川财证券	1952	87	10	65	195.20	78

资料来源：中国证券业协会、证券公司年报、山东省亚太资本市场研究院。

附表 3　证券公司 IPO 业务排名（2020 年）

单位：亿元

证券公司	承销金额	排名	承销家数	排名	承销收入	排名
中信建投	943.80	1	53	2	31.23	1
海通证券	757.17	2	43	3	29.38	3
中信证券	578.29	3	56	1	30.94	2
中金公司	529.90	4	35	4	23.71	4
华泰联合	314.70	5	32	5	20.41	5
国泰君安	270.37	6	29	7	15.00	6
招商证券	205.06	7	24	9	13.71	7
国金证券	194.25	8	25	8	11.84	9

续表

证券公司	承销金额	排名	承销家数	排名	承销收入	排名
兴业证券	154.56	9	19	11	9.35	11
民生证券	152.75	10	30	6	12.65	8
光大证券	149.99	11	23	10	10.08	10
国信证券	137.45	12	17	13	7.87	14
东方投行	121.41	13	15	14	5.93	15
安信证券	113.34	14	18	12	8.52	12
东兴证券	103.09	15	15	15	7.88	13
申万宏源承销保荐	84.45	16	9	20	4.69	19
长江承销保荐	83.34	17	15	16	5.76	16
中国银河	76.32	18	6	23	2.40	24
东吴证券	70.52	19	14	17	4.63	20
西部证券	63.74	20	9	21	3.66	21
国元证券	60.89	21	12	18	4.70	18
浙商证券	58.83	22	11	19	5.02	17
广发证券	44.28	23	8	22	2.76	22
平安证券	42.13	24	6	25	1.81	32
东莞证券	39.77	25	6	28	2.21	25
财通证券	38.67	26	5	29	2.14	26
第一创业承销保荐	33.54	27	4	33	1.89	31
申港证券	33.26	28	5	31	2.06	29
中原证券	32.94	29	4	32	2.10	28
华西证券	32.86	30	6	26	2.44	23
中天国富	31.14	31	2	45	1.57	34
华林证券	27.59	32	5	30	1.97	30
中泰证券	27.53	33	6	24	1.80	33
中德证券	26.59	34	6	27	2.12	27
中银证券	25.57	35	3	35	0.91	42
信达证券	22.80	36	3	40	1.52	35
瑞信方正	19.93	37	2	46	1.41	36
首创证券	19.30	38	2	50	1.23	38
中航证券	18.51	39	3	38	1.22	39
华创证券	17.87	40	4	34	1.39	37
华龙证券	15.99	41	3	42	0.71	47

续表

证券公司	承销金额	排名	承销家数	排名	承销收入	排名
华英证券	15.18	42	3	39	0.79	45
中山证券	14.02	43	3	43	1.18	40
南京证券	12.36	44	3	37	0.53	50
红塔证券	12.19	45	2	47	0.95	41
德邦证券	10.56	46	2	49	0.72	46
天风证券	9.40	47	2	44	0.87	44
华融证券	9.26	48	1	54	0.44	56
瑞银证券	9.22	49	1	57	0.58	49
国都证券	9.08	50	3	41	0.88	43
摩根士丹利华鑫	8.45	51	3	36	0.13	63
华安证券	8.43	52	2	52	0.68	48
东北证券	8.05	53	1	53	0.47	52
国开证券	7.67	54	1	56	0.10	64
长城证券	7.28	55	2	48	0.46	53
湘财证券	6.08	56	1	63	0.25	59
五矿证券	6.07	57	1	55	0.49	51
方正承销保荐	4.96	58	1	58	0.45	55
爱建证券	4.70	59	1	64	0.20	62
东海证券	4.59	60	1	61	0.24	60
国海证券	4.46	61	1	60	0.21	61
太平洋	4.38	62	1	62	0.45	54
渤海证券	3.99	63	2	51	0.35	57
华兴证券	3.54	64	1	59	0.32	58

资料来源：Wind、山东省亚太资本市场研究院。

附表 4　证券公司债券承销业务排名（2020 年）

单位：亿元，只

证券公司	承销金额	排名	承销家数	排名
中信证券	12933.20	1	2966	1
中信建投	11158.40	2	2746	2
国泰君安	7564.04	3	1989	3
中金公司	6829.48	4	1727	4
海通证券	4796.91	5	1646	5
光大证券	4136.29	6	1524	6

续表

证券公司	承销金额	排名	承销家数	排名
招商证券	4087.18	7	1507	7
平安证券	3960.88	8	1502	8
华泰证券	3689.13	9	1237	9
中银证券	2653.60	10	969	10
国信证券	2105.43	11	949	11
华泰联合	1974.96	12	910	12
申万宏源	1623.51	13	900	13
中泰证券	1461.13	14	881	14
信达证券	1389.51	15	854	15
天风证券	1353.54	16	849	16
中山证券	1327.92	17	848	17
兴业证券	1267.14	18	735	18
中国银河	1206.72	19	682	19
东方证券	1177.62	20	662	20
国开证券	1143.91	21	597	21
浙商证券	1071.62	22	581	22
广发证券	1037.69	23	574	23
东方投行	1008.62	24	568	24
申万宏源承销保荐	922.79	25	554	25
东吴证券	917.09	26	545	26
国金证券	911.48	27	517	27
五矿证券	831.91	28	510	28
东兴证券	814.96	29	497	29
开源证券	793.06	30	461	30
方正承销保荐	743.55	31	434	31
财通证券	581.23	32	432	32
长城证券	563.67	33	423	33
长江证券	534.80	34	418	34
安信证券	517.32	35	374	35
华西证券	515.17	36	349	36
中德证券	509.42	37	323	37
财信证券	507.28	38	320	38
民生证券	488.19	39	308	39
华金证券	475.37	40	294	40
华创证券	419.30	41	276	41

续表

证券公司	承销金额	排名	承销家数	排名
国融证券	416.29	42	275	42
申港证券	413.22	43	271	43
财达证券	406.53	44	258	44
江海证券	395.77	45	243	45
九州证券	361.43	46	230	46
德邦证券	352.39	47	228	47
华福证券	343.85	48	223	48
国海证券	341.39	49	213	49
中天国富	333.23	50	211	50
首创证券	301.47	51	200	51
东亚前海证券	295.79	52	191	52
华融证券	294.77	53	172	53
国元证券	261.91	54	167	54
华英证券	256.49	55	161	55
中航证券	209.63	56	141	56
东北证券	204.86	57	133	57
西南证券	196.68	58	129	58
恒泰长财证券	193.79	59	126	59
中邮证券	191.91	60	121	60
联储证券	182.52	61	110	61
国盛证券	168.44	62	105	62
太平洋	167.36	63	100	63
东莞证券	165.65	64	97	64
中原证券	161.55	65	97	64
川财证券	156.88	66	92	65
万联证券	142.10	67	91	66
西部证券	141.13	68	90	67
湘财证券	138.99	69	87	68
南京证券	137.38	70	87	68
第一创业承销保荐	137.19	71	83	69
万和证券	127.49	72	75	70
宏信证券	118.63	73	74	71
华林证券	116.50	74	67	72
华安证券	107.77	75	63	73
渤海证券	107.56	76	49	74

续表

证券公司	承销金额	排名	承销家数	排名
国都证券	106.62	77	49	74
长江承销保荐	91.21	78	39	75
华龙证券	89.02	79	35	76
粤开证券	88.06	80	34	77
中信证券(华南)	82.29	81	34	77
摩根士丹利华鑫	79.74	82	33	78
新时代证券	78.51	83	32	79
第一创业	74.21	84	27	80
东海证券	72.82	85	27	80
爱建证券	68.75	86	26	81
中金财富	65.43	87	23	82
瑞银证券	57.77	88	22	83
上海证券	55.20	89	16	84
红塔证券	52.07	90	16	84
瑞信方正	39.83	91	14	85
长城国瑞证券	38.61	92	14	85
大同证券	38.04	93	14	85
华鑫证券	26.82	94	14	85
华兴证券	20.76	95	13	86
方正证券	20.13	96	13	86
山西证券	18.36	97	10	87
东方财富证券	17.00	98	9	88
英大证券	16.75	99	6	89
金元证券	15.56	100	6	89
中天证券	8.00	101	3	90
国联证券	7.17	102	3	90
银泰证券	6.00	103	2	91
高盛高华	3.73	104	2	91
国泰君安资管	2.60	105	1	92
华宝证券	1.20	106	1	92

注：债券品种是指可转债、可交换债、地方政府债、金融债、企业债、公司债、短期融资债、中期票据、定向工具、国际机构债、政府支持机构债和ABS多种融资工具。

资料来源：Wind、山东省亚太资本市场研究院。

附表 5　证券公司具体财务指标汇总（2020 年）

单位：亿元

证券公司	总资产	排名	净资产	排名	营业收入	排名	净利润	排名	净资本	排名	托管证券市值	排名
中信证券	8102.59	1	1576.57	1	341.40	1	149.02	1	1035.86	2	69420	1
华泰证券	5377.42	2	1204.73	4	212.47	3	108.23	4	857.60	4	27653	9
国泰君安	5343.53	3	1339.27	3	240.73	2	111.22	2	1048.38	1	36973	4
招商证券	4604.90	4	1012.28	5	190.63	5	94.92	7	649.64	9	29860	7
申万宏源	4082.82	5	789.01	9	173.22	8	78.52	8	741.78	6	41191	3
海通证券	4036.38	6	1395.99	2	182.79	6	108.75	3	932.08	3	21034	10
广发证券	4026.02	7	906.11	6	180.63	7	100.38	5	714.49	7	28162	8
中国银河	3841.86	8	789.48	8	145.91	11	72.44	9	748.14	5	31547	6
中金公司	3701.47	9	624.14	11	157.01	10	72.07	10	604.59	11	32345	5
中信建投	3430.96	10	653.11	10	201.53	4	95.09	6	650.35	8	43088	2
国信证券	2876.96	11	795.56	7	162.71	9	66.16	11	629.23	10	19508	11
东方证券	2341.98	12	584.01	12	124.89	12	27.23	16	415.63	13	6278	21
光大证券	1882.30	13	567.82	13	114.21	13	23.34	18	447.22	12	10138	16
平安证券	1879.92	14	328.12	17	90.99	15	30.64	14	284.17	15	11568	12
安信证券	1698.76	15	421.27	14	97.54	14	35.14	13	361.17	14	8651	19
中泰证券	1521.38	16	328.08	18	84.08	17	25.25	17	270.37	17	8841	18
兴业证券	1439.82	17	353.42	16	89.67	16	40.03	12	276.61	16	10830	15
长江证券	1283.67	18	290.27	20	72.15	18	20.85	20	250.74	18	9915	17
方正证券	1049.25	19	387.15	15	69.33	19	10.96	33	248.30	19	4946	24
财通证券	948.12	20	224.14	25	59.39	20	22.92	19	181.34	27	4516	27
东吴证券	935.53	21	273.47	21	47.12	22	17.07	23	195.90	25	5143	23
东方财富	802.17	22	243.50	24	45.98	23	29.60	15	225.06	21	4830	25
国元证券	784.07	23	293.01	19	37.64	29	13.70	28	204.82	22	3497	32
东兴证券	779.05	24	211.16	27	43.55	26	15.40	25	178.64	28	11252	13
西南证券	751.21	25	245.67	23	27.22	39	10.91	34	189.03	26	3231	33
华西证券	743.57	26	208.73	28	43.91	25	19.00	21	176.31	30	7838	20
浙商证券	738.08	27	177.04	32	44.83	24	16.27	24	198.83	23	4393	28
天风证券	680.46	28	168.30	34	33.32	31	4.55	59	120.75	40	1828	44
长城证券	673.07	29	178.55	30	38.06	28	15.02	26	159.34	32	4010	29
东北证券	649.01	30	160.86	35	38.76	27	13.33	29	167.48	31	3076	34
国海证券	644.15	31	178.42	31	30.67	34	7.25	46	149.64	33	1761	46
国金证券	634.75	32	220.88	26	56.96	21	18.63	22	196.41	24	3852	31
西部证券	604.93	33	261.68	22	34.94	30	11.17	31	232.73	20	1392	55

续表

证券公司	总资产	排名	净资产	排名	营业收入	排名	净利润	排名	净资本	排名	托管证券市值	排名
渤海证券	593.34	34	205.35	29	27.97	37	11.06	32	178.18	29	1166	59
山西证券	569.24	35	171.79	33	27.50	38	7.51	45	135.07	37	3961	30
民生证券	506.00	36	138.95	42	30.92	33	9.19	36	82.49	55	2046	39
华福证券	501.67	37	86.31	61	23.06	45	10.15	35	82.37	56	4757	26
中原证券	488.07	38	137.44	43	16.54	56	1.04	77	101.42	45	1470	51
华安证券	486.23	39	139.13	41	27.97	36	12.68	30	96.19	47	2270	37
中银国际	461.27	40	146.22	39	33.11	32	8.83	37	131.29	38	11055	14
国联证券	453.92	41	105.76	49	18.70	49	5.88	52	109.77	41	1773	45
东莞证券	439.68	42	70.03	65	24.30	42	7.82	44	68.22	64	2481	35
国开证券	439.66	43	159.17	36	17.08	55	1.24	75	148.52	34	438	80
南京证券	431.86	44	155.75	37	21.34	47	8.10	42	146.41	35	1916	42
华创证券	417.24	45	113.29	45	28.93	35	7.02	47	109.08	42	1021	62
信达证券	416.01	46	109.45	47	24.07	43	8.20	39	92.59	51	2156	38
财信证券	406.58	47	105.08	51	18.15	52	5.29	54	94.34	49	1548	49
万联证券	392.72	48	112.32	46	16.47	57	6.08	51	98.17	46	1404	53
财达证券	375.39	49	89.04	57	18.54	51	5.32	53	90.43	52	1701	47
第一创业	373.19	50	136.75	44	24.56	41	8.13	40	106.83	43	1904	43
红塔证券	352.17	51	139.69	40	22.69	46	14.13	27	139.64	36	1506	50
东海证券	332.86	52	87.93	59	21.13	48	4.39	60	76.00	57	1356	57
国都证券	310.98	53	96.96	53	16.41	58	8.29	38	83.11	54	1329	58
恒泰证券	295.72	54	83.90	62	23.27	44	4.74	57	71.21	61	1027	61
湘财证券	293.04	55	86.44	60	15.53	62	4.84	56	74.72	58	1366	56
华龙证券	275.86	56	146.42	38	16.09	60	5.01	55	104.29	44	962	64
江海证券	274.58	57	97.95	52	17.19	54	1.31	74	92.97	50	982	63
国盛证券	257.01	58	96.57	55	18.67	50	0.64	83	85.83	53	1395	54
首创证券	254.32	59	88.51	58	15.33	63	6.11	49	70.86	62	672	72
华林证券	244.31	60	58.58	70	13.79	65	8.13	41	47.25	72	1405	52
开源证券	238.14	61	105.76	50	25.86	40	6.09	50	95.21	48	1149	60
中航证券	232.95	62	73.60	64	16.38	59	6.66	48	73.39	60	5448	22
五矿证券	232.14	63	107.68	48	17.90	53	4.60	58	120.93	39	787	67
华鑫证券	230.11	64	60.73	69	15.78	61	8.09	43	43.13	75	946	65
太平洋证券	226.92	65	96.77	54	12.15	67	-7.61	102	74.67	59	908	66
万和证券	175.87	66	53.76	73	5.20	86	0.75	81	50.18	71	689	71

续表

证券公司	总资产	排名	净资产	排名	营业收入	排名	净利润	排名	净资本	排名	托管证券市值	排名
德邦证券	174.95	67	78.41	63	10.90	68	0.87	80	56.37	68	2040	40
金元证券	169.23	68	63.93	66	7.55	80	0.65	82	57.21	67	711	69
新时代证券	166.88	69	94.43	56	7.86	76	-1.01	98	70.56	63	694	70
英大证券	163.81	70	62.30	67	9.03	71	3.16	62	53.56	69	1578	48
联储证券	163.48	71	56.59	71	7.91	75	0.42	88	37.35	81	431	82
中山证券	156.86	72	54.34	72	12.56	66	2.51	63	38.51	80	652	73
粤开证券	152.99	73	49.51	77	9.17	70	1.53	69	58.21	66	722	68
华宝证券	149.48	74	47.18	78	7.58	79	1.37	71	43.04	76	2286	36
世纪证券	144.71	75	51.38	75	6.37	82	1.50	70	42.48	77	530	77
中邮证券	115.94	76	60.74	68	7.94	74	2.24	64	58.93	65	343	86
长城国瑞	115.84	77	40.91	81	5.56	85	0.61	85	41.61	78	547	76
华金证券	111.14	78	41.84	80	7.76	78	0.93	79	44.69	74	529	78
国融证券	108.25	79	38.90	83	8.97	72	0.98	78	33.93	82	435	81
中天证券	100.66	80	40.11	82	5.88	84	1.99	66	32.55	83	411	85
申港证券	95.33	81	44.05	79	14.18	64	3.31	61	41.30	79	261	88
大通证券	88.79	82	52.27	74	4.91	88	1.96	67	50.51	70	631	74
宏信证券	87.08	83	23.62	89	7.30	81	1.10	76	24.36	87	417	84
大同证券	81.80	84	17.07	93	5.02	87	1.37	72	17.40	92	423	83
中天国富	60.98	85	49.60	76	9.83	69	1.82	68	44.73	73	46	95
九州证券	60.48	86	36.33	84	3.45	91	1.32	73	30.43	85	163	90
银泰证券	56.35	87	30.13	86	3.65	90	2.13	65	27.56	86	329	87
爱建证券	47.99	88	16.27	94	2.94	94	0.04	90	13.21	96	556	75
瑞银证券	44.93	89	19.93	90	8.67	73	0.64	84	16.25	93	1946	41
华兴证券	44.80	90	26.22	88	1.20	99	-0.80	96	23.76	88	3	98
高盛高华	35.85	91	31.14	85	4.26	89	0.58	86	30.66	84	—	—
东亚前海	33.16	92	14.50	96	6.11	83	0.43	87	13.57	95	56	93
野村东方	32.92	93	18.74	92	1.27	98	-0.69	94	17.72	91	14	96
北京高华	32.70	94	27.47	87	7.76	77	-2.46	101	19.09	89	52	94
川财证券	30.14	95	14.05	97	3.30	92	-0.72	95	12.31	97	102	91
甬兴证券	24.76	96	19.04	91	0.90	100	-0.96	97	18.42	90	461	79
瑞信方正	15.44	97	14.71	95	2.83	95	0.12	89	14.07	94	3	97
汇丰前海	14.54	98	11.86	98	2.60	96	-1.36	99	11.12	99	231	89
金圆统一	12.06	99	11.81	99	0.17	102	-0.19	92	11.29	98	1	99

续表

证券公司	总资产	排名	净资产	排名	营业收入	排名	净利润	排名	净资本	排名	托管证券市值	排名
网信证券	7.03	100	—	—	0.52	101	-0.60	93	—	—	60	92
摩根士丹利华鑫	6.64	101	5.44	100	3.28	93	0.01	91	4.17	100	—	—
摩根大通	6.59	102	5.36	101	2.12	97	-1.78	100	3.99	101	—	—

资料来源：中国证券业协会、山东省亚太资本市场研究院。

参考文献

[1] 孙国茂主编《中国证券公司竞争力研究报告（2020）》，社会科学文献出版社，2020。

[2] 平安证券：《证券行业年报综述：市场与政策共振　通道业务转型初见成效》，2021年4月17日。

[3] 徐宜阳：《关于证券公司开展综合金融服务的研究》，上海交通大学硕士学位论文，2013。

[4] 刘强：《基于主成分分析的上市证券公司竞争力研究》，《经济研究导刊》2011年第28期。

[5] 傅智能：《中国证券公司核心竞争力研究》，武汉理工大学硕士学位论文，2004。

[6] 李琳：《证券公司融资融券业务风险管理与控制研究》，《江苏科技信息》2017年第24期。

[7] Sarah, S. , Simon, W. , "Can Banks in Emerging Economies Benefit from Revenue Diversification?" *Journal of Financial Services Research*, 2011, 40 (1-2) .

[8] Jaffar, K. , Mabwe, K. , Webb, R. ," Changing Bank Income Structure: Evidence from Large UK Banks?" *Asian Journal of Finance & Accounting*, 2014, 6 (2) .

[9] Torna, G. , Deyoung, R. , " Nontraditional Banking Activities and Bank Failures During the Financial Crisis", *Journal of Financial Intermediation*, 2012, 22 (3) .

B.3
中国证券公司竞争力评价（2021）

孙国茂　孙同岩*

摘　要： 近年来，围绕党中央、国务院提出的“促进资本市场健康发展，提高上市公司质量”重点任务，资本市场改革不断深化。2020年，随着新《证券法》全面实施、创业板改革并试点注册制、新三板改革、健全退市机制等改革措施落地实施，不断拓展证券公司的发展空间。“十四五”时期将是中国资本市场实现“规范、透明、开放、有活力、有韧性”发展目标、中国证券行业实现高质量发展的关键时期，这对证券公司综合能力提出了更高的要求。本报告对2020年证券公司竞争力进行了排名，并对证券公司经营能力、赢利能力和风险控制能力等核心竞争力和综合竞争力做出评价。总体来看，证券行业竞争更加激烈，大中小型证券公司综合竞争力差距不断扩大；中小型证券公司排名不稳定，综合类证券公司竞争优势显著；财富管理成为证券公司重要收入来源，是重要差异化竞争方向；证券行业深化金融科技运用，数字化转型成发展新动能。

关键词： 证券公司竞争力　财富管理　数字化转型

* 孙国茂，青岛大学经济学院特聘教授、博士生导师，山东省亚太资本市场研究院院长，研究领域为公司金融、资本市场、制度经济学；孙同岩，济南大学商学院金融学硕士，山东省亚太资本市场研究院高级研究员，研究领域为资本市场、公司金融。

近几年，“促进资本市场健康发展，提高上市公司质量”成为我国资本市场政策和重要会议的着力点。国务院2020年《政府工作报告》提出，“改革创业板并试点注册制，发展多层次资本市场”。上市公司是资本市场健康发展的基石。为了提高上市公司质量，优化上市公司发展环境，国务院先后出台了三个重要的文件，分别是2004年的“国九条”、2014年的“新国九条”以及2020年《关于进一步提高上市公司质量的意见》所指的“国七条”。2020年召开的中央经济工作会议再次强调了资本市场发展的重要性，即“促进资本市场健康发展，提高上市公司质量”。这已是连续三年出现在中央经济工作会议上的重点任务。提高上市公司质量是2021年资本市场改革的重要内容，并将加快制定更严格的信息披露要求、更严格的退市制度和完善投资者保护机制等。证券公司作为资本市场的“看门人”，更应该积极参与这项宏大的系统工程，从源头上把好入口关和质量关，严格履行核查验证、专业把关等法定职责，督促上市公司规范运作、真实披露。

2020年，中国资本市场迎来“三十而立”，也是资本市场新一轮“改革开放”的深化之年。10月29日，十九届五中全会通过《中共中央关于制定国民经济和社会发展第十四个五年规划和二〇三五年远景目标的建议》，其中36字聚焦资本市场：“全面实行股票发行注册制，建立常态化退市机制，提高直接融资比重，推进金融双向开放”，为资本市场下一步发展指明方向。2020年资本市场改革持续深化，3月1日，新《证券法》正式实施；3月27日，首批6家证券公司并表监管试点启动；8月24日，深圳证券交易所创业板改革并试点注册制落地；10月，中国证监会开展公募基金投资顾问业务试点工作，首批共有18家机构获得试点资格。资本市场一系列改革举措的实施，为证券公司开拓了更为广阔的发展空间。

受新冠肺炎疫情影响，资本市场呈现宽幅震荡，在疫情得到快速控制、国内经济迅速企稳回升以及流动性宽松的大背景下，主要股指纷纷收涨。同时，沪深股票日均成交额8478.08亿元，同比增加63.05%，这为证券公司取得良好的业绩奠定了基础。根据中国证券业协会公布的各证券公司未经审计数据，截至2020年末，我国证券行业的总资产、净资产及净资本分别为

8.90 万亿元、2.31 万亿元和 1.82 万亿元，分别较 2019 年末增长 22.50%、14.10% 和 12.35%，行业的资产规模保持较快增速；2020 年，我国证券业实现营业收入 4484.79 亿元、净利润 1575.34 亿元，同比分别增长 24.41% 和 27.96%，净利润达到 2016 年以来新高，仅次于 2015 年水平。①

截至 2020 年末，全国共有 138 家证券公司，2020 年新成立 5 家证券公司，分别是安信证券资产管理有限公司、甬兴证券有限公司、上海甬兴证券资产管理有限公司、金圆统一证券有限公司、天风（上海）证券资产管理有限公司。按照证券公司竞争力评价计算方法，汇丰前海证券有限责任公司、东亚前海证券有限责任公司满足“财务上完整三个会计年度”的要求，纳入 2020 年度证券公司竞争力评价，最终共有 128 家证券公司参与 2020 年度竞争力综合评价②，参评家数与上年持平。下文我们通过对 128 家证券公司竞争力进行分项评价和综合评价，展现各个证券公司的各项能力，并计算得到各证券公司的综合竞争力情况③，最后做进一步分析。

一　核心竞争力评价

（一）经营能力

经营能力指标包含营业收入、资产规模和净资产三个指标，从构成看，营业收入是影响经营能力的重要因素，因为资产规模和净资产变动较小，而营业收入受到宏观经济形势、行业竞争和监管政策等多重因素影响，各证券公司营业收入可能出现较大的波动。相对来说，中小型证券公司收入依靠单一业务，竞争力不强，经营能力与大型证券公司具有较大的差距。

---

① https：//www. sac. net. cn/hysj/zqgsjysj/202102/t20210223_ 145587. html.

② 华融证券股份有限公司因公司股东相关交易尚待确定，延迟披露 2020 年年报，截至本报告成稿时，仍未披露；浙江浙商证券资产管理有限公司披露的财务报表数据模糊不清，Wind 等数据库也无财务数据；德邦证券资产管理有限公司尽管 2015 年 3 月在上海自贸区市场监督管理局登记成立，但在 2020 年 12 月才正式对外展业，我们将这三家公司从评价样本中剔除。

③ 如无特殊说明，本报告数据来自 Wind 数据库（合并报表统计口径）。

在2020年资本市场政策利好和宽松的流动性环境背景下，证券行业经营业绩整体实现上涨，但经营能力却表现出差异。2020年，参与排名的128家证券公司营业收入同比增长24.63%，其中有98家营业收入同比增加，占比为76.56%，比上年减少7家。经营能力TOP20证券公司营业收入同比增长27.19%，占全行业营业收入的67.52%，同比提高4.34个百分点。TOP20证券公司资产规模占全行业资产规模的72.68%，同比提高2.46个百分点。TOP20证券公司净资产合计占行业净资产的63.96%，同比提高0.65个百分点。从中可以看出，TOP20证券公司各项经营能力指标都有所提高，大型证券公司的经营能力不断增强，这主要是因为证券行业竞争更加激烈，中大型证券公司不断挤压小型证券公司市场份额。

从证券公司经营能力TOP20来看，证券公司经营能力呈现强者恒强的格局，表明大型证券公司竞争力较强。2018～2020年经营能力排名中，TOP6的证券公司排名比较稳定，综合类大型证券公司经营能力优势明显（见表1）。经营能力排在第一位的是中信证券（600030.SH），凭借强大的股东背景、雄厚的资本实力和领先行业的经营业绩，成为行业龙头。2020年，中信证券（600030.SH）营业收入543.83亿元，同比增长26.06%；资产总额达1.05万亿元，同比增长33.00%，成为国内首家资产规模过万亿元的证券公司；净资产1858.83亿元，同比增长12.35%，经营能力不断提高。

在经营能力TOP20中，与2019年排名相比，名次提升最大的是浙商证券（601878.SH），提高了4个名次，并首次进入TOP20。浙商证券（601878.SH）位于民间资本活跃的浙江省，区域优势显著。2020年，浙商证券（601878.SH）经营能力有较大提升，主要是因为实现营业收入106.37亿元，同比增长87.94%，其中投资银行业务收入10.26亿元，同比增长227.29%；期货业务收入60.17亿元，同比增加120.91%。而且，浙商证券（601878.SH）净资产为183.15亿元，同比增加46.39%。其次，名次提升较大的是位列第7名的中金公司（601995.SH），提高了3个名次，主要是因为2020年其营业收入有较大增长，为236.60亿元，同比增长50.17%，其中投资银行业务、股票业务及财富管理业务收入显著增加；公司净资产为

466.02 亿元，同比增加 62.36%，其 2020 年 A 股 IPO 募集资金 130.32 亿元，大幅增加了资本金。而经营能力排名降幅较大的是东方证券（600958.SH），从第 9 名降到第 12 名，其营业收入 231.34 亿元，同比增长 21.42%，不仅低于行业平均增长率，而且营业收入增长率处于 128 家证券公司的第 61 名（见表 1）。

表 1　证券公司经营能力排名 TOP20（2018～2020 年）

公司简称	2020 年	2019 年	2018 年
中信证券	1	1	1
海通证券	2	2	2
国泰君安	3	3	3
华泰证券	4	4	4
广发证券	5	5	5
招商证券	6	6	6
中金公司	7	10	9
中国银河	8	8	8
申万宏源	9	7	7
中信建投	10	11	12
国信证券	11	12	11
东方证券	12	9	10
光大证券	13	14	13
兴业证券	14	13	18
安信证券	15	17	14
平安证券	16	15	15
中泰证券	17	16	16
方正证券	18	18	17
长江证券	19	19	19
浙商证券	20	24	29

资料来源：Wind、山东省亚太资本市场研究院。

在参与排名的 128 家证券公司中，共有 58 家证券公司经营能力排名较 2019 年上升，有 44 家排名下降，有 24 家公司排名无变化。[①] 其中上升幅度

① 按照证券公司竞争力评价计算方法，汇丰前海证券有限责任公司、东亚前海证券有限责任公司满足“财务上完整三个会计年度”的要求，2020 年新增的这两家证券公司没有参与 2019 年排名。

最大的是财信证券，由第 65 名提高到第 49 名，上升了 16 名，2020 年其资产规模为 423. 23 亿元，同比增加 60. 04%，增幅位于行业第 27 名；营业收入为 21. 06 亿元，同比增加 34. 80%，增幅位于行业第 39 名。排名上升幅度第二的是东方财富（300059. SZ），由第 40 名提高到第 25 名，上升了 15 名，2020 年其主营业务收入为 82. 39 亿元，同比增长 94. 69%，增幅位于行业第 10 名；公司资产规模为 863. 75 亿元，同比增加 93. 06%，增幅位于行业第 16 名。排名上升 10 个名次以上的还有开源证券由 64 名上升到 51 名，上升了 13 名，首创证券、世纪证券、国联证券（601456. SH）分别上升 11 名。

在 44 家经营能力排名下降的证券公司中，降幅最大的是中信证券华南，由 41 名下降到 67 名，下降了 26 名，2020 年其营业收入 12. 53 亿元，同比减少 69. 20%，主要因为中信证券（600030. SH）收购中信证券华南完成后，中信证券华南定位为中信证券（600030. SH）在华南区域开展财富管理业务的专业子公司，原有投行、资管、证券自营等业务由母公司统一管理，中信证券华南以处置存量为主，不再开展新增业务。排名下降幅度较大的还有太平洋证券（601099. SH），由 54 名下降到 70 名，下降了 16 名，2020 年其营业收入 11. 72 亿元，同比下降 34. 07%，排名下降的主要原因如下：（1）信用业务因确认大额信用减值损失导致营业成本增加，收益为负；（2）证券投资业务整体收益降低，其中，权益投资受股票质押业务清收转自营股票市值下跌的影响，产生较大损失，债券投资受主动降低投资规模影响，收益较上年度也有所下降。另外，经营能力排名下降达到 10 名的还有新时代证券（下降 10 名）和东北证券（000686. SZ）（下降 10 名）。

（二）赢利能力

赢利能力是一个公司主营业务赚取利润的能力，赢利能力越强，公司获取利润的能力越强，本报告中证券公司赢利能力主要用总资产收益率（ROA）、净资产收益率（ROE）、营业利润率来反映。

从图 1 可以看出，证券业 ROA 与 ROE 呈现明显的一致性，只是由于权益乘数的影响而有所扩大。证券业 ROA、ROE 自 2018 年以来持续提高，2020 年 ROA 为 1.77%，比 2019 年提高 0.07 个百分点；ROE 为 6.82%，比 2019 年提高 0.73 个百分点。

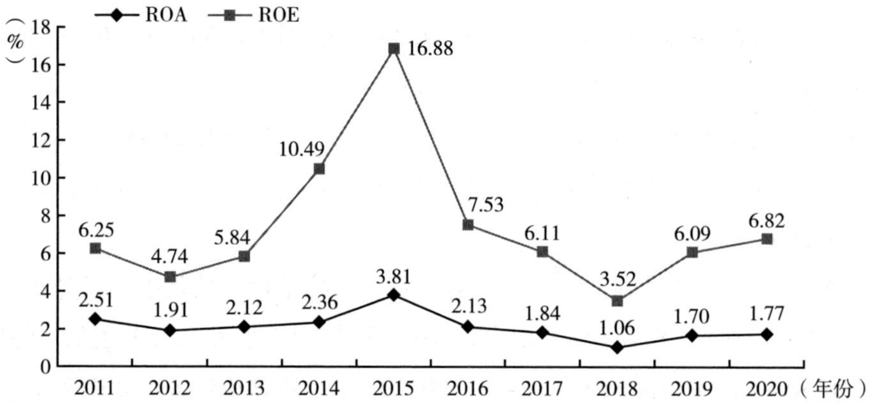

图 1　证券行业 ROA、ROE 变化情况（2011～2020 年）

资料来源：中国证券业协会、山东省亚太资本市场研究院。

2020 年证券公司赢利能力分化较大，资产管理公司的赢利能力相对较高，主要是因为其业务属于轻资产，资产规模相对较小。赢利能力排名前 3 的分别是上海光大证券资产管理、上海东方证券资产管理、招商证券资产管理，上海光大证券资产管理以最高的 ROA 和 ROE 水平排名第 1，表现出较强的赢利能力。

具体来看，2020 年证券公司 ROA 前 3 名分别是上海光大证券资产管理、上海东方证券资产管理、招商证券资产管理，上海光大证券资产管理 ROA 达到 22.42%，远高于行业平均水平。除去资产管理公司和承销保荐公司，华泰联合证券 ROA 以 8.15% 的水平名列前茅，恒泰长财证券紧随其后。国盛证券资产管理公司 ROA 表现最差，为 -14.80%，主要因国盛资管存在业务开展不规范等情形，深圳证监局于 2020 年 1 月出具《行政监管措施决定书》（〔2020〕9 号、10 号、11 号），对国盛资管采取责令暂停非标私募资管业务 6 个月的行政监管措施。

2020 年证券公司 ROE 前 3 名分别是上海光大证券资产管理、上海东方证券资产管理、财通证券资产管理，与 ROA 前 3 名不同的是，财通证券资产管理以相对较高的权益乘数名列第 3。

从销售利润率来看，招商证券资产管理以 78.68% 的水平摘得桂冠，广发证券资产管理（广东）以 70.96% 的水平名列第 2，东方财富（300059.SZ）以 68.38% 的水平名列第 3。而网信证券销售利润率为 -109.80%，排名倒数第 1，主要原因是辽宁监管局风险监控现场工作组仍在对其各项业务进行风险监控，除经纪业务外，其余业务均已停止新增。网信证券买断式回购债券全部违约，资管产品大量逾期，持续经营能力存在重大不确定性。销售利润率同比大幅下滑的还有川财证券（-28.95%）、华兴证券（-33.43%）、北京高华证券（-33.78%）、汇丰前海证券（-52.15%）、国盛证券资产管理（-72.85%）以及太平洋证券（601099.SH）（-91.44%）（见表 2）。

表 2　证券公司赢利能力具体情况（2020 年）

单位：%

公司名称	总排名	ROA	排名	ROE	排名	销售利润率	排名
上海光大证券资产管理	1	22.42	1	32.85	1	65.25	7
上海东方证券资产管理	2	18.76	2	32.08	2	37.64	49
招商证券资产管理	3	15.51	3	19.31	5	78.68	1
长江证券承销保荐	4	11.7	6	19.81	4	28.45	77
财通证券资产管理	5	10.79	8	19.87	3	25.59	82
第一创业承销保荐	6	13.73	5	17.41	6	36.77	52
申万宏源承销保荐	7	11.45	7	17.14	7	47.02	21
广发证券资产管理（广东）	8	13.77	4	15.14	11	70.96	2
中泰证券（上海）资产管理	9	9.36	10	15.82	9	25.23	83
华泰联合证券	10	8.15	12	15.23	10	26.99	79
上海海通证券资产管理	11	6.72	15	16.19	8	51.31	16

续表

公司名称	总排名	ROA	排名	ROE	排名	销售利润率	排名
上海国泰君安证券资产管理	12	9.75	9	12.31	16	41.48	34
渤海汇金证券资产管理	13	9.18	11	11.81	18	66.68	4
华泰证券(上海)资产管理	14	4.24	20	14.24	12	58.94	9
华林证券	15	3.28	25	13.5	14	60.58	8
中信建投	16	2.57	35	14.01	13	51.93	14
东方财富	17	3.52	23	12.11	17	68.38	3
华鑫证券	18	3.13	26	12.54	15	48.14	19
长江证券(上海)资产管理	19	7.29	14	8.23	42	65.69	6
恒泰长财	20	6.29	16	8.71	34	20.00	97
申万宏源	21	4.31	19	9.94	25	66.56	5
东证融汇证券资产管理	22	7.3	13	7.57	49	55.18	12
兴业证券	23	2.53	36	11.23	19	35.01	56
红塔证券	24	3.79	21	9.87	26	33.21	66
广发证券	25	2.35	41	10.53	22	46.65	22
华福证券	26	2.38	39	10.4	23	39.75	40
东莞证券	27	1.75	64	11.03	20	33.54	62
中金财富	28	1.72	66	10.76	21	41.46	35
财通证券	29	2.37	40	9.77	27	42.42	31
银河金汇证券资产管理	30	4.95	18	7.35	53	21.66	91
中航证券	31	2.86	31	8.83	33	48.18	18
华西证券	32	2.46	38	8.9	32	52.38	13
申万宏源	33	1.75	62	9.62	28	46.14	25
国都证券	34	2.62	34	8.54	35	57.13	10
中金公司	35	1.39	84	10.11	24	36.83	51
国金证券	36	2.77	33	8.31	40	39.99	38
申港证券	37	3.47	24	7.5	50	29.17	73
招商证券	38	1.9	53	8.98	30	46.58	23
华安证券	39	2.16	45	8.5	36	48.61	17
平安证券	40	1.56	77	9.18	29	28.52	76
东北证券	41	2.14	46	8.43	37	27.35	78
中国银河	42	1.64	73	8.92	31	38.56	42

续表

公司名称	总排名	ROA	排名	ROE	排名	销售利润率	排名
国信证券	43	2.19	43	8.18	44	44.42	26
长城证券	44	2.12	48	8.26	41	26.60	80
华英证券	45	5.05	17	5.77	67	24.35	86
银泰证券	46	3.65	22	6.67	58	55.83	11
浙商证券	47	1.79	58	8.41	38	20.36	95
安信证券	48	1.77	61	8.13	46	38.12	47
大同证券	49	1.68	69	8.15	45	33.36	64
中信证券	50	1.47	82	8.35	39	37.64	48
中信证券(山东)	51	1.93	51	7.72	48	39.60	41
国泰君安	52	1.67	70	8.03	47	42.25	32
华泰证券	53	1.52	79	8.22	43	42.95	29
首创证券	54	2.33	42	6.83	57	47.38	20
信达证券	55	1.81	57	7.36	52	30.17	70
东兴证券	56	1.78	59	7.27	54	34.2	59
海通证券	57	1.73	65	7.16	55	41.23	36
中泰证券	58	1.48	81	7.5	51	31.64	68
兴证证券资产管理	59	2.84	32	5.89	66	41.00	37
长江证券	60	1.55	78	7.13	56	36.35	54
第一创业	61	2.16	44	6.09	61	33.52	63
民生证券	62	1.75	63	6.44	59	33.85	61
开源证券	63	2.47	37	5.69	68	29.29	72
东方证券承销保荐	64	3.05	28	5.12	74	10.15	112
东吴证券	65	1.62	75	6.07	62	30.9	69
华创证券	66	1.65	71	5.97	63	28.89	75
中银国际	67	1.64	74	5.9	65	34.44	58
湘财证券	68	1.65	72	5.65	69	39.89	39
财达证券	69	1.36	86	5.96	64	35.10	55
渤海证券	70	1.81	56	5.35	72	44.41	27
上海证券	71	1.04	96	6.21	60	34.95	57
南京证券	72	1.83	54	5.13	73	43.89	28
中天证券	73	1.82	55	4.98	78	38.28	44
国联证券	74	1.27	89	5.55	70	41.99	33
万联证券	75	1.37	85	5.4	71	46.22	24
英大证券	76	1.69	68	4.93	79	42.84	30

续表

公司名称	总排名	ROA	排名	ROE	排名	销售利润率	排名
恒泰证券	77	1.44	83	5.11	75	21.91	89
中天国富	78	2.96	29	3.64	92	24.95	85
五矿证券	79	2.02	49	4.27	87	33.90	60
中德证券	80	3.07	27	3.41	94	13.77	104
东海证券	81	1.08	94	5.09	76	31.66	67
西部证券	82	1.77	60	4.34	86	29.09	74
财信证券	83	1.03	98	5.03	77	33.34	65
国元证券	84	1.51	80	4.44	84	38.30	43
中山证券	85	1.33	88	4.65	81	20.51	93
宏信证券	86	1.21	92	4.67	80	20.03	96
方正证券承销保荐	87	2.91	30	3.21	96	18.54	101
大通证券	88	2.13	47	3.67	91	51.51	15
光大证券	89	1.08	95	4.64	82	25.20	84
中邮证券	90	1.93	52	3.69	90	38.23	46
山西证券	91	1.22	91	4.37	85	30.09	71
西南证券	92	1.34	87	4.22	89	37.29	50
九州证券	93	2.01	50	3.51	93	26.22	81
东方证券	94	0.93	102	4.52	83	12.04	106
国海证券	95	1.12	93	4.25	88	23.23	87
华龙证券	96	1.69	67	3.26	95	36.43	53
东亚前海	97	1.25	90	2.98	100	7.05	115
粤开证券	98	1	99	3.07	99	21.70	90
瑞银证券	99	0.9	104	3.16	97	11.25	109
世纪证券	100	1.04	97	2.92	103	18.87	100
方正证券	101	0.97	100	2.97	101	20.53	92
天风证券	102	0.85	105	3.09	98	20.37	94
华宝证券	103	0.92	103	2.94	102	22.40	88
高盛高华	104	1.62	76	1.87	106	18.92	99
国融证券	105	0.67	108	2.46	104	14.18	103
华金证券	106	0.76	107	2.21	105	15.57	102
金元证券	107	0.55	109	1.48	107	10.88	110
金通证券	108	0.96	101	0.96	113	38.27	45
万和证券	109	0.42	114	1.39	108	19.37	98
江海证券	110	0.48	110	1.33	110	8.68	113

续表

公司名称	总排名	ROA	排名	ROE	排名	销售利润率	排名
长城国瑞	111	0.42	113	1.33	109	12.89	105
德邦证券	112	0.45	112	1.1	111	7.40	114
瑞信方正	113	0.76	106	0.8	114	5.75	117
中信证券华南	114	0.48	111	1	112	11.42	108
国开证券	115	0.27	115	0.76	115	10.41	111
联储证券	116	0.25	116	0.74	116	6.00	116
新时代证券	117	0.21	119	0.36	119	11.88	107
国盛证券	118	0.24	117	0.66	118	5.44	118
摩根士丹利华鑫证券	119	0.21	118	0.26	120	1.16	121
中原证券	120	0.19	120	0.72	117	4.64	119
爱建证券	121	0.07	121	0.21	121	1.76	120
华兴证券	122	-1.65	122	-2.91	122	-33.43	123
川财证券	122	-2.38	123	-5.11	123	-28.95	122
太平洋证券	122	-3.34	124	-7.82	124	-91.44	127
北京高华	122	-4.06	125	-8.43	125	-33.78	124
网信证券	122	-8.5	126	—	—	-109.80	128
汇丰前海	122	-9.34	127	-11.45	126	-52.15	125
国盛证券资产管理	122	-14.8	128	-15.39	127	-72.85	126

资料来源：Wind、山东省亚太资本市场研究院。

（二）风险控制能力

风险控制能力是证券公司综合竞争力的重要组成部分，在金融严监管背景下，证券公司合规经营压力较大，监管处罚动作不断，风控能力对证券公司构建核心竞争力愈发重要。2017 年 7 月，中国证监会时隔 7 年发布第二次修订的《证券公司分类监管规定》，强化对证券公司风控能力的评级指标、引导证券公司聚焦主业。2020 年 1 月，中国证监会发布《证券公司风险控制指标计算标准规定》，对风控指标体系进行"宽严相济"的差异化调整，例如在放松优质证券公司风险准备金比率的同时，对于股票质押、私募资产管理等高风险业务进行重点规制，进一步体现监管对证券公司合规风控的重视。2020 年 3 月起，新《证券法》正式实施，证券发行全面推行注册制，发行门槛下降要求证券公司开展投行业务具备更强的定价、销售能力，证券公司需承担更多的信息披露责任。此外，新《证券法》实施后，资本市场违法违规成本也显著提高，证券公司面临持续的合规经营压力。例如，2020 年 7 月，广发证券（000776. SZ）因康美药业造假事件被中国证监会采取暂停保荐机构资格 6 个月、暂不受理债券承销业务有关文件 12 个月的监管措施。如表 3 所示，2020 年有 11 家证券公司因为违规而被中国证监会或其派出机构处罚暂停开展部分业务，这对其经营业绩产生了重大负面影响。因此，较强的风险管理能力对于证券公司保持经营稳定、增强核心竞争力愈发重要。

表 3　证券公司因监管处罚被暂停开展业务情况（2020 年）

公司名称	时间	监管机构	监管处罚措施
华林证券	2020 年 1 月 4 日	中国证监会	限制新增各项业务规模 3 个月
太平洋证券	2020 年 5 月 8 日	内蒙古监管局	暂停内蒙古分公司新开证券账户 1 年
国融证券	2020 年 5 月 10 日	中国证监会	限制债券自营业务 6 个月、暂停资产管理产品备案 1 年
首创证券	2020 年 6 月 11 日	中国证监会	暂停债券自营业务 3 个月
国盛证券	2020 年 7 月 17 日	中国证监会	实施接管,子公司国盛证券资产管理有限公司一并纳入接管范围
新时代证券	2020 年 7 月 17 日	中国证监会	实施接管
广发证券	2020 年 7 月 20 日	广东监管局	暂停保荐机构资格 6 个月、暂不受理债券承销业务有关文件 1 年
中山证券	2020 年 8 月 13 日	深圳监管局	暂停新增资管产品备案 1 年,暂停新增资本消耗型业务(含股票质押式回购业务、融资融券业务、自营业务、需要跟投或包销的承销保荐业务)1 年,暂停以自有资金或资管资金与关联方进行对手方交易,包括债券质押式回购交易等 1 年
宏信证券	2020 年 8 月 17 日	中国证监会	暂停资产管理产品备案 6 个月
江海证券	2020 年 9 月 16 日	中国证监会	暂停债券自营业务 6 个月、暂停资产管理产品备案 6 个月、暂停股票质押式回购交易业务 6 个月
爱建证券	2020 年 11 月 11 日	上海监管局	暂停公司资管业务 6 个月

资料来源：中国证监会、上交所、深交所公告，山东省亚太资本市场研究院。

2020 年 1 月，中国证监会发布《证券公司风险控制指标计算标准规定》（以下简称《计算标准》），并于 2020 年 6 月 1 日正式施行。《计算标准》主要从鼓励价值投资、支持实体经济发展；宽严相济，根据风险特征合理调整计算标准；结合市场发展实践，提升指标体系完备性以及实施差异化监管、择优释放资本空间四个方面进行指标调整。（1）鼓励价值投资、引入长期增量资金，支持实体经济发展。对证券公司投资权益类成分股和指数基金，以及非权益类的政策性金融债、政府支持机构债和利率债指数基金进行适度“松绑”。（2）宽严相济，根据风险特征合理调整计算标准。优化融资类业务（包括两融业务、股票质押业务和应收账款）的风险资本准备或流动性指标计算标准。提升高风险投资风险指标计算标准并且完善资管计划、非标私募投资基金服务、资产支持证券管理、债券质押式回购结算等业务的特定风险资本准备计算标准。（3）结合市场发展实践，提升指标体系完备性。结合“资管新规”以及近年来相继推出的沪伦通、科创板、信用衍生品、股指期权等新业务，明确风控指标计算标准。（4）强化差异化监管，择优释放资本空间。将连续三年A类AA级及以上证券公司风险资本准备调整系数从0.7降为0.5，进一步提升优质证券公司的资本使用效率。静态测算，不考虑其他指标计算标准的变动，仅此一项调整，连续三年A类AA级的证券公司的风险覆盖率便可以提高40%，在资本金不变的情况下，业务空间大幅扩大。

与征求意见稿相比，在三个方面进行了适当放宽。（1）引导行业防范股票质押增量业务风险，稳妥化解存量风险。实行“新老划断”的安排，存量合约统一按照20%计算信用风险资本准备，新增合约中增加规定：对第一大股东、控股股东及其一致行动人的高比例质押（超过持股比例50%）按照50%的比例计算，非受限股质押按照15%的比例计算。（2）优化信用债投资计算标准。AA级信用债的市场风险资本准备计提比例下降至15%，BBB级下降至50%，同时下调持有AA级和BBB级信用债所需稳定资金计提比例至1%和3%，在风险可控的前提下，进一步支持各类企业特别是民营企业进行债券融资。（3）为满足母子证券公司风险管理的合理需求，允许证券公司为其投行、资管等证券业务子公司提供的流动性担保承诺计入子公司，可用流动性资产转移。

根据粤开证券统计，2020 年证券行业监管措施和行政处罚中涉及“内部制度不完善”的有 98 次，是违法事由出现频次最多的案由。内部制度不完善主要涉及公司治理与内部管理的问题，既包括业务领域的制度建设问题、公司合规、风控、信息披露等制度的建设问题，也包括证券公司日常运营的制度问题。根据统计，2020 年共有 76 家证券公司受到了证监系统的处罚，其中 21 家证券公司受到 1 次处罚，20 家证券公司受到 2 次处罚，剩余 35 家证券公司受到 3 次及以上的处罚，受处罚次数最多的是广发证券（000776. SZ），共计 17 次（其中 14 次是对个人进行监管谈话或认定为不适当人选，2 次出具警示函，1 次责令改正、限制业务活动、责令限制高级管理人员权利）（见表 4）。

表 4　证券公司被处罚统计（2020 年）

单位：次

序号	机构名称	罚单数量	机构		员工（包括总部和分支机构）
			机构总部	分公司/营业部	
1	广发证券	17	2	1	14
2	中信证券	12	4	3	5
3	申万宏源	8	1	0	7
4	湘财证券	8	2	2	4
5	中山证券	8	2	0	6
6	中信建投	8	3	1	4
7	恒泰证券	7	3	0	4
8	江海证券	7	1	3	3
9	长江证券	6	0	2	4
10	中邮证券	6	3	1	2
11	中原证券	6	1	0	5
12	爱建证券	5	1	4	0
13	东海证券	5	3	0	2
14	方正证券	5	2	1	2
15	宏信证券	5	1	1	3
16	万和证券	5	2	2	1
17	川财证券	4	1	0	3
18	国泰君安	4	2	1	1
19	国信证券	4	0	2	2
20	国元证券	4	0	1	3
21	海通证券	4	2	0	2

续表

序号	机构名称	罚单数量	机构		员工（包括总部和分支机构）
			机构总部	分公司/营业部	
22	太平洋证券	4	2	1	1
23	大通证券	3	0	1	2
24	国盛证券	3	1	1	1
25	国都证券	3	3	0	0
26	华福证券	3	2	0	1
27	华英证券	3	2	0	1
28	上海证券	3	1	1	1
29	申港证券	3	2	0	1
30	首创证券	3	1	0	2
31	新时代证券	3	2	0	1
32	兴业证券	3	1	2	0
33	招商证券	3	1	0	2
34	中国银河	3	1	1	1
35	英大证券	3	0	0	3
36	安信证券	2	0	2	0
37	渤海证券	2	1	0	1
38	国联证券	2	2	0	0
39	国融证券	2	1	1	0
40	红塔证券	2	2	0	0
41	华安证券	2	1	0	1
42	华创证券	2	1	0	1
43	华泰证券	2	1	1	0
44	民生证券	2	0	1	1
45	天风证券	2	0	1	1
46	万联证券	2	1	0	1
47	西南证券	2	0	1	1
48	中金公司	2	2	0	0
49	粤开证券	2	1	0	1
50	浙商证券	2	0	0	2
51	中金财富	2	0	1	1
52	中航证券	2	0	0	2
53	中银国际	2	0	1	1
54	中泰证券	2	1	1	0
55	东方证券	2	0	0	2

续表

序号	机构名称	罚单数量	机构		员工（包括总部和分支机构）
			机构总部	分公司/营业部	
56	财达证券	1	0	1	0
57	东莞证券	1	1	0	0
58	第一创业	1	0	0	1
59	国开证券	1	1	0	0
60	华宝证券	1	1	0	0
61	华兴证券	1	0	0	1
62	华金证券	1	1	0	0
63	华龙证券	1	1	0	0
64	南京证券	1	1	0	0
65	平安证券	1	0	1	0
66	山西证券	1	1	0	0
67	五矿证券	1	1	0	0
68	西部证券	1	1	0	0
69	东方财富	1	1	0	0
70	长城国瑞	1	0	0	1
71	华鑫证券	1	0	0	1
72	东吴证券	1	0	0	1
73	华信证券	1	0	0	1
74	国金证券	1	0	0	1
75	华林证券	1	1	0	0
76	瑞信方正	1	1	0	0

注：中信证券含中信证券（山东）；1 张罚单包含公司和个人的，只算公司 1 次。

资料来源：粤开证券、山东省亚太资本市场研究院。

本报告把证券公司风险控制能力分为微观风控能力和宏观风控能力，微观风控能力由净资本、风险覆盖率、净资本与净资产比例与公司治理指标构成，宏观风控能力由资本杠杆率、资本充足率、流动性覆盖率与净稳定资金率指标构成。从指标构成来看，微观风控能力和宏观风控能力是《证券公司风险控制指标管理办法》的具体实施表现，微观风控能力与净资本关联度较高，宏观风控能力很大程度上反映了资产的流动性。

从微观风控能力来看，南京证券（601990. SH）、西部证券（002673. SZ）

和海通证券（600837.SH）位列前3，具有较好的微观风控能力（见表5）。2020年，南京证券（601990.SH）建立了与自身发展战略相适应的全面风险管理体系，包括可操作的管理制度、健全的组织架构、可靠的信息技术系统、量化的风险指标体系、专业的人才队伍、有效的风险应对机制以及良好的风险管理文化，以保证公司各类风险可测、可控和可承受，为业务的创新发展和公司稳健经营提供保证。南京证券（601990.SH）风险覆盖率为479.89%，位于行业前列，公司具备充足的资本金应对风险冲击。西部证券（002673.SZ）排名第2，其从风险管理制度、组织、系统、指标、人员及应对处置等方面加强全面风险管理体系建设，风险覆盖率为443.14%，仅次于南京证券（601990.SH）。海通证券（600837.SH）排名第3，一直以来注重对风险的防范与控制，确立了“务实、开拓、稳健、卓越”的经营理念，树立了“稳健乃至保守”的风险控制理念，经营管理实行合规优先、风险管理优先的原则。公司严格按照《证券公司风险控制指标管理办法》等规定，定期向监管部门书面报告风险控制指标数据和达标情况，针对风控指标变动达到一定幅度的情况，及时向当地证监局报告。公司不断完善对动态监控平台的制度建设、流程优化、数据系统升级改造，实现了T+1日内向当地证监局上报公司净资本计算表、表内外资产总额计算表、流动性覆盖率计算表、净稳定资金率计算表、风险资本准备计算表和风险控制指标监管报表。通过上述措施，确保净资本等各项风险控制指标在任一时点都符合监管要求。

表5　证券公司风控能力排名TOP20（2019年）

微观风控能力		宏观风控能力		综合风控能力	
排名	公司简称	排名	公司简称	排名	公司简称
1	南京证券	1	金通证券	1	南京证券
2	西部证券	2	恒泰长财	2	恒泰长财
3	海通证券	3	财通证券资产管理	3	西部证券
4	国泰君安	4	爱建证券	4	爱建证券
5	华泰证券	5	南京证券	5	财通证券资产管理

续表

微观风控能力		宏观风控能力		综合风控能力	
排名	公司简称	排名	公司简称	排名	公司简称
6	中信证券	6	中泰证券(上海)资产管理	6	中泰证券(上海)资产管理
7	银河证券	7	西部证券	7	中航证券
8	华西证券	8	中航证券	8	金通证券
9	银河金汇证券资管	9	长城国瑞	9	华西证券
10	国信证券	10	大通证券	10	国盛证券
11	恒泰长财	11	瑞信方正	11	华龙君安
12	招商证券	12	银泰证券	12	大通证券
13	申万宏源	13	财达证券	13	财达证券
14	中金公司	14	华龙证券	14	长城国瑞
15	中信建投	15	太平洋证券	15	太平洋证券
16	广发证券	16	国盛证券	16	红塔证券
17	光大证券	17	金元证券	17	海通证券
18	东方证券	18	红塔证券	18	国金证券
19	平安证券	19	湘财证券	19	瑞信方正
20	国金证券	20	粤开证券	20	银泰证券

资料来源：山东省亚太资本市场研究院。

从宏观风控能力来看，金通证券名列前茅，连续两年排名第1，恒泰长财证券和财通证券资产管理分别位列第2、第3名。金通证券资本杠杆率99.32%，流动性覆盖率878744.40%，净稳定资金率14080.14%，这三项指标均位列行业第1，公司的流动资产绝大部分为现金及银行存款，资产质量优良。恒泰长财证券宏观风控能力排名第2，资本杠杆率58.93%，流动性覆盖率2979.45%，净稳定资金率509.17%，公司资产流动性较好。

从综合风控能力排名来看，南京证券（601990.SH）综合风控能力排名第1，主要得益于南京证券（601990.SH）比较出色的微观风控能力，而宏观风控能力排名第5，因此，综合风控能力较强。恒泰长财证券综合风控能力排名第2，其宏观风控能力排名第2，微观风控能力排名第11，综合风控能力较好。

总体来看，一方面，证券行业不断深化改革，政策环境持续改善；另一方面，自2020年6月“建制度、不干预、零容忍”监管理念被首次提出，证券行业严监管态势延续，监管处罚频率和力度有所增加，证券公司持续面临合规风控的压力。证券公司应努力提高风险管理水平，守住不发生系统性金融风险底线。

二 综合竞争力评价

（一）证券行业竞争更加激烈，大中小型证券公司竞争差距不断扩大

从综合竞争力得分来看，2020年证券公司综合竞争力平均得分为56.17分，中位数是54.16分，平均数与中位数比2019年都有所下降，这是因为更多中小型证券公司得分有所下降，中小型证券公司与大型证券公司的得分差距进一步扩大。2020年证券公司得分在70分及以上的有23家，比2019年减少2家，其中90分及以上的仍然为5家（见图2），分别是中信证券（600030. SH）、海通证券（600837. SH）、国泰君安（601211. SH）、华泰证券（601688. SH）、广发证券（000776. SZ），与2019年的TOP5一致，体现出综合类证券公司较为稳定的竞争格局和较强的综合竞争实力。证券公司得分在60～70分的数量由42家减少到20家，而在40～50分的数量由16家增加到32家，大部分中小型证券公司得分在40～60分，这表明中小型证券公司综合实力相当，竞争十分激烈，而且大型证券公司不断侵占中小型证券公司市场份额，综合实力差距不断扩大。

（二）中小型证券公司排名不稳定，综合类券商竞争优势显著

从表6来看，大型综合类证券公司呈现出强者恒强的格局，综合竞争力TOP6证券公司比较稳定，究其原因是有着自己的核心竞争力。中信证券（600030. SH）综合实力长期排名行业第1，因为其经历25年的发展，凭借强大的股东背景，形成和积累了完善的公司治理体系、前瞻性的战略布局、完整的业务体系、雄厚的资本实力、领先行业的经营业绩、深厚的客户资源、

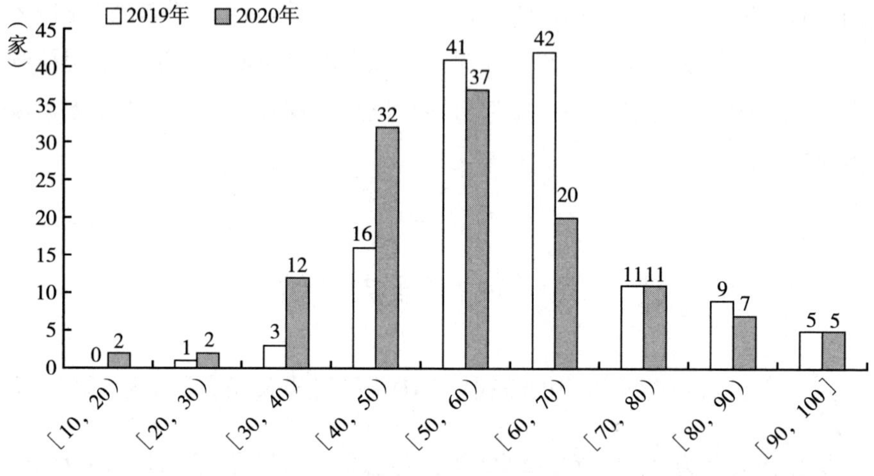

图 2　证券公司综合竞争力得分分布（2019 年和 2020 年）

注：根据证券公司各项得分加权计算的综合竞争力得分换算成百分制后的得分分布情况。

资料来源：Wind、山东省亚太资本市场研究院。

优秀的企业文化，构成了公司的核心竞争力。海通证券（600837. SH）排名第2，其在发展中逐步形成了具有自身特色的六大核心竞争力：雄厚的资本实力、卓越的综合金融服务平台、广泛的营业网点以及扎实的客户基础、业内领先的国际跨境服务平台、有效的合规与风险管理和内部以及金融科技创新先行者。国泰君安（601211. SH）则凭借风控为本、追求卓越的企业文化，位居行业前列的规模实力，持续的科技和创新投入，排名行业第 3。在大型证券公司中，中信建投（601066. SH）由第 11 名升到第 7 名，主要得益于成长能力的提高，2020 年营业收入为 233. 51 亿元，同比增长 70. 53%，营业利润为 121. 65 亿元，同比增长 69. 79%，业绩有较大的提升。西部证券（002673. SZ）由第 32 名升到第 18 名，提高 14 个名次，主要是因为其宏微观风控能力较为出色。

从排名变动幅度来说，中小型证券公司变动较大。其中综合竞争力升幅最大的是华泰联合证券，由第 101 名提高到第 59 名，上升了 42 个名次。华泰联合证券 2020 年各项竞争力都有所提高，其中最为突出的是成长能力由第

112 名提高到第 12 名，营业收入为 30. 81 亿元，同比提升 71. 52%；营业利润为 8. 35 亿元，同比增长 69. 04%；资产规模为 76. 32 亿元，同比增长 37. 78%。华泰联合证券持续在科创板保持领先优势，截至 2020 年末，科创板累计受理企业达 44 家，居行业第 2 名；公司持续加大 IPO 项目储备，2020 年，公司 IPO 项目已获受理 61 家，受理家数居行业第 2 名；2020 年公司股权融资项目主承销金额 1050. 51 亿元、主承销数量 67 单，主承销数量居行业第 4 名、金额居行业第 5 名，其中增发项目主承销 36 单，居行业第 2 名；经中国证监会核准及注册的并购重组交易 9 单、交易金额 504. 19 亿元，交易数量及金额均居行业第 2 名。综合竞争力升幅第 2 的是财通证券资产管理，由第 95 名升到第 55 名，上升了 40 个名次，主要是因为其宏观风控能力较好，资本杠杆率为 57. 81%，流动性覆盖率为 2842. 21%，净稳定资金率为 270. 15%。截至 2020 年末，财通证券资产管理权益公募两年收益率达 183%，位列基金行业第 1。除此之外，增幅比较大的还有恒泰长财证券，上升了 36 名，南京证券（601990. SH）、招商证券资产管理分别上升了 30 名，中信证券（山东）上升了 27 名，中泰证券（上海）资产管理、中航证券、华林证券分别上升了 26 名，申万宏源西部证券（002673. SZ）分别上升了 25 名。

而在综合竞争力降幅较大的证券公司中，华泰证券（上海）资产管理下降幅度最大，由第 55 名下降到 90 名，降幅达 35 名。主要是因为其各项能力排名均有所下滑，其中风控能力和成长能力下降幅度较大。2020 年营业收入为 26. 63 亿元，同比下降 2. 84%，营业利润为 15. 73 亿元，同比下降 10. 31%。北京高华下降幅度也较大，下降了 32 名，由 88 名下降到 120 名，主要原因是其赢利能力和成长能力大幅下降，赢利能力由 36 名下降到 124 名，成长能力由 68 名下降到 120 名。2020 年，北京高华营业收入 4. 51 亿元，同比大幅下降 58. 66%，净利润亏损 2. 41 亿元，同比大幅减少 205. 24%。而造成北京高华 2020 年巨亏的原因是其投资损失高达 3. 69 亿元。下降幅度排名第 3 的是联储证券，由 78 名下降到 108 名，下降了 30 名，主要原因是成长能力有较大的下滑，营业收入同比下降 5. 11%，营业利润却下滑 59. 64%。除此之外，下降幅度较大的还有新时代证券、长江证券承销保荐，均下降了 29 名，太平洋证券

(601099. SH) 下降了27名，华金证券下降了26名，国融证券下降了22名，恒泰证券下降了21名（见表6）。

表6 证券公司竞争力排名（2020年）

公司名称	综合竞争力排名		经营能力排名	赢利能力排名	微观风控能力排名	宏观风控能力排名	创新能力排名	成长能力排名
	2020年	2019年						
中信证券	1	1	1	50	6	60	1	39
海通证券	2	2	2	57	3	37	3	87
国泰君安	3	3	3	52	4	41	2	55
华泰证券	4	4	4	53	5	51	4	49
广发证券	5	5	5	25	16	39	10	61
招商证券	6	6	6	38	12	45	7	38
中信建投	7	11	10	16	15	44	5	19
中国银河	8	8	8	42	7	47	18	25
中金公司	9	12	7	35	14	58	6	11
申万宏源	10	7	9	33	13	59	12	45
国信证券	11	13	11	43	10	32	17	32
东方证券	12	10	12	94	18	53	15	78
兴业证券	13	14	14	23	23	56	8	67
光大证券	14	15	13	89	17	36	23	40
平安证券	15	9	16	40	19	43	20	31
安信证券	16	17	15	48	21	82	9	51
中泰证券	17	16	17	58	26	49	13	74
西部证券	18	32	29	82	2	7	37	28
长江证券	19	18	19	60	25	52	16	62
浙商证券	20	25	20	47	28	40	31	8
国金证券	21	24	27	36	20	28	22	29
华西证券	22	23	32	32	9	23	28	70
南京证券	23	53	46	72	1	5	59	64
东吴证券	24	21	21	65	30	38	24	56
财通证券	25	22	22	29	32	48	33	22
东方财富	26	33	25	17	29	99	14	3
长城证券	27	30	26	44	37	33	30	24
红塔证券	28	40	35	24	43	18	57	14
方正证券	29	19	18	101	22	78	19	106
东北证券	30	20	30	41	31	55	39	111

续表

公司名称	综合竞争力排名		经营能力排名	赢利能力排名	微观风控能力排名	宏观风控能力排名	创新能力排名	成长能力排名
	2020 年	2019 年						
西南证券	31	29	34	92	27	30	27	85
天风证券	32	31	31	102	41	54	11	35
东兴证券	33	26	24	56	34	80	38	57
国元证券	34	27	23	84	24	81	40	60
华安证券	35	36	39	39	53	26	65	84
国海证券	36	34	33	95	38	50	44	69
第一创业	37	45	43	61	40	24	52	65
山西证券	38	28	37	91	39	34	42	108
中航证券	39	65	68	31	62	8	74	66
财信证券	40	58	49	83	48	27	35	5
华创证券	41	41	45	66	54	42	21	68
财达证券	42	50	56	69	50	13	71	81
华福证券	43	44	38	26	65	77	70	36
开源证券	44	57	51	63	57	25	56	30
国联证券	45	46	52	74	47	31	36	15
渤海证券	46	35	36	70	36	93	51	79
华龙证券	47	51	53	96	45	14	89	102
中银国际	48	37	41	67	44	70	26	83
民生证券	49	38	40	62	67	89	32	47
华林证券	50	76	72	15	80	29	86	10
东莞证券	51	49	48	27	68	66	43	33
信达证券	52	43	44	55	59	76	48	53
华鑫证券	53	73	66	18	95	84	45	1
湘财证券	54	59	64	68	77	19	91	77
财通证券资产管理	55	95	106	5	106	3	120	42
国盛证券	56	48	61	119	35	16	25	115
上海光大证券资产管理	57	68	96	1	60	71	85	58
中原证券	58	52	42	118	52	46	55	54
华泰联合	59	101	74	10	72	61	78	12
国都证券	60	54	58	34	51	75	58	75
上海海通证券资产管理	61	79	79	11	33	112	69	89

续表

公司名称	综合竞争力排名		经营能力排名	赢利能力排名	微观风控能力排名	宏观风控能力排名	创新能力排名	成长能力排名
	2020 年	2019 年						
中金财富	62	64	28	28	128	126	92	18
恒泰证券	63	42	50	77	66	65	50	101
万联证券	64	60	55	75	58	91	64	48
东海证券	65	61	54	80	61	67	66	37
上海证券	66	56	59	71	56	72	63	43
上海国泰君安证券资产管理	67	63	76	12	91	64	75	104
首创证券	68	70	63	54	73	85	77	44
中信证券华南	69	81	67	113	49	22	60	128
五矿证券	70	69	62	79	46	109	80	71
中信证券（山东）	71	98	65	51	71	113	108	27
金元证券	72	72	75	107	69	17	81	112
粤开证券	73	80	83	98	70	20	79	93
太平洋证券	74	47	70	123	55	15	34	127
大通证券	75	92	95	88	81	10	95	98
中泰证券（上海）资产管理	76	102	120	9	88	6	115	94
国开证券	77	67	47	116	42	97	93	90
招商证券资产管理	78	108	92	3	64	73	120	92
恒泰长财	79	115	125	20	11	2	120	86
银泰证券	80	99	101	46	101	12	97	103
申港证券	81	85	82	37	83	114	84	17
长城国瑞	82	104	93	111	90	9	107	107
中山证券	83	71	73	85	100	116	73	114
英大证券	84	84	78	76	82	100	90	34
申万宏源西部	85	110	77	21	74	83	120	63
江海证券	86	66	60	110	63	96	101	117

续表

公司名称	综合竞争力排名		经营能力排名	赢利能力排名	微观风控能力排名	宏观风控能力排名	创新能力排名	成长能力排名
	2020年	2019年						
上海东方证券资产管理	87	100	84	2	121	120	116	26
德邦证券	88	74	71	112	78	79	53	50
申万宏源证券承销保荐	89	111	105	7	107	86	112	9
华泰证券（上海）资产管理	90	55	57	14	123	122	117	124
新时代证券	91	62	69	120	76	63	46	125
中邮证券	92	91	86	90	79	105	94	80
华宝证券	93	83	87	103	92	104	47	97
中天国富	94	86	91	78	85	115	102	52
世纪证券	95	97	89	100	89	106	83	21
广发证券资产管理（广东）	96	89	80	8	122	121	72	126
国融证券	97	75	85	105	99	101	54	73
大同证券	98	103	103	49	105	57	96	16
爱建证券	99	105	112	122	93	4	88	113
方正证券承销保荐	100	112	100	87	87	21	120	41
银河金汇证券资产管理	101	93	111	30	8	98	87	105
中天证券	102	94	94	73	96	87	98	82
华金证券	103	77	90	106	84	108	41	119
东方证券承销保荐	104	114	104	64	110	88	29	20
瑞银证券	105	106	99	99	108	94	61	2
九州证券	106	96	97	93	97	103	67	88
万和证券	107	87	88	108	86	110	62	96

续表

公司名称	综合竞争力排名		经营能力排名	赢利能力排名	微观风控能力排名	宏观风控能力排名	创新能力排名	成长能力排名
	2020 年	2019 年						
联储证券	108	78	81	117	94	107	68	116
宏信证券	109	90	98	86	103	62	82	122
瑞信方正	110	124	116	114	113	11	99	7
长江证券承销保荐	111	82	121	4	118	69	114	100
渤海汇金证券资产管理	112	126	117	13	75	111	120	23
第一创业承销保荐	113	123	123	6	117	92	120	13
高盛高华	114	121	108	104	98	102	118	6
东亚前海	115	–	109	97	112	118	100	72
东证融汇证券资产管理	116	107	122	22	109	95	113	109
兴证证券资产管理	117	120	115	59	111	74	110	123
中德证券	118	119	114	81	115	90	111	91
川财证券	119	113	113	126	114	35	49	121
北京高华	120	88	102	124	104	68	76	120
华兴证券	121	109	110	125	102	117	103	59
长江证券（上海）资产管理	122	118	107	19	124	123	120	99
汇丰前海	123	–	119	127	116	119	105	95
华英证券	124	117	118	45	127	125	119	76
摩根士丹利华鑫证券	125	128	124	121	119	128	109	4
金通证券	126	125	128	109	120	1	120	110
国盛证券资产管理	127	122	126	128	125	124	104	118
网信证券	128	127	127	115	126	127	106	46

资料来源：Wind、山东省亚太资本市场研究院。

2020 年，采取差异化竞争策略的证券公司综合竞争能力稳中有升，如互联网证券典型代表东方财富，从 33 名上升到第 26 名，上升了 7 个名次，主要得益于其良好的成长能力和经营能力。国金证券依靠低杠杆运营和低价网上开户策略，稳健运行，2020 年综合实力上升了 3 个名次至第 21 名。以固定收益业务和资产管理业务为主要特色的第一创业，2020 年综合竞争实力提升了 8 个名次，由第 45 名提高到第 37 名，得益于风控能力的提高。依靠研究创新较强的能力，天风证券综合竞争力在行业内排名基本稳定。

结合表 6 和表 8 来看，很多中小型证券公司虽然在综合实力上与大型证券公司有较大的差距，但在某些方面竞争力仍较强。比如资产管理公司虽然综合竞争力排名较为靠后，但赢利能力较强。综合实力排第 79 名的恒泰长财风控能力较为出色，宏观风控能力排第 2 位。兴业证券、安信证券、天风证券等证券公司创新能力表现优异。

（三）财富管理成为证券公司重要收入来源，是重要差异化竞争方向

中国经济经过 40 余年高速发展，人均可支配收入和居民财富迅速增长。2021 年 5 月，招商银行联合贝恩公司在北京发布了《2021 中国私人财富报告》，预计到 2021 年末，中国高净值人群规模近 300 万人，可投资资产规模将超过 90 万亿元，40 岁及以下高净值人群比例预计上升至 42%。在经济稳定向好、投资意识提高、金融科技不断发展等多重利好下，财富管理具有广阔空间。财富管理转型已成为我国证券业发展的必然趋势，证券公司在市场投资能力、资产获取能力、客户基础和研究能力方面具备明显优势。对证券公司来说，财富管理赢利稳定，规模效应明显，同时对净资本依赖较小，长期发展有望形成较强的壁垒，构建差异化优势。

证券公司财富管理业务包含代销金融产品、基金投顾、券商资管、券商系公募基金、券商系私募股权投资基金等业务。其中，券商资管、券商系公募基金和券商系私募股权投资基金业务称为“大资管业务”。从表 7 可以看出，2020 年大资管业务已成为证券公司业绩重要增长点。

表7　部分证券公司旗下资管公司利润情况（2020年）

单位：亿元，%

证券公司	旗下资管公司	持股比例	子公司净利润×持股比例	子公司净利润	大资管业务净利润总和	公司净利润	大资管业务净利润合计占比
东方证券	东证资管	100	8.10	8.10	21.07	27.23	77.38
	汇添富基金	35.41	9.09	25.66			
	长城基金	17.65	0.28	1.59			
	东方资本投资	100	3.61	3.61			
华泰证券	华泰资管	100	12.26	12.26	43.20	108.70	39.74
	华泰柏瑞基金	49	1.33	2.72			
	华泰紫金投资	100	23.50	23.50			
	南方基金	41.16	6.11	14.84			
广发证券	易方达基金	22.65	6.23	27.50	34.62	100.38	34.49
	广发资管	100	9.24	9.24			
	广发基金	54.53	9.95	18.24			
	广发信德	100	9.21	9.21			
兴业证券	兴证全球基金	51	8.14	15.97	11.55	40.03	28.85
	兴证资管	100	0.76	0.76			
	南方基金	9.15	1.36	14.84			
	兴证创新资本	100	1.29	1.29			
海通证券	海富通基金	51	1.93	3.78	29.12	108.75	26.78
	海通资管	100	7.05	7.05			
	富国基金	27.78	4.59	16.52			
	海通开元	100	15.12	15.12			
	海富产业	67	0.44	0.65			
招商证券	博时基金	49	6.11	12.47	18.07	94.92	19.04
	招商资管	100	7.61	7.61			
	招商基金	45	4.07	9.04			
	招商致远资本	100	0.29	0.29			

续表

证券公司	旗下资管公司	持股比例	子公司净利润×持股比例	子公司净利润	大资管业务净利润总和	公司净利润	大资管业务净利润合计占比
中信证券	华夏基金	62.2	9.94	15.98	18.36	149.02	12.32
	金石投资	100	8.42	8.42			
中金公司	中金基金	100	-0.43	-0.43	8.52	72.07	11.82
	中金资本	100	8.95	8.95			
国元证券	长盛基金	41	0.31	0.75	1.59	13.70	11.61
	国元股权投资	100	1.28	1.28			
国泰君安	华安基金	20	1.42	7.11	10.34	111.22	9.30
	国泰君安资管	100	7.18	7.18			
	国泰君安创投	100	1.74	1.74			
国信证券	鹏华基金	50	2.95	5.89	5.32	66.16	8.04
	国信弘盛	100	2.37	2.37			
申万宏源	申万菱信	67	0.70	1.04	6.00	77.66	7.73
	富国基金	27.78	4.59	16.52			
	申万直投	100	0.50	0.50			
	宏源汇富	100	0.21	0.21			
中国银河	银河基金	50	NA	NA	1.52	72.44	2.10
	大成基金	25	0.20	0.81			
	银河金汇	100	0.98	0.98			
	银河创新	100	0.34	0.34			
中信建投	中信建投基金	55	0.14	0.26	1.42	95.09	1.49
	中信建投资本	100	1.28	1.28			

注：NA 为公司未披露数据。

资料来源：各证券公司年报，Wind、山东省亚太资本市场研究院。

在大资管业务中，控股、参股公募基金是目前证券公司转型财富管理的重要方式。中小型证券公司在客户资源、投研能力和销售渠道等方面比大型证券公司弱一些，因此中小型证券公司通过并购、控股等方式获得公募牌照，拓宽收入来源，增强赢利能力。2020 年，东方证券（600958. SH）、兴业证券（601377. SH）、广发证券（000776. SZ）、招商证券（600999. SH）通过控股、参股公募基金，对公司净利润贡献较大，分别为 33. 37%、23. 74%、16. 12%、10. 73%。而东方证券（600958. SH）、兴业证券

（601377. SH）、广发证券（000776. SZ）、招商证券（600999. SH）的综合竞争力排名分别是 12、13、5、6，财富管理水平已成为证券公司竞争力强弱的重要因素。

除控股、参股公募基金外，龙头证券公司和中小型特色证券公司也依据自身禀赋发挥所长。中金公司（601995. SH）财富管理品牌定位高端、深耕高净值客群，在证券公司同质化竞争格局中优势显著。截至 2020 年末，公司财富管理客户总规模已达 369 万户，客户账户资产总值达 2. 6 万亿元，户均资产规模约 70 万元；其中，高净值客户（资产 300 万元及以上）2. 56 万户，资管规模 6725. 2 亿元，户均资产规模约为 262 万元。招商证券（600999. SH）进一步加强与优质公、私募基金管理人的合作关系，利用其 MOM 产品管理经验和专业的财富顾问服务团队，持续增强财富管理服务能力。华泰证券（601688. SH）凭借基于客户储备优势快速推进财富管理业务，打造线上线下一体化财富管理体系，在业务收入、占比以及用户规模方面都居于行业头部。中信证券（600030. SH）利用经纪业务的优势引流，并借助研究优势增强专业服务效果。东方财富（300059. SZ）利用高流量、低佣金及良好用户体验，打造财富管理生态圈。国联证券（601456. SH）立足苏南，区位优势明显，而且是 2020 年首批获得基金投顾业务资格的唯一一家中小型证券公司。国联证券以获得基金投顾业务试点资格为契机，创新经营模式，持续丰富产品线，通过引进行业领先的专业交易系统，建立并不断完善私募产业链；搭建“国联财商”“国联尊享”两大服务品牌，持续培养具备资产配置能力和综合金融服务能力的投顾团队，不断完善私人银行服务体系；优化现有营业网点，加快重点区域业务布局，在中小券商中抢占财富管理业务先机。

（四）证券行业深化科技运用，数字化转型成发展新动能

从表 8 可以看出，证券行业信息技术排名靠前的公司均在行业排名中处于前列，证券公司信息技术投入与公司业绩具有较高的关联性，增加技术投入有效地提升了公司核心竞争力。

表 8 证券公司竞争力指标汇总（2020 年）

单位：分

公司简称	排名	经营能力			赢利能力			基于微观审慎的风控能力				基于宏观审慎的风控能力				创新能力		成长能力			综合竞争力得分	百分制
		营业收入排名	总资产排名	净资产排名	ROA排名	ROE排名	销售利润率排名	净资本排名	净资本/净资产排名	风险覆盖率排名	公司治理排名	资本充足率排名	资本杠杆率排名	流动性覆盖率排名	净稳定资金率排名	业务创新能力排名	技术创新能力排名	营业收入增长率排名	营业利润增长率排名	总资产增长率排名		
中信证券	1	1	1	1	82	39	48	2	122	53	92	12	47	58	60	1	3	53	80	43	0.73	100.00
海通证券	2	2	4	2	65	55	36	3	123	12	32	34	24	48	41	2	4	81	82	71	0.70	96.39
国泰君安	3	3	3	3	70	47	32	1	101	36	37	33	28	46	53	7	1	67	66	50	0.69	95.36
华泰证券	4	4	2	4	79	43	29	4	115	37	5	37	37	43	58	12	2	52	85	48	0.68	93.65
广发证券	5	5	6	5	41	22	22	7	103	46	105	17	42	49	27	16	9	50	71	49	0.65	90.27
招商证券	6	6	7	6	53	30	23	9	119	42	54	25	44	31	50	9	7	47	69	53	0.65	89.41
中信建投	7	9	11	9	35	13	14	8	35	20	96	48	39	44	42	4	10	14	26	80	0.64	88.21
中国银河	8	7	9	8	73	31	42	5	53	32	68	51	43	29	55	24	14	31	60	39	0.63	87.16
中金公司	9	8	10	11	84	24	51	11	72	51	35	98	50	38	59	3	11	20	38	76	0.63	87.09
申万宏源	10	11	5	10	62	28	25	6	55	54	104	68	50	50	54	8	18	58	51	32	0.62	85.38
国信证券	11	12	8	7	43	44	26	10	92	23	74	24	32	28	34	19	15	41	61	12	0.62	85.15
东方证券	12	10	12	12	102	83	106	13	106	41	17	23	49	40	44	21	8	61	100	69	0.59	80.80
兴业证券	13	13	15	14	36	19	56	16	111	40	11	38	40	55	56	6	12	56	14	56	0.57	79.13
光大证券	14	14	13	13	95	82	84	12	74	27	18	39	23	47	38	23	23	15	21	67	0.57	78.49
平安证券	15	15	19	16	77	29	76	15	75	11	69	49	50	27	29	32	16	68	64	98	0.56	76.98
安信证券	16	16	16	15	61	46	47	14	76	54	89	57	50	61	61	18	6	49	56	65	0.54	74.60
中泰证券	17	18	17	17	81	51	68	17	90	39	36	29	45	41	47	10	13	91	84	54	0.54	74.37

续表

公司简称	排名	经营能力			赢利能力			基于微观审慎的风控能力				基于宏观审慎的风控能力				创新能力		成长能力			综合竞争力得分	百分制
		营业收入排名	总资产排名	净资产排名	ROA排名	ROE排名	销售利润率排名	净资本排名	净资本/净资产排名	风险覆盖率排名	公司治理排名	资本充足率排名	资本杠杆率排名	流动性覆盖率排名	净稳定资金率排名	业务创新能力排名	技术创新能力排名	营业收入增长率排名	营业利润增长率排名	总资产增长率排名		
西部证券	18	29	22	25	60	86	74	20	57	4	14	86	7	17	6	29	54	29	19	14	0.54	74.00
长江证券	19	19	23	31	78	56	54	18	69	44	9	40	38	53	49	11	20	82	78	102	0.52	71.39
浙商证券	20	17	27	27	58	38	95	23	21	16	58	76	34	36	51	33	31	7	30	52	0.51	70.78
国金证券	21	25	31	33	33	40	38	24	63	9	7	63	16	34	48	20	25	30	50	37	0.51	70.56
华西证券	22	31	20	36	38	32	13	30	81	5	12	44	21	22	19	40	27	65	67	29	0.51	70.21
南京证券	23	52	37	46	54	73	28	35	49	3	22	75	15	9	9	57	63	89	93	24	0.51	70.11
东吴证券	24	21	21	21	75	62	69	25	105	34	8	65	36	32	43	22	24	25	25	70	0.51	69.99
财通证券	25	24	26	24	40	27	31	27	95	31	10	43	46	39	40	39	30	44	74	47	0.50	69.47
东方财富	26	30	25	29	23	17	3	21	50	54	33	103	50	61	61	30	5	10	18	16	0.50	69.01
长城证券	27	22	30	32	48	41	80	32	68	47	26	61	26	42	31	28	40	12	40	51	0.49	68.23
红塔证券	28	27	41	45	21	26	66	36	37	54	55	72	19	14	36	48	86	3	31	58	0.49	67.86
方正证券	29	20	14	18	100	101	92	19	118	13	44	50	50	61	61	14	22	71	46	35	0.49	67.02
东北证券	30	23	54	42	46	37	78	31	33	24	13	56	41	59	45	31	45	119	49	119	0.48	65.68
西南证券	31	41	24	19	87	89	50	26	98	14	21	69	27	26	25	27	39	109	95	41	0.47	65.24
天风证券	32	34	33	26	105	98	94	40	124	52	3	104	48	30	57	5	21	75	16	63	0.47	64.16
东兴证券	33	26	34	22	59	54	59	28	71	54	30	54	50	61	61	45	29	26	52	103	0.46	64.12
国元证券	34	32	18	20	80	84	43	22	113	10	34	55	50	61	61	47	32	28	35	26	0.46	63.60

续表

公司简称	排名	经营能力			赢利能力			基于微观审慎的风控能力				基于宏观审慎的风控能力				创新能力		成长能力			综合竞争力得分	百分制
		营业收入排名	总资产排名	净资产排名	ROA排名	ROE排名	销售利润率排名	净资本排名	净资本/净资产排名	风险覆盖率排名	公司治理排名	资本充足率排名	资本杠杆率排名	流动性覆盖率排名	净稳定资金率排名	业务创新能力排名	技术创新能力排名	营业收入增长率排名	营业利润增长率排名	总资产增长率排名		
华安证券	35	37	39	40	45	36	17	48	115	54	16	45	30	19	39	74	48	93	92	82	0. 46	63. 50
国海证券	36	33	29	28	93	88	87	33	89	43	15	74	29	57	46	37	51	54	44	57	0. 46	62. 79
第一创业	37	44	52	43	44	61	63	44	100	21	1	71	20	21	28	70	35	62	45	61	0. 45	62. 63
山西证券	38	38	28	23	91	85	71	37	93	22	19	78	33	45	22	34	42	125	41	38	0. 45	61. 92
中航证券	39	65	67	49	31	33	18	64	31	19	83	89	17	8	15	66	85	36	39	75	0. 45	61. 55
财信证券	40	55	51	61	98	77	65	50	58	15	64	88	14	56	26	108	19	39	62	27	0. 44	60. 96
华创证券	41	40	49	37	71	63	75	43	51	54	88	96	50	18	52	15	28	48	70	62	0. 44	60. 90
财达证券	42	56	63	62	86	64	55	55	23	18	50	30	22	12	17	65	77	76	103	107	0. 44	60. 36
华福证券	43	35	47	38	39	23	40	59	120	54	81	47	50	61	61	87	47	24	33	95	0. 44	60. 28
开源证券	44	49	64	51	37	68	72	49	65	48	56	113	10	51	33	64	49	35	53	42	0. 43	59. 94
国联证券	45	60	58	39	89	70	33	42	18	28	49	59	31	24	35	50	26	70	88	85	0. 43	59. 73
渤海证券	46	47	32	35	56	72	27	29	67	54	48	92	50	61	61	42	68	87	94	45	0. 43	59. 35
华龙证券	47	58	38	41	67	95	53	45	107	54	6	99	9	20	24	82	79	107	37	10	0. 43	59. 26
中银国际	48	39	40	44	74	65	58	38	60	54	29	27	50	61	61	17	53	80	90	72	0. 43	59. 21
民生证券	49	36	43	48	63	59	61	58	121	54	85	82	50	61	61	25	70	37	20	79	0. 43	59. 01
华林证券	50	76	81	73	25	14	8	80	91	25	41	41	25	35	18	105	58	22	22	97	0. 42	58. 33
东莞证券	51	42	75	55	64	20	62	68	44	54	51	19	50	61	61	36	52	19	68	122	0. 42	57. 84
信达证券	52	43	45	69	57	52	70	52	87	54	65	46	50	61	61	41	60	27	10	86	0. 42	57. 79

续表

公司简称	排名	经营能力			赢利能力			基于微观审慎的风控能力				基于宏观审慎的风控能力				创新能力		成长能力			综合竞争力得分	百分制
		营业收入排名	总资产排名	净资产排名	ROA排名	ROE排名	销售利润率排名	净资本排名	净资本/净资产排名	风险覆盖率排名	公司治理排名	资本充足率排名	资本杠杆率排名	流动性覆盖率排名	净稳定资金率排名	业务创新能力排名	技术创新能力排名	营业收入增长率排名	营业利润增长率排名	总资产增长率排名		
华鑫证券	53	57	92	90	26	15	19	85	110	54	87	64	50	61	61	49	38	6	1	126	0.42	57.48
湘财证券	54	74	57	64	72	69	39	62	61	29	103	80	12	23	21	99	64	69	75	66	0.42	57.24
财通证券资产管理	55	82	115	110	8	3	82	108	7	35	67	9	5	4	7	108	112	72	81	91	0.41	56.59
国盛证券	56	59	46	68	117	118	118	56	56	7	95	87	6	52	10	13	66	94	118	31	0.41	56.54
上海光大证券资产管理	57	75	112	109	1	1	7	84	4	54	67	31	50	61	61	63	105	64	54	90	0.41	56.38
中原证券	58	45	50	47	120	117	119	46	102	26	73	58	35	54	32	53	72	45	65	89	0.41	55.98
华泰联合	59	46	84	89	12	10	79	76	6	54	66	11	50	61	61	72	74	13	28	7	0.40	55.38
国都证券	60	66	60	65	34	35	10	57	73	54	4	42	50	61	61	62	56	66	43	93	0.40	55.08
上海海通证券资产管理	61	62	76	81	15	8	16	54	3	54	67	121	50	61	61	54	104	42	96	25	0.40	54.69
中金财富	62	28	36	30	66	21	35	60	125	54	86	6	50	61	61	79	83	11	15	111	0.40	54.62
恒泰证券	63	50	61	56	83	75	89	65	97	54	24	18	50	61	61	67	33	114	112	94	0.39	54.26
万联证券	64	71	55	60	85	71	24	47	62	54	78	90	50	61	61	56	82	51	42	92	0.39	54.26
东海证券	65	53	62	59	94	76	67	61	70	54	27	20	50	61	61	60	80	33	9	110	0.39	54.05
上海证券	66	70	68	67	96	60	57	53	10	54	90	32	50	61	61	43	111	79	32	112	0.39	53.49

续表

公司简称	排名	经营能力			赢利能力			基于微观审慎的风控能力				基于宏观审慎的风控能力				创新能力		成长能力			综合竞争力得分	百分制
		营业收入排名	总资产排名	净资产排名	ROA排名	ROE排名	销售利润率排名	净资本排名	净资本/净资产排名	风险覆盖率排名	公司治理排名	资本充足率排名	资本杠杆率排名	流动性覆盖率排名	净稳定资金率排名	业务创新能力排名	技术创新能力排名	营业收入增长率排名	营业利润增长率排名	总资产增长率排名		
上海国泰君安证券资产管理	67	54	73	72	9	16	34	83	99	54	67	16	50	61	61	52	112	86	97	4	0. 39	53. 39
首创证券	68	72	69	52	42	57	20	66	88	54	93	66	50	61	61	76	62	59	58	64	0. 38	52. 87
中信证券华南	69	81	42	54	111	112	108	41	32	54	53	95	50	15	11	46	103	128	123	20	0. 38	52. 64
五矿证券	70	63	44	53	49	87	60	39	13	54	79	117	50	61	61	98	55	46	48	9	0. 38	52. 43
中信证券（山东）	71	64	70	58	51	48	41	69	39	54	67	121	50	61	61	108	99	34	59	60	0. 38	52. 15
金元证券	72	83	71	66	109	107	110	74	78	17	57	77	8	33	20	92	57	100	116	74	0. 38	52. 10
粤开证券	73	89	79	91	99	99	90	72	11	33	40	106	13	37	13	73	73	74	72	88	0. 37	51. 72
太平洋证券	74	84	56	57	124	124	127	63	94	38	2	84	11	16	37	26	59	124	125	83	0. 37	51. 51
大通证券	75	107	88	87	47	91	15	78	36	54	70	73	50	6	3	84	90	84	73	78	0. 37	51. 44
中泰证券（上海）资产管理	76	110	122	124	10	9	83	112	1	49	67	83	2	13	12	108	107	105	79	87	0. 37	51. 37
国开证券	77	68	35	34	115	115	111	34	47	54	76	101	50	61	61	75	95	92	120	23	0. 37	50. 92
招商证券资产管理	78	79	86	93	3	5	1	73	5	30	67	35	50	61	61	108	112	90	98	5	0. 37	50. 48

续表

公司简称	排名	经营能力			赢利能力			基于微观审慎的风控能力				基于宏观审慎的风控能力				创新能力		成长能力			综合竞争力得分	百分制
		营业收入排名	总资产排名	净资产排名	ROA排名	ROE排名	销售利润率排名	净资本排名	净资本/净资产排名	风险覆盖率排名	公司治理排名	资本充足率排名	资本杠杆率排名	流动性覆盖率排名	净稳定资金率排名	业务创新能力排名	技术创新能力排名	营业收入增长率排名	营业利润增长率排名	总资产增长率排名		
恒泰长财	79	118	126	123	16	34	97	123	82	2	67	13	3	3	4	108	112	95	87	84	0.37	50.43
银泰证券	80	112	108	104	22	58	11	98	66	54	60	79	50	10	5	107	75	98	57	117	0.36	50.20
申港证券	81	77	80	86	24	50	73	90	42	54	20	1	50	61	61	71	84	9	4	28	0.36	49.60
长城国瑞	82	99	100	94	113	109	105	89	19	45	72	111	18	7	30	101	102	96	119	124	0.35	48.77
中山证券	83	67	95	75	88	81	93	92	109	54	102	4	50	61	61	91	50	83	86	127	0.35	48.75
英大证券	84	88	66	77	68	79	30	77	80	54	94	105	50	61	61	89	71	77	17	19	0.35	48.66
申万宏源西部	85	80	72	80	19	25	5	70	27	54	67	62	50	61	61	108	112	43	36	36	0.35	48.66
江海证券	86	61	53	63	110	110	113	51	40	54	101	97	50	61	61	97	89	63	104	68	0.35	48.59
上海东方证券资产管理	87	48	98	100	2	2	49	126	128	54	67	28	50	61	61	108	108	23	63	18	0.35	48.55
德邦证券	88	78	65	74	112	111	114	75	108	54	61	53	50	61	61	61	46	99	27	22	0.35	47.72
申万宏源证券承销保荐	89	91	113	116	7	7	21	105	26	54	67	67	50	61	61	96	112	18	12	59	0.35	47.67
华泰证券(上海)资产管理	90	51	59	70	20	12	9	99	126	54	67	7	50	61	61	108	109	102	102	115	0.34	46.41

续表

公司简称	排名	经营能力			赢利能力			基于微观审慎的风控能力				基于宏观审慎的风控能力				创新能力		成长能力			综合竞争力得分	百分制
		营业收入排名	总资产排名	净资产排名	ROA排名	ROE排名	销售利润率排名	净资本排名	净资本/净资产排名	风险覆盖率排名	公司治理排名	资本充足率排名	资本杠杆率排名	流动性覆盖率排名	净稳定资金率排名	业务创新能力排名	技术创新能力排名	营业收入增长率排名	营业利润增长率排名	总资产增长率排名		
新时代证券	91	73	48	50	119	119	107	67	104	54	84	15	50	61	61	38	65	121	117	17	0.34	46.41
中邮证券	92	94	93	78	52	90	46	71	29	54	100	112	50	61	61	80	96	55	91	113	0.33	46.13
华宝证券	93	95	85	76	103	102	88	86	52	54	77	110	50	61	61	59	36	78	83	104	0.33	45.78
中天国富	94	86	103	102	29	92	85	81	54	54	62	121	50	61	61	104	88	38	76	101	0.33	45.62
世纪证券	95	100	78	85	97	103	100	88	79	54	43	114	50	61	61	78	61	5	126	34	0.33	45.42
广发证券资产管理（广东）	96	69	74	71	4	11	2	119	127	54	67	8	50	61	61	108	41	101	99	33	0.33	45.41
国融证券	97	85	97	84	108	104	103	94	77	54	82	107	50	61	61	81	37	115	7	123	0.33	45.39
大同证券	98	106	107	99	69	45	64	106	17	54	31	21	50	60	23	108	69	16	5	121	0.33	45.28
爱建证券	99	119	104	98	121	121	120	115	84	6	97	100	4	5	8	68	98	106	113	108	0.33	45.22
方正证券承销保荐	100	97	96	95	30	96	101	91	9	54	67	52	50	11	16	108	112	32	8	11	0.33	45.20
银河金汇证券资产管理	101	103	109	112	18	53	91	87	24	8	67	102	50	61	61	58	112	112	24	30	0.33	45.19
中天证券	102	98	83	92	55	78	44	95	83	54	38	70	50	61	61	95	87	85	77	44	0.32	44.81

续表

公司简称	排名	经营能力			赢利能力			基于微观审慎的风控能力				基于宏观审慎的风控能力				创新能力		成长能力			综合竞争力得分	百分制
		营业收入排名	总资产排名	净资产排名	ROA排名	ROE排名	销售利润率排名	净资本排名	净资本/净资产排名	风险覆盖率排名	公司治理排名	资本充足率排名	资本杠杆率排名	流动性覆盖率排名	净稳定资金率排名	业务创新能力排名	技术创新能力排名	营业收入增长率排名	营业利润增长率排名	总资产增长率排名		
华金证券	103	93	82	83	107	105	102	82	16	54	75	116	50	61	61	44	34	117	114	77	0.32	44.67
东方证券承销保荐	104	87	106	111	28	74	112	109	38	54	67	81	50	61	61	108	17	17	13	21	0.32	44.21
瑞银证券	105	90	110	106	104	97	109	107	86	54	45	93	50	61	61	55	78	88	3	120	0.32	43.95
九州证券	106	101	89	82	50	93	81	97	85	54	23	109	50	61	61	88	43	57	6	81	0.32	43.71
万和证券	107	105	77	79	114	108	98	79	45	54	99	118	50	61	61	51	97	108	111	73	0.32	43.57
联储证券	108	92	87	88	116	116	116	93	114	54	25	115	50	61	61	93	44	103	115	116	0.31	43.35
宏信证券	109	96	91	107	92	80	96	101	20	50	98	14	50	61	61	77	67	110	110	109	0.31	42.85
瑞信方正	110	120	102	101	106	114	117	110	34	54	71	120	50	2	2	90	93	8	121	3	0.31	42.41
长江证券承销保荐	111	109	123	125	6	4	77	122	48	54	67	26	50	61	61	102	112	111	105	99	0.30	41.77
渤海汇金证券资产管理	112	121	116	117	11	18	4	100	2	54	67	119	50	61	61	108	112	2	127	106	0.30	40.98
第一创业承销保荐	113	115	120	119	5	6	52	121	46	54	67	91	50	61	61	108	112	21	11	8	0.29	39.71

续表

公司简称	排名	经营能力			赢利能力			基于微观审慎的风控能力				基于宏观审慎的风控能力				创新能力		成长能力			综合竞争力得分	百分制
		营业收入排名	总资产排名	净资产排名	ROA排名	ROE排名	销售利润率排名	净资本排名	净资本/净资产排名	风险覆盖率排名	公司治理排名	资本充足率排名	资本杠杆率排名	流动性覆盖率排名	净稳定资金率排名	业务创新能力排名	技术创新能力排名	营业收入增长率排名	营业利润增长率排名	总资产增长率排名		
高盛高华	114	114	90	103	76	106	99	96	28	54	46	108	50	61	61	106	110	120	101	2	0.29	39.67
东亚前海	115	102	114	113	90	100	115	113	43	54	42	121	50	61	61	108	76	4	128	118	0.28	39.11
东证融汇证券资产管理	116	125	117	118	13	49	12	114	8	54	67	94	50	61	61	100	112	122	108	40	0.27	37.91
兴证证券资产管理	117	123	118	115	32	66	37	111	14	54	67	36	50	61	61	86	112	116	106	125	0.27	37.48
中德证券	118	113	111	114	27	94	104	117	30	54	52	85	50	61	61	94	112	73	47	13	0.27	37.02
川财证券	119	117	101	108	123	123	122	116	59	54	39	60	50	25	14	35	91	104	109	46	0.27	36.85
北京高华	120	111	105	97	125	125	124	104	112	54	28	22	50	61	61	69	81	126	122	114	0.26	36.02
华兴证券	121	124	99	96	122	122	123	102	64	54	63	121	50	61	61	83	101	123	124	15	0.25	34.40
长江证券（上海）资产管理	122	108	94	105	14	42	6	103	15	54	67	5	50	61	61	108	112	97	89	6	0.25	34.08
汇丰前海	123	122	119	120	127	126	125	118	41	54	91	121	50	61	61	108	94	40	107	105	0.22	30.85
华英证券	124	116	121	121	17	67	86	120	12	54	80	3	50	61	61	103	112	60	29	96	0.22	30.55

续表

公司简称	排名	经营能力			赢利能力			基于微观审慎的风控能力				基于宏观审慎的风控能力				创新能力		成长能力			综合竞争力得分	百分制
		营业收入排名	总资产排名	净资产排名	ROA排名	ROE排名	销售利润率排名	净资本排名	净资本/净资产排名	风险覆盖率排名	公司治理排名	资本充足率排名	资本杠杆率排名	流动性覆盖率排名	净稳定资金率排名	业务创新能力排名	技术创新能力排名	营业收入增长率排名	营业利润增长率排名	总资产增长率排名		
摩根士丹利华鑫证券	125	104	125	122	118	120	121	124	96	54	59	121	50	61	61	108	100	1	34	55	0.20	27.75
金通证券	126	128	124	128	101	113	45	127	25	1	67	10	1	1	1	108	112	113	55	1	0.17	23.05
国盛证券资产管理	127	126	127	126	128	127	126	125	117	54	67	2	50	61	61	108	92	118	23	100	0.14	18.98
网信证券	128	127	128	127	126	128	128	128	22	54	47	122	50	61	61	85	106	127	2	128	0.13	17.68

注：①净资本中华英证券、中金财富、长江证券（上海）资产管理、上海东方证券资产管理、华泰证券（上海）资产管理、国盛证券资产管理和广发证券资产管理（广东）在年报和证券业协会中未披露，按照注册资本计算；②证券公司风险控制指标未披露的按照《证券公司风险控制指标管理办法》最低标准计算。

资料来源：Wind、中国证券业协会、证券公司年报、山东省亚太资本市场研究院。

2020 年证券行业信息技术投入金额 262.87 亿元，同比增长 21.31%，占 2019 年度营业收入的 7.47%，国内信息技术行业投入规模和占营收比重均呈现不断上升趋势。2017 年至今证券行业在信息技术领域累计投入达 845 亿元，行业持续加大信息技术领域的投入，为行业数字化转型和高质量发展奠定了坚实基础。在中国证券业协会公示的 2020 年 102 家券商信息技术投入排名中，华泰证券（601688.SH）投入金额拔得头筹，2020 年耗资 19.47 亿元，遥遥领先；国泰君安（601211.SH）位列第 2 名，投入 13.98 亿元；中信证券（600030.SH）以 13.74 亿元排名第 3；招商证券（600999.SH）、海通证券（600837.SH）分别以 10.33 亿元和 9.61 亿元的投入位于第 4、5 名。

当期国内人工智能、区块链、云计算、大数据、移动互联等数字技术在证券领域的应用不断深化，数字技术在证券领域的应用可以较好地提升用户的服务体验，大大降低运营成本，提高市场整体的运行效率。根据证券业协会数据，以摩根大通为例，在实施数字化战略并加大线上产品投入力度之后，客户净推荐指数增加 19%，客户保留率增加 10%，客户刷卡消费增加 118%，存款和投资份额增加 40%。

金融科技正在重塑传统金融服务生态，大数据、云计算、人工智能和区块链等技术成为催生新业务并驱动证券公司业务转型的重要力量。在零售客户服务方面，金融科技主要强化客群的广泛化和服务的差异化，对券商的财富管理转型有重要推动意义；在机构客户服务方面，金融科技聚焦于业务的线上化、自动化和智慧化，提高业务效率，减少人力、时间成本，并满足专业机构客户较高的极速量化交易系统需求；在中后台运营管理方面，金融科技主要运用于质控风控中，保障业务安全。金融科技的转型将强化集中化趋势，对于中小券商，一方面，在“马太效应”下更应坚持差异化发展策略，将金融科技重点部署在自身优势领域；另一方面，金融科技也为中小券商提供了“补短”的利器。

在券商数字化转型的背景下，证券公司不仅加大科技投入，而且不断与科技公司展开合作，共同探索新的运营模式。2020 年 6 月，中金公司与腾讯成立合资金融科技公司金腾科技，金腾科技与中金财富联合通过数据化运营手段，面向高净值客户进行定向营销，并探索线上线下相结合的新运营模式。

参考文献

[1] 孙国茂主编《中国证券公司竞争力研究报告（2020）》，社会科学文献出版社，2020。

[2] 李铀：《证券业竞争格局与并购模式研究》，大连海事大学硕士学位论文，2016。

[3] 宣承耀：《基于因子分析法的内地上市券商竞争力综合评价研究》，安徽大学硕士学位论文，2015。

[4] 刘强：《基于主成分分析的上市证券公司竞争力研究》，《经济研究导刊》2011 年第 28 期。

[5] 傅智能：《中国证券公司核心竞争力研究》，武汉理工大学硕士学位论文，2004。

[6] 申创：《市场集中度、竞争度与银行风险的非线性关系研究》，《国际金融研究》2018 年第 6 期。

[7] 邓泽源：《我国上市证券公司竞争力研究》，广西大学硕士学位论文，2015。

[8] 涂艳艳：《我国证券公司核心竞争力实证研究》，《考试周刊》2011 年第 62 期。

[9] 郭园园、王惠慧：《中国证券公司核心竞争力研究》，《经营管理者》2017 年第 3 期。

[10] 冯森：《论我国证券公司核心竞争力的提升》，对外经济贸易大学硕士学位论文，2016。

[11] 陈京：《我国证券公司竞争力研究》，《财政金融》2015 年第 16 期。

[12] 吴夕晖：《证券公司核心竞争力的培育与提升》，《中国证券期货》2010 年第 9 期。

[13] 宋丹丹：《基于结构方程模型的中国证券公司核心竞争力影响因素研究》，山东大学硕士学位论文，2015。

[14] 宋文涛：《证券行业的核心竞争力理论分析及实证研究》，吉林大学硕士学位论文，2009。

[15] 尹筑嘉、黄建欢、文凤华：《中国证券公司核心竞争力的内涵与评估——基于美国金融危机的反思》，《长沙理工大学学报》（社会科学版）2010 年第 6 期。

[16] 张晓文、于武、胡运权：《企业竞争力的定量评价方法》，《管理评论》2003 年第 1 期。

[17] 连莲：《“X 非效率”视角下的证券公司竞争力分析》，《经济论坛》2012 年第 11 期。

[18] Kahloul, I. , Hallara, S . ," The Impact of Diversification on Firm Performance and Risk: An Empirical Evidence", *International Research Journal of Finance & Economics*, 2010, 35.

[19] Segoviano, M. A. and Goodhart, C. , " Banking Stability Measures", *IMF Working Paper* , 2009, 9.

[20] Gambacorta, L. , Scatigna, M. , Yang, J. , " Diversification and Bank Profitability: A Nonlinear Approach", *Applied Economics Letters*, 2014, 21 (6) .

B.4

中国证券公司系统重要性评价（2021）

李猛 张辉*

摘　要：党的十九大提出“双支柱调控框架”后，《关于完善系统重要性金融机构监管的指导意见》提出加强宏观审慎监管，明确了系统重要性金融机构的定义和范畴，并规定了评价流程和总体方法。本报告根据监管要求，从证券机构规模、关联性、可替代性、复杂性和资产变现等方面，建立了证券公司系统重要性评价体系和计算方法，对证券公司系统重要性进行排名和分析。研究显示：系统重要性排名TOP20的证券公司总资产合计占全行业的72.45%，未达到75%的监管要求，这说明证券业还远未达到“太大而不能倒”的程度，未来监管部门可能会推动行业内的合并重组，以提高证券行业头部机构的系统重要性。除机构规模外，证券机构间的关联性和复杂性也至关重要，应将其共同纳入我国宏观审慎监管体系，并作为证券市场宏观审慎监管框架的具体内容。对系统重要性证券机构的监管，应按照宏观审慎监管原则，明确评估方法和范围，明确监管部门职责，建立系统重要性证券机构风险监控和处理机制，将微观审慎和宏观审慎监管有效结合起来，防范系统性风险。

关键词：证券公司　系统重要性　宏观审慎监管

* 李猛，中国社会科学院工业经济研究所博士研究生，研究领域为产业经济；张辉，中央财经大学经济学院博士研究生，研究领域为资本市场、劳动经济学。

在华尔街金融危机爆发前，金融监管将主要目标定位于防范单个金融机构的风险，采用“铁路警察、各管一段”的监管模式，对各机构的稳健性、赢利能力和清偿能力等进行重点监管，对金融机构间关联性及宏观经济运行对金融体系稳健性的影响关注较少。2008 年次贷危机爆发并在世界范围内迅速蔓延，给各国金融体系造成深刻的影响，严重影响世界各国的经济运行与发展。美国五大投资银行纷纷破产、倒闭或被收购，英国、德国和法国等许多欧洲国家银行业遭到重创，严重影响经济发展。次贷危机带来一系列惨痛的代价，让世界各国理论界和实务界意识到原有监管体系的不足，世界主要经济体开始深刻反思微观审慎监管方式的缺陷，金融行业内某些大型金融机构因“太大而不能倒”，或者“联系太紧而不能倒”等问题被广泛关注。美、英和欧盟的一些国家和地区纷纷采取措施进行金融监管改革，在原有微观审慎基础上，提出要加强宏观审慎监管，强化宏观、微观审慎政策和行为监管的有效执行与协调配合，逐步提升监管能力，优化监管水平，防范系统性风险，维护金融稳定。其中，改革的一项重要举措就是加强对系统重要性金融机构的监管。

金融危机后我国也十分重视对系统重要性金融机构风险的防范。党的十九大提出“守住不发生系统性金融风险的底线”和“健全货币政策和宏观审慎政策双支柱调控框架”后，中国人民银行、中国银保监会和中国证监会联合印发《关于完善系统重要性金融机构监管的意见》（以下简称《意见》）。《意见》明确了系统重要性金融机构的定义和范畴，并规定了评价流程和总体方法。在方法决策方面，强调引导大型金融机构稳健经营，对防范系统性金融风险具有重要意义。《意见》同时要求加强金融监管的集中统一、协调配合，有效维护金融体系稳健运行。这不仅落实了党的十九大关于防范发生系统性金融风险的要求，还响应《巴塞尔协议Ⅲ》和 G20 金融稳定理事会（Financial Stability Board，FSB）要求，与国际上达成广泛共识的宏观审慎监管接轨。《意见》规定：SIFIs（Systemically Important Financial Institutions，系统重要性金融机构）包括证券机构，且参评数量不少于 10 家，参评证券机构表内外资产总额不低于上年末行业总资产的 75%。

依据《意见》要求，本报告选取若干指标，建立系统重要性证券公司的指标评价体系，并对系统重要性证券公司进行评价和排名，能够综合反映证券行业各证券公司的实际情况，为监管部门制定证券市场宏观审慎监管决策提供依据。测评证券业系统重要性机构，主要是为防范“太大而不能倒”“联系太紧而不能倒”等风险，加强宏观审慎监管，维护证券市场稳定。

一 证券公司系统重要性评价研究进展

（一）系统重要性金融机构的识别及相关理论

2009 年，对 G20 国家的调查发现多数国家对“系统重要性机构”并没有明确定义。IMF、BIS 和 FSB 将系统重要性金融机构定义为因规模、复杂度与系统相关度，其倒闭可能给金融系统造成系统性风险，进而可能引发金融危机、损害实体经济的金融机构。在评估系统重要性影响因素时，“太大而能不倒”是最先被关注的，金融机构规模是区分系统重要性的最重要因素（Segoviano and Goodhart，2009；Acharya et al.，2010）。规模越大，当机构出现风险暴露时对市场造成的影响也越大，甚至可能诱发系统性风险。考虑到 2008 年全球严重的金融危机情况，“联系太紧而不能倒”也应该成为评估系统重要性机构的重点，一家金融机构与其他机构在资产负债方面存在广泛联系，一旦发生风险会产生严重的负外部性问题，引发多米诺骨牌效应。金融系统内，各机构间直接或间接的资产负债关联会形成复杂的金融网络，关联性越强，负面冲击对其他机构造成的影响就越大。值得注意的是，在次贷危机中，最早出现风险暴露并让风险迅速蔓延的机构并不是规模最大的机构，而是在金融网络中处重要地位、与其他机构关联密切的机构。因而评估系统重要性机构不能仅看规模，关联性也至关重要。应该更加关注“联系太紧而不能倒”银行，及系统重要性银行的关联问题（Chan-Lau，2010；Drehmann and Tarashev，2011）。

厘清关联性与系统重要性的关系是本报告分析的基础。目前学术界大多根据不同金融机构、行业之间的关联度情况考察系统性风险的传染效应。国际货币基金组织将金融机构的关联性定义为单个金融机构陷入财务危机可能显著提高与之相关的其他金融机构陷入财务危机的概率，并认为其原因是金融机构在经营过程中基于合约与负债等形成的网络关系。美国全国经济研究协会（National Economic Research Associate，NERA）认为关联性是指单个机构对其他机构的影响程度和受其他机构的影响程度，与规模等其他指标相比，关联性是更准确而有效地测度系统性风险的指标。刘春航、朱元倩（2011）将关联性定义为金融体系中金融机构不同金融活动之间相互影响的程度，关联性的高低对系统风险的影响是显著的。关联性的形成主要基于三种原因：（1）直接原因，即机构间的敞口关系（信贷关系、回购协议、衍生品交易等）；（2）融资原因，即机构间的共同贷款、交叉持股等原因；（3）行为原因，关联机构资产价格的下降、不确定性与恐惧引发的经济主体行为的变化。

金融机构间关联性直接导致金融网络体系形成。苏明政、张庆君（2015）认为这种网络体系具有显著的复杂性与同质性，从而使得机构间关系的脆弱性增强。一方面，在金融机构面临压力时，反馈效应会增强这种脆弱性，进一步讲，金融网络的多维度性与复杂性会引发资产价格的不确定性，导致系统性风险的爆发与传染。另一方面，关联性的增强会导致金融机构经营行为与风险策略的趋同性，进一步弱化金融机构的抗干扰能力。

《意见》对系统重要性金融机构的规定是“规模较大、结构和业务复杂度较高、与其他金融机构关联性较强，在金融体系中提供难以替代的关键服务，一旦发生重大风险事件而无法持续经营，将对金融体系和实体经济产生重大不利影响、可能引发系统性风险的金融机构”。此前关于系统重要性机构的研究主要集中在银行业，对证券行业的研究接近空白。此次《意见》明确：SIFIs 应包括系统重要性证券业机构，且参评数量不少于 10 家，参评证券机构表内外资产总额不低于上年末行业总资产的 75%。其中，“证券业机构”指依法设立的从事证券、期货、基金业务的法人机构。不论是华尔街金融危机还是我国证券市场 30 年的发展历史都已证明，作为金融体系的重要组成部分，证券公司在经济金融发展中的作用越来越大。与原有针对商业银行的宏观审慎监管框架相比，系统重要性金融机构认定范围的扩大也意味着宏观审慎监管体系的健全和完善。

（二）证券公司系统重要性评价方法

目前，国际上对系统重要性金融机构的评价方法主要有两类。一类是以金融机构在金融市场的实时数据为基础的市场法，可衍生出多种模型，主要包括以下几种方法。

（1）网络分析法。此方法基于资产负债表，主要通过网络中金融机构的关联性和集中度等指标衡量机构间的网络关联程度，进而判断系统重要性金融机构。此外，还有另外一种相对客观的方法，即采用模拟的方法，量化某家机构倒闭对市场其他机构造成的损失，通过在金融网络中衡量机构出现风险暴露可能造成的影响和传染效应来评估系统重要性机构。此方法可直观地判断出系统重要性机构，并向监管部门提出监管干预的时机。但由于此方法依赖资产负债表，对于市场数据获取难度较大的广大发展中国家来说，在实际监管过程中采用较少。

（2）风险组合模型法，也被称为简式法。此方法通过衡量金融机构的组合风险来衡量金融体系的系统性风险，通过调查金融机构内部的金融业务和金融范围，可以获取金融机构内部的风险等级，这种方法可有效识别系统中各金融机构面临的共同风险，明确危机来临时风险在机构间传染、蔓延的路径，定量评估单个机构对于系统性风险可能会造成的影响，进而测度单个机构对系统性风险的影响程度，确定系统重要性金融机构。同样的，由于此方法以市场数据为基础，测算效果与一国金融市场的完善情况直接相关。要求具有足够数量、上市时间较长的机构，这对于一国的金融市场发达程度有一定的要求。此外，风险组合模型法还要求金融市场满足有效市场假说，而现实中股票价格等指标大多具有明显的肥尾特征，服从正态分布，计算时可能会产生偏误。

（3）压力测试与情景分析。此方法强调系统重要性金融机构的潜在状态条件特征，多用于评估潜在市场冲击对金融体系的影响。压力测试与情景分析通常只用于衡量市场变动对金融机构造成的影响，在金融机构间的相互作用机制方面，可操作性和实用性不强。

另一类评价方法是国际监管部门针对金融机构自身的发展状况特点提出的指标法，是依据国际组织界定的系统重要性金融机构的核心特征，构建评估指标，测算不同的指标值，以此为依据列出评价名单。指标法的优点是快捷、透明，能比较清晰地识别金融机构，是由国际金融组织提出的评价方法，具有较强的可操作性。其缺点是指标的设置以及赋权更多地依赖研究者的经验和主观判断，不能客观地反映金融机构的系统重要性。

综合考虑以上若干方法，结合我国是发展中国家，金融市场不够发达、金融市场的数据不够完善这一现状，因而风险组合模型法和基于资产负债表的网络分析法都不适用。压力测试与情景分析方法不能反映金融机构的反馈作用、无法确定系统性危机的诱发源，故也不适用。基于我国金融市场的实际情况，以及中国人民银行、中国银保监会和中国证监会联合印发的《关于完善系统重要性金融机构监管的意见》，本报告采用指标法评估系统重要性证券机构，按照《意见》规定，采用量化指标体系计算国内证券公司的系统重要性得分，评估指标主要衡量系统重要性金融机构经营失败对金融体系和实体经济的潜在影响，包括机构规模、关联度、复杂性、可替代性和资产变现等一级指标。

二 基于宏观审慎的证券公司系统重要性评价体系构建

（一）指标构成

结合我国证券公司发展现状及《意见》关于系统重要性金融机构的评估指导，本报告选取机构规模、关联度、可替代性、复杂性和资产变现5项作为证券公司系统重要性评价的一级指标，同时确定了13项二级指标（见表1）。

（1）机构规模。从宏观审慎管理的视角出发，规模较大的金融机构最有可能具有系统重要性。该项指标由反映证券公司规模大小的营业收入、总资产和净资产构成。规模大是证券公司系统重要性的主要特征之一，规模大的证券公司业务种类复杂、业务数量和客户数量非常多，发生危机将引起巨大损失。大型证券公司往往具有示范效应，风险信号会引发市场恐慌从而危及整个金融体系。

（2）关联度。金融机构通过资产负债表的左右双方（即使表外业务也是联系交易两方）关联不同利益群体，关联性越紧密，一旦机构出现风险暴露，对市场其他机构造成的负外部性就越强，引发多米诺骨牌效应，甚至可能诱发严重的系统性风险。该项指标由反映证券公司与其他金融机构、非金融机构之间资产联系的金融机构间资产、金融机构间负债和杠杆率构成。证券公司的负债往往是另一家金融机构的资产，我国大部分证券公司在相当程度上都存在这种关联性，建立于金融资产基础上的大大小小的机构关联形成了金融风险传染的第一通道。

（3）可替代性。客观来看，如果一个机构违约、破产或者职能丧失，机构的正常业务无法进行处理和转换，该机构所提供的金融服务在短时间内无法由其他机构替代，该机构就具有系统重要性。这类机构的系统重要性不在于规模大小，也不在于和市场其他机构联系有多紧密，而在于它提供的某类特定的金融服务是其他机构无法替代和模拟的。一旦机构发生大规模风险，这项金融服务只能被迫终止。该项指标由经纪业务收入、投资银行业务收入、资产管理业务收入构成，反映证券公司核心业务市场竞争情况。核心业务收入越高，可替代性就越低，如果一家具有无可替代的市场地位的证券公司发生风险，则整个市场的核心业务将会受到严重打击。

（4）复杂性。复杂性越高的金融机构，金融产品众多，金融业务越冗杂，与其他的机构之间的关联性越大，多个机构之间的联系越紧密，在产生风险时，在各个机构之间的传播范围也越广，造成的影响就越大。FSB 认为业务结构与金融机构复杂性正相关，可以用场外市场衍生品名义本金、交易类和可供出售类证券、公司结构和运作的复杂程度、信息管理系统的效率、缺少流动性的资产规模来衡量。本报告将融资融券业务利息收入、股票质押业务利息收入作为证券公司复杂性的评价指标。

（5）资产变现。由净资本、净资本/净资产构成，反映了证券公司能够快速利用自有资金抵抗风险的能力。

以上所有指标数据均来自各证券公司公布的2020年度报告数据。

表1　证券公司系统重要性评价体系

单位：%

评价指标		权重(Q)	分项指标		权重(q)
机构规模	D_1	20	营业收入	$d_{1,1}$	100/3
			总资产	$d_{1,2}$	100/3
			净资产	$d_{1,3}$	100/3
关联度	D_2	20	金融机构间资产	$d_{2,1}$	100/3
			金融机构间负债	$d_{2,2}$	100/3
			杠杆率	$d_{2,3}$	100/3
可替代性	D_3	20	经纪业务收入	$d_{3,1}$	100/3
			投资银行业务收入	$d_{3,2}$	100/3
			资产管理业务收入	$d_{3,3}$	100/3
复杂性	D_4	20	融资融券业务利息收入	$d_{4,1}$	50
			股票质押业务利息收入	$d_{4,2}$	50
资产变现	D_5	20	净资本	$d_{5,1}$	50
			净资本/净资产	$d_{5,2}$	50

资料来源：山东省亚太资本市场研究院。

（二）评价方法

本报告采用国际通用的等权重法①对我国证券公司系统重要性进行计算，根据表2列示的证券公司系统重要性评价指标体系，具体计算方法如下。

① 等权重指数，是指标的指数采用等权重编制方法，赋予每个指数成分股相同的权重，并通过定期调整，确保单个成分股保持权重的相等。

证券公司系统重要性与定量因素 D_i 存在函数关系，即：

$$F = f(D_1, D_2, D_3, D_4, D_5) \tag{1}$$

式（1）中，F 为证券公司系统重要性得分；D_i 为机构规模、关联度、可替代性、复杂性、资产变现（$i=1$，2，3，4，5）；证券公司系统重要性单项指标和综合得分的计算公式分别为：

$$F = \sum_{i=1}^{5} D_i Q_i \tag{2}$$

$$D_i = \sum_{j=1}^{n} d_{i,j} q_{i,j} \tag{3}$$

式（2）中，Q_i 为各指标权重；式（3）中，$d_{i,j}$ 和 $q_{i,j}$ 为决定前述各项指标的因素与权重。

三　证券公司系统重要性评价结果分析

根据证券公司系统重要性评价指标体系，本报告对全国 138 家证券公司系统重要性进行评价，并根据评价结果的分数进行排名和分析。

（一）证券公司系统重要性排名总体分析

全国 138 家证券公司系统重要性平均得分为 17.76 分，较 2020 年下降 11.81 分，下降幅度较大，除了因为 2021 年证券公司数量增多外，更重要的是因为全行业系统重要性机构正在向头部少数证券公司聚集，即少数头部证券公司在行业内的系统重要性地位日益重要。

将 138 家证券公司系统重要性得分以 10 分为一个区间，划分成若干个区间，从图 1 可以看出，系统重要性得分处于 21～30 分的证券公司最多，有 56 家；其次是 11～20 分，有 48 家；其余区间的分布较为均衡，尤其是两端的分布数量较少。从整体上看，证券公司系统重要性得分呈现倒 U 形，证券公司家数随着系统重要性得分的增长呈现先上升后下降的趋势，即高分和低分证券公司都较少。50 分及以下的证券公司占比高达 93%，说明我国证券公司系统重要性具有头部集中性特征。

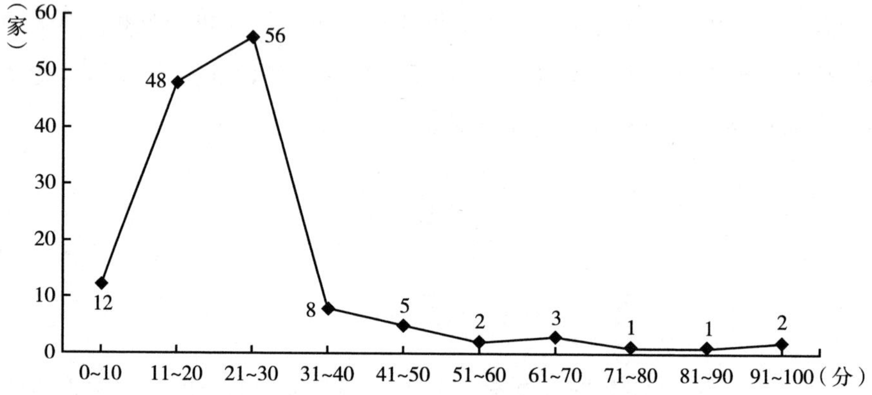

图 1　证券公司系统重要性得分区间与家数分布

资料来源：山东省亚太资本市场研究院。

2020 年，证券公司系统重要性得分排名前 3 的分别是中信证券（600030. SH，得分为 100 分）、国泰君安（601211. SH，得分为 93. 73 分）和海通证券（600837. SH，得分为 83. 64 分），得分明显高于其他证券公司。在系统重要性得分分布线上，证券公司数量分布出现了明显的峰值左移，根据系统重要性排名算法可以得知，头部证券公司系统重要性与中部和尾部证券公司系统重要性的差距正在加速扩大。

（二）系统重要性得分 TOP20 分项指标排名分析

本报告选取机构规模、关联度、可替代性、复杂性和资产变现作为证券公司系统重要性评价的一级指标，表 2 体现了这 5 项一级指标的 TOP20 结果。由表 2 可以看出，中信证券（600030. SH）一直处于证券行业“领头羊”的地位，机构规模、关联度、可替代性和复杂性排名第 1；国泰君安（601211. SH）资产变现排名全行业第一，可替代性和复杂性排名第 2，机构规模和关联度排名第 3；海通证券（600837. SH）机构规模排名第 2、复杂性排名第 3；华泰证券（601688. SH）关联度排名第 2、可替代性排名第

3；中国银河（601881. SH）资产变现排名第2；申万宏源（000166. SZ）资产变现排名第3。

表2　证券公司系统重要性分项指标排名 TOP20（2020 年）

机构规模排名		关联度排名		可替代性排名		复杂性排名		资产变现排名	
1	中信证券	1	中信证券	1	中信证券	1	中信证券	1	国泰君安
2	海通证券	2	华泰证券	2	国泰君安	2	国泰君安	2	中国银河
3	国泰君安	3	国泰君安	3	华泰证券	3	海通证券	3	申万宏源
4	华泰证券	4	海通证券	4	中信建投	4	招商证券	4	中信证券
5	招商证券	5	中金公司	5	海通证券	5	国信证券	5	中信建投
6	广发证券	6	招商证券	6	中金公司	6	广发证券	6	申万宏源
7	申万宏源	7	申万宏源	7	招商证券	7	华泰证券	7	华泰证券
8	中国银河	8	中信建投	8	东方证券	8	中信建投	8	海通证券
9	国信证券	9	中国银河	9	广发证券	9	安信证券	9	中金公司
10	中金公司	10	国信证券	10	光大证券	10	中泰证券	10	广发证券
11	中信建投	11	广发证券	11	国信证券	11	中金公司	11	国信证券
12	东方证券	12	东方证券	12	中国银河	12	光大证券	12	光大证券
13	光大证券	13	光大证券	13	平安证券	13	平安证券	13	招商证券
14	安信证券	14	中泰证券	14	中泰证券	14	东方证券	14	五矿证券
15	兴业证券	15	兴业证券	15	财通证券	15	长江证券	15	浙商证券
16	方正证券	16	平安证券	16	安信证券	16	东吴证券	16	安信证券
17	中泰证券	17	安信证券	17	长江证券	17	兴业证券	17	粤开证券
18	平安证券	18	渤海证券	18	方正证券	18	方正证券	18	东方财富
19	国元证券	19	东吴证券	19	兴业证券	19	浙商证券	19	国联证券
20	长江证券	20	浙商证券	20	天风证券	20	华西证券	20	平安证券

资料来源：证券公司年报、山东省亚太资本市场研究院。

（三）证券公司系统重要性综合排名 TOP20分析

从系统重要性排名变动上来看，2021 年证券公司系统重要性排名前 20 整体变化不大（见表 3）。行业系统重要性排名前 4 的依然是中信证券（600030. SH）、国泰君安（601211. SH）、海通证券（600837. SH）和华泰证券

(601688. SH)。中信建投（601066. SH）排名上升幅度较大，由第 11 名上升至第 6 名。招商证券（600999. SH）由第 7 名上升至第 5 名。国信证券（002736. SZ）、东方证券（600958. SH）和光大证券（601788. SH）排名均各上升 1 个名次。中金公司（601995. SH）因资产变现排名下降幅度较大，导致总排名从第 10 名下降至 15 名。申万宏源（000166. SZ）下降 3 个名次，广发证券（000776. SZ）和中国银河（601881. SH）分别下降 2 个名次。

从证券公司系统重要性特征来看，行业远未出现“太大而不能倒”的风险。2021 年证券行业总资产为 10. 82 万亿元，系统重要性排名 TOP20 的证券公司总资产合计 7. 84 万亿元，占全行业的 72. 45%，较上年略微上升。《意见》指出，所有参评机构表内外资产总额不低于监管部门统计的同口径上年末该行业总资产的 75%。按照这一资产占比来看，我国证券行业系统重要性排名 TOP20 的总资产占比还未达到上述要求，这说明证券业还远未达到“太大而不能倒”的状态，未来监管部门可能会推动行业内的合并重组，以提高证券行业头部机构的系统重要性。

表 3　证券公司系统重要性排名 TOP20（2019 ~ 2021 年）

公司简称	2021 年	2020 年	2019 年	公司简称	2021 年	2020 年	2019 年
中信证券	1	1	1	东方证券	11	12	12
国泰君安	2	2	5	光大证券	12	13	11
海通证券	3	3	2	安信证券	13	14	19
华泰证券	4	4	3	平安证券	14	15	14
招商证券	5	7	9	中金公司	15	10	13
中信建投	6	11	10	中泰证券	16	17	15
广发证券	7	5	4	长江证券	17		
国信证券	8	9	8	兴业证券	18	18	16
申万宏源	9	6	6	浙商证券	19		
中国银河	10	8	7	方正证券	20	16	17

资料来源：证券公司年报、山东省亚太资本市场研究院。

实际上，证券行业的并购重组也正在缓慢推进，这反映了宏观审慎监管体系和金融供给侧结构性改革条件下我国金融业自身效率的提升与变革，以及针对当前经济发展变化的适应性调整。如 2020 年 9 月 20 日，国联证券（601456. SH）与国金证券（600109. SH）双双发布停牌公告，国联证券（601456. SH）将通过换股的方式吸收合并国金证券（600109. SH），鼓励证券行业做大做强。在监管严格以及内外部竞争加剧的背景下，国联证券（601456. SH）与国金证券（600109. SH）制订合并计划，有望开启券商新一轮并购潮，且将为中小券商业务发展路径提供参考，在此次整合过程中，双方可以优势互补，提高行业竞争地位。

（四）证券公司系统重要性结构分析

1. 系统重要性结构分析及相关性检验

根据评价结果，对分项指标和系统重要性进行相关性检验分析后发现，机构规模排名与系统重要性综合排名的相关系数最高，说明我国证券行业确实存在“太大而不能倒”的问题，目前机构规模仍是影响系统重要性最重要的因素（见表 4）。关联度与系统重要性的相关系数仅次于机构规模，具有高关联度的证券公司发生风险所引起的市场连锁反应很可能造成多家金融机构接连出现风险，使市场出现短期内无法自动修复的大崩溃，从而出现“联系太紧而不能倒”风险。另外，可替代性和复杂性对系统重要性的影响程度也较高。与金融机构规模和关联度相关的是业务类型、公司结构以及所持有的金融产品的复杂性。一家金融服务和产品更为复杂的金融机构出现问题，会给金融体系和实体经济发展带来更严重的损害。除了规模性、关联度和复杂性外，“太大而不能倒”金融机构的系统重要性也因其为市场提供了重要的特殊金融服务，其倒闭可能造成某种服务的缺失或瘫痪，这就是这类机构所具有的不可替代性。

表 4　分项指标与系统重要性得分相关系数

相关系数	机构规模	关联度	可替代性	复杂性	资产变现
系统重要性	0. 9169	0. 9133	0. 8998	0. 8774	0. 5819

资料来源：证券公司年报、山东省亚太资本市场研究院。

2. 系统重要性结构拟合优度检验

本部分建立证券公司评价体系中各项一级指标得分与系统重要性得分的散点图，通过计算拟合优度，进而更好地判断证券公司系统重要性组成结构各个部分与系统重要性整体的具体关系。

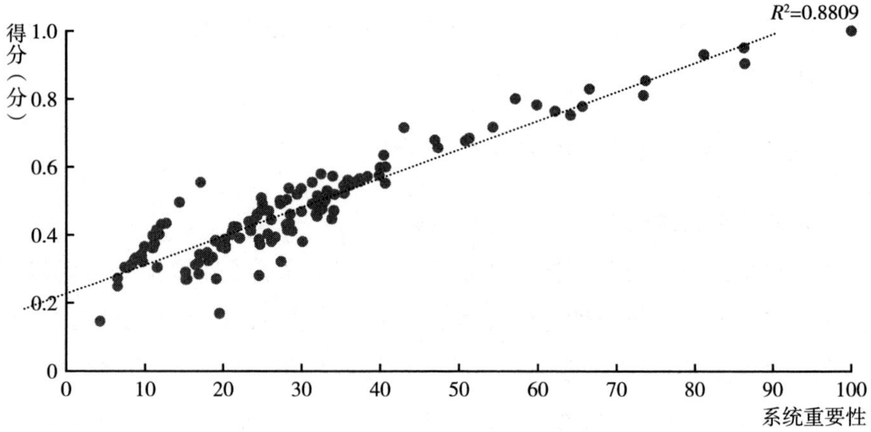

图 2　系统重要性与机构规模得分分布

资料来源：证券公司年报、山东省亚太资本市场研究院。

从图 2 可以看出，机构规模得分主要集中在 0.3 ~0.5 分，该区间证券公司数量有 102 家，占比 73.91%。从机构规模得分和系统重要性得分总体趋势上来看，二者呈现明显的正相关趋势，拟合优度 R^2 =0.8809，随着系统重要性的升高，机构规模表现为较高拟合度的线性变化趋势。

从图 3 可以看出，关联性得分在 0 ~0.2 分的证券公司数量有 109 家，占比 78.99%。关联性得分与系统重要性得分拟合优度 R^2 =0.8215，二者具有明显的正相关趋势。

从图 4 可以看出，可替代性得分主要集中在 0 ~0.2 分，该区间的证券公司数量有 112 家，占比 81.16%。可替代性得分与系统重要性拟合度 R^2 = 0.8218，大部分证券公司的可替代性与头部系统重要性证券公司差距较大。

从图 5 可以看出，复杂性得分主要集中在 0 ~0.2 分，该区间的证券公司数

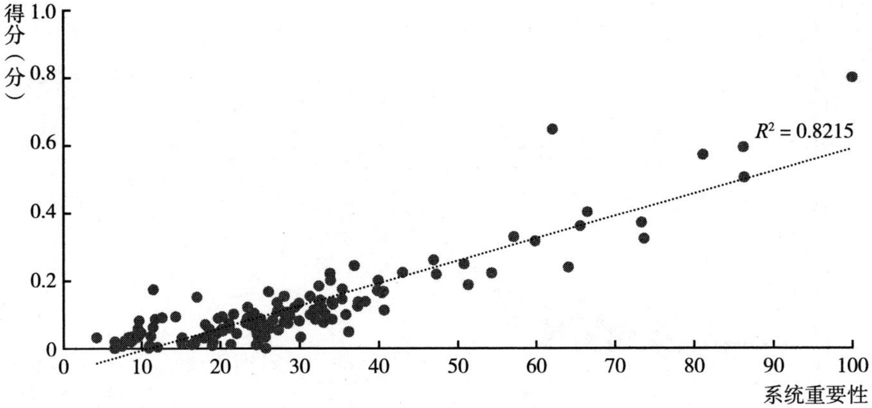

图 3　系统重要性与关联度得分分布

资料来源：证券公司年报、山东省亚太资本市场研究院。

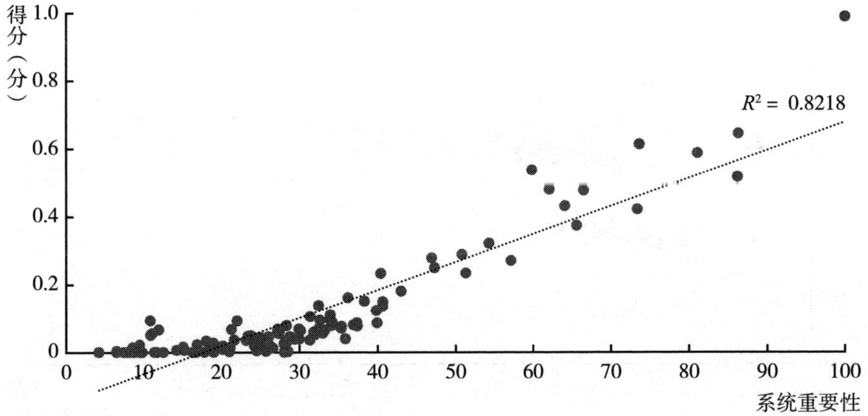

图 4　系统重要性与可替代性得分分布

资料来源：证券公司年报、山东省亚太资本市场研究院。

量有 118 家，占比 85.81%，可替代性得分与系统重要性拟合度R^2 = 0.8125，在其他条件不变的情况下，机构复杂性得分增加，系统重要性得分快速升高。

从图 6 可看出，资产变现得分主要集中在 0.3 ~ 0.4 分和 0.6 ~ 0.7 分，该区间的证券公司数量有 92 家，占比 66.67%，资产变现得分与系统重要

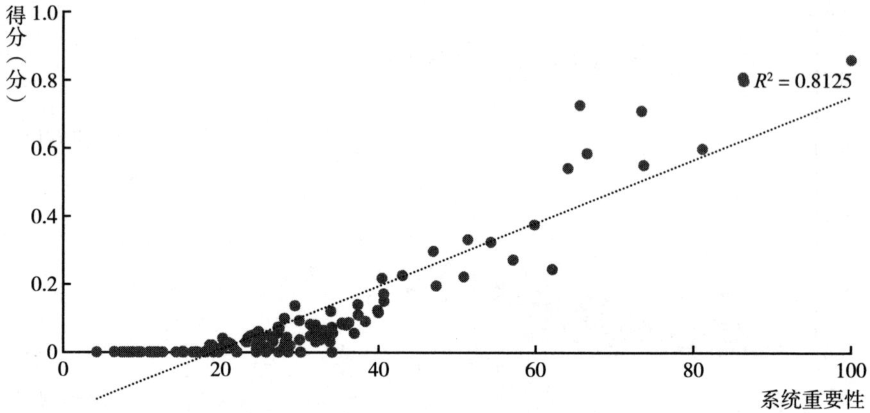

图 5　系统重要性与复杂性得分分布

资料来源：证券公司年报、山东省亚太资本市场研究院。

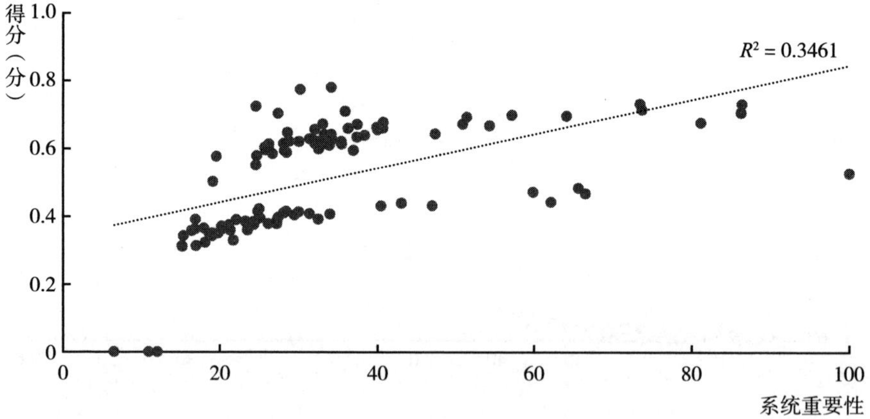

图 6　系统重要性与资产变现得分分布

资料来源：证券公司年报、山东省亚太资本市场研究院。

性得分拟合优度 $R^2 = 0.3461$，与其他一级指标相比，拟合优度降低。从图 6 可明显看出，资产变现得分大多分布在趋势线的两侧，说明全行业资产变现能力出现明显的两极分化。

四　系统重要性证券机构与宏观审慎监管

（一）证券行业监管历程

我国证券行业从1987年第一家证券公司——深圳经济特区证券公司成立，发展到如今也有三十多年的历程。经历了股票市场的起起落落，历经多年不断健全和发展完善，逐渐成为我国金融行业支柱之一。总体而言，我国证券行业监管经历了三个阶段。

第一阶段是1987年至1997年，这一阶段监管机制不够完善，监管力度不足。此时我国证券行业刚刚建立，正值国家大力发展经济的关键时刻，发展证券市场的初衷是为帮助国有企业解决融资难的问题。证券行业的建设，也是处于先行探索阶段，1992年10月国务院成立了中国证券监督管理委员会，专门负责对证券机构进行监管。但在当时的历史背景下，监管机构形同虚设，各项监管措施严重滞后，监管体系尚未建立健全。第二阶段是1998年至2003年，这一阶段证券市场由牛市到熊市，经历了2001年7月的大股灾，国家已经意识到必须加强对证券市场的监管，此时监管模式是统一监管，中央与地方各部门共同参与对证券市场的监督和管理工作。第三阶段是2004年至今，经历2008年的国际金融危机和2015年的大股灾，每次证券市场危机爆发后，理论界和学术界都会引发一轮思索证券市场监管革命的浪潮，在证券市场发展过程中不断摸索，监管也在朝着集中、规范的方向迈进，监管力度不断加大。目前我国已初步建立了集中统一的监管体系，不断对证券行业进行监管方面的优化和梳理。为建立健全证券行业的监管措施，在证券市场发展过程中，先后出台了一系列的监管措施和法律条例。2007年6月，中国证券监督委员会通过《证券公司分类监管工作指导（试行）》，为证券行业分类监管指明方向。为加强监管，将监管工作落到实处，中国证监会又陆续出台一些配套监管措施。随着证券行业日益朝着多样化和专业化的方向发展，监管手段也逐渐多样化、专业化和规范化，证券行业监管体系不断趋于成熟。2015 年中国证监会与中国人民银行签订《关于加强证券期货监管合作共同维护金融稳定的备忘录》，强化对证券期货的监管，进一步规范证券行业各项金融交易活动，减少了证券行业的风险，完善了监管能力。2018 年 11 月，中国人民银行、中国银保监会和中国证监会联合发布《关于完善系统重要性金融机构监管的指导意见》，提出坚持宏观与微观审慎监管相结合的理念，明确系统重要性金融机构监管的政策导向，防范系统性金融风险。

（二）证券业监管困境

保证系统重要性证券机构的稳定，防范“太大而不能倒”和“联系太紧而不能倒”是保证证券市场健康发展的关键。现阶段我国在对市场中具有系统重要性机构特征的机构及个人大户的监管方面，依然存在覆盖范围不足、监管规模不大和监管强度较弱的问题。

第一，监管理念滞后。目前，我国监管部门依据《证券法》、《基金法》、《期货交易管理条例》以及《私募投资基金监督管理暂行办法》等法律法规对市场中主要的机构，包括公募基金、基金专户、社保基金、QFII、券商自营和私募基金等实施监管。但是在操作中，理论与实际的差别较大，监管方面更加侧重于前端的调查审批，在“侵入性监管”方面有所欠缺。特别是交易所、中国结算、期货市场监控中心等具备监管资格的监管机构在实际监管过程中，由于无法实时监测一些重要的市场交易行为，导致了监管的滞后性，甚至是无效性，对市场违规操作行为，从发现、治理到处罚的流程过长，无法做到及时有效监管。

第二，缺乏对“类系统重要性机构”的监管机制。近年来，随着证券市场的不断发展，A 股市场中私募、个人大户投资者成长迅速，目前已成为影响证券市场交易的重要部分，作用不容小觑。很多文献将这部分群体称为证券市场中“类系统重要性机构”。2015 年沪市个人大户的二级市场交易额占市场总交易额的 1/3，大户市场中，融资融券业务导致了大量的市场信用交易，交易额占比接近 2/3。实际上，无论是在市场交易量、活跃度，抑或赢利水平、程序化交易等方面，大户的力量和占比都不可忽视，大户作为“类系统重要性机构”，已成为影响证券市场交易的重要部分。理论上，对大户的监管应采用特殊的监管方式，最起码不应该按照普通个人投资者的监管标准。然而，由于我国对“类系统重要性机构”的监管存在真空，在大户的监管方面出现了无法可依、无规可循的尴尬处境，对类似机构的监管能力不足，监管水平不高，影响了市场“三公”。

第三，对中介机构监管力量不足。随着金融产品服务的竞争日趋激烈，证券公司本着“客户利益至上”的基本服务理念，为客户提供方便、快捷和高效的业务逐渐被重视，而对证券监管和现场检查有诸多不良反应和排斥情绪，对证券监管存在不重视的情况，影响监管的执行效果。例如，杠杆融资方面，一些中介机构本身业务能力不足，风险规避和前瞻性视角不足，对杠杆比例过高的股票融资类结构化产品了解得不够准确，在产品风控方面把控不严，甚至隐瞒不报，此类现象时有发生；在跨市场交易中，部分机构的期限套利、跨市场套利行为未被重视，实时数据不够全面和完善，部分机构之间不能进行有效的数据共享，导致不能及时地发现风险和规避风险。

（三）系统重要性证券机构的监管

1. 加强宏观审慎监管

从前文系统重要性证券公司的评价体系可以看出，规模性和关联性应该作为考察系统重要性的关键，在实际监管过程中，由于二者涉及证券公司众多业务，存在众多关联者，因而实时监控有一定的难度。现阶段，对系统重要性机构和宏观审慎监管的研究主要集中在银行业，对证券机构研究较少，但根据《意见》规定，必须重视系统重要性证券机构的评估，并加强监管。

（1）明确评估方法和范围

首先，有效识别我国系统重要性证券机构。这是确定监管对象的重要前提，对于在行业内处于系统重要性地位的券商，必须能精准识别，并配套有效的监管措施。随着证券行业多元化的发展，证券公司提供的各项金融服务也趋于多元化、复杂化，这给系统重要性机构的识别和监管带来挑战。在具体操作过程中，不能生搬硬套国外的监管经验，要根据我国证券行业实际发展情况，对各项风险业务指标进行实时检测，及时更新数据库，不断完善评估体系。

其次，进行差别化监管。不同的金融机构所面临的风险程度也不一样，系统重要性证券机构因具有系统重要性的关键地位，面临的风险自然更大，一旦出现风险暴露，造成的市场影响也会更大。对证券机构的监管不能采取“一刀切”的方法，要针对不同的系统重要性程度进行差别化监管。前文已经按照系统重要性得分把证券机构分成了四类，前两类作为系统重要性证券机构，其系统重要性也不尽相同。因此，监管机构需要根据不同的情况进行相应的处理，根据系统重要性得分采取不同的监管策略。要针对系统重要性机构和类系统重要性机构制定配套的监管措施。

（2）明确监管部门职责

系统性风险具有顺周期性，因而天然存在将风险进一步放大的可能。在监管过程中仅仅依靠市场机制自发调节是远远不够的，要更加注重逆周期监管。具体的，监管过程中要明确各部门的监管职责，制定准确、高效的资本监管策略，充分发挥中国人民银行、中国证监会、中国银保监会三者的协调作用，各部门既各司其职又相互配合，不断加强宏观审慎监管，防范系统性风险，维护证券市场稳定。

作为货币政策的制定者和执行者，中国人民银行设立的目的是防范风险、维护稳定。人行不仅要对系统重要性银行机构进行监管，也要对处于系统重要性地位的证券公司进行监管，这一点在监管过程中一定要牢牢把握。要明确央行在宏观审慎监管中的主体地位，统筹兼顾，高度重视系统重要性机构间的信息交流与共享，实时监测风险业务。加强宏观审慎监管，并不是要摒弃原本的微观审慎监管模式，应在原有监管模式的基础上，辅以宏观审慎的方式，宏观审慎监管是微观监管的有益补充，央行在监管过程中要协调好各部门工作，合力促进监管效用最大化。同时，还要协调好货币政策与监管目标，实施货币政策的逆周期调整，在经济上行期时，为遏制经济泡沫实行紧缩的货币政策；在经济下行期时，为刺激经济实行扩张的货币政策。然而金融机构在发展运行过程中往往存在顺周期行为，在经济上行期扩张风险业务规模，在经济下行期收紧风险业务规模。但银行、证券等金融机构却存在顺周期行为，即在经济上行期扩张发展，对风险重视程度下降；在经济下行期紧缩发展，投资行为更加谨慎。两者相悖的行为，在一定程度上影响了货币政策效果的发挥。因此，央行要有效协调货币政策和监管目标，有的放矢地实施逆周期监管。

中国证券监督管理委员会于1992年10月成立，专门负责对证券机构的监管。按照国务院授权，在合法合规情况下监督管理全国证券期货市场，维护证券期货市场的秩序，保证证券期货市场的健康发展。作为证券行业监督管理的主体，中国证监会应明确职责，高瞻远瞩，目光长远，具备敏锐的风险察觉意识，从前瞻性角度出发，充分发挥其专业性和独立性优势，转变监管理念，从更加宏观的层面加强对证券行业的监管。随着证券业的发展，证券机构已遍布全国各地，为加强监管，我国已在各地区下设了中国证监会派出机构，并为其授予部分权限管理当地证券、期货市场，但实际上依旧采取统一监管的模式，最终监管权仍然集中于中国证监会手上。这种类似于“一刀切”的监管模式在证券市场刚刚建立，开展的业务和服务种类较少时是有效的，但随着地域性金融环境差异性的不断增强，统一监管标准的模式不利于地区金融信息与监管的交融，严重影响了监管的有效性，有的地区一些特殊业务甚至会出现监管真空的情况，不利于证券市场的健康稳定发展。因此，在未来的监管中，中国证监会要创新监管思路，转变监管模式，将监管权限适当下放给证监会派出机构，逐步将全国统一监管转变为区域性监管。

（3）建立系统重要性证券机构风险监控和处理机制

一是建立系统性风险预警体系，确定预警值，实时监测证券机构的风险状况，尤其是对一些高风险业务，一旦风险指数超过预警值，要立刻启动风险逆周期调节机制，防控风险进一步扩大。二是聘请专业人才，创新金融工具，用于预防和抵御系统性风险的发生。针对金融机构顺周期性的特点，在具体业务方面制定详细的政策法规，明确责任主体，实时监测风险，建立风险识别、风险处置机制，不断完善机构间的信息交流与共享机制，更好地防控风险，遏制金融风险的蔓延。三是对于系统重要性证券机构，要制订系统性风险管理计划，加强资产流动性管理，尽快完善风险应对方案，其中包括偿付能力不足应对计划、资本金要求不足应对计划、资产负债率不当应对计划等，尽快促进已经陷于系统性风险的机构的复苏，减少对金融稳定和实体经济的影响。

2. 重视系统重要性证券机构微观监管

单个金融机构是构成金融体系的基础，微观审慎监管的思路就是要确保单个金融机构不发生风险。前文已经反复强调，加强宏观审慎监管并不是简单排斥微观审慎监管，反而对系统重要性证券机构的微观监管是十分重要的，增强单个机构的抵抗风险能力有利于增强整体金融行业的抗风险能力。对券商来说，随着自营业务、固定收益类规模的扩大，金融产品不断推陈出新，金融创新加快，仍然存在风险暴露问题；两融业务、股票质押式回购交易等规模逐渐扩大，证券机构在发展壮大的同时也面临诸多违约风险，信用风险频发导致风险居高不下。

重视系统重要性证券机构的微观审慎监管，提高单个金融机构的抗风险能力可以从三方面入手。第一，目前对系统重要性机构的监管主要集中在银行业，对证券机构的研究较少，资本充足率作为反映证券机构风险的重要指标，监管相对较为薄弱。对系统重要性证券机构的监管，除了要按照《证券公司风险控制指标管理办法》，还要结合《意见》的相关规定，完善以净资本为核心的风险控制管理体系。可成立专门的风险管理小组，负责券商的风险预警、风险处置等工作，当然风险管理小组的服务对象不局限于证券机构，甚至可以逐步扩大到影子银行、房地产等机构，逐渐建立完善风险管理体系。第二，随着金融创新的不断发展，券商推出的金融产品和服务也更加趋于多样化、复杂化，金融创新在促进证券业快速发展的同时，对监管也提出了新要求。最初金融衍生工具的推出是为了资产的保值增值，后来市场不断出现套期保值、投机获利等行为，一旦投机行为充斥市场，风险便会急剧增加。一旦发生危机，会带来巨大的风险溢出效应，甚至引发证券市场危机。因此监管者应该重视对金融衍生工具的监管，对高风险业务进行严密监测，加大排查力度，及时发现机构的违法违规行为，并能够及时处置。第三，除了依靠政策和法规来约束和规范证券市场风险各项业务的开展，机构本身也应该重视对风控的管理。建立严密的业务操作流程，真正做到有章可循，不断提高自身业务能力和专业化水平，对于高风险业务要警惕开展，及时上报，不断促进风险管理的规范化和精细化。

五　结论

本报告阐述了系统重要性金融机构的识别及相关理论，介绍了国内外关于系统重要性金融机构的评价方法，结合《意见》的监管要求，从证券机构规模、关联性、可替代性、复杂性和资产变现五个方面，建立了证券公司系统重要性评价体系和计算方法，对证券公司系统重要性进行排名和分析。中国证券公司系统重要性具体排名情况见附表1。

2021年，证券行业总资产为10.82万亿元，系统重要性排名TOP20的证券公司总资产为7.84万亿元，占全行业的72.45%，未达到75%的监管要求，这说明证券业还远未达到“太大而不能倒”的状态，未来监管部门可能会推动行业内的合并重组，以提高证券行业头部机构的系统重要性程度。

评价结果显示证券公司系统重要性得分分布呈先上升后下降再趋于平稳的趋势，评价得分较高的证券公司仅有中信证券（600030.SH）、海通证券（600837.SH）、华泰证券（601688.SH）、广发证券（000776.SH）、国泰君安（601211.SH）等少数几家。在结构分析中，通过计算各项一级指标得分与系统重要性得分的相关系数和拟合优度，发现除机构规模外，证券机构间的关联性和复杂性也至关重要，应共同纳入我国宏观审慎监管体系，作为证券市场宏观审慎监管框架的具体内容。

通过梳理证券行业的监管历程，提出证券业监管的困境，明确对系统重要性证券机构的监管，应按照宏观审慎监管原则，确定评估方法和范围、明确监管部门职责、建立系统重要性证券机构风险监控和处理机制，将微观审慎和宏观审慎监管有效结合起来，防范系统性风险。

附表 1　中国证券公司系统重要性排名（2021 年）

公司简称	系统重要性排名	机构规模排名	关联性排名	可替代性排名	复杂性排名	资产变现排名
中信证券	1	1	1	1	1	4
国泰君安	2	3	2	2	2	1
海通证券	3	2	4	5	3	7
华泰证券	4	4	3	3	7	6
招商证券	5	7	6	7	4	11
中信建投	6	9	21	4	8	5
广发证券	7	5	23	10	6	8
国信证券	8	10	33	12	5	9
申万宏源	9	6	7	8	85	3
中国银河	10	8	22	13	85	2
东方证券	11	11	36	9	14	19
光大证券	12	12	48	11	12	10
安信证券	13	14	61	17	9	18
平安证券	14	15	70	14	13	99
中金公司	15	28	5	6	11	28
中泰证券	16	16	63	15	10	22
长江证券	17	18	71	18	15	48
兴业证券	18	13	55	20	17	13
浙商证券	19	20	98	23	19	68
方正证券	20	17	68	19	18	52
财通证券	21	21	88	16	24	64
东吴证券	22	19	74	27	16	16
东方财富	23	23	102	26	21	27
国金证券	24	25	77	22	28	21

续表

公司简称	系统重要性排名	机构规模排名	关联性排名	可替代性排名	复杂性排名	资产变现排名
东北证券	25	30	100	24	27	38
华西证券	26	32	83	29	20	34
东兴证券	27	24	93	33	23	20
西部证券	28	26	54	40	55	39
中银国际	29	41	108	25	25	69
国元证券	30	22	72	39	22	12
五矿证券	31	60	56	45	65	35
长城证券	32	27	94	44	29	25
红塔证券	33	36	66	75	26	59
国海证券	34	34	86	31	30	56
西南证券	35	33	67	54	32	37
华创证券	36	46	91	37	34	93
天风证券	37	31	79	21	47	31
渤海证券	38	35	60	67	51	53
瑞信方正	39	117	14	81	85	29
南京证券	40	44	81	61	40	45
东证融汇证券资产管理	41	126	12	101	85	17
国联证券	42	51	115	58	36	54
金圆统一	43	130	11	100	85	51
开源证券	44	52	65	30	54	40
高盛高华	45	107	20	101	85	62
中天国富	46	90	24	64	85	23
财达证券	47	55	119	52	37	63
山西证券	48	37	84	35	46	33
江海证券	49	59	80	60	41	26
国开证券	50	47	69	72	73	15
粤开证券	51	84	107	76	63	47
国盛证券	52	61	87	53	38	61
汇丰前海	53	125	25	94	85	46
甬兴证券	54	119	32	99	85	36
中邮证券	55	85	53	80	60	41
东莞证券	56	50	128	42	35	76
第一创业	57	43	76	38	50	86
华安证券	58	39	101	32	31	43

续表

公司简称	系统重要性排名	机构规模排名	关联性排名	可替代性排名	复杂性排名	资产变现排名
财信证券	59	48	114	46	52	65
信达证券	60	45	120	36	43	42
大通证券	61	93	43	89	76	50
万联证券	62	53	111	51	49	24
华金证券	63	92	96	68	69	30
长城国瑞	64	94	105	74	53	94
民生证券	65	40	85	28	44	49
申港证券	66	83	59	55	85	74
首创证券	67	63	89	41	57	84
华龙证券	68	49	52	66	56	58
湘财证券	69	64	112	63	48	77
太平洋证券	70	68	64	50	64	55
野村东方	71	116	46	96	85	91
华福证券	72	38	109	43	33	70
金元证券	73	76	82	83	39	85
新时代证券	74	65	44	77	66	67
银泰证券	75	102	49	92	81	80
恒泰证券	76	54	113	48	59	66
华兴证券	77	109	45	93	85	44
万和证券	78	87	104	90	68	81
中原证券	79	42	97	56	85	57
华宝证券	80	88	110	82	70	71
川财证券	81	114	62	73	84	60
东亚前海	82	110	78	97	85	32
大同证券	83	108	126	79	78	87
德邦证券	84	70	73	62	67	72
英大证券	85	78	99	85	71	73
世纪证券	86	89	95	87	77	75
国融证券	87	86	121	57	79	78
中天证券	88	95	90	91	72	79
华林证券	89	72	124	69	74	89
中山证券	90	74	116	47	75	88
华鑫证券	91	69	123	71	61	82
爱建证券	92	113	106	86	82	83

续表

公司简称	系统重要性排名	机构规模排名	关联性排名	可替代性排名	复杂性排名	资产变现排名
瑞银证券	93	99	122	65	85	90
联储证券	94	82	92	84	58	92
北京高华	95	104	58	88	85	95
兴证资产管理	96	120	57	101	85	99
金通证券	97	136	9	101	85	99
上海甬兴资产管理	98	135	10	101	85	99
广发证券资产管理	99	79	15	101	85	99
国盛证券资产管理	100	133	13	101	85	99
方正证券承销保荐	101	100	16	101	85	99
长江证券资产管理	102	105	18	101	85	99
中德证券	103	115	17	101	85	99
华英证券	104	124	19	101	85	99
国泰君安证券资产管理	105	75	28	101	85	99
招商证券资产管理	106	91	27	101	85	99
摩根大通	107	131	26	98	85	99
安信证券资产管理	108	118	29	101	85	99
第一创业证券承销保荐	109	127	30	101	85	99
渤海汇金证券	110	122	31	101	85	96
国都证券	111	57	117	70	42	99
恒泰长财	112	129	34	101	85	99
上海光大证券资产管理	113	96	35	101	85	99
申万宏源证券承销保荐	114	106	38	101	85	99
银河金汇证券资产管理	115	112	37	101	85	99
上海东方证券资产管理	116	80	42	101	85	99
东方证券承销保荐	117	103	39	101	85	99
华泰联合	118	71	51	101	85	99
上海海通证券资产管理	119	81	47	101	85	99
中泰证券(上海)资产管理	120	121	40	101	85	99
长江证券承销保荐	121	123	41	101	85	99
中金财富证券	122	29	118	101	85	99
财通证券资产管理	123	101	50	101	85	97
东海证券	124	73	129	34	62	99
申万宏源西部证券	125	77	75	101	85	99
华泰证券资产管理	126	56	103	101	85	99

续表

公司简称	系统重要性排名	机构规模排名	关联性排名	可替代性排名	复杂性排名	资产变现排名
中航证券	127	67	129	49	45	99
中信证券(山东)	128	66	125	101	85	99
上海证券	129	58	127	101	85	99
宏信证券	130	98	129	59	80	99
中信证券华南	131	62	129	101	85	99
九州证券	132	97	129	78	83	98
天风证券资产管理	133	134	129	101	85	99
浙江浙商证券资产管理	134	111	129	101	85	99
摩根士丹利华鑫	135	128	129	101	85	99
德邦证券资管	136	132	129	101	85	99
网信证券	137	137	130	95	85	99

资料来源：山东省亚太资本市场研究院。

参考文献

[1] Segoviano, M. A. and Goodhart, C. 2009, "Banking Stability Measures", *IMF Working Paper*, No. 09, 1 –54.

[2] Acharya, V., L. Pedersen, T. Philippon, and M. Richardson, 2010, "Measuring Systemic Risk", *NYU Working Paper*.

[3] Chan-Lau, Jorge, A., 2010, "Regulatory Capital Charges for Too-Connected-to-Fail Institutions: A Practical Proposal", *IMF Working Paper*, No. WP/10/98.

[4] Drehmann, M. and N. Tarashev, 2011, "Systemic Importance: Some Simple Indicators", *BIS Quarterly Review*, March.

[5] 刘春航、朱元倩:《银行业系统性风险度量框架的研究》,《金融研究》2011 年第 12 期。

[6] 苏明政、张庆君:《经济周期波动、溢出效应与系统性金融风险区域传染性——基于 VARX 模型的实证研究》,《上海金融学院学报》2015 年第 2 期。

[7] 孙国茂、张辉、张运才:《宏观审慎监管与证券市场系统性风险测度研究》,

《济南大学学报》（社会科学版）2020 年第 6 期。
［8］孙国茂：《中国证券市场宏观审慎监管研究》，中国金融出版社，2020。
［9］孙国茂、李猛：《宏观审慎监管下的证券公司系统重要性评价体系研究》，《山东大学学报》（哲学社会科学版）2020 年第 5 期。

B.5
中国证券公司数字化转型评价（2021）

孙国茂　李　猛　李会民*

摘　要： 尽管国内证券公司大都建立了信息技术系统，但数字化程度却远低于其他行业和欧美等发达国家的金融系统。以人工智能、区块链、云计算、大数据等为代表的数字技术在证券领域的应用场景不断拓宽，深刻改变着证券公司业务开展、风险控制、合规监管等。本报告首次建立了系统化的证券公司数字化转型评价体系，其由数字化战略、数字化业务、数字化能力、数字化风控四个方面组成，对全国137家证券公司数字化转型情况进行了计算和排名，为金融监管部门、行业组织、金融机构和投资者提供了参考、依据，为证券公司应用数字技术重塑业务和治理体系提供了指引。随着金融科技快速发展、金融监管改革持续推进，数字化转型成为提升证券服务质量的助推器，实现证券公司动力变革、效率变革、质量变革，也是推动我国证券行业高质量发展的有效途径。

关键词： 证券公司　数字化转型　金融科技

---

* 孙国茂，青岛大学经济学院特聘教授、博士生导师，山东省亚太资本市场研究院院长，研究领域为公司金融、资本市场、制度经济学；李猛，济南大学应用经济学硕士，中国社会科学院工业经济研究所博士研究生，研究领域为产业经济；李会民，中泰证券研究所高级研究员，研究领域为资本市场。

一　证券公司数字化转型发展现状

金融行业的数字化转换、升级与转型，是当今大数据时代的聚焦热点，也是其实现提质增效发展的必由之路。相较于欧美国家金融产业的数字化转型，中国数字化体系建设相对滞后：我国金融行业无论在硬件基础设施建设、人才梯队培养、行业法规完善以及风险动态监管等领域均存在实践误区与薄弱环节，从而导致金融科技赋能数字化转型过程充满挑战。此外，对比国内互联网行业中人工智能、云计算、区块链、自动化等新技术的迅速研发与场景实现，金融行业也亟须快速跟进、迭代，从而适应当今全面数字化、精准化、智能化的发展逻辑与发展态势。因此，由金融科技与金融商业模式融合交互而推动的中国金融体系数字化转型，一直是近期学术界与业界研究的核心问题。

金融行业的数字化转型，需要相关金融公司数字化转型聚力。从宏观上看，金融行业统筹发展规划，主导顶层设计以实现价值定位。因此金融行业所强调的数字化赋能、试行的数字化转型、构建的数字化生态体系，是一个多层级、多方面、长时期的融合创新过程。从微观上看，金融公司作为基层力量，是实现顶层决心的重要组成部分，承担着技术研发与落地、业务设计与实现、服务提供与营销的具体责任。宏观行业与微观企业充分联动，发展互通。因此要实现金融行业的数字化体系建设，从微观企业入手，聚焦研究特定公司金融科技赋能的定义、特征、模式与趋势，是服务中国金融转型、实现技术追赶超越、降本增效的有效方法。

不同于银行、机构和保险公司等，我国的证券公司是最早探索和尝试信息化转型的金融机构之一。20 世纪 90 年代，国内证券公司受到美国嘉信公司、E-Trade 等新型投资银行的影响，早已开展互联网转型研究。在中国证监会于 2000 年颁布《网上证券委托暂行管理办法》后，国内证券公司依据国家对网上交易业务资格和运作方式的规定开始了加速信息化转型的进程。到 2001 年，全行业 104 家证券公司中有 71 家开通网上交易业务，网上证券交易量占比约达到6%；网上开户超过320万户，约占证券市场开户总数的10%。[①] 到2017年，经过多年对于信息技术的持续投资，我国证券行业的累计投入达550.42亿元。此外，证券行业信息人才建设也在稳步推进。截至2019年末，证券行业信息技术人才有13241人，占行业注册员数量的3.75%；国内38家上市证券公司中目前已有21家聘任了首席信息官。[②] 以上数据表明，国内证券公司的信息化建设已取得初步成效。

值得注意的是，尽管国内证券公司大都建立了诸多信息技术系统，但数字化程度却仍处于较低水平。在大数据时代，其比较优势因银行与保险公司正借助于大数据、云计算、人工智能等新技术的运用而逐步被削弱。在与证券公司共同或类似的业务上，银行与保险公司也在逐步蚕食其市场份额。国内、国外互联网金融的发展，也使得当今证券公司业务的获客能力受到严峻挑战。造成这些现象的本质原因在于，证券公司的信息化转型并不等同于数字化转型。作为智力密集型产业，证券公司在展业过程中会收集与产生海量数据。信息化与数字化的本质区别，首先在于能否正确的认知数据。数据作为无形资产，证券公司对其重要性的理解程度，决定了数字化转型的思想高度。

证券公司面对信息化改造基本完成，数字化改革尚处于起步阶段的现实，其转型步骤需避免误区、谨慎设计、合理规划。现阶段证券公司对于数字化转型的需求在一定程度上也存在热炒概念与盲目抄袭的情况。证券公司不同部门、不同业务之间存在资源分配不均的现实问题，所以转型进度与转型方式也应该因时而异，逐步推进。通过对相关子系统的不断建设，证券公司需要逐步规划智能平台并区分业务转型需求的轻重缓急，同时也需要耐心地探索出一条依据业务规模与业务重要性而分类的道路。最后，证券公司的数字化转型并不仅仅是技术升级，也不能只是通过购买智能化系统软件去实现。核心技术需要自主研发，核心智能化平台需要自主搭建。证券公司只有

---

① 中国证券业协会：《关于推进证券行业数字化转型发展的研究报告》，2020年8月21日。

② 中国人民银行：《金融科技（FinTech）发展规划（2019～2021年）》，2019年10月28日。

从自身的实际业务需求出发，才能最大限度地发挥数字化转型的威力。

证券公司的数字化转型是一项系统性工程，存在诸多尚待解决的问题。科技驱动的金融创新，宏观上不仅要把握审慎原则与顶层设计，微观上更要关注具体可行的技术应用方案。因此本报告着眼于对证券公司数字化转型理论研究与评价体系的构建，以服务中国证券行业的数字化转型。

二　证券公司数字化转型研究进展

针对中国金融行业以及相关企业的数字化转型研究，其本质上是研究金融科技如何影响证券行业的发展，以及在科技进步倒逼形势下，该如何自我变革以适应新市场态势的问题。金融科技（FinTech）一词为英文Financial Technology的合并缩写。中国人民银行指出，金融科技是技术驱动的金融创新，旨在运用现代科技成果改造或创新金融产品、经营模式、业务流程等，推动金融发展提质增效。① 证券公司数字化转型是指，通过技术研发、升级来改造已有产品、经营模式，改善现有经营业务，或通过最新的数字化技术应用，来推出全新的运营模式，打造全新的业务生态。② 中国证券行业数字化转型的主要目标有四个：一是保护投资者利益；二是更好地服务实体经济；三是进一步提高市场运行效率和监管效率；四是防范系统性风险发生。③ 目前，学术界对于证券公司数字化转型的研究主要集中于以下几个方面。

（1）证券公司数字化转型战略研究。在数字技术与数字经济高速发展的背景下，受新业态、新模式不断涌现的影响和数字产业政策的持续驱动，证券公司在数字化转型方面的总体战略布局达到了新的高度。当前，行业内

① 刘汉西：《大力发展金融科技，加速数字化转型》，《金融电子化》2020年第7期，第22～23页。

② 房汉廷：《关于科技金融理论、实践与政策的思考》，《中国科技论坛》2010年第11期，第5～10、23页。

③ 孙国茂：《抓住数字经济本质推进证券行业数字化转型》，《上海证券报》2021年6月22日，第8版。

已经不再是孤立地加强某项业务或流程的数字化，而是开启了平台化、生态化的布局思路[①]，战略目标正在从追求单项业务增长，向完成业务纵深与生态横向全面数字化再造的转变。国泰君安在2020年发布了具有促进能力整合、构建价值共同体的平台化、生态化发展理念的“开放证券”平台，把科技工作视作打造战略竞争制高点的目标来定位[②]；华泰证券也提出科技战略从“以我为主”走向“全面开放”；兴业证券提出打造开放融合的金融科技新生态、内联外合的财富管理生态及“五位一体”的机构服务生态；东方证券将金融科技应用到全面业务条线，建设多个能力中心，构建金融数据中台，推进集团级风控体系建设。数据连接、技术驱动、开放协作是证券公司转型的三大驱动力[③]，而全面、开放、生态则是证券公司全面数字化的核心目标与未来发展趋势。

（2）证券公司金融业务数字化转型。数字技术正在重塑证券公司业务，即金融科技。计算机视觉技术、语音识别技术、自然语言处理技术、知识图谱、机器学习与深度学习甚至机器人技术等都已经被比较广泛的应用，如人脸识别、智能客服、智能投顾、辅助决策、智慧网点等场景，提升了金融大数据处理能力与金融服务运营能力。[④] 经济学家李扬认为，未来金融发展方向将是数字化和普惠化，区块链技术将解决在数字化生存中重大问题，如信用问题、唯一问题和点对点问题等，在解决这些问题之后，将实现资产智能化，走向自金融和自交易，这与诺贝尔经济学奖得主哈耶克所提倡的国家非货币化和发行竞争性货币的理论一脉相承。区块链的优势在于能够以非常低的成本对网络交易进行身份识别和个人征信，点对点的交易方式将避免银

① 孙越：《从技术赋能业务到全面开放生态　券商加快数字化转型》，《上海证券报》2021年8月31日，第3版。

② 俞枫：《科技赋能国泰君安数字化转型，引领金融生态建设》，《中国金融电脑》2021年第2期，第31~33页。

③ 殷振兴、姚子骏：《证券机构数字化转型的发展模式研究》，《金融纵横》2020年第10期，第49~56页。

④ 程娟、周雄伟：《基于人工智能的证券金融服务创新研究》，《金融科技时代》2018年第10期，第13~19页。

行、证券等传统中心化金融结构中复杂的清算过程和成本，从而大大提高金融系统甚至整个经济体系的运行效率。[①] 证券公司在内部审计中引入自动化手段分析数据，还可以利用大数据、信用风险、企业画像，提高其市场风险评估能力或信用分析评估能力。[②] 对于证券公司财富管理业务存在的业务对接低效、数据共享度不足、服务精准化程度不高等问题，有关文献提出数据驱动、线上线下一体化的发展定位和管理概念[③]；对于证券公司的智能投顾业务，有关文献比较了国内外的发展现状与模式，提出新冠肺炎疫情背景下应通过“人机结合”等方式加大技术底层研发，进一步推动“区块链＋证券”等技术来改造证券公司资产管理业务的建议[④]；对于证券公司的固定收益业务，代表性文献探讨了数字化对其销售、交易、研究业务的影响，提出顶层设计、敏捷开发、客户适当性保管等方面的建议。[⑤]

（3）证券公司技术与数据治理。中国证监会发布的《证券基金经营机构信息技术管理办法》（以下简称《办法》）对证券公司信息技术治理和数据治理提出了严格要求，为完善我国证券公司数字转型评价体系奠定了基础。信息技术服务的范围包括重要信息系统的开发、测试、集成及测评，重要信息系统的运维及日常安全管理及中国证监会规定的其他情形。《办法》要求证券公司保障充足的信息技术投入，在依法合规、有效防范风险的前提下，充分利用现代信息技术手段完善客户服务体系、改进业务运营模式、提升内部管理水平、增强合规风控能力，持续强化现代信息技术对证券基金业务活动的支撑作用。在技术治理方面，证券公司应当完善信息技术运用过程中的权责分配机制，建立健全信息技术管理制度和操作流程，保障与业务活

---

① 孙国茂：《区块链技术的本质特征及在证券业的应用》，《上海证券报》2017 年 2 月 8（008）日。

② 韩维蜜：《思想交锋：证券业数字化转型实践》，《金融电子化》2019 年第 2 期，第 20～21 页。

③ 赵旭：《疫情冲击下国际智能投顾业务模式比较及对证券行业财富管理的启示》，《金融发展评论》2020 年第 12 期，第 63～79 页。

④ 向筱、潘娜、莫海峰、谢佳明：《证券公司固定收益业务数字化转型路径研究》，《债券》2021 年第 1 期，第 41～45 页。

⑤ 李东风：《金融科技公司的穿透式监管探析》，《吉林工商学院学报》2021 年第 3 期，第 78～81 页。

动规模及复杂程度相适应的信息技术投入水平，持续满足信息技术资源的可用性、安全性与合规性要求。在数据治理方面，证券公司应结合公司发展战略，建立全面、科学、有效的数据治理组织架构以及数据全生命周期管理机制，确保数据统一管理、持续可控和安全存储，切实履行数据安全及数据质量管理职责，不断提升数据使用价值。

（4）证券公司数字化转型的挑战。数字化已成为提升合规风控水平的“利器”，但同时应用相关技术带来了新的风险和挑战。例如，在大数据技术的应用中，目前金融行业存在数据监听、隐私保护、隐私侵犯、法律风险等问题[①]；金融科技的应用在提高企业资本配置效率、提升客户体验的同时，也带来了技术操作风险以及系统性风险，相关文献对如何平衡收益与风险给出了相应建议[②]；面对数据利用深度不足、企业风控尚未自动化、机制和人才不健全等问题，相关文献提出以 IT 化为基石，整治“数据孤岛”、应用先行、深入场景等建议[③④]。技术的运用与现有风险监管措施处于并将长期处于动态博弈中。随着金融科技的运用，某些企业在一定程度上存在通过运用新技术来躲避监管、突破监管的问题，从而对现有的监管措施提出挑战。[⑤]

这些问题产生的重要原因之一，就是缺少科学的数字化转型评价体系作为行业指导。目前来看，无论是学术界，还是监管层、证券公司本身，都缺少对数字化转型评价方法及体系构建的系统化研究。为进一步推动证券公司数字化转型进程，同时避免和解决上述问题，本报告首次建立了证券公司数字化转型评价体系。

① 朱太辉、陈璐：《Fintech 的潜在风险与监管应对研究》，《金融监管研究》2016 年第 7 期，第 18 ~ 32 页。

② 王雯、张敏、王健、肖晓超：《证券行业风险管理智能化转型路径探索》，《中国证券期货》2020 年第 4 期，第 90 ~ 96 页。

③ 王玲：《证券公司数据管理模式和路径研究》，《清华金融评论》2021 年第 3 期，第 75 ~ 79 页。

④ 邱晗、黄益平、纪洋：《金融科技对传统银行行为的影响——基于互联网理财的视角》，《金融研究》2018 年第 11 期，第 17 ~ 29 页。

⑤ 李文红、蒋则沈：《金融科技（FinTech）发展与监管：一个监管者的视角》，《金融监管研究》2017 年第 3 期，第 1 ~ 13 页。

三　证券公司数字化转型评价

证券公司数字化转型研究，不仅需要提供相关理论支持与政策建议，还需要科学的评判标准及合理的评价模型来评估公司数字化转型的进展、程度、结果。我们只有及时、准确地为证券公司提供其数字化转型的量化依据，才能更科学地促进金融科技在公司中的应用。

（一）证券公司数字化转型评价意义

理解了什么是数字化转型以及数字化转型的目标、流程，那么剩下的问题便是怎样去评估公司的转型进展与转型结果，这也是证券公司数字化转型中不可或缺的一环。从结果的角度看，证券公司的生存质量是评价其数字化转型的终极指标。任何企业的信息化建设、数字化建设，其目的都是维持企业更高质量的生存、使企业能更好地参与市场竞争。然而根据中国大部分证券公司的股权结构来看，国有控股是主流。因此，国家、地方政府的扶持使得国内证券公司的生存情况并不能作为其数字化转型结果的依据。相反，我们只有尽可能科学地评判其数字化转型程度，才可以使国家与地方政府更好地扶持相关公司的发展。此外从过程的角度看，证券公司的数字化转型本身就是一个应用金融科技促进公司开展业务升级，更好地为社会提供金融服务的过程。动态化地评价证券公司的数字化转型程度，也可以及时发现问题，扭转不当工作方向。金融科技的发展没有尽头，金融科技的应用也同样是一个永续的过程。因此证券公司在数字化转型中犯错在所难免，而对于出现的问题便可通过动态的评价机制加以获知并依此修正。从结果与过程两个角度看，动态评价机制的建立对于证券公司数字化转型不仅具有指引意义，还可指出其不足从而使其不断纠偏。

构建量化的动态评价机制以深化证券公司数字化转型，实现其提质增效发展具有以下三方面的意义。首先，其可以使市场、公司全面掌握数字化转型的进度、效果。当前国内证券公司的数字化转型仍在起步阶段，相关经验并不丰富。动态量化的评价体系，可以摸清证券公司数字化转型中的现存问题，提供分析依据。有了评价机制，便有了排名，有了公司间的竞争关系。这可以使证券公司尤其是头部证券公司之间的数字化转型力度加大和质量提升。对于非头部的证券公司，其可通过指标落后情况并依据本公司现实实力，有针对性地查缺补漏。其次，对于国家与地方政府而言，依据评价排名可以清晰地看出相关证券公司的发展状况，为政策支持、政策评估提供依据。国家与地方政府可以有针对性地对数字化转型快、转型好的公司给予激励，对数字化转型落后的公司提供扶持、引导。这对于证券公司本身及行业、地方政府与国家而言可实现共赢。最后，证券公司通过相关评价体系建设积累数字化转型经验，以评促建、评建结合①，以此更好地实现证券公司数字化转型目标。

（二）证券公司数字化转型评价原则

证券公司数字化转型评价指标体系的构建，要遵循以下三个原则。

（1）科学性原则。当今诸多行业的评价指标体系构建已经相当成熟，但针对证券公司的数字化转型指标仍需要不断探索、改进。需要注意的是，证券公司不是证券行业，因此不能将行业评价准则平移使用，而是应当科学选取、科学设定。尽管证券公司大多数是国资控股，但也不适用于国有企业的原有评价指标。最后一点，因证券公司具有自己的特殊发展模式、发展逻辑、业务范围，数字化转型在证券公司中有特殊体现。所以从总体来看，评价指标体系的构建需要把握科学性原则。

（2）广泛性原则。广泛性包含以下两层含义：首先指标的选取应包含能体现证券公司数字化转型的重要节点，通过全面的指标量化来综合体现数字化转型的进度、结果。此外评价体系的构建需要做到广泛适用。金融科技的应用在各个证券公司中各不相同，因此需要根据业务模块、业务绩效通用

① 何国军：《数字化转型升级进展评估指标体系构建》，《中国出版》2019年第20期，第55～58页。

化来选取评价标准、评价指标，从而避免出现某个或者某些指标只有某些公司可以得分，其他公司不能得分的情况。

（3）指导性原则。评价体系的构建目的是以评促建、评建结合。因此相关指标选取需要具有指导性，做到既可以指引证券公司未来转型路径，也可鼓励创新，从而充分发挥评价体系的引领作用。此外，指导性原则还要求相关指标的选取具有弹性、动态性。金融科技的发展使得技术迭代速度不断加快，因此相关指标并不是一成不变的，需要根据科技发展情况、市场需求情况不断更新、升级相关指标，以便指导证券公司深化数字化转型进程。

根据以上三个原则，本报告拟采用层次分析法，从数字化战略、数字化业务、数字化能力、数字化风控四大方面探索证券公司数字化转型评价体系。评价体系包括4个一级指标和12个二级指标。

（三）证券公司数字化转型评价结果

证券公司数字化转型评价体系包括数字化战略、数字化业务、数字化能力、数字化风控四个部分，作为研究课题的重要组成，该评价体系的全部指标、模型、计算方法将在2022年的报告中发布，以下是评价结果。

全国137家证券公司数字化转型综合评价平均得分仅为29.64分，整个行业的数字化转型尚处在初级阶段。按照每10分一个区间的划分，我们得到了证券公司数字化转型得分的分布图（见图1），大部分证券公司最终得分较低。有102家证券公司得分在50分以下，占全行业的74.45%，说明行业发展存在明显的两极分化现象，即大部分证券公司数字化转型刚刚起步或仍处在探索阶段，少数证券公司已经实现了“数字券商”和全面转型。

从证券公司数字化转型评价分项指标平均得分来看（见图2），137家证券公司的数字化战略平均得分为33.16分（百分制），略高于数字化转型综合评价得分均值；数字化业务平均得分为9.74分，在所有指标中最低，说明证券公司数字化业务发展进程落后于战略规划、能力建设和风险控制的数字化，从评价方法上来看，也说明数字化业务是行业数字化转型差距分化最严重的一个方面，少数证券公司数字化业务的转型取得了丰富成果，而其

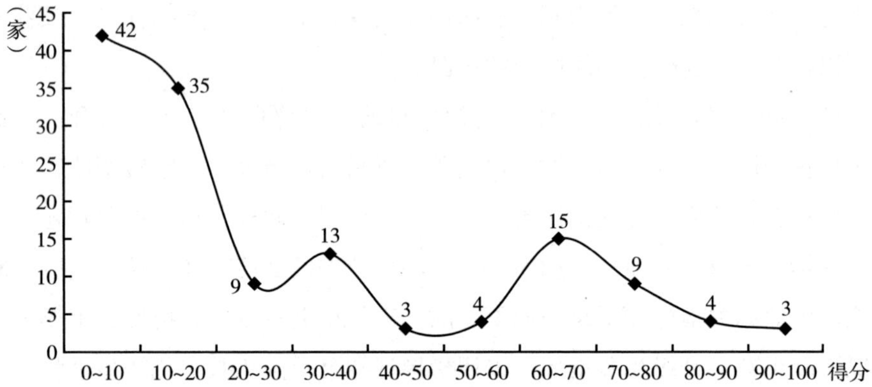

图 1　证券公司数字化转型得分区间与数量分布（2020 年）

资料来源：山东省亚太资本市场研究院。

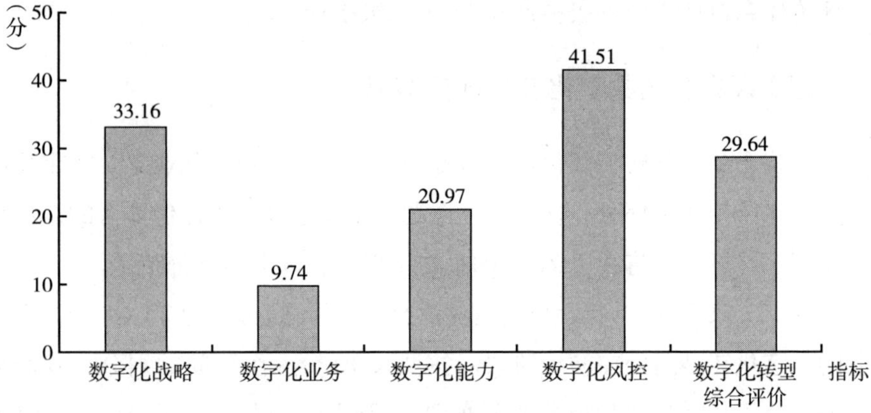

图 2　证券公司数字化转型评价分项指标平均得分（2020 年）

资料来源：山东省亚太资本市场研究院。

他证券公司的数字化业务少有建树；数字化能力平均得分为 20. 97 分，同样是拉低综合评价的指标，证券公司数字化能力建设普遍不足、差距分化严重；数字化风控平均得分为 41. 51 分，是综合评价指标中得分最高的一项，说明证券公司在实现风险控制信息化方面差距较小，数字化程度较高，这得益于中国证监会的监管要求。《办法》明确规定，“证券基金经营机构应当识别借助信息技术手段从事证券基金业务活动的各类风险，建立持续有效的风险监测机制。证券基金经营机构应当及时、稳妥处置发现的风险问题，并至少每年开展一次风险监测机制及执行情况的有效性评估”。

在2020年证券公司数字化转型评价结果排名TOP20中（见表1），数字化转型综合评价得分均值为77.72分，高于全行业得分均值的162.21%。TOP20证券公司的数字化战略得分均值为97.12分，说明这些证券公司都提出了数字化转型战略，有19家已上市；数字化业务得分均值为43.02分，软件著作权总和为332项，专利为210项，App下载总次数近10亿次；数字化能力得分均值为64.72分，信息技术人才总计为9872人，占全行业的54.42%，信息技术投入总和为147.26亿元，占2020年全部证券公司信息技术总投入的56.14%；数字化治理得分均值为71.51分，说明这些证券公司都建立了风险动态监控系统和标准的数据治理体系。根据表1可知，国泰君安、海通证券、东方证券分别位列数字化转型综合评价排名的第一、第二、第三，得分分别为100分、91.45分和90.94分，其中国泰君安的数字化业务、数字化能力两项指标均排名第一。在数字化转型评价结果排名TOP20中，得分为80~90分的有4家，包括广发证券、招商证券、银河证券和华泰证券；得分为70~80分的有9家，包括中信证券、国信证券、光大证券、方正证券、东北证券、中信建投、兴业证券、财通证券和平安证券；得分为60~70分的有4家，包括长江证券、华西证券、长城证券和东吴证券。

表1　2020年证券公司数字化转型评价结果排名TOP20

公司简称	数字化转型综合评价排名	数字化战略排名	数字化业务排名	数字化能力排名	数字化风控排名	数字化转型综合评价得分(分)
国泰君安	1	14	1	1	31	100.00
海通证券	2	21	4	3	21	91.45
东方证券	3	2	5	7	12	90.94
广发证券	4	19	6	4	38	86.74
招商证券	5	9	7	2	24	84.10
银河证券	6	20	9	47	1	82.33
华泰证券	7	1	12	10	10	80.17

续表

公司简称	数字化转型综合评价排名	数字化战略排名	数字化业务排名	数字化能力排名	数字化风控排名	数字化转型综合评价得分(分)
中信证券	8	28	8	19	20	78.53
国信证券	9	12	10	6	33	77.28
光大证券	10	27	19	12	7	74.63
方正证券	11	7	11	13	36	73.71
东北证券	12	6	31	25	2	73.63
中信建投	13	15	15	5	34	73.55
兴业证券	14	8	14	14	35	71.97
财通证券	15	3	34	16	4	71.54
平安证券	16	32	2	9	106	70.43
长江证券	17	25	16	15	37	69.42
华西证券	18	29	20	26	8	69.14
长城证券	19	90	28	22	6	67.80
东吴证券	20	5	24	17	18	66.95

纵向对比全部证券公司数字化转型综合评价得分可以发现（见表2），得分为60分以上的证券公司仅有31家，在全行业开展数字化转型升级的进程中，70%以上的中小型证券公司缺少数字化战略规划和实施转型的驱动力，普遍存在研发投入不足、研发投入强度较低、业务信息化程度不高、数字技术人才较少、数据治理体系不健全等问题。

表2　2020年证券公司数字化转型评价结果排名

公司名称	数字化转型综合评价排名	数字化战略排名	数字化业务排名	数字化能力排名	数字化风控排名	数字化转型综合评价得分(分)
国泰君安	1	14	1	1	31	100.00
海通证券	2	21	4	3	21	91.45
东方证券	3	2	5	7	12	90.94
广发证券	4	19	6	4	38	86.74
招商证券	5	9	7	2	24	84.10
银河证券	6	20	9	47	1	82.33

续表

公司名称	数字化转型综合评价排名	数字化战略排名	数字化业务排名	数字化能力排名	数字化风控排名	数字化转型综合评价得分(分)
华泰证券	7	1	12	10	10	80. 17
中信证券	8	28	8	19	20	78. 53
国信证券	9	12	10	6	33	77. 28
光大证券	10	27	19	12	7	74. 63
方正证券	11	7	11	13	36	73. 71
国金证券	12	6	31	25	2	73. 63
中信建投	13	15	15	5	34	73. 55
兴业证券	14	8	14	14	35	71. 97
财通证券	15	3	34	16	4	71. 54
平安证券	16	32	2	9	106	70. 43
长江证券	17	25	16	15	37	69. 42
东北证券	18	29	20	26	8	69. 14
五矿证券	19	90	28	22	6	67. 80
东吴证券	20	5	24	17	18	66. 95
东莞证券	21	92	17	28	13	65. 44
东方财富	22	63	3	18	27	65. 20
中金公司	23	4	21	46	16	64. 79
中银国际	24	93	46	21	30	64. 07
中泰证券	25	33	18	8	14	63. 49
财达证券	26	94	89	24	28	63. 37
浙商证券	27	26	58	20	22	63. 27
瑞信方正	28	67	83	30	19	62. 41
第一创业	29	10	36	32	23	62. 22
中天证券	30	72	80	39	26	62. 18
红塔证券	31	55	106	54	3	61. 48
金圆统一	32	58	106	40	5	56. 40
国海证券	33	22	37	51	42	52. 70
万和证券	34	77	92	66	41	52. 26
安信证券	35	38	13	11	115	50. 29
华龙证券	36	39	103	35	45	48. 39
华西证券	37	30	32	23	11	46. 74
首创证券	38	42	70	71	29	41. 29
华创证券	39	41	40	53	9	39. 48
国开证券	40	98	104	41	43	38. 26

续表

公司名称	数字化转型综合评价排名	数字化战略排名	数字化业务排名	数字化能力排名	数字化风控排名	数字化转型综合评价得分(分)
西南证券	41	16	44	27	116	37.91
银泰证券	42	75	65	31	121	36.67
国元证券	43	23	29	67	108	35.43
大同证券	44	79	67	63	57	34.53
东证融汇证券资产管理	45	104	106	57	32	34.03
中信证券(山东)	46	133	106	44	123	34.02
英大证券	47	36	78	80	58	33.76
东兴证券	48	51	26	52	15	32.78
东方证券承销保荐	49	125	106	108	76	32.05
西部证券	50	54	86	29	17	31.54
长城证券	51	24	63	70	25	30.77
湘财证券	52	37	54	61	44	29.51
申港证券	53	100	27	88	119	26.67
德邦证券	54	34	51	77	124	26.65
渤海汇金证券	55	119	106	74	47	26.64
华泰证券资产管理	56	132	106	42	46	24.64
华安证券	57	31	64	36	59	24.33
联储证券	58	71	53	79	77	23.30
申万宏源	59	53	35	48	136	21.20
瑞银证券	60	68	97	37	72	21.17
财信证券	61	88	23	33	71	19.89
粤开证券	62	47	57	59	39	19.78
江海证券	63	95	87	81	40	17.87
万联证券	64	87	41	43	113	17.67
汇丰前海	65	61	106	86	80	17.30
大通证券	66	64	106	38	117	15.71
德邦证券资管	67	137	106	101	68	15.42
华鑫证券	68	74	61	95	132	15.28
中邮证券	69	99	74	58	105	15.10
国联证券	70	48	25	104	75	14.63
太平洋证券	71	46	77	92	83	14.58

续表

公司名称	数字化转型综合评价排名	数字化战略排名	数字化业务排名	数字化能力排名	数字化风控排名	数字化转型综合评价得分(分)
野村东方	72	59	100	34	122	14.15
中山证券	73	83	47	56	56	13.22
国盛证券	74	85	52	84	100	12.81
东亚前海	75	80	76	83	55	12.44
华福证券	76	91	68	69	70	12.35
中信证券华南	77	134	106	85	64	11.90
新时代证券	78	78	56	93	66	11.84
国融证券	79	76	42	82	65	11.78
北京高华	80	73	94	108	48	11.77
申万宏源证券承销保荐	81	122	106	108	49	11.76
川财证券	82	69	82	90	60	11.62
爱建证券	83	66	91	68	81	11.60
兴证资产管理	84	105	99	50	101	11.41
中金财富证券	85	129	22	108	50	11.36
长江证券资产管理	86	111	106	108	78	11.25
方正证券承销保荐	87	110	106	108	51	11.05
国都证券	88	49	72	108	52	11.03
恒泰证券	89	40	45	97	110	11.00
申万宏源西部证券	90	131	106	108	53	10.92
高盛高华	91	103	59	99	62	10.88
金通证券	92	106	96	108	54	10.59
开源证券	93	43	49	103	92	10.45
渤海证券	94	101	75	100	112	10.22
银河金汇证券资产管理	95	123	90	108	96	10.20
九州证券	96	65	106	108	61	9.85
摩根士丹利华鑫证券	97	82	106	108	63	9.74
网信证券	98	57	106	49	107	9.69
宏信证券	99	86	106	106	67	9.63
华英证券	100	113	106	108	69	9.57
安信证券资产管理	101	117	106	108	73	9.50

续表

公司名称	数字化转型综合评价排名	数字化战略排名	数字化业务排名	数字化能力排名	数字化风控排名	数字化转型综合评价得分(分)
上海海通证券资产管理	102	126	85	105	74	9.49
恒泰长财	103	120	106	108	98	9.42
上海东方证券资产管理	104	124	102	108	97	9.42
长江证券承销保荐	105	128	106	45	79	9.38
第一创业证券承销保荐	106	118	106	108	82	9.30
中泰证券(上海)资产管理	107	127	106	108	84	9.30
招商证券资产管理	108	115	106	108	85	9.27
上海光大证券资产管理	109	121	84	108	86	9.27
浙江浙商证券资产管理	110	136	106	102	95	9.27
南京证券	111	13	88	108	87	9.25
国盛证券资产管理	112	109	95	107	88	9.24
上海国泰君安证券资产管理	113	114	106	108	90	9.24
东海证券	114	52	71	108	89	9.24
摩根大通	115	116	106	108	91	9.22
中航证券	116	96	79	108	94	9.19
天风证券资产管理	117	135	106	108	93	9.19
华泰联合	118	44	50	108	99	9.13
上海甬兴资产管理	119	107	98	108	102	9.13
广发证券资产管理	120	108	101	108	103	9.11
中天国富	121	97	81	62	104	7.52
世纪证券	122	35	66	73	120	7.02
民生证券	123	102	55	89	125	6.99
中原证券	124	18	38	55	111	6.99
华金证券	125	81	33	96	109	6.49
天风证券	126	50	30	60	114	6.22
长城国瑞	127	84	105	65	118	5.87
金元证券	128	70	60	78	126	5.49
信达证券	129	89	93	75	127	5.43

续表

公司名称	数字化转型综合评价排名	数字化战略排名	数字化业务排名	数字化能力排名	数字化风控排名	数字化转型综合评价得分(分)
华林证券	130	17	48	76	134	5.07
华宝证券	131	62	62	94	130	4.72
华兴证券	132	60	43	87	128	4.58
财通证券资产管理	133	130	106	64	133	4.56
上海证券	134	45	73	91	129	3.96
甬兴证券	135	56	69	98	135	3.70
山西证券	136	11	39	72	137	3.47
中德证券	137	112	106	108	131	2.72

参考文献

［1］中国证券业协会：《关于推进证券行业数字化转型发展的研究报告》，2020 年 8 月 21 日。

［2］中国人民银行：《金融科技（FinTech）发展规划（2019～2021 年）》，2019 年 10 月 28 日。

［3］刘汉西：《大力发展金融科技，加速数字化转型》，《金融电子化》2020 年第 7 期。

［4］房汉廷：《关于科技金融理论、实践与政策的思考》，《中国科技论坛》2010 年第 11 期。

［5］孙国茂：《抓住数字经济本质　推进证券行业数字化转型》，《上海证券报》2021 年 6 月 22 日，第 8 版。

［6］孙越：《从技术赋能业务到全面开放生态　券商加快数字化转型》，《上海证券报》2021 年 8 月 31 日，第 3 版。

［7］俞枫：《科技赋能国泰君安数字化转型，引领金融生态建设》，《中国金融电脑》2021 年第 2 期。

［8］殷振兴、姚子骏：《证券机构数字化转型的发展模式研究》，《金融纵横》2020 年第 10 期。

［9］程娟、周雄伟：《基于人工智能的证券金融服务创新研究》《金融科技时代》2018 年第 10 期。

［10］孙国茂：《区块链技术的本质特征及在证券业的应用》，《上海证券报》2017

年2月8日，第8版。

[11] 韩维蜜：《思想交锋：证券业数字化转型实践》，《金融电子化》2019年第2期。

[12] 赵旭：《疫情冲击下国际智能投顾业务模式比较及对证券行业财富管理的启示》，《金融发展评论》2020年第12期。

[13] 向筱、潘娜、莫海峰、谢佳明：《证券公司固定收益业务数字化转型路径研究》，《债券》2021年第1期。

[14] 李东风：《金融科技公司的穿透式监管探析》，《吉林工商学院学报》2021年第3期。

[15] 朱太辉、陈璐：《Fintech的潜在风险与监管应对研究》，《金融监管研究》2016年第7期。

[16] 王雯、张敏、王健、肖晓超：《证券行业风险管理智能化转型路径探索》，《中国证券期货》2020年第4期。

[17] 王玲：《证券公司数据管理模式和路径研究》，《清华金融评论》2021年第3期。

[18] 邱晗、黄益平、纪洋：《金融科技对传统银行行为的影响——基于互联网理财的视角》，《金融研究》2018年第11期。

[19] 李文红、蒋则沈：《金融科技（FinTech）发展与监管：一个监管者的视角》，《金融监管研究》2017年第3期。

[20] 何国军：《数字化转型升级进展评估指标体系构建》，《中国出版》2019年第20期。

[21] 金成国、黄伟新、李燕清：《研发投入强度与技术创新产出探析——基于高技术产业的经验证据》，《技术经济与管理研究》2021年第7期。

[22] 华泰证券课题组：《证券公司数字化财富管理发展模式与路径研究》，《证券市场导报》2020年第4期。

专 题 篇

Special Topic Reports

B.6

中国上市证券公司市场研究（2021）

闫小敏　李宗超*

摘　要：2020年，随着金融供给侧改革不断深化，再融资新规、创业板和注册制试点等改革措施先后落地，使资本市场融资效率大幅提升。证券行业在经历了2018年、2019年业绩低谷之后，迎来了全行业业绩的明显改善，彻底扭转了业绩连续下跌态势。2020年41家上市证券公司累计营业收入比上年增长近三成；净利润比上年增长近四成，高出行业平均水平10余个百分点。投资业务和经纪业务在上市证券公司利润构成中占比较大，但自2019年开始，投行业务占比不断缩小，经纪业务占比持续扩大。与其他金融类上市公司相比，证券业上市公司平均市值占银行业上市公司平均市值的三成，占保险业上

* 闫小敏，山东财经大学金融学硕士，山东省亚太资本市场研究院高级研究员，研究领域为证券市场、公司金融；李宗超，山东省亚太资本市场研究院高级研究员，研究领域为证券投资、商业银行。

市公司平均市值的两成，证券业上市公司平均营业收入更是不足银行、保险业的一成。证券公司作为资本市场的重要构成部分，有待进一步做大做强，在金融加速开放的今天，证券公司尤其是上市证券公司更应该提高自身质量，增强业务能力，以在与世界大型投资银行竞争中立于不败之地。

关键词：　上市证券公司　营业收入　净利润

2020 年，中国资本市场按照习近平总书记关于加强制度建设的一系列指示批示精神，以注册制改革为契机，推动资本市场改革全面深化。刘鹤副总理提出“建制度、不干预、零容忍”方针政策，为资本市场改革指明了方向，提供了遵循，同时也引导释放出积极信号。在这样的政策背景下，证券公司发展环境得到优化，各项业务迎来实质性利好。《创业板首次公开发行股票注册管理办法（试行）》（中国证券监督管理委员会令第 167 号）等政策的发布，开启了资本市场实行注册制改革的序幕，使注册制全面推行成为可能。IPO、再融资条件的放宽使得证券行业的业务收入显著提升。基金投顾、基金托管、场外期权等业务资格的放开拓宽了证券公司的业务空间。证券公司转融通业务取消保证金提取比例限制，两融业务快速增长，为证券公司带来增量收入。2020 年初，资本市场受疫情影响股指持续下挫，面对严峻复杂的国内外形势，监管部门持续推进疫情防控、深化改革、防范风险等各项工作，证券行业抓住机遇加快业务转型，加强能力建设，积极服务实体经济和居民财富管理，经营情况整体向好。随着全球流动性宽松和中国经济超预期修复，2020 年下半年股指在跨境资金涌入、医药等板块带动下出现反弹，全年上证综指上涨 13.87%，沪深 300 指数上涨 27.21%，创业板指数上涨 64.96%。

Wind 数据显示，2020 年全年 IPO、再融资规模分别达到 4699.63 亿元、11976.91 亿元。根据 Wind 数据合并财务报表，41 家上市证券公司累计实现营业收入5219.52亿元，比2019年增长27.38%，高于行业平均水平2.97个百分点，占全部证券公司营业收入的比重为76.93%；实现净利润1552.67亿元，比2019年增长36.52%，高于行业平均水平14.02个百分点，占全部证券公司净利润的比重为79.55%，几乎与2019年持平。

一　上市证券公司基本情况

2020年沪深上市证券公司达41家，比2019年增加4家，新增的4家证券公司分别为中银证券（601696.SH）、中泰证券（600918.SH）、国联证券（601456.SH）和中金公司（601995.SH）。其中，两家已在港股上市的证券公司再次登陆A股市场，分别是国联证券（601456.SH）于7月在上海证券交易所上市，中金公司（601995.SH）于11月登录上海证券交易所。中金公司（601995.SH）也由此成为第14家以“A+H”实现两地上市的证券公司，至此，国内头部证券公司全部完成A股上市。

从证券公司所有制属性来看，国有企业占全部上市证券公司的比重为78.05%。其中9家为中央国有企业，数量占全部上市证券公司的比重为21.95%；23家为地方国有企业，数量占全部上市证券公司的比重为56.10%。另有6家上市证券公司属于公众企业，数量占全部上市证券公司的比重为14.63%；3家属于民营企业，数量占全部上市证券公司的比重为7.32%（见表1）。从地域分布来看，41家上市证券公司分布在全国20个省份。其中上海、广东、北京、江苏上市证券公司数量分别为6家、6家、4家、4家，4省市上市证券公司数量占全国的比重为48.78%（见表1）。

表1　上市证券公司一览（2020年）

股票代码	股票简称	上市日期	公司属性	省份
601995.SH	中金公司	2020-11-02	中央国有	北京
601456.SH	国联证券	2020-07-31	地方国有	江苏
600918.SH	中泰证券	2020-06-03	地方国有	山东
601696.SH	中银证券	2020-02-26	公众企业	上海

续表

股票代码	股票简称	上市日期	公司属性	省份
601236. SH	红塔证券	2019 - 07 - 05	中央国有	云南
002945. SZ	华林证券	2019 - 01 - 17	民营企业	西藏
002939. SZ	长城证券	2018 - 10 - 26	中央国有	广东
601162. SH	天风证券	2018 - 10 - 19	地方国有	湖北
601066. SH	中信建投	2018 - 06 - 20	地方国有	北京
601990. SH	南京证券	2018 - 06 - 13	地方国有	江苏
002926. SZ	华西证券	2018 - 02 - 05	地方国有	四川
601108. SH	财通证券	2017 - 10 - 24	地方国有	浙江
601878. SH	浙商证券	2017 - 06 - 26	地方国有	浙江
601881. SH	中国银河	2017 - 01 - 23	中央国有	北京
601375. SH	中原证券	2017 - 01 - 03	地方国有	河南
600909. SH	华安证券	2016 - 12 - 06	地方国有	安徽
002797. SZ	第一创业	2016 - 05 - 11	公众企业	广东
601211. SH	国泰君安	2015 - 06 - 26	地方国有	上海
600958. SH	东方证券	2015 - 03 - 23	地方国有	上海
601198. SH	东兴证券	2015 - 02 - 26	中央国有	北京
000166. SZ	申万宏源	2015 - 01 - 26	中央国有	新疆
002736. SZ	国信证券	2014 - 12 - 29	地方国有	广东
002673. SZ	西部证券	2012 - 05 - 03	地方国有	陕西
601555. SH	东吴证券	2011 - 12 - 12	地方国有	江苏
601901. SH	方正证券	2011 - 08 - 10	中央国有	湖南
002500. SZ	山西证券	2010 - 11 - 15	地方国有	山西
601377. SH	兴业证券	2010 - 10 - 13	地方国有	福建
300059. SZ	东方财富	2010 - 03 - 19	民营企业	上海
601688. SH	华泰证券	2010 - 02 - 26	地方国有	江苏
600999. SH	招商证券	2009 - 11 - 17	中央国有	广东
601788. SH	光大证券	2009 - 08 - 18	中央国有	上海
601099. SH	太平洋	2007 - 12 - 28	公众企业	云南
600030. SH	中信证券	2003 - 01 - 06	地方国有	广东
600369. SH	西南证券	2001 - 01 - 09	地方国有	重庆
600109. SH	国金证券	1997 - 08 - 07	民营企业	四川
000783. SZ	长江证券	1997 - 07 - 31	公众企业	湖北
000750. SZ	国海证券	1997 - 07 - 09	地方国有	广西
000728. SZ	国元证券	1997 - 06 - 16	地方国有	安徽

续表

股票代码	股票简称	上市日期	公司属性	省份
000776. SZ	广发证券	1997－06－11	公众企业	广东
000686. SZ	东北证券	1997－02－27	公众企业	吉林
600837. SH	海通证券	1994－02－24	地方国有	上海

资料来源：Wind、山东省亚太资本市场研究院。

二　上市证券公司主要业务情况

根据上市公司年报披露数据，2020 年，41 家上市证券公司主要业务板块净收入分别为：经纪业务净收入[①] 1172. 12 亿元，占上市证券公司累计营业收入的比重为 22. 5%，同比增长 53. 7%；投行业务净收入 580. 55 亿元，占比为 11. 1%，同比增长 39. 4%；资管业务净收入 389. 17 亿元，占比为 7. 5%，同比增长 23. 8%；投资业务净收入 1458. 19 亿元，占比为 27. 9%，同比增长 13. 8%；信用业务净收入 533. 93 亿元，占比为 10. 2%，同比增长 26. 7%。境外子公司、做市、顾问等收入占比相对较小。投资业务和经纪业务在上市证券公司净收入构成中占比较大，但从 2020 年来看，投资业务占比增幅减缓，经纪业务占比增幅加快（见图 1）。

（一）经纪业务

受资本市场改革和流动性宽松等综合因素影响，2020 年证券二级市场交易活跃。全年上证综指上涨 13. 87%，沪深 300 上涨 27. 21%，创业板指上涨 64. 96%。股票成交额伴随着大盘走势震荡上升。2020 年有 48 个交易日单日成交额突破 1 万亿元，月平均成交额 17. 17 万亿元，与 2019 年月均成交额 10. 57 万亿相比增长 62. 41%。2020 年陆港通北向资金净流入 12024. 09 亿元，与 2019 年相比提升了 2089. 32 亿元，同比上涨 21. 03%。

① 含交易单元席位租赁。

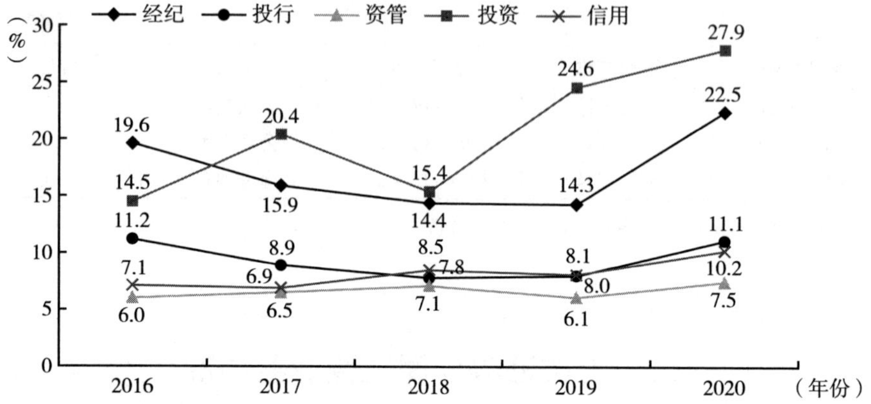

图1　上市证券公司主要业务净收入构成比例（2016～2020 年）

资料来源：Wind、山东省亚太资本市场研究院。

受益于此，行业经纪业务实现较高增长。2020 年证券行业代理买卖证券业务净收入 1161.10 亿元，同比增长 47.42%；41 家上市证券公司代理买卖证券业务净收入 935.15 亿元，占整个行业的 80.54%。

随着佣金率不断下降，经纪业务利润空间被压缩，经纪业务在证券公司总收入中的占比已从 2011 年的 50.67% 下降至 2020 年的 25.89%。同时，随着我国经济的稳步增长，高净值人群的数量和资产规模不断攀升，证券公司财富管理市场空间广阔。目前证券公司大多都在积极向财富管理转型，并取得显著成效。2020 年，证券行业实现代理销售金融产品净收入 134.38 亿元，同比增长 148.76%；实现投资咨询业务净收入 48.03 亿元，同比增长 26.93%。中信证券（600030.SH）实现代理销售金融产品净收入 19.65 亿元，占全行业 14.62%，且中信证券（600030.SH）代销金融产品业务净收入在本公司经纪业务净收入中占比达到 18.20%。国泰君安（601211.SH）和招商证券（600999.SH）分别实现代销金融产品净收入 4.37 亿元和 6.27 亿元，同比增长 235.47% 和 219.25%，均实现较大增长。

（二）投行业务

随着新证券法的正式实施和科创板、创业板注册制改革的推进，投行业务迎来黄金发展期。2020 年全部证券公司投资银行业务净收入 672. 11 亿元，同比大幅增加 39. 26%；41 家上市证券公司投资银行业务收入 580. 55 亿元，占整个行业的 86. 38%。注册制改革对股权融资类业务尤其是 IPO 业务影响显著。2020 年，一级市场股权融资发行上市 1031 家，同比增长 61. 60%，累计募集资金 16676. 54 亿元，同比增长 8. 19%。其中，IPO 发行数量大幅增加，全年发行上市 396 家，同比增长 95. 07%，募集资金 4699. 63 亿元，同比增加 85. 57%；增发融资 362 家，同比增长 44. 22%，募集资金 8341. 37 亿元，同比增加 21. 11%。《上市公司证券发行管理办法》被修订后，再融资产品结构发生变化，现金类定向增发项目合计募集资金规模人民币 5445. 12 亿元，同比增长 334. 86%。同时，债券融资市场也得到较快发展。2020 年我国证券公司共计承销债券 41029 只，同比上涨 46. 38%，总承销金额 10. 05 万亿元，同比增加 32. 08%。其中，我国证券公司共计承销企业债券 661 只，同比上升 15. 36%，募集资金 3926. 39 亿元，同比上升 9. 10%；公司债券 6422 只，同比上涨 53. 67%，募集资金 33695. 12 亿元，同比上涨 32. 85%。

2020 年中国证监会坚持“建制度、不干预、零容忍”的监管理念，优化 IPO、再融资制度，持续推进注册制改革，利好证券公司尤其是投行业务发展，投行业绩大幅增长。从 2020 年初以来，个别企业“带病闯关”使得中国证监会及相关机构加强了对 IPO 业务的监管力度。3 月 19 日，中国证监会主席易会满在中国发展高层论坛圆桌会上明确指出注册制绝不意味着放松审核要求；4 月 6 日，中国证监会公布了 37 条对证券公司违规的处罚信息，其中，29 条处罚信息涉及投行业务违规，大部分处罚内容与 IPO 业务相关，包括对发行人核查不充分、内部控制有效性不足、未勤勉尽责督促发行人、对发行人商业贿赂等；4 月 7 日，中国证券业协会发布了《公司债券承销报价内部约束指引》，严格限制债券承销“价格战”的发生；4 月 22 日，沪深交易所发布《公司债券审核重点关注事项》，重点针对关注事项及相关信息披露要求做出具体规定等。这一系列措施均体现出监管部门对投行业务监管趋严，未来预计在强监管政策的持续指引下，将进一步利好投行综合实力较强的头部证券公司。

（三）资管业务

受资管新规影响，去通道和去杠杆是证券公司资管这两年的主要方向，2020 年，证券公司资管业务资产规模持续下滑，根据中国证券投资基金业协会统计数据，证券公司及其子公司 2020 年共计实现资产规模 85530.62 亿元，同比下降 21.03%。其中，定向资管业务资产规模为 59202.9 亿元，同比下降 29.38%，产品数量 11406 只，同比下降 2.41%；以主动管理为主的集合资管业务资产规模为 20903.65 亿元，同比上升 6.67%，产品数量 5448 只，同比上升 25.01%。同时，各家证券公司也在积极开展主动管理转型，资管业务收入企稳回升，2020 年实现资产管理业务净收入 299.60 亿元，同比增长 8.88%。在 41 家上市证券公司中，实施资产管理的证券公司共计 30 家，实现营业收入 220.74 亿元，占全部证券公司的比重为 73.68%。

证券资管业务在向主动管理转型的同时，随着政策的支持和股票市场的高度活跃，公募基金也成为一个主要的发展方向。2020 年 7 月，中国证监会对《证券投资基金管理公司管理办法》进行了修订，允许同一主体同时控制一家基金公司和一家公募持牌机构，允许符合条件的外国银行在华分行申请基金托管资格。公募基金的规模在 2020 年实现高速增长，截至 2020 年 12 月末，公募基金管理机构共发行 7913 只公募基金，较年初增长 20.92%，所管理的公募基金资产净值为 19.89 万亿元，较年初增长 34.70%。其中，混合基金资产净值涨幅最大，2020 年实现资产净值 4.36 万亿元，同比增长 130.78%。

（四）投资业务

2020 年，由于我国疫情防控及时有效以及市场流动性充沛，股市和债市均表现活跃。全年沪深 300 年内收益率为 27.21%；中债总财富（总值）指数年内收益率为 3.07%。从上市公司的表现来看，41 家上市证券公司的合计投资净收益为 1616.36 亿元，同比上升 40.70%。2020 年，投资业务的主要业绩增长点有以下两个方面。一方面，随着我国资本市场的不断完善，衍生工具更加丰富，衍生品业务在2020年实现高速发展。上市证券公司的衍生金融资产规模共计515亿元，同比上升152.54%。另一方面，权益类投资在证券公司投资业务中也占据重要地位。上市证券公司共实现权益类投资规模10638.40亿元，同比上涨18.67%。其中，其他债权投资规模最大，2020年共计实现8040.45亿元，同比增长23.61%。

（五）信用业务

2020年末，证券市场融资融券余额为16189.68亿元，较上年末增加58.85%。其中，融资余额为14819.95亿元，较上年末增长47.39%；融券余额为1369.73亿元，较上年末增长897.04%。2020年两融日均余额为12955.33亿元，同比上涨42.11%。其中，融资日均余额为12417.71亿元，同比上涨37.79%；融券日均余额为537.62亿元，同比上涨417.33%。

自2018年以来，监管部门不断强化对股票质押业务风险的监控，证券公司股权质押数量和质押余额持续减少。2020年，监管部门延续了股票质押业务“控增量消存量降风险”的发展方向①，国务院发布的《关于进一步提高上市公司质量的意见》（国发〔2020〕14号）将股票质押风险视为当前影响上市公司质量的痛点，计划和有关部门共同出台场内外质押一致性监管等一系列政策，加强信息共享，强化风险监控，支持银行、证券、保险和私募基金等各类机构积极参与风险化解，推动质押风险的总量不断下降。

2020年，证券公司股票质押股数合计535.76亿股，较上年同比减少37.83%；对应参考市值为7148.78亿元，较上年减少1288.41亿元，同比减少15.27%。其中，未解押参考市值为4971.79亿元。上市证券公司股票质押式回购共计3025.77亿元，较上年减少839.24亿元，同比下降21.71%，股票质押风险进一步化解。

融资融券业务和股票质押业务的快速发展导致证券公司信用减值损失大

① 中航证券：《2020年年报及2021年一季报总结：政策红利推动业绩提升，强者恒强错位竞争》，2021年5月26日。

幅上升。2020 年，上市证券公司信用减值损失共计 330.82 亿元，较去年同比上升 70.34%。其中，中信证券（600030.SH）信用减值损失最高，达到 65.81 亿元，同比上升 247.89%。减值损失超过 10 亿元的证券公司还有海通证券（600837.SH）、东方证券（600958.SH）、中信建投（601066.SH）、国泰证券（601211.SH）、华泰证券（601688.SH）。2021 年第一季度，上市证券公司信用减值损失共计 13.81 亿元，较 2020 年同比下降 67.19%，信用减值损失过高这一现象得到明显改善，股票质押风险监管效果开始显现，已有风险出清迹象。

从行业整体以及业务板块的经营数据来看，2020 年证券公司各业务板块均实现一定程度的上涨。经纪业务、投行业务与信用交易业务中的两融业务，明显受益于注册制改革，业绩增幅名列前茅，业务规模大幅提升。资管业务受到业务转型与严监管的影响，业务规模基本不变，但资管业务的收入实现增长，主动管理转型稳步推进。投资业务受市场景气度影响较大，在 2020 年市场活跃的情况下，业绩表现较好。

三　上市证券公司经营情况分析

（一）市值变化

2020 年上证综指由 3050.12 点上涨到 3473.07 点，指数增长 13.87%。深证成指由 10430.77 点上涨到 14470.68 点，指数涨幅 38.73%。延续 2019 年的趋势，继续稳步向好发展。截至 2020 年末，41 家上市证券公司的市值为 36411.74 亿元，平均市值为 888.09 亿元/家，比 2019 年增加 192.85 亿元/家，上市证券公司的平均市值增幅达到 27.74%。截至 2020 年末，有 12 家上市证券公司的市值超过 1000 亿元，数量占比 29.27%。其中，中信证券（600030.SH）、中信建投（601066.SH）、东方财富（300059.SZ）、中金公司（601995.SH）4 家证券公司的市值超过 2000 亿元，中信证券（600030.SH）以 3465.83 亿元的市值总量位列第一（见表 2）。

表 2　上市证券公司年末市值（2019～2020 年）

单位：亿元，%

股票代码	股票简称	2019 年	2020 年	增幅
600030. SH	中信证券	2852. 03	3465. 83	21. 52
601066. SH	中信建投	2017. 06	2837. 50	40. 68
300059. SZ	东方财富	1059. 05	2670. 07	152. 12
601995. SH	中金公司	—	2537. 02	—
600999. SH	招商证券	1133. 48	1856. 73	63. 81
601688. SH	华泰证券	1706. 53	1501. 62	-12. 01
601211. SH	国泰君安	1561. 79	1450. 03	-7. 16
600837. SH	海通证券	1532. 34	1440. 45	-6. 00
002736. SZ	国信证券	1029. 10	1311. 14	27. 41
600918. SH	中泰证券	—	1289. 20	—
000166. SZ	申万宏源	1206. 55	1236. 68	2. 50
000776. SZ	广发证券	1042. 63	1120. 64	7. 48
601881. SH	中国银河	900. 17	957. 40	6. 36
601901. SH	方正证券	713. 72	853. 67	19. 61
601696. SH	中银证券	—	768. 95	—
601788. SH	光大证券	552. 02	764. 65	38. 52
600958. SH	东方证券	686. 99	741. 11	7. 88
601236. SH	红塔证券	609. 32	675. 45	10. 85
601377. SH	兴业证券	474. 12	581. 27	22. 60
601878. SH	浙商证券	371. 00	552. 95	49. 04
600109. SH	国金证券	281. 27	492. 06	74. 95
000783. SZ	长江证券	394. 81	464. 49	17. 65
601108. SH	财通证券	406. 99	454. 01	11. 55
601990. SH	南京证券	425. 88	452. 32	6. 21
601456. SH	国联证券	—	427. 40	—
002797. SZ	第一创业	290. 00	418. 14	44. 19
002945. SZ	华林证券	403. 38	406. 89	0. 87
601162. SH	天风证券	381. 25	406. 62	6. 66
002939. SZ	长城证券	430. 13	399. 41	-7. 14
000728. SZ	国元证券	311. 98	390. 99	25. 33
601555. SH	东吴证券	299. 70	382. 62	27. 67
601198. SH	东兴证券	362. 40	367. 36	1. 37
600369. SH	西南证券	292. 98	357. 51	22. 02

续表

股票代码	股票简称	2019 年	2020 年	增幅
002673. SZ	西部证券	343. 18	355. 09	3. 47
002926. SZ	华西证券	289. 01	327. 60	13. 35
002500. SZ	山西证券	234. 50	321. 28	37. 01
000750. SZ	国海证券	225. 11	319. 05	41. 73
600909. SH	华安证券	264. 33	289. 68	9. 59
601099. SH	太平洋证券	258. 34	278. 11	7. 65
601375. SH	中原证券	163. 01	258. 92	58. 83
000686. SZ	东北证券	217. 66	229. 83	5. 59

资料来源：Wind、山东省亚太资本市场研究院。

从市值增长幅度来看，除了2020 年新上市的4 家证券公司外，其余37 家证券公司中有 4 家的市值增长幅度超过 50%，分别是东方财富（300059. SZ）、国金证券（600109. SH）、招商证券（600999. SH）、中原证券（601375. SH），市值增长幅度分别为 152. 12%、74. 95%、63. 81%、58. 83%。海通证券（600837. SH）、长城证券（002939. SZ）、国泰君安（601211. SH）、华泰证券（601688. SH）4 家证券公司市值出现下滑，分别下滑 6. 00%、7. 14%、7. 16%、12. 01%。

（二）营业收入

根据 Wind 数据合并财务报表，2020 年 41 家上市证券公司累计实现营业收入 5219. 52 亿元，比 2019 年增长 27. 38%，占全部上市公司营业收入的比重为 76. 93%。平均每家上市证券公司实现营业收入 127. 31 亿元。营业收入超过 100 亿元的有 16 家，其中中信证券（600030. SH）、海通证券（600837. SH）、国泰君安（601211. SH）、华泰证券（601688. SH）4 家上市证券公司的营业收入最高分别为 543. 83 亿元、382. 20 亿元、352. 00 亿元、314. 45 亿元。红塔证券（601236. SH）、东方财富（300059. SZ）两家上市证券公司 2020 年的营业收入增幅超过 100%，分别为 170. 37%、120. 04%。西南证券（600369. SH）、东北证券（000686. SZ）、太平洋证券

（601099. SH）、山西证券（002500. SZ）4 家证券公司 2020 年的营业收入与 2019 年相比出现下滑，下滑比例分别为 9. 15%、17. 06%、34. 07%、34. 50%（见表 3）。

表 3　上市证券公司营业收入变化（2019～2020 年）

单位：亿元，%

股票代码	股票简称	2019 年	2020 年	增幅
600030. SH	中信证券	431. 40	543. 83	26. 06
600837. SH	海通证券	344. 29	382. 20	11. 01
601211. SH	国泰君安	299. 49	352. 00	17. 53
601688. SH	华泰证券	248. 63	314. 45	26. 47
000166. SZ	申万宏源	245. 93	294. 09	19. 58
000776. SZ	广发证券	228. 10	291. 53	27. 81
600999. SH	招商证券	187. 08	242. 78	29. 77
601881. SH	中国银河	170. 41	237. 49	39. 37
601995. SH	中金公司	157. 55	236. 60	50. 17
601066. SH	中信建投	136. 93	233. 51	70. 53
600958. SH	东方证券	190. 52	231. 34	21. 42
002736. SZ	国信证券	140. 93	187. 84	33. 29
601377. SH	兴业证券	142. 50	175. 80	23. 37
601788. SH	光大证券	100. 57	158. 66	57. 76
601878. SH	浙商证券	56. 59	106. 37	87. 94
600918. SH	中泰证券	97. 09	103. 52	6. 63
000783. SZ	长江证券	70. 33	77. 84	10. 68
601901. SH	方正证券	65. 95	75. 42	14. 36
601555. SH	东吴证券	51. 30	73. 56	43. 39
002939. SZ	长城证券	38. 99	68. 69	76. 16
000686. SZ	东北证券	79. 69	66. 10	-17. 06
601108. SH	财通证券	49. 52	65. 28	31. 82
600109. SH	国金证券	43. 50	60. 63	39. 39
601198. SH	东兴证券	39. 73	56. 87	43. 13
601236. SH	红塔证券	20. 66	55. 85	170. 37
002673. SZ	西部证券	36. 81	51. 84	40. 85
002926. SZ	华西证券	39. 37	46. 83	18. 93
000728. SZ	国元证券	31. 99	45. 29	41. 57

续表

股票代码	股票简称	2019 年	2020 年	增幅
000750. SZ	国海证券	35. 60	44. 82	25. 89
601162. SH	天风证券	38. 46	43. 60	13. 35
600909. SH	华安证券	32. 32	33. 57	3. 87
002500. SZ	山西证券	51. 02	33. 42	-34. 50
300059. SZ	东方财富	14. 78	32. 52	120. 04
601696. SH	中银证券	29. 08	32. 44	11. 57
600369. SH	西南证券	34. 89	31. 70	-9. 15
002797. SZ	第一创业	25. 83	31. 20	20. 77
601375. SH	中原证券	23. 73	31. 03	30. 80
601990. SH	南京证券	22. 02	23. 65	7. 43
601456. SH	国联证券	16. 19	18. 76	15. 87
002945. SZ	华林证券	10. 11	14. 90	47. 42
601099. SH	太平洋证券	17. 77	11. 72	-34. 07

资料来源：Wind、山东省亚太资本市场研究院。

（三）净利润

根据 Wind 数据合并财务报表，2020 年 41 家上市证券公司累计实现净利润为 1552. 67 亿元，比 2019 年增长 36. 52%，占全部证券公司净利润的比重为 79. 55%。平均每家上市证券公司实现净利润为 37. 87 亿元。中信证券（600030. SH）、海通证券（600837. SH）、国泰君安（601211. SH）、华泰证券（601688. SH）、广发证券（000776. SZ）5 家上市证券公司 2020 年净利润超过 100 亿元。受评级下调、业务规模收缩、计提资产减值准备和预计负债等因素影响，太平洋证券（601099. SH）赢利能力有所下滑，2020 年该公司的净利润为 -7. 56 亿元，是唯一一家净利润为负的上市证券公司。从净利润增长幅度来看，光大证券（601788. SH）、东方财富（300059. SZ）、兴业证券（601377. SH）净利润出现翻倍以上增长，增幅分别为 255. 34%、160. 91%、139. 33%（见表 4）。

表 4　上市证券公司净利润变化（2019～2020 年）

单位：%

股票代码	股票简称	2019 年	2020 年	增幅
600030. SH	中信证券	126. 48	155. 17	22. 68
600837. SH	海通证券	105. 41	120. 37	14. 20
601211. SH	国泰君安	90. 51	117. 37	29. 67
601688. SH	华泰证券	90. 57	108. 70	20. 02
000776. SZ	广发证券	81. 10	107. 71	32. 81
601066. SH	中信建投	55. 30	95. 37	72. 46
600999. SH	招商证券	73. 13	95. 04	29. 95
000166. SZ	申万宏源	58. 03	78. 76	35. 72
601881. SH	中国银河	52. 50	73. 12	39. 27
601995. SH	中金公司	42. 48	72. 62	70. 96
002736. SZ	国信证券	49. 14	66. 18	34. 69
300059. SZ	东方财富	18. 31	47. 78	160. 91
601377. SH	兴业证券	19. 15	45. 84	139. 33
600958. SH	东方证券	24. 79	27. 22	9. 80
600918. SH	中泰证券	22. 94	25. 81	12. 52
601788. SH	光大证券	6. 94	24. 66	255. 34
601108. SH	财通证券	18. 76	22. 92	22. 18
000783. SZ	长江证券	15. 83	20. 86	31. 82
002926. SZ	华西证券	14. 32	19. 02	32. 83
600109. SH	国金证券	12. 98	18. 74	44. 35
601555. SH	东吴证券	9. 79	17. 14	74. 99
601878. SH	浙商证券	9. 68	16. 27	68. 17
601198. SH	东兴证券	12. 21	15. 40	26. 08
002939. SZ	长城证券	10. 15	15. 31	50. 86
000686. SZ	东北证券	10. 43	14. 67	40. 65
601236. SH	红塔证券	8. 47	14. 52	71. 28
000728. SZ	国元证券	9. 15	13. 71	49. 86
600909. SH	华安证券	12. 14	12. 65	4. 23
601901. SH	方正证券	9. 83	11. 98	21. 90

续表

股票代码	股票简称	2019 年	2020 年	增幅
002673. SZ	西部证券	6. 16	11. 32	83. 73
600369. SH	西南证券	9. 65	10. 58	9. 67
601696. SH	中银证券	8. 00	8. 85	10. 61
002797. SZ	第一创业	5. 83	8. 79	50. 75
601990. SH	南京证券	7. 15	8. 15	13. 98
002945. SZ	华林证券	4. 41	8. 13	84. 13
000750. SZ	国海证券	5. 44	8. 10	48. 84
002500. SZ	山西证券	5. 20	7. 62	46. 62
601162. SH	天风证券	4. 21	6. 88	63. 43
601456. SH	国联证券	5. 21	5. 88	12. 76
601375. SH	中原证券	0. 75	1. 02	36. 01
601099. SH	太平洋证券	4. 74	-7. 56	-259. 50

资料来源：Wind、山东省亚太资本市场研究院。

从净利润占营业收入的比重，也就是净利润率来看，2020 年，有 29 家上市证券公司的净利润率同比上升，数量占比为 70. 73%。2020 年，东方财富（300059. SZ）、兴业证券（601377. SH）、山西证券（002500. SZ）、华林证券（002945. SZ）4 家上市证券公司的净利润率与 2019 年相比提高了 10 个以上百分点。需要说明的是，东方财富（300059. SZ）销售净利润率比 2019 年增长 23. 02 个百分点，达 146. 91%，成为净利润率最高的上市证券公司（见表 5）。该证券公司持续发挥互联网财富管理生态圈和海量用户的核心竞争优势及整体协同效应，加强研发技术投入，提升智能化、个性化服务，实现线上线下一体化的财富管理模式，证券业务实现快速发展。东方财富（300059. SZ）围绕数据金融反欺诈、业务支撑、数据技术实现、数据资产运营建立统一的业务平台，进一步提升自动化、智能化、自助化数据处理能力，紧密跟踪新技术，进一步优化产品与服务，提升服务智能化水平及自动化处理能力，提升用户体验。

表 5　上市证券公司净利润率变化（2019～2020 年）

单位：%，个

股票代码	股票简称	2019 年	2020 年	增加百分点
300059. SZ	东方财富	123. 90	146. 91	23. 02
002945. SZ	华林证券	43. 66	54. 54	10. 87
601066. SH	中信建投	40. 38	40. 84	0. 46
002926. SZ	华西证券	36. 36	40. 61	4. 25
600999. SH	招商证券	39. 09	39. 15	0. 06
600909. SH	华安证券	37. 57	37. 70	0. 13
000776. SZ	广发证券	35. 56	36. 95	1. 39
002736. SZ	国信证券	34. 87	35. 23	0. 37
601108. SH	财通证券	37. 88	35. 11	-2. 77
601688. SH	华泰证券	36. 43	34. 57	-1. 86
601990. SH	南京证券	32. 48	34. 46	1. 98
600369. SH	西南证券	27. 65	33. 37	5. 73
601211. SH	国泰君安	30. 22	33. 34	3. 12
600837. SH	海通证券	30. 62	31. 49	0. 88
601456. SH	国联证券	32. 19	31. 33	-0. 86
600109. SH	国金证券	29. 84	30. 90	1. 06
601881. SH	中国银河	30. 81	30. 79	-0. 02
601995. SH	中金公司	26. 96	30. 69	3. 73
000728. SZ	国元证券	28. 60	30. 27	1. 67
600030. SH	中信证券	29. 32	28. 53	-0. 79
002797. SZ	第一创业	22. 57	28. 18	5. 60
601696. SH	中银证券	27. 52	27. 28	-0. 24
601198. SH	东兴证券	30. 74	27. 08	-3. 66
000783. SZ	长江证券	22. 50	26. 80	4. 30
000166. SZ	申万宏源	23. 60	26. 78	3. 18
601377. SH	兴业证券	13. 44	26. 08	12. 63
601236. SH	红塔证券	41. 03	25. 99	-15. 04
600918. SH	中泰证券	23. 63	24. 93	1. 31
601555. SH	东吴证券	19. 09	23. 29	4. 21
002500. SZ	山西证券	10. 19	22. 81	12. 62
002939. SZ	长城证券	26. 02	22. 28	-3. 74
000686. SZ	东北证券	13. 09	22. 20	9. 11
002673. SZ	西部证券	16. 74	21. 84	5. 10

续表

股票代码	股票简称	2019 年	2020 年	增加百分点
000750. SZ	国海证券	15. 28	18. 06	2. 79
601901. SH	方正证券	14. 90	15. 89	0. 98
601162. SH	天风证券	10. 94	15. 78	4. 84
601788. SH	光大证券	6. 90	15. 54	8. 64
601878. SH	浙商证券	17. 10	15. 30	-1. 80
600958. SH	东方证券	13. 01	11. 77	-1. 25
601375. SH	中原证券	3. 16	3. 29	0. 13
601099. SH	太平洋证券	26. 66	-64. 51	-91. 17

资料来源：Wind、山东省亚太资本市场研究院。

（四）总资产

根据 Wind 数据合并财务报表，截至 2020 年末，41 家上市证券公司累计总资产为 89972. 37 亿元，比 2019 年增长 24. 2%，占全部证券公司累计总资产的比重为 80. 74%，平均每家上市证券公司总资产为 2194. 45 亿元。2020 年，中信证券（600030. SH）、华泰证券（601688. SH）、国泰君安（601211. SH）、海通证券（600837. SH）、中金公司（601995. SH）5 家上市证券公司的总资产均超过 5000 亿元，其中截至 2020 年 12 月 31 日，中信证券（600030. SH）的总资产突破万亿元，达到 10529. 62 亿元，比 2019 年增长 33%（见表 6）。

表 6　上市证券公司总资产变化（2019 ~ 2020 年）

单位：亿元，%

股票代码	股票简称	2019 年	2020 年	增幅
600030. SH	中信证券	7917. 22	10529. 62	33. 00
601688. SH	华泰证券	5621. 81	7167. 51	27. 49
601211. SH	国泰君安	5593. 14	7028. 99	25. 67
600837. SH	海通证券	6367. 94	6940. 73	9. 00
601995. SH	中金公司	3449. 71	5216. 21	51. 21
600999. SH	招商证券	3817. 72	4997. 27	30. 90
000166. SZ	申万宏源	3885. 37	4911. 24	26. 40
000776. SZ	广发证券	3943. 91	4574. 64	15. 99
601881. SH	中国银河	3156. 66	4457. 30	41. 20

续表

股票代码	股票简称	2019 年	2020 年	增幅
601066. SH	中信建投	2856. 70	3712. 28	29. 95
002736. SZ	国信证券	2246. 44	3027. 56	34. 77
600958. SH	东方证券	2629. 71	2911. 17	10. 70
601788. SH	光大证券	2040. 90	2287. 36	12. 08
601377. SH	兴业证券	1705. 75	1810. 20	6. 12
600918. SH	中泰证券	1466. 13	1745. 10	19. 03
000783. SZ	长江证券	1093. 43	1344. 10	22. 92
601901. SH	方正证券	1365. 95	1232. 56	-9. 77
300059. SZ	东方财富	618. 31	1103. 29	78. 43
601555. SH	东吴证券	962. 35	1054. 75	9. 60
601108. SH	财通证券	649. 92	966. 59	48. 72
601878. SH	浙商证券	674. 04	910. 90	35. 14
000728. SZ	国元证券	831. 69	905. 57	8. 88
601198. SH	东兴证券	775. 44	863. 75	11. 39
601162. SH	天风证券	599. 20	814. 05	35. 86
600369. SH	西南证券	658. 51	791. 88	20. 25
002926. SZ	华西证券	678. 27	772. 29	13. 86
000750. SZ	国海证券	663. 08	725. 54	9. 42
002939. SZ	长城证券	590. 96	722. 13	22. 20
000686. SZ	东北证券	682. 18	686. 86	0. 69
600109. SH	国金证券	501. 51	676. 30	34. 85
002673. SZ	西部证券	485. 99	638. 63	31. 41
002500. SZ	山西证券	556. 96	624. 52	12. 13
600909. SH	华安证券	509. 63	586. 13	15. 01
601696. SH	中银证券	483. 12	539. 60	11. 69
601375. SH	中原证券	435. 70	523. 77	20. 21
601456. SH	国联证券	284. 19	462. 20	62. 64
601990. SH	南京证券	360. 59	445. 70	23. 60
002797. SZ	第一创业	355. 74	406. 36	14. 23
601236. SH	红塔证券	454. 61	383. 18	-15. 71
002945. SZ	华林证券	165. 10	247. 96	50. 19
601099. SH	太平洋证券	307. 28	226. 59	-26. 26

资料来源：Wind、山东省亚太资本市场研究院。

从总资产收益率（ROA）来看，2020年，有27家上市证券公司的总资产收益率与2019年相比出现增长，数量占全部上市证券公司的比重为65.85%。2020年东方财富（300059.SZ）总资产收益率达到4.33%，比2019年增长1.37个百分点（见表7）。该证券公司持续加强研发科技投入，充分利用大数据、人工智能等技术，进一步满足用户需求，增强用户体验和黏性，积极探索互联网资产管理业务，进一步提升整体服务能力和水平，为公司可持续健康快速发展夯实了基础。

表7　上市证券公司总资产收益率（ROA）变化（2019～2020年）

单位：%，个

股票代码	股票简称	2019年	2020年	增加百分点
300059. SZ	东方财富	2.96	4.33	1.37
601236. SH	红塔证券	1.86	3.79	1.92
002945. SZ	华林证券	2.67	3.28	0.60
600109. SH	国金证券	2.59	2.77	0.18
601066. SH	中信建投	1.94	2.57	0.63
601377. SH	兴业证券	1.12	2.53	1.41
002926. SZ	华西证券	2.11	2.46	0.35
601108. SH	财通证券	2.89	2.37	-0.52
000776. SZ	广发证券	2.06	2.35	0.30
002736. SZ	国信证券	2.19	2.19	0.00
002797. SZ	第一创业	1.64	2.16	0.52
600909. SH	华安证券	2.38	2.16	-0.22
000686. SZ	东北证券	1.53	2.14	0.61
002939. SZ	长城证券	1.72	2.12	0.40
600999. SH	招商证券	1.92	1.90	-0.01
601990. SH	南京证券	1.98	1.83	-0.15
601878. SH	浙商证券	1.44	1.79	0.35
601198. SH	东兴证券	1.58	1.78	0.21
002673. SZ	西部证券	1.27	1.77	0.50
600837. SH	海通证券	1.66	1.73	0.08
601211. SH	国泰君安	1.62	1.67	0.05
601881. SH	中国银河	1.66	1.64	-0.02
601696. SH	中银证券	1.66	1.64	-0.02

续表

股票代码	股票简称	2019 年	2020 年	增加百分点
601555. SH	东吴证券	1. 02	1. 62	0. 61
000166. SZ	申万宏源	1. 49	1. 60	0. 11
000783. SZ	长江证券	1. 45	1. 55	0. 10
601688. SH	华泰证券	1. 61	1. 52	-0. 09
000728. SZ	国元证券	1. 10	1. 51	0. 41
600918. SH	中泰证券	1. 56	1. 48	-0. 09
600030. SH	中信证券	1. 60	1. 47	-0. 12
601995. SH	中金公司	1. 23	1. 39	0. 16
600369. SH	西南证券	1. 46	1. 34	-0. 13
601456. SH	国联证券	1. 83	1. 27	-0. 56
002500. SZ	山西证券	0. 93	1. 22	0. 29
000750. SZ	国海证券	0. 82	1. 12	0. 30
601788. SH	光大证券	0. 34	1. 08	0. 74
601901. SH	方正证券	0. 72	0. 97	0. 25
600958. SH	东方证券	0. 94	0. 93	-0. 01
601162. SH	天风证券	0. 70	0. 85	0. 14
601375. SH	中原证券	0. 17	0. 19	0. 02
601099. SH	太平洋证券	1. 54	-3. 34	-4. 88

资料来源：Wind、山东省亚太资本市场研究院。

（五）净资产

根据 Wind 数据合并财务报表，截至 2020 年末，上市证券公司的净资产合计 19532. 55 亿元，比 2019 年增长 15. 29%，占全部证券公司累计净资产的比重为 77. 35%。平均每家上市证券公司净资产为 476. 40 亿元。2020 年中信证券（600030. SH）、海通证券（600837. SH）、国泰君安（601211. SH）、华泰证券（601688. SH）、招商证券（600999. SH）、广发证券（000776. SZ）6 家上市证券公司的净资产超过千亿元。太平洋证券（601099. SH）、华林证券（002945. SZ）2 家上市证券公司的净资产不足百亿元，分别为 96. 58 亿元、60. 20 亿元（见表 8）。

表 8　上市证券公司净资产变化（2019～2020 年）

单位：亿元，%

股票代码	股票简称	2019 年	2020 年	增幅
600030. SH	中信证券	1654. 5	1858. 83	12. 35
600837. SH	海通证券	1411. 19	1681. 26	19. 14
601211. SH	国泰君安	1460. 94	1462. 38	0. 1
601688. SH	华泰证券	1256. 55	1323. 12	5. 3
600999. SH	招商证券	851. 28	1058. 25	24. 31
000776. SZ	广发证券	941. 37	1022. 74	8. 64
000166. SZ	申万宏源	848. 31	900. 91	6. 2
601881. SH	中国银河	719. 22	820. 08	14. 02
002736. SZ	国信证券	562. 55	809. 24	43. 85
601995. SH	中金公司	485. 32	718. 15	47. 98
601066. SH	中信建投	568. 95	680. 71	19. 64
600958. SH	东方证券	540. 12	602. 31	11. 52
601788. SH	光大证券	490. 19	531. 95	8. 52
601377. SH	兴业证券	370. 44	408. 35	10. 24
601901. SH	方正证券	394. 8	403. 57	2. 22
600918. SH	中泰证券	350. 07	344. 3	-1. 65
300059. SZ	东方财富	212. 12	331. 56	56. 31
000728. SZ	国元证券	248. 46	308. 72	24. 25
000783. SZ	长江证券	281. 52	292. 53	3. 91
601555. SH	东吴证券	212. 56	282. 1	32. 72
002673. SZ	西部证券	177. 37	261. 08	47. 2
600369. SH	西南证券	195. 58	250. 79	28. 23
601108. SH	财通证券	213. 48	234. 57	9. 88
600109. SH	国金证券	207. 88	225. 4	8. 43
601162. SH	天风证券	175. 07	222. 43	27. 05
002926. SZ	华西证券	196. 94	213. 67	8. 5
601198. SH	东兴证券	203. 29	211. 85	4. 21
601878. SH	浙商证券	148. 56	193. 49	30. 25
000750. SZ	国海证券	145. 11	190. 35	31. 18
002939. SZ	长城证券	173. 52	185. 27	6. 77
002500. SZ	山西证券	132. 16	174. 51	32. 05
000686. SZ	东北证券	161. 5	174. 13	7. 82
601990. SH	南京证券	112. 05	159. 04	41. 94

续表

股票代码	股票简称	2019 年	2020 年	增幅
601696. SH	中银证券	127. 38	150. 06	17. 81
600909. SH	华安证券	136. 38	148. 83	9. 13
601236. SH	红塔证券	136. 2	147. 03	7. 96
002797. SZ	第一创业	95. 14	144. 35	51. 72
601375. SH	中原证券	104. 98	141. 86	35. 14
601456. SH	国联证券	80. 67	105. 94	31. 32
601099. SH	太平洋证券	104. 43	96. 58	-7. 52
002945. SZ	华林证券	53. 38	60. 20	12. 78

资料来源：Wind、山东省亚太资本市场研究院。

从净资产收益率（ROE）来看，2020 年，东方财富（300059. SZ）、中信建投（601066. SH）、华林证券（002945. SZ）、兴业证券（601377. SH）、广发证券（000776. SZ）、中金公司（601995. SH）6 家上市证券公司的净资产收益率超过 10%。东方财富（300059. SZ）总资产收益率和净资产收率在上市证券公司中均排名第 1（见表 9）。

表 9　上市证券公司净资产收益率（ROE）变化（2019 ~ 2020 年）

单位：%，个

股票代码	股票简称	2019 年	2020 年	增加百分点
300059. SZ	东方财富	8. 63	14. 41	5. 78
601066. SH	中信建投	9. 72	14. 01	4. 29
002945. SZ	华林证券	8. 27	13. 50	5. 23
601377. SH	兴业证券	5. 17	11. 23	6. 05
000776. SZ	广发证券	8. 62	10. 53	1. 92
601995. SH	中金公司	8. 75	10. 11	1. 36
601236. SH	红塔证券	6. 22	9. 87	3. 65
601108. SH	财通证券	8. 79	9. 77	0. 98
600999. SH	招商证券	8. 59	8. 98	0. 39
601881. SH	中国银河	7. 30	8. 92	1. 62
002926. SZ	华西证券	7. 27	8. 90	1. 63
000166. SZ	申万宏源	6. 84	8. 74	1. 90
600909. SH	华安证券	8. 90	8. 50	-0. 40

续表

股票代码	股票简称	2019 年	2020 年	增加百分点
000686. SZ	东北证券	6. 46	8. 43	1. 97
601878. SH	浙商证券	6. 51	8. 41	1. 90
600030. SH	中信证券	7. 64	8. 35	0. 70
600109. SH	国金证券	6. 24	8. 31	2. 07
002939. SZ	长城证券	5. 85	8. 26	2. 41
601688. SH	华泰证券	7. 21	8. 22	1. 01
002736. SZ	国信证券	8. 73	8. 18	-0. 56
601211. SH	国泰君安	6. 20	8. 03	1. 83
600918. SH	中泰证券	6. 55	7. 50	0. 94
601198. SH	东兴证券	6. 01	7. 27	1. 26
600837. SH	海通证券	7. 47	7. 16	-0. 31
000783. SZ	长江证券	5. 62	7. 13	1. 51
002797. SZ	第一创业	6. 13	6. 09	-0. 04
601555. SH	东吴证券	4. 61	6. 07	1. 47
601696. SH	中银证券	6. 28	5. 90	-0. 38
601456. SH	国联证券	6. 46	5. 55	-0. 91
601990. SH	南京证券	6. 38	5. 12	-1. 26
601788. SH	光大证券	1. 42	4. 64	3. 22
600958. SH	东方证券	4. 59	4. 52	-0. 07
000728. SZ	国元证券	3. 68	4. 44	0. 76
002500. SZ	山西证券	3. 93	4. 37	0. 43
002673. SZ	西部证券	3. 47	4. 34	0. 86
000750. SZ	国海证券	3. 75	4. 25	0. 50
600369. SH	西南证券	4. 93	4. 22	-0. 71
601162. SH	天风证券	2. 40	3. 09	0. 69
601901. SH	方正证券	2. 49	2. 97	0. 48
601375. SH	中原证券	0. 72	0. 72	0. 00
601099. SH	太平洋证券	4. 54	-7. 82	-12. 36

资料来源：Wind、山东省亚太资本市场研究院。

四　上市证券公司市场影响力分析

（一）上市证券公司行业比较

1. 营业收入比较

根据 Wind 数据，截至 2020 年末，上市证券公司实现营业收入为 5219. 52

亿元，占全部证券公司营业收入的比重为 76.93%。2020 年，中信证券（600030.SH）、海通证券（600837.SH）、国泰君安（601211.SH）、华泰证券（601688.SH）、申万宏源（000166.SZ）、广发证券（000776.SZ）6 家证券公司的营业收入占 41 家上市证券公司累计营业收入的比重均超过 5%。6 家上市证券公司累计实现营业收入 2178.1 亿元，占全部上市证券公司累计实现营业收入的比重为 41.73%。从上市证券公司占全部上市证券公司累计营业收入的比重变化情况来看，有 18 家上市证券公司占比上升，数量占全部上市公司数量的比重为 43.90%，中信建投（601066.SH）营业收入由 2019 年的 136.93 亿元，提升至 233.51 亿元，2020 年该公司营业收入占全部上市证券公司的比重比 2019 年提高 1.13 个百分点，提升幅度最大。另外，海通证券（600837.SH）2020 年营业收入占全部上市证券公司累计营业收入的比重为 7.32%，比 2019 年的占比下降 1.08 个百分点，下降幅度最大（见表 10）。

表 10　上市证券公司营业收入占比变动情况（2019～2020 年）

单位：%，个

股票代码	股票简称	2020 年	2019 年	增加百分点
600030.SH	中信证券	10.42	10.53	-0.11
600837.SH	海通证券	7.32	8.4	-1.08
601211.SH	国泰君安	6.74	7.31	-0.56
601688.SH	华泰证券	6.02	6.07	-0.04
000166.SZ	申万宏源	5.63	6	-0.37
000776.SZ	广发证券	5.59	5.57	0.02
600999.SH	招商证券	4.65	4.57	0.09
601881.SH	中国银河	4.55	4.16	0.39
601995.SH	中金公司	4.53	3.84	0.69
601066.SH	中信建投	4.47	3.34	1.13
600958.SH	东方证券	4.43	4.65	-0.22
002736.SZ	国信证券	3.6	3.44	0.16
601377.SH	兴业证券	3.37	3.48	-0.11
601788.SH	光大证券	3.04	2.45	0.59
601878.SH	浙商证券	2.04	1.38	0.66

续表

股票代码	股票简称	2020 年	2019 年	增加百分点
600918. SH	中泰证券	1. 98	2. 37	-0. 39
000783. SZ	长江证券	1. 49	1. 72	-0. 22
601901. SH	方正证券	1. 44	1. 61	-0. 16
601555. SH	东吴证券	1. 41	1. 25	0. 16
002939. SZ	长城证券	1. 32	0. 95	0. 36
000686. SZ	东北证券	1. 27	1. 94	-0. 68
601108. SH	财通证券	1. 25	1. 21	0. 04
600109. SH	国金证券	1. 16	1. 06	0. 1
601198. SH	东兴证券	1. 09	0. 97	0. 12
601236. SH	红塔证券	1. 07	0. 5	0. 57
002673. SZ	西部证券	0. 99	0. 9	0. 1
002926. SZ	华西证券	0. 9	0. 96	-0. 06
000728. SZ	国元证券	0. 87	0. 78	0. 09
000750. SZ	国海证券	0. 86	0. 87	-0. 01
601162. SH	天风证券	0. 84	0. 94	-0. 1
600909. SH	华安证券	0. 64	0. 79	-0. 15
002500. SZ	山西证券	0. 64	1. 25	-0. 6
300059. SZ	东方财富	0. 62	0. 36	0. 26
601696. SH	中银证券	0. 62	0. 71	-0. 09
600369. SH	西南证券	0. 61	0. 85	-0. 24
002797. SZ	第一创业	0. 6	0. 63	-0. 03
601375. SH	中原证券	0. 59	0. 58	0. 02
601990. SH	南京证券	0. 45	0. 54	-0. 08
601456. SH	国联证券	0. 36	0. 4	-0. 04
002945. SZ	华林证券	0. 29	0. 25	0. 04
601099. SH	太平洋证券	0. 22	0. 43	-0. 21

资料来源：Wind、山东省亚太资本市场研究院。

2. 净利润占比比较

2020 年中信证券（600030. SH）、海通证券（600837. SH）、华泰证券（601688. SH）等 7 家上市证券公司净利润占上市证券公司累计净利润的比重超过 5%。7 家上市证券公司累计实现净利润 799. 73 亿元，占全部上市证券公司累计净利润的比重为 51. 51%。从上市证券公司占全部上市证券公司累计净利润的比重变化情况来看，2020 年有 21 家上市证券公司占全部上市证券公司累计净利润的比重出现上升，其中海通证券（600837. SH）净利润占全部上市证券公司累计净利润的比重为9. 27%，比2019 年提高1. 52 个百分点，占比提升幅度最大。兴业证券（601377. SH）、中信建投(601066. SH)、东方财富（300059. SZ）3 家上市证券公司 2020 年实现的净利润占全部上市证券公司累计净利润的比重与2019 年相比均下滑超过 1 个百分点，分别下滑 1. 27 个、1. 28 个、1. 47 个百分点（见表 11）。

表 11　上市证券公司净利润占比变动情况（2019 ~ 2020 年）

单位：%，个

股票代码	股票简称	2020 年	2019 年	增加百分点
600030. SH	中信证券	11. 12	9. 99	1. 13
600837. SH	海通证券	9. 27	7. 75	1. 52
601688. SH	华泰证券	7. 96	7. 00	0. 96
601211. SH	国泰君安	7. 96	7. 56	0. 40
000776. SZ	广发证券	7. 13	6. 94	0. 19
600999. SH	招商证券	6. 43	6. 12	0. 31
000166. SZ	申万宏源	5. 10	5. 07	0. 03
601066. SH	中信建投	4. 86	6. 14	-1. 28
601881. SH	中国银河	4. 62	4. 71	-0. 09
002736. SZ	国信证券	4. 32	4. 26	0. 06
601995. SH	中金公司	3. 74	4. 68	-0. 94
600958. SH	东方证券	2. 18	1. 75	0. 43
600918. SH	中泰证券	2. 02	1. 66	0. 35
601377. SH	兴业证券	1. 68	2. 95	-1. 27
601108. SH	财通证券	1. 65	1. 48	0. 17
300059. SZ	东方财富	1. 61	3. 08	-1. 47
000783. SZ	长江证券	1. 39	1. 34	0. 05
002926. SZ	华西证券	1. 26	1. 22	0. 03
600109. SH	国金证券	1. 14	1. 21	-0. 07
601198. SH	东兴证券	1. 07	0. 99	0. 08
600909. SH	华安证券	1. 07	0. 82	0. 25

续表

股票代码	股票简称	2020年	2019年	增加百分点
000686.SZ	东北证券	0.92	0.95	-0.03
002939.SZ	长城证券	0.89	0.99	-0.09
601901.SH	方正证券	0.86	0.77	0.09
601555.SH	东吴证券	0.86	1.10	-0.24
601878.SH	浙商证券	0.85	1.05	-0.20
600369.SH	西南证券	0.85	0.68	0.17
000728.SZ	国元证券	0.80	0.88	-0.08
601236.SH	红塔证券	0.75	0.93	-0.19
601696.SH	中银证券	0.70	0.57	0.13
601990.SH	南京证券	0.63	0.52	0.10
601788.SH	光大证券	0.61	1.59	-0.98
002673.SZ	西部证券	0.54	0.73	-0.19
002797.SZ	第一创业	0.51	0.57	-0.05
000750.SZ	国海证券	0.48	0.52	-0.04
601456.SH	国联证券	0.46	0.38	0.08
002500.SZ	山西证券	0.46	0.49	-0.03
601099.SH	太平洋证券	0.42	-0.49	0.90
002945.SZ	华林证券	0.39	0.52	-0.14
601162.SH	天风证券	0.37	0.44	-0.07

资料来源：Wind、山东省亚太资本市场研究院。

（二）上市证券公司与其他金融类上市公司比较

截至2020年末，沪深证券交易所累计有116家金融类上市公司，其中银行业37家、证券业41家、保险业7家、多元金融业31家。116家金融类上市公司市值为16.89万亿元，占沪深4145家上市公司累计总市值的比重达到20%。

1. 市值比较

截至2020年末，从各金融类上市公司的市值来看，银行业上市公司的总市值、多元金融业上市公司的总市值均出现了下滑的情况，保险业上市公司的总市值比2019年末增长0.28%，基本与2019年末持平。证券业上市公司的总市值增长了31.82%，增幅最大。具体来看，截至2020年末，银行业上市公司的总市值为96436.49亿元，平均市值为2606.40亿元/家。保险业上市公司的总市值为32067.19亿元，平均市值为4581.03亿元/家。多元金融业上市公司的总市值为4014.11亿元，平均市值为129.49亿元/家。上市证券公司的总市值为36411.74亿元，平均市值为888.09亿元/家。上市证券公司平均市值相当于上市银行平均市值的34.07%，相当于上市保险公司平均市值的19.39%，在整个金融行业中市值规模偏小（见表12）。

表12　金融类上市公司总市值变化情况（2012~2020年）

单位：亿元，%

年份	银行业	增幅	证券业	增幅	保险业	增幅	多元金融业	增幅
2012	63088.07	10.59	7573.11	38.87	12768.82	24.44	1079.11	32.55
2013	57790.34	-8.40	7586.78	0.18	10860.95	-14.94	1341.31	24.30
2014	81838.28	41.61	20424.22	169.21	19461.16	79.18	2311.71	72.35
2015	77072.65	-5.82	24679.59	20.83	18223.77	-6.36	3919.73	69.56
2016	81191.09	5.34	22156.62	-10.22	16978.92	-6.83	3754.77	-4.21
2017	95903.35	18.12	21511.08	-2.91	26565.95	56.46	5000.11	33.17
2018	87505.48	-8.76	17773.08	-17.38	22027.10	-17.09	3578.15	-28.44
2019	107747.31	23.13	27621.79	55.41	31977.28	45.17	4572.01	27.78
2020	96436.49	-10.50	36411.74	31.82	32067.19	0.28	4014.11	-12.20

资料来源：Wind、山东省亚太资本市场研究院。

2. 营业收入比较

2012~2020年银行业上市公司累计营业收入、保险业上市公司累计营业收入呈现逐年增长趋势；除2020年外，多元金融业上市公司累计营业收入也呈现逐年增长趋势；其间，证券业上市公司累计营业收入波动较大。2020年41家证券业上市公司实现营业收入5219.52亿元，37家银行业上市公司实现营业收入53315.08亿元，7家保险业上市公司实现营业收入33179.82亿元。从总量上来看，证券业上市公司累计实现的营业收入占银行业上市公司累计实现营业收入的比重为9.79%；证券业上市公司累计实现的营业收入占保险业上市公司累计实现营业收入的比重为15.73%。另外，2020 年银行业上市公司的平均营业收入为 1440.95 亿元/家；保险业上市公司平均营业收入为 4739.97 亿元/家；证券业上市公司平均营业收入为 127.31 亿元/家，占银行业上市公司平均营业收入的比重为 8.84%，占保险上市公司平均营业收入的比重为 2.69%（见表 13）。

表 13　金融类上市公司营业收入变化（2012～2020 年）

单位：亿元，%

年份	银行业	增幅	证券业	增幅	保险业	增幅	多元金融业	增幅
2012	28369.45	16.49	1332.36	-7.77	12412.54	10.26	359.04	3.64
2013	31897.74	12.44	1668.98	25.26	14027.43	13.01	442.98	23.38
2014	36696.22	15.04	2781.58	66.66	16211.06	15.57	470.91	6.31
2015	40251.54	9.69	6116.84	119.91	19603.18	20.92	552.79	17.39
2016	40663.65	1.02	3684.3	-39.77	21676.83	10.58	876.02	58.47
2017	42104.21	3.54	3764.5	2.18	25798.11	19.01	1073.32	22.52
2018	45817.27	8.82	3289.34	-12.62	26864.28	4.13	1121.5	4.49
2019	50495.31	10.21	4716.61	43.39	30946.66	15.2	1138.57	1.52
2020	53315.08	5.58	5219.52	10.66	33179.82	7.22	1033.4	-9.24

资料来源：Wind、山东省亚太资本市场研究院。

3. 净利润比较

2012～2020 年银行业上市公司累计净利润呈逐年增长趋势，证券业上市公司累计净利润、保险业上市公司累计净利润、多元金融业上市公司累计净利润均出现了不同程度的波动。2020 年 41 家证券业上市公司累计实现净利润 1552.67 亿元，37 家银行业上市公司累计实现净利润 17106.51 亿元，7 家保险业上市公司累计实现净利润 2392.69 亿元。从总量上来看，证券业上市公司累计实现的净利润占银行业上市公司累计实现净利润的比重为 9.08%；证券业上市公司累计实现的净利润占保险业上市公司累计实现净利润的比重为 64.89%。另外，2020 年银行业上市公司平均净利润为 462.34 亿元/家；保险业上市公司平均净利润为 341.81 亿元/家；证券业上市公司平均净利润为 37.87 亿元/家，占银行业上市公司平均净利润的比重为 8.19%，占保险业上市公司平均净利润的比重为 11.08%（见表 14）。

表 14　金融类上市公司净利润变化（2012～2020 年）

单位：亿元，%

年份	银行业	增幅	证券业	增幅	保险业	增幅	多元金融业	增幅
2012	11090.85	17.86	294.48	-24.41	566.23	-5.73	59.81	38.86
2013	12507.04	12.77	392.96	33.44	871.4	53.89	86.16	44.05
2014	13497.21	7.92	820.1	108.7	1168.73	34.12	100.54	16.68
2015	13827.99	2.45	2068.57	152.23	1548.75	32.52	124.3	23.64
2016	14285.75	3.31	1084.55	-47.57	1334.23	-13.85	302.13	143.06
2017	15001.94	5.01	1050.08	-3.18	1819.89	36.4	348.32	15.29
2018	15828.37	5.51	635.65	-39.47	1810.62	-0.51	292.06	-16.15
2019	16988.6	7.33	1075.34	69.17	2981.1	64.64	297.91	2
2020	17106.51	0.69	1552.67	44.39	2392.69	-19.74	158.02	-46.96

资料来源：Wind、山东省亚太资本市场研究院。

参考文献

[1] 中航证券：《2020 年年报及 2021 年一季报总结：政策红利推动业绩提升，强者恒强错位竞争》，2021 年 5 月 26 日。

[2] 中银证券：《证券行业 2020 年年报及 2021 年一季报综述：业绩维持可观增势，业务转型进展加速》2021 年 5 月 10 日。

[3] 蔡恒培：《我国证券类上市公司并购中的财务风险管理研究》，财政部财政科学研究所硕士学位论文，2015。

[4] 吕晓蕾：《我国证券监管模式的实践矛盾与改革——以上市公司收购资金来源的实证分析与监管为研究路径》，《上海商学院学报》2017 年第 6 期。

[5] 宣承耀：《基于因子分析法的内地上市券商竞争力综合评价研究》，安徽大学硕士学位论文，2015。

[6] 刘强：《基于主成分分析的上市证券公司竞争力研究》，《经济研究导刊》2011 年第 28 期。

[7] 邓泽源：《我国上市证券公司竞争力研究》，广西大学硕士学位论文，2015。

[8] 侯文蕾：《我国上市证券公司财务风险控制研究》，财政部财政科学研究所硕士学位论文，2015。

[9] 王建国、牛楠、刘佳鑫：《我国券商产业竞争力——基于上市证券公司的实证研究》，《武汉金融》2014 年第 7 期。

[10] Gambacorta, L., Scatigna, M., Yang, J., "Diversification and Bank Profitability: A Nonlinear Approach", *Applied Economics Letters*, 2014, 21 (6).

B.7

中国证券公司并购研究（2021）

王大雷　常欣悦*

摘　要： 并购重组可以优化证券行业市场结构，使证券公司能够更有效地进行资源配置。从我国证券市场发展历程来看，证券业的并购经历了三次浪潮。目前，证券业正处于第三次并购浪潮中，并购目的主要是通过业务上的互补、区域整合或海外并购等手段来提升市场竞争力。从近年来证券公司发展来看，行业并购存在一定的问题，集中在财务风险和并购过程中的整合上，包括财务整合、人力资源整合、企业文化整合等。与美国证券行业对比发现，我国证券公司在业务结构上依然需要通过并购整合进行调整，头部券商之间的整合利于我国打造航母型证券公司，证券公司应该根据自身优势确定市场定位，提供差异化服务，实现差异化竞争优势。随着我国金融对外开放提速，证券公司的外资股比限制已经被取消，外资加快在中国资本市场布局，从政策上看，监管部门鼓励我国证券公司在资本实力、管理水平、信息技术等方面实现快速发展，鼓励强强联合打造国际一流投资银行。

关键词： 证券公司并购　美国证券公司　财务风险

* 王大雷，山东省亚太资本市场研究院高级研究员，研究领域为市值管理、普惠金融；常欣悦，天津商业大学产业经济学硕士研究生，研究领域为反垄断与企业并购。

证券公司是资本市场的重要组成部分，虽然我国证券市场发展历史尚短，但是从海外发达国家证券业的发展情况来看，当资本市场发展到一定的阶段，并购重组是证券公司进行规模扩张最有效的实现方式。并购重组在一定程度上可以优化证券业的产业结构、提高行业集中度，使证券公司能够更有效地进行资源配置，从而提高市场竞争力，因此并购整合是证券公司走向更加成熟稳定发展的必然趋势。

本报告梳理了我国证券市场发展过程中出现的四次并购浪潮，这四次并购浪潮主要由政府主导，并简要分析了我国证券公司并购的动因，以及在我国证券市场发展过程中大型证券公司的并购整合路径和并购模式。从我国证券公司并购的发展历程和并购案例的分析可以看出，在早期并购中，政策的引导与鼓励是企业进行并购组合的主要原因，而近些年基于自身业务发展壮大的市场化并购是证券公司并购的主要动力。与此同时，证券公司并购也存在一些问题，主要集中在财务风险和并购整合风险方面，包括财务整合、人力资源整合、企业文化整合等，本报告提供了相应的解决措施。此外，我国证券公司的并购正在向市场化并购转型，必然会面临着很多困难和挑战，海外发达国家证券公司的并购可以为我国证券公司的并购整合提供相关经验。通过对比美国证券业并购的发展历程、美国头部证券公司及中小型证券公司的并购经验等，我们可以看出证券公司在业务结构上需要通过并购整合进行调整。2019 年，中国证监会提出“积极推动打造航母级头部证券公司”，相关机构对市场化的并购重组逐渐采取更加开放的态度，同时综合考虑到我国证券业存在业务调整、内部整合的需要，我国证券业将有望迎来新一轮的并购浪潮。

一　我国证券业的经典并购案例

我国证券业的发展过程可分为三个阶段：（1）1996～2001 年《中华人民共和国银行法》和《中华人民共和国证券法》的出台和实施要求银证分离，引起了大规模的行业内重组；（2）2004～2006 年金融业“行业综合治理”导致的行业重组；（3）“一参一控”政策引起的并购整合。第一次并购浪潮源于金融监管部门一系列法律的出台和“分业经营”的实施要求。第二次并购浪潮源于国内金融市场出现乱象，政府部门和国家政策性投资公司开始对证券公司的股权进行大规模、跨区域重组和安排，以挽救危机中的证券企业。例如：中央汇金公司先后注资支持中国银河（601881. SH）、申银万国和国泰君安（601211. SH）；中国建投则采用市场化方式对中投证券、中金公司（601995. SH）等6家证券公司进行重组。第三次并购浪潮发生在综合治理之后，为避免同一股东旗下的证券公司间的关联交易与同业竞争而实施了“一参一控”政策，其涉及20家左右的证券公司，其中申银万国、宏源证券之间的并购重组是我国证券史上最大规模并购案。2012年之后，证券行业市场化的呼声越来越高，证券业的并购开始向市场驱动转变，主要通过业务上的互补、区域整合或海外并购等手段来提升市场竞争力。一是业务互补。2016年中金公司（601995. SH）收购了其主要股东中央汇金公司手中的中投证券全部股权，交易价格为167亿元。在并购前，中金公司（601995. SH）与中投证券同属于中央汇金控股参股的证券公司，这次收购虽然仍具有政策背景，但又兼具市场化因素，双方的整合实现了业务结构上的互补，整合结束后的合并企业整体规模显著扩大，主要指标跃升至行业第一梯队，大幅提升了公司的综合竞争实力。二是区域整合。区域整合的典型案例是中信证券（600030. SH）收购广州证券，中信证券（600030. SH）通过并购，大幅增加了在广东地区的营业部数量，进而覆盖了中国内地31个省份的营业网点。同样，广州证券也借助中信证券（600030. SH）的区域上的优势，通过中信证券（600030. SH）的主要股东和华南地区的客户网络挖掘业务资源，广州证券进一步完善财富管理布局以提高自身实力。

（一）汇金系、建银系并购整合

1. 早期汇金系并购

成立于2003年12月的中央汇金公司，代表国家依法行使对国有商业银行等重点金融企业出资人的权利和义务。在三年综合治理期间，部分证券公司由于长期经营管理不善使风险激增，为了解决此类风险问题，国家政策性投资公司在其中扮演着重要的角色，主要以中央汇金公司、建银投资为主。2004 年前后，中央汇金公司因其具备国家级金融控股平台，同时拥有雄厚的资本实力，先后向中国银河（601881. SH）申银万国和国泰君安（601211. SH）进行注资支持。而建银投资为中央汇金公司的全资子公司，建银投资先后注资了西南证券（600369. SH）和齐鲁证券，并对中投证券、中金公司（601995. SH）等 6 家证券公司进行重组。经过一系列大刀阔斧的企业重组整改之后，最终中央汇金公司和建银投资共同控股和注资了 8 家证券公司，合计参股控股了 10 家证券公司，占据中国证券业 1/3 的市场。

2008 年我国正式开始实施《证券公司监督管理条例》，其中第 26 条被称为“一参一控”的规定，要求“两个以上的证券公司受同一单位、个人控制或者相互之间存在控制关系的，不得经营相同的证券业务”。面对中央汇金公司和建银投资的复杂情况，中国证监会允许其有五年的过渡期来满足“一参一控”的要求。正是在这五年过渡期，我国证券业格局发生了巨大的变化。

建银投资在 2008 年将持有的 41.03% 的西南证券（600369. SH）股权转让给了重庆渝富，最终以 9.9% 的持股成为西南证券（600369. SH）的第二股东；2010 年又将中金公司（601995. SH）43.35% 的股权划拨给中投公司，随后陆续将其持有的中泰证券（600918. SH）、中信建投（601066. SH）、瑞银证券等股权全部转让给了中央汇金公司，最终只保留了宏源证券和西南证券（600369. SH）两家公司，从而满足了“一参一控”的要求。划拨完成之后，中央汇金公司所持证券公司股权将由 3 家（中国银河、申银万国和国泰君安）扩大为 8 家，中央汇金公司和建银投资具体控股参股情况见表 1、表 2。

表 1　中央汇金公司控股参股证券公司一览

单位：%

序号	企业名称	主营业务	与中央汇金公司关系	中央汇金公司持股比例
1	中国建投	投资业务	控股	100

续表

序号	企业名称	主营业务	与中央汇金公司关系	中央汇金公司持股比例
2	中国银河	金融投资业务	控股	78.57
3	申银万国	证券业务	控股	37.23
4	国泰君安	证券业务	持股	21.28

资料来源：中央汇金投资有限责任公司网站、山东省亚太资本市场研究院。

表 2　建银投资控股参股证券公司一览

单位：%

序号	企业名称	与建银投资的关系	建银投资的持股比例
1	中投证券[1]	控股	100
2	宏源证券[2]	控股	66.05
3	中金公司[3]	控股	43.35
4	中信建投[4]	参股	40
5	瑞银证券[5]	参股	14
6	西南证券[6]	参股	8.63
7	齐鲁证券[7]	参股	7.67

注 1：中投证券 2008 年度审计报告；注 2：宏源证券 2009 年度审计报告；注 3：中金公司 2008 年度审计报告；注 4：中信建投 2008 年度审计报告；注 5：瑞银证券 2008 年度审计报告；注 6：西南证券 2009 年度审计报告；注 7：齐鲁证券 2008 年度审计报告。

资料来源：各证券公司年年度审计报告、第一财经日报、山东省亚太资本市场研究院。

建银投资整改后，中央汇金公司在“一参一控”的道路上更加后退了一步。2011 年，中央汇金公司将其持有的申银万国股份和国泰君安股份与上海国际集团持有的国泰君安股份和申银万国股份进行了置换，使中央汇金和上海国际集团分别成为申万宏源（000166. SZ）和国泰君安（601211. SH）的最大股东。随后中央汇金公司又出售了中型证券公司齐鲁证券和瑞银证券。但直到整合的最后期限 2013 年 5 月 31 日，汇金系仍是宏源证券、申银万国、中国银河（601881. SH）、中投证券和中金公司（601995. SH）这几家公司的绝对股东，因此合并或出售已成为必然出路。

2. 申银万国吸收并购宏源证券

2014 年，申银万国、宏源证券之间并购不同于之前完全由政府指导的并购重组，在这次并购中，它们更倾向于借助资本市场的平台，而政府的作用相对弱化。此次并购的总资产交易规模达千亿元，是截至目前我国证券行业中最有代表性的并购案例之一。申银万国并购宏源证券，从根本上讲是大股东为了解决“一参一控”问题而对旗下证券公司进行的整合。2013 年汇金系控股情况如图 1 所示。

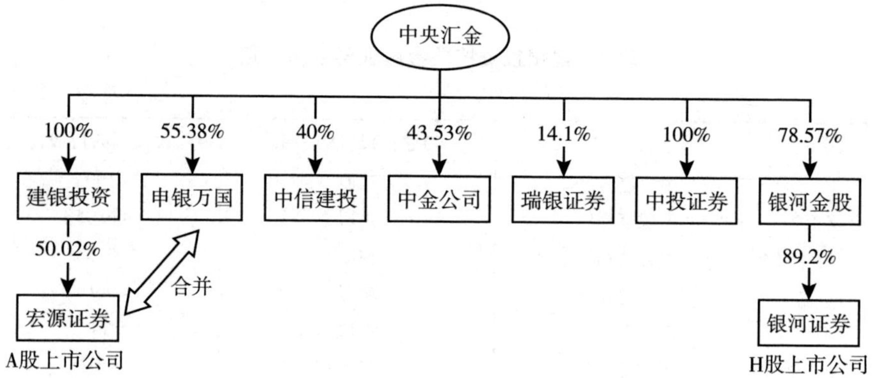

图 1　2013 年汇金系控股情况

资料来源：凤凰网、山东省亚太资本市场研究院。

申银万国一直处于证券行业的第一梯队，是我国资质较深、综合实力较强的股份制证券公司，但是因为未能满足“一参一控”的要求而迟迟不能上市。这一结果不仅导致了投资银行业务出现下滑，原本占优势的传统经纪业务面临被超越的危险，申银万国迫切需要上市来重振业务。而宏源证券是我国第一家上市的大型综合类、全国范围的证券公司，在全国共拥有 139 家证券营业部。2013 年前后其收入结构发生了较大的变化，2011 年其债券业务为 58. 42%，到了 2013 年上升至 82. 55%，债券承销净收入为公司的主要营业收入之一。宏源证券存在的问题是其收入构成比较简单，企业的赢利方式亟须完善，并且需要加快创新业务的发展来平衡收入的构成结构。

对于申银万国与宏源证券的并购，并购方申银万国的优势在于传统经纪业务和强大的投资研发团队，而宏源证券的优势在于投行业务和固定收益业务，因此两者的并购在业务上起到协同作用。同时在营业网点的布局上，申银万国拥有的168家证券营业部主要集中在东部和中部地区，而宏源证券则在西部和新疆地区具有明显优势，共有139家证券营业部。双方的合并在区域整合上也起到了互补的作用。并购完成后，并购双方的各项业务指标都居于业内前列，资产规模与资本实力增加明显，公司业务的抗风险能力得到了加强，充分体现了规模效应。

（二）中信系证券公司并购整合

自2004年起，中信证券（600030. SH）通过一系列具有反周期性的兼并投资扩张模式走在证券行业发展前列。中信证券（600030. SH）1995年12月成立，1999年12月完成股改，后正式挂牌获得首批挂牌上市。表3展示了中信证券（600030. SH）的重要重组活动，上市后的4年间经由中信证券（600030. SH）紧紧抓住综合治理期的金融并购重组发展浪潮，先后成功收购了万通证券、金通证券、华夏证券，重组了万通华夏证券，不仅有效弥补了此前中信证券（600030. SH）日益匮乏的零售网络资源，而且再次实现了以低廉的成本快速扩张。从具体发展来看，中信证券（600030. SH）的战略扩张发展路径以沿海地区为发展核心，重点积极拓展浙江、山东、广东、上海、福建等多个地区生产总值排名靠前的中国区域金融市场，证券投资营业部公司数量从证券上市当年的40家迅速激增至2007年末的169家，经纪代理业务部在股基证券交易市场份额也在2006年末跃居证券行业第一。

表3　中信证券的重要并购活动

年份	兼并对象	所在地区	目的
2004	万通证券	山东	拓展山东、河南市场
2005	华夏证券	北京	拓展浙江、福建等东南沿海地区市场，增强经纪、投行业务竞争力
2006	金通证券	浙江	加强在浙江地区的经纪业务实力
2006	中信基金	广东	发展基金业务板块
2007	华夏基金	北京	拓展基金业务板块

续表

年份	兼并对象	所在地区	目的
2007	金牛期货	深圳	拓展期货业务板块
2012	里昂证券	香港	进军海外市场,实现全球化布局
2015	昆仑金融	香港	拓展外汇经纪业务板块
2019	广州证券	广东	提升在粤及华南地区的经纪业务实力

资料来源：中信证券公司公告、山东省亚太资本市场研究院。

2007 年中信证券（600030. SH）不断发展壮大，成为国内证券市场资本规模最大的证券公司，奠定中国证券市场龙头地位。适逢 2007 年中国证券市场也迎来了一次历史性的牛市行情，股市基金交易规模呈几何式快速增长，其中 A 股成交额达到 45 万亿元，同比增长高达 412%。此时，战略投资布局已基本制定完成的中信证券（600030. SH）也同样迎来了当年业绩的大规模增长，2007 年经纪业务稳居行业第一，股基交易份额高达 8. 60%；股票承销金额市占率位列行业第二，达 20%。由于当时我国证券公司的业务结构以经纪业务和投行业务为核心，股基交易份额及股票承销市占率的大幅快速增长直接有力带动了公司整体运营能力的大幅提升。伴随几轮股权扩张，中信证券（600030. SH）总管理资产从当初的 118 亿元迅速跃升 16 倍多至 2007 年的 1897 亿元，净资产则从 55 亿元迅速跃升约 10 倍至 540 亿元，成为国内资本规模最大的证券公司。同时中信证券（600030. SH）成功研发和搭建了涵盖多数重点省份的大型金融业务客户资源管理服务网络，为中信公司后续的经纪、投行、资产管理托管、信用等多项金融业务链条的持续发展打下了坚实的基础。

2019 年 3 月中信证券（600030. SH）宣布重启发行逆周期二次收购，10 月 30 日，经中国证监会上市公司并购重组审核委员会 2019 年第 53 次工作会议审核，中信证券股份有限公司发行公司股份合并购买银行资产重组项目最终获无条件通过。此次股权交易，中信证券（600030. SH）向股东越秀金控集团及其旗下全资子公司越鹰金控有限公司购买了已剥离广州期货 99. 03% 的股份和金鹰基金 24. 01% 的股权后的广州证券股份有限公司全部股权，并同时指定了其全资旗下子公司股东中信证券股权投资基金持有标的企业公司 0.10% 的部分股权。交易作价 134.60 亿元，2020 年 1 月收购完成。

广州证券作为广东地区老牌大型证券公司，在广东省及其周边业务区域已经具备一定的市场品牌度和知名度，中信证券（600030.SH）通过收购广州证券，目的在于进一步开拓华南地区证券业务发展格局，与周边具有一定区域竞争优势的广州大型证券机构联手，增强其在华南地区甚至“粤港澳大湾区”的业务核心市场竞争力，并借由并购促进证券公司业务转型，进一步巩固其在中国证券公司行业中的龙头位置。收购交易工作顺利完成后，中信证券（600030.SH）通过充分利用广州证券拥有的营业网点优化业务布局并整合现有客户资源，极大提升其在经纪业务上的综合力和竞争力。根据 Wind 的统计数据分析统计结果，广州证券 2015 年、2016 年、2017 年、2018 年股票和基金的证券交易市场收益份额分别为 0.37%、0.39%、0.42%、0.45%，呈稳步快速增长态势。收购重组工作顺利完成后，中信证券（600030.SH）股基市场份额占比将超 6%，大幅缩小了其与华泰证券（601688.SH）和国泰君安（601211.SH）之间的基金市场竞争力和份额占比差距。

二　证券公司并购的动因分析

（一）政策引导与鼓励

2012 年前，我国证券业的并购在很大程度上受宏观政策的引导，国家和行业监管出台的相关政策和法律法规是早期三次并购浪潮发生的最主要的因素，无论是银行法、证券法的实施，还是综合治理、“一参一控”的政策。在并购模式上，我国证券业主要采用行政托管的形式。2012 年之后，政府的作用相对弱化，相关监管机构给予证券业更多的发展空间。如在 2012 年召开的证券公司创新发展研讨会上，中国证监会提出“最大限度放松证券业管制，鼓励证券公司开展业务创新”的监管理念，随后各大证券公司开始了一系列的创新战略安排，如企业开始加强在金融产品、业务模式、组织架构上的创新。同年，中国证监会还提出修改外资持股比例，从33%提高至49%，这在当时被视作国内证券行业加快对外开放的信号。金融业的开放是国内证券公司可以参与国际金融体系运作的必要前提，也是快速实现国际化的重要基础。

（二）扩大业务范围、业务互补

企业进行市场化并购的目的在于拓展公司业务范围，提高市场占有率，提升公司市场综合竞争力。与传统的股权融资相比，从申银万国和宏源证券的并购开始，并购双方开始借助资本市场的平台达到自身业务发展的目的。申银万国和宏源证券都属于我国第一梯度的证券公司，在资本规模上申银万国是宏源证券的1.5倍，但是在营业网点的布局和核心业务上，并购双方实现了互补。中信证券（600030. SH）公司通过一些逆周期性、低成本的收购，快速扩张到浙江、山东、广东、上海、福建等GDP能力排名靠前的地方和区域市场中去，补足零售经纪业务短板，并有效扩充资本规模，成就其行业龙头地位。华泰证券（601688. SH）的并购之路则更加侧重补足机构业务短板，通过收购整合在并购重组领域极具优势的联合证券实现投行业务的跨越式发展，并为“财富管理+机构业务”双轮驱动的战略奠定坚实的发展基础。机构业务、跨境服务及高端客户财富管理等业务为中金公司（601995. SH）的核心业务，而中投证券以零售、经纪等业务为主导。两家公司合并之后，有效提升了整体的资产规模，且其主要评价指标也上升至行业前茅，更重要的是帮助中金公司（601995. SH）进一步扩大了客户群体，实现了对大、中、小型企业及机构、个人客户的深度覆盖，使中金公司（601995. SH）的市场业务结构趋向均衡，公司的综合竞争实力进而也得到大幅提升。同时，整合后的经纪业务市占率相较整合前两家市占率之和略有提升，2016年整合前两家公司的投行业务市占率之和为4.05%，到2019年整合后企业的市占率上升至6.03%，因此可以看出整合并购使双方实现了“1+1>2”的协同效果。

（三）海外布局的拓展

1995 年中国成立了第一家合资证券公司中国国际金融有限公司，发展至今，国内证券公司积极通过海外并购积极拓展海外业务。中信证券（600030. SH）对里昂证券的成功收购，标志着中信证券（600030. SH）成为我国第一家完成海外布局的全球性证券公司。中信证券通过这次收购大大增强了自身的业务覆盖面，为日后日渐激烈的国际化竞争奠定了坚实的基础。随着沪港通业务的推出，国内证券市场迎来了收购香港证券公司的热潮，如国金证券（600109. SH）收购香港粤海证券，海通证券（600837. SH）收购大福证券等。近些年，美国头部证券公司纷纷寻求与数字化财富管理平台的整合。国内证券公司龙头华泰证券（601688. SH）也完成了对 TAMP（Turnkey Asset Management Platform，提供统包资产管理业务的平台）公司 Assetmark 的收购。Assetmark 是一个独立的全方位服务统包资产管理项目平台（TAMP），它所在的行业为智能投顾，依托云计算及大数据为基础的算法为顾客提供投资组合管理建议。华泰证券（601688. SH）通过对 Assetmark 的收购不仅能帮助其提升自身资产管理能力、实现资产管理业务转型，更重要的是它也成为华泰证券（601688. SH）海外布局的重要战略举措，能进一步满足国内客户海外资源配置的需求。

三　证券公司并购存在的问题及解决措施

（一）财务风险问题及其防范

企业并购的财务风险指的是在整个并购过程中，被并购方实施一系列并购决策，影响企业财务活动，导致企业经营情况或股东价值变化的不确定性。证券公司的财务风险主要来自四个方面：定价风险、融资风险、偿债风险和财务整合风险。并购前，由于存在信息不对称，并购企业对被并购方资产的估值存在一定的不确定性，估值价格并不能充分反映其潜在的风险；而在并购过程中，融资风险主要体现在证券企业的资本结构和债务流动性上，如果资产负债率较高，虽然财务杠杆作用的增强有利于提高赢利水平，但财务风险也会随之增大。

为了有效识别和防范证券行业并购中存在的财务风险问题，企业应当追溯问题的根源，并根据各财务风险的特征，有选择地采取措施加以防范。

针对定价风险，寻求规模扩张的证券公司首先要选择合适的并购对象，从并购对象的优势劣势、行业定位、资源整合、企业生命周期、并购后发展前景等进行多角度多维度的考虑。其次，并购前对被并购方进行充分的实地调查，以减少信息不对称造成的风险。在并购战略制定阶段，其需要对经济形势、经济周期、相关法律法规等有深入的了解；在并购启动阶段，应对目标企业进行详尽的审查和评估，深入并购对象及其利益相关者中了解企业的财务状况和经营情况；在并购实施阶段，并购对象可能会掩盖财务报表以获取超额收益，如何防止并购对象夸大自身价值是预防定价风险的关键。在此情形下：（1）采取期权支付，在期权并购中，后期款项的获得取决于并购对象在考核期间的考核指标水平，基数越低，后期款项支付的机会越大，金额越多，这种支付方式会降低并购对象掩盖财务报表的动机；（2）可与并购对象签订“并购支付价款保留条款”，保留条款可以有效规避潜在风险，如法律诉讼风险、法律赔付风险与仲裁风险等。最后，科学的估价方法也是规避风险的手段之一。常见的价值评估方法有现金流贴现法、资产价值基础法、可比公司分析法等，而在我国企业并购活动中应用最多的是资产价值基础法，如果在企业估值时能采用多种估价方法，并对不同结果进行综合分析，也可降低并购中的估价风险。

针对融资风险，应着重考虑资本结构和融资成本的变化。证券投资公司在进行并购时应根据并购企业所处的整个生命周期的特点来正确考虑合适的并购融资方式，企业经营风险和财务风险的有效匹配才能降低企业整体的风险。并购方还应根据上市企业财务经营状况的不同来合理选择融资方式。当上市企业的短期资产负债率较低时，适当的负债融资能有效发挥企业杠杆驱动效应，提高企业净资产预期收益率。但是当上市公司财务管理费用过高、资产负债率不断增加时，流动性资金不足或长期小额偿债融资风险较大时，应考虑权益融资以化解财务风险。

针对偿债风险，不同的支付方式有时会导致不同的偿债风险，采用多种支付方式能降低单一支付方式的风险。并购支付方式一般有现金支付、股票支付和混合支付三种。中小企业短期内现金支付、现金筹资偿债压力大，若过度依赖债券融资将严重影响中小企业资金流动性和长期内的偿债承担能力；对于股票支付，若企业采取股权收购企业时，股权支付将可能导致企业股权分散，甚至可能存在股民反对并购案的风险；而混合现金支付则正是对以上两种方式的完美结合，并购方的企业股东应充分综合自有资产、负债、股权筹资情况、各种股权筹资方式难易程度等多种因素，设计并提出一种股权融资为现金支付、股权质押支付、可转债、权证质押支付等多种金融手段的股权支付筹资方式。

针对财务整合风险，企业应同样重视并购活动后可能存在的风险。企业应提前制订详细的整合计划，包括对并购对象的财务人员、资产、负债、现金流等一一进行整合。同时在并购实施中，企业应做好财务整合沟通，不同的证券公司有不同的财务管理目标，如果出现严重的分歧也可能导致整合的失败；对于企业整体的财务管理制度应该有一致的方向，否则会造成投资失控或筹资失控的问题。

（二）并购后整合问题及处理

由于证券公司的行业特点，并购方更应该注重企业文化和人力资源的整合。从企业文化的角度看，企业并购的过程不仅包括并购前对企业文化模式的打破，还包括并购后新企业文化的形成和发展。从人力资本的角度来看，人力资本是证券公司的主要资本，人才价值是证券公司价值的主要部分，员工在公司价值观念上的认同是员工发挥自身潜力的前提，并购对象核心员工队伍的稳定对并购结果相当重要。如果员工个人的价值得不到认同，新的集体也没有得到认同，就会导致新企业效率低下和人才流失的问题。因此，在证券公司并购中，要及时有效地完成企业文化的融合和新企业价值的建立，以留住人才、发挥人才的作用。

证券公司的文化差异性，主要表现在价值观念、经营理念、工作作风等方面。价值观念的整合问题发生在证券公司的各个层面上，对经营管理者来说，不同的管理者有不同的业务目标，经营管理者的观念冲突会导致决策的冲突，进而影响到执行层面。对普通员工来说，其一表现在公司与个人相互间的价值认同感上；其二表现在工作作风上，不同证券公司的工作作风、激励机制存在差异，如果双方存在分歧，也可能会导致合并后企业的效率下降。因此，并购后形成的新企业需要双方的相互交融和调整，并重新建立一种新的企业共同价值观。

从我国证券公司的并购情况来看，双方企业文化的冲突在很大程度上影响着新企业的未来发展。如果这种文化冲突得不到重视，不能及时有效地解决，矛盾很可能会加剧恶化，不仅不能达到“1 +1 >2”的积极效果，反而还会出现“1 +1 <1”的严重后果。在中信证券（600030. SH）并购广发证券（000776. SZ）的案例中，并购双方的文化冲突是并购失败的关键因素，广发证券（000776. SZ）的员工反抗外来收购的意愿之强烈，以至于全体员工出资成立了吉富公司，有效阻止了并购的发生。

我国证券公司在并购时，首先要注意选择合适的文化整合模式，主要考量企业并购战略、原有企业的文化和价值所在。企业并购战略指的是企业并购目的以及实现该目的的途径，企业的并购目的直接影响到其对文化整合模式的选择。如果企业的并购以财务协同为主要目标，与在财务、经营和管理上均追求协同的企业相比自然存在区别，且后者会更多地进行干预并要求调整。

并购目的决定了并购方式，并购方式进而影响对文化整合模式的选择。在横向并购中，并购企业倾向于将自己的文化注入并购对象中以寻求经营上的协同，在这种并购方式下，并购方选择吸纳式或渗透式文化整合模式更有利于双方的文化整合。吸纳式的企业文化整合一般发生在大型证券公司吸收合并小型证券公司，或者证券公司剥离资产新设立公司的情况下，通常并购方具有更先进的经营理念和管理方式，并购方将自己完整的企业文化输入并购对象中，并为对方所吸收。渗透式文化整合是指并购双方在文化上进行不同程度的调整，取其精华去其糟粕，相互渗透，通常发生在企业文化强度相似的并购企业中。而在纵向并购或混合并购中，并购方对并购对象的干预相对较少，并购企业更可能选择分离式或文化保留式文化整合，即并购对象并不改变原有的企业文化，具有更大的企业控制权。

其次，由于证券公司的行业特点，证券公司并购文化整合特别要注意人的因素，以人为本。在并购前，并购企业要对并购对象的文化特性进行调研和深入了解，使并购双方能够相互补充，避免并购方文化直接取代并购对象的企业文化。在并购整合的过程中，并购企业要提供各种交流机会，加强沟通，使被并购企业的员工找到安全感和归属感。

四　中外证券业并购的对比

（一）美国证券业并购发展历程

美国金融行业的并购在全球金融机构的并购历史中具有极为重要的地位。近代美国的证券行业主要经历 4 次并购融合浪潮：（1）1975 年美国开始实行佣金自由化，催生国内投行并购行为；（2）21 世纪初混业经营驱动下的跨行业并购整合；（3）全球性金融危机背景下的头部券商投资整合和向银行股权控制的转变；（4）零佣金趋势下的数字化财富管理平台。

1975 年协议佣金制度的实施导致传统的经纪业务竞争日益激烈，利润比例持续下降，税前 ROE 从 50% 左右大幅下降到约 10%，迫使国内投行进入了转型和分化时期，自此开始了美国在投行之中第一次大规模并购的浪潮。1999 年《金融服务现代化法案》被颁布，允许金融控股公司通过投资、交易、房地产、证券、保险等业务综合运作，在这一大背景下，金融行业正在加速推动实现跨领域的并购和整合。早期的案件就是 2000 年摩根银行和大通曼哈顿银行合并成为全能金融集团摩根大通。美国证券市场早期是通过各种证券机构之间持续性的交易和合作而实现并购重组的，形成了以寡头为主导的局面，使寡头在业务深度和广度上均处于一流地位。美国证券市场在20世纪末形成以高盛集团、摩根士丹利、美林证券、贝尔斯登、雷曼兄弟为主（旧“五大投行”）的垄断格局；2008年美国金融危机爆发后，高盛集团、摩根士丹利转为银行控股公司，而贝尔斯登、雷曼兄弟、美林证券等均被银行控股公司收购，进而形成了摩根大通、花旗集团、美国银行、高盛集团、摩根士丹利五大银行控股公司（新“五大投行”）相互割据的局面。同时在危机之后，仍然存留在市场中的证券公司纷纷开始了业务结构的调整，从高风险的自营业务开始转向低风险的证券承销、合并业务和资产管理业务等，这也引发了小型的并购浪潮。如果对美国顶级投行的发展史进行回顾，我们可以发现，成功的并购重组对其规模与实力的提升具有重大的作用。证券行业在向重资本转型的背景下，希望能将资本优势输出作为利润优势，而并购重组可以实现迅速集聚资本、扩张海外市场、提高行业集中度、拓展新业务的效果。

2018年摩根大通宣布正式取消证券交易所的佣金，盈透证券和嘉信理财紧随其后，带动了美国证券行业向零交易佣金的趋势发展。与此同时，伴随着新兴技术如大数据、人工智能等的兴起，财富管理行业也在不断与时俱进，专业的数字化财富管理平台迎来发展机遇。在这种背景下，美国头部证券公司纷纷抛弃了传统通道型经纪业务，开始向财富资产管理业务进行过渡，并寻求与数字化财富管理平台的整合。高盛集团在2019年5月并购了一家专门为资产雄厚的客户服务的投资咨询公司联合资本（United capital），这次并购不仅使高盛集团获取250亿美元的管理资产及其超过22000名的客户，更重要的是能够获得United capital的数字平台FinLife，以此改善其私人财富管理业务。摩根士丹利于2019年2月收购了一家面向年轻高端潜在客户群体的股票管理机构Solium Capital，将其年轻的客户群体纳入自己的客户对象中；2020年2月摩根士丹利又收购了美国头部互联网证券公司亿创理财（E－Trade），切入其零售经纪业务中借以拓展公司的财富管理服务。嘉信理财（Charles Schwab）和德美利证券（TD Ameritrade）是美国两大头部在线证券公司，双方在2019年11月对资产重组等事宜达成协议，成功整合后充分利用并发挥出了大企业的规模效应，增加交叉销售理财产品的赢利机会，降低公司经营管理成本以有效应对零售和佣金市场环境。

（二）美国证券公司并购经验

1. 头部证券公司的业务结构调整与拓展

美国证券业的业务模式从混合经营到分业经营又回归到混业经营，纵观美国证券公司的发展史，就是不断以业务拓展为目的的并购史。在漫长的演变过程中，证券公司的业务结构也不断地发生调整，尤其是信贷危机爆发后，美国证券公司更是以最快的速度完成了业务模式上的调整和证券公司之间的并购，使金融市场的稳定和活力得到最快恢复。美国政府和美联储随后又颁布了颁布相关法案如《多德－弗兰克法案》，旨在使政府相关部门和机构加强对证券公司的监管，此外还将曾经的金融控股公司高盛集团和摩根士丹利变为银行控股公司，借此实现对这两家公司的进一步监管，将其纳入银行监管体系中。该法案严格限制了证券公司的交易部门业务，这一举措导致自营业务等高收益业务受到限制，因此美国证券公司开始向低风险业务如资产管理业务转型，低风险业务结构继而成为美国证券行业进行业务调整的方向之 。以高盛集团、摩根士丹利为首的头部证券公司纷纷丌始丌展资产管理业务方面的收购，表 4 展示了高盛集团的重要并购活动，表 5 展示了摩根士丹利的重要并购活动。2012 年高盛集团成功收购了英国德怀特（Dwight）资产管理公司，同年又收购了德意志银行资产和财富管理旗下的稳定价值基金业务。同样，摩根士丹利于 2009 年收购花旗美邦（Smith Barney）经纪业务部门的控制权（持股 51%），转型财富和资产管理业务；随后逐年收购花旗美邦持有的剩余股权，直至 2013 年实现全资控股；2020 年 2 月摩根士丹利宣布以 130 亿美元价格收购 E-Trade，每股 E-Trade 股份可置换约 1.04 股摩根士丹利股份，拟以每股 58.74 美元的价格收购。此次业务合并是美国自 2008 年金融危机以来资产规模最大的一次并购交易，整合工作完成后将极大增加摩根士丹利财富资产管理金融业务的经营规模和覆盖广度，加速其旗下财富资产管理金融业务转型。高盛集团与摩根士丹利在资产管理业务上的收购，不仅帮助其平稳快速地摆脱了金融危机的影响，也助力两者跨入全球顶尖财富管理机构行列。

表 4　高盛集团的重要并购活动

年份	兼并对象	目的
1981	大宗商品交易商杰润 J. Aron 公司	布局外汇、大宗商品交易业务
1995	美国自由资产管理公司	发展资产管理业务
1995	英国煤业委员会养老金的托管权	发展资产管理业务
1997	另类投资 Commodities Corp	进入对冲基金和 PE 领域
2000	私人房地产公司 Archon	为 Whitehall Street 房地产基金独家提供投资、资产和开发服务
2000	清算公司 Spear, Leeds & Kellogg	发展做市、执行和清算业务
2003	财务顾问公司 Ayco Company. L. P.	扩大私人财富客户服务范围，处于技术驱动型消费金融业务最前沿
2005	日本 Sanyo 电子信贷	涉足日本电子领域并购咨询业务
2005	Allmerica Financial 可变人寿保险和可变年金业务	发展再保险业务
2012	英国德怀特资产管理公司和德意志银行资产和财富管理旗下的稳定价值基金业务	公司资管总规模 2013 年突破 1 万亿美元
2012 ~ 2015	升息增长型基金、标准资产管理公司、西峰公司、苏格兰皇家银行货币市场基金和印记资本顾问	进一步提升资管业务能力
2019	投资顾问公司联合资本（United Capital）	加强财富管理业务和 Ayco 业务平台

资料来源：高盛官网、兴业证券研报、山东省亚太资本市场研究院。

表 5　摩根士丹利的重要并购活动

年份	兼并对象	目的
1997	投资银行迪恩威特公司 Dean Witter	补足零售经纪业务
1999	西班牙咨询公司 AB Asesores	拓宽渠道、开拓市场，补足咨询业务
2006	抵押住宅贷款服务商 Saxon Capital	建立全球垂直一体化住宅抵押业务
2006	绝对回报投资策略提供商 FrontPoint Partners	强化投资管理与另类投资业务
2006	俄罗斯抵押贷款银行 City Mortgage	建立全球垂直一体化住宅抵押业务
2009	花旗美邦（Smith Barney）	转型财富和资产管理业务

续表

年份	兼并对象	目的
2010	与 MUFG 在日本成立 C 证券合资企业，占股 40%	进入日本市场
2011	与华鑫证券共同成立中国证券合资企业	扩大在中国国内业务范围
2013	收购摩根士丹利美邦 MSSB 所有剩余股权	发展财富和资产管理业务
2019	加拿大软件服务提供商 Solium Capital	搭建股票平台，开拓财富管理业务
2020	折扣经纪商 E-Trade	拓展数字访问及数字银行服务，加速财富管理转型

资料来源：兴业证券研报、山东省亚太资本市场研究院。

2. 中小型证券公司的业务发展

2008 年金融危机之后，由于高风险的自营业务发展受到限制，美国的证券公司除了恢复传统证券发行业务并转向资产管理业务以外，并购和咨询业务开始成为美国证券公司最大的收入来源，同时期美国并购市场的繁荣也为并购业务的发展提供了极为优势的环境。在目前全球投行并购财务顾问中年收入总量排名前十的美国证券投资公司中，高盛集团、摩根士丹利和美国摩根大通等三家全能型美国证券投资公司依旧继续在投行并购投资业务美国市场的排名中占据重要地位，同时值得注意的是以 Evercore、Lazard 为代表、由明星银行家领衔的精品投行，与国际大证券公司相比，精品投行多数集中于特定的业务或针对特定区域范围的市场上，专业程度较高，业务间差异化较大，能够在细分市场中与传统全能证券公司竞争，这也是精品投行能够在并购业务中实现弯道超车的原因。

以 Evercore 为例探讨美国中小证券公司基于业务专业化的并购发展，表 6 展示了 Evercore 重要的兼并收购活动，我们可以看出，2006 年 Evercore 收购墨西哥精品投行 Protego Asesores，扩展能源项目融资、房地产咨询顾问服务；2010 年收购巴西最大的独立财务咨询服务公司 G5 advisors' partners，2015 年收购德国投行咨询公司 Kuna & Co.，仅进一步丰富并购、融资和重组咨询，同时拓展了德国咨询市场。受益于一系列成功并购，Evercore 咨询收入市占率从 2010 年的 2.30% 提升至 2019 年的 8.30%，成功跻身于并购与咨询业务的前列。

表6 Evercore的重要并购活动

年份	兼并对象	目的
2006	英国并购咨询公司 Bravehear Financial Services；墨西哥精品投行 Protego Asesores	优化财务顾问、并购咨询业务扩展能源行业并购重组、房地产财务顾问业务
2010	巴西独立精品投行 G5 advisors' partners；英国资管公司 Neuberger Berman 旗下的私募基金；投资咨询公司 Ataianta Sosnoff 的 49% 的权益；房地产咨询 MJC Associates	深化并购咨询、财务重组咨询服务及风险投资完善基金筹资、能源基建、风投等另类投资业务完善财富管理、机构资管业务投行咨询服务拓展至商业房地产
2011	英国投行财务顾问 Lexicon Partners；美国对冲基金 ABS Investment Management 的 45% 的权益	深化能源、基建、公用事业领域的并购重组业务丰富权益投资策略与资产管理业务
2012	美国财富管理公司 Mt. Eden Investment Advisors	加强投资咨询、资管业务
2014	美国研究咨询公司 ISI（International Strategy & Investment）	丰富权益研究、咨询服务
2015	德国投行咨询公司 Kuna & Co.	深化兼并重组业务，切入德国咨询市场

资料来源：Evercore 官网、兴业证券研报、山东省亚太资本市场研究院。

美国的中小型证券公司多数从事专门业务：以嘉信（Charles Schwab）为代表，专注于财富管理业务的专业型证券公司；以 Jefferies 为代表，专注于某类客户或深耕某一地区的特色证券公司；以 Citadel 为代表，专注于机构销售交易、深度参与场内及场外做市业务的交易做市商等。这些中小型证券公司的核心差异体现在业务结构上，走专业化路线，在做精做深核心业务的同时向和主业相关度高的业务辐射，对业务扩张保持谨慎的态度，从而在专业细分领域保持领先优势。因此，美国中小型证券公司的并购为我国中小型证券公司的发展提供了宝贵的经验。

（三）美国证券公司并购对我国的启示

从美国证券业发展历程来看，美国证券公司的并购整合既受到政策改革和经营环境变化的影响，也受到市场化影响，且与政策因素相比市场化程度更高。美国证券公司的并购多是基于自身业务广度的扩展和专业度的深化，而我国证券行业起步较晚，还处于竞争最激烈的成长阶段，在这种背景下，证券公司的发展阶段和证券行业的市场环境与海外成熟市场相比还有较大差异。尚未形成像高盛集团、摩根士丹利等具有庞大资产规模以及出色综合服务能力的国际一流投行，也未形成具有企业特色的业务，我国证券市场存在的一个很大的问题是企业间的业务模式和业务能力相似，在技术和资本上很难形成压倒性的优势。因此，美国金融业整合的经验，对我国证券公司未来的整合方向和业务调整具有很大的借鉴价值。

1. 大证券公司之间整合打造航母级证券公司

资本规模是影响证券公司竞争力的主要因素。这一点在美国券商中有明显的体现，美国大型证券公司的资产规模在国际市场的竞争中具有明显的优势。一方面资本意味着强大的企业实力，可以为企业树立良好的品牌形象；另一方面，在投资银行的业务中，更大规模的资本才会创造更大的规模效应。根据美国证券业及金融市场协会（SIMFA）的报告，美国次贷危机爆发前，纽交所会员公司收入 CR25 在 2007 年达到 87%，次贷危机后 CR25 有所下滑，恢复后 CR25 常年稳定在 85% 左右，最高峰达 89%。此外，在并购浪潮的背景下，美国证券公司的数量也逐年递减，由 2004 年的 5187 家下滑至 2020 年末的 3417 家，整合趋势明显。而我国证券市场目前存在的问题是集中度低，相对分散，证券公司的资本被过度低水平竞争所消耗，难以将更多的资本用于提升自身的实力。另一个不容忽视的问题是，我国各个证券公司的发展程度不一致，原国有公司转型的证券公司发展程度较高，地方性的证券公司发展程度相对较低，这种混乱的行业结构也是导致市场竞争机制发展不完善的原因。我国证券公司只有打破这种分散的市场结构，消除低水平的竞争，快速提高证券业的资本规模和市场集中度，才能在国际金融市场竞争中具有优势。

2. 推动经纪业务战略转型，实现差异化服务

长久以来，我国证券公司的主要收入来源是佣金业务收入，过度依赖经纪类业务是我国证券公司普遍存在的问题。导致这种情况出现的最主要的原因是，我国证券市场投资者群体是以个人投资者为主，机构投资者在其中所占的比例相对较小，而美国证券市场则是以机构投资者为主。在这种情况下，我国证券公司的经纪业务有战略转型的需求，在这方面我们可以借鉴美

国20世纪出现佣金价格战时期的做法，即从经纪业务经营模式转型入手。过去，我国大部分的证券公司规模较小且数量多，单个公司都不能具备各自的优势，提供的服务同质性较强，因此造成了我国证券公司之间的竞争依靠佣金战，券商之间的恶性竞争给证券公司的发展乃至整个行业的发展都带来极为不利的影响。我们当前需要做的是，鼓励中小型证券公司在业务结构、管理模式上进行创新，开发出自己的核心业务，并不断发挥自身的优势，加强业务深度和拓宽业务广度，这样才能使中小证券公司在整个行业中具有竞争优势，进而促进整个行业的良性竞争，每个证券企业都能够在自己的优势道路上进行持续的个性化、差异化发展。更为重要的是，这样的业务模式和市场结构也能更好地满足日益发展的市场需求。

五　我国证券公司并购展望

（一）政策背景

2019年中国证监会曾明确指出“积极推动打造航母级头部证券公司”，其中就提出鼓励市场化的并购重组，通过扩展证券公司的融资渠道和融资形式来鼓励证券公司扩大资本规模，进而促进整个行业的结构优化和整合。此外，中国证监会还提出支持证券公司进行进一步的国际市场布局，鼓励依法收购境外的证券经营机构，积极提升其配套金融服务设施和能力，以进一步满足实体企业的对外需求。2020年，中国证监会发布的一系列通知，都旨在支持证券行业实施组织管理上的创新举措，鼓励行业机构进行市场化并购重组，以实现资本、技术和管理方面的发展。此外，证券公司已经取消了外资股比限制，提高了对外开放的速度，为中国打造航母级证券公司、参与国际市场竞争奠定了基础。2020年央行又发布了最新的《金融控股公司监督管理试行办法》，对金融控股类企业的股东设置了较高的门槛，这一举措会再度促进证券行业的并购重组。同时央行于2021年进一步明确了未来几年货币政策将逐渐回归稳健中性的态度，受此影响，2021年我国证券业上市公司整体资产综合估值财务收益平均水平不低于预期，或会出现比较大幅度的短期上升，这有利于证券业并购重组的发生。

（二）业务集中度趋势提升，行业内部有整合需求

从国内证券行业整体发展趋势的分析来看，2015 年之后就已经开启了一场新一轮投资并购的热潮。这次并购不同的地方还在于，它是基于行业发展形势，以攻为守。2015 年市场繁荣，股基交易量呈爆发式增长，新增客户大幅增加，同时“互联网 +”已逐步在中小证券公司普及，各证券公司佣金率逐步透明，新增客户向低佣金率的中小证券公司分散，导致 CR10 此后几年有所下降。但从 CR30 来看，其从 2018 年起又开始有所回升。一方面东方财富在 2015 年 9 月收购西藏同信证券后借助流量迅速开拓市场，在 2017 年正式跻身股基市场份额排名前 30，带动 CR30 提高；另一方面，2017 年后机构客户占比的逐步提高，也使得股基份额再次向投研服务较佳的中大型证券公司集中。

从业务来看，经纪业务、投行业务就是分支经营下的证券公司和其他金融组织的核心业务的最大区别。随着证券市场资本化改革的推进，中国证监会要求证券公司加强资本市场中介机构的定位，投行业务及经纪业务作为串联一级和二级市场的核心中介业务，也将从原来的通道服务向专业化、特色化转型。在转型的大背景下，当前的经纪业务正在向财富管理转变，而投行业务转向注册制经营则是行业业务发展的主要方向，从其业务转变的效果上看，它们均具备了集中程度不断上涨的趋势。一方面专业性较弱，特色化不明显的中小型证券公司业务发展空间会被进一步挤压，另一方面头部证券公司还具备了补足短板、做大做强的能力与动力，行业内仍然存在着整合的需求。

（三）新进入者冲击以及以净资本为核心的监管要求

2018 年 4 月 28 日，《外商投资证券公司管理办法》发布实施，允许外资控股合资证券公司以及逐步放开合资证券公司业务范围。2018 年 11 月 30

日，中国证监会公告依法核准瑞银集团增持瑞银证券的股比由24.99%增加至51%，瑞银证券成为国内首家外资控股证券公司。2019年中国证监会核准了摩根大通证券、野村东方国际证券的设立申请，同年中国证监会宣布重启内资证券公司的设立审批。2020年甬兴证券成为新设牌照重启后第一家获批的内资证券公司。目前我国已有10家外资控股的证券公司，其中包括瑞银证券、高盛高华证券、瑞信方正证券、摩根士丹利华鑫证券、摩根大通证券（中国）有限公司等。当前内外资证券公司逐步入市，行业竞争或更加激烈。

同时，自从《证券公司风险控制指标管理办法》被修订以来，证券行业进一步强化了以净资本为核心的风险控制监管，业务发展规模与净资本直接挂钩。因此，无论是老牌证券公司还是新设证券公司，都有持续补充净资本需求。且在以净资本为核心的监管体制下，各个证券公司均需扩展更多低成本的融资渠道。在此背景下，并购重组可成为大中型证券公司快速增强实力、补充资本的一种手段，进一步提升了业内并购重组的动力。

（四）打破同质化瓶颈，推动证券公司差异化发展

我国证券产品市场长期陷入了同质化、牌照不足的境地。近年来，全行业佣金比率下滑明显，依靠经纪人业务的证券公司盈利增幅较大。由于其经营方式的雷同和专业技术人才的匮乏，大量中小型证券公司主要集中在区域内渠道类型的业务上，在互联网证券行为的冲击下，其市场份额也在不断下降，其风险管理水平也将面临较大的挑战。市场化并购重组可以促进行业聚焦度的提升，改善行业同质化的竞争格局。除了本身发展的创新性业务外，外延式并购的整合性业务优点，也是增强其竞争实力的一种有效方式。并购整合就是从同质化产品行业的竞争中走出来、在产品集中度的提升中向前推进的一种必然需要，并购整合可以改善产品行业的资源配备和管理效率，带动产品行业整体ROE水平的提升。

为了使并购整合能够打破同质化业务模式，我国证券公司可以借鉴美国传统证券业与数字化财富管理平台整合的经验。如今随着我国证券业的发

展，中美两国证券业都面临佣金率下行造成的竞争压力，美国头部证券公司的战略是：（1）收购数字化财富管理平台，扩大财富管理客户规模、丰富财富管理业务来摆脱对佣金的依赖；（2）头部证券公司整合，追求规模效应以降低经营成本。结合我国证券市场现状，中国证券公司同样可通过并购数字化平台来推动财富管理业务发展，或整合具有细分领域优势的精品投行来实现业务差异化发展。

参考文献

［1］周尚仔：《未来证券行业股权变更、并购重组有望更活跃》，《证券日报》2021 年 3 月 23 日，第 B01 版。

［2］孙碧涵：《金融危机后美国投资银行业务调整研究》，吉林大学博士学位论文，2020。

［3］王博宇：《企业文化整合对企业并购绩效影响研究》，北京交通大学，2019。

［4］赵亚男：《论证券公司境外并购中的问题与对策》，《环渤海经济瞭望》2019 年第 2 期。

［5］宋贺、段军山：《财务顾问与企业并购绩效》，《中国工业经济》2019 年第 5 期。

［6］刘洁：《中国证券公司境外并购的动因和协同效应研究》，中南财经政法大学硕士学位论文，2017。

［7］李铀：《证券业竞争格局与并购模式研究》，大连海事大学硕士学位论文，2016。

［8］胡瑾烨：《申银万国并购宏源证券的协同效应研究》，财政部财政科学研究所硕士学位论文，2015。

［9］蔡恒培：《我国证券类上市公司并购中的财务风险管理研究》，财政部财政科学研究所硕士学位论文，2015。

［10］陈晓蔚：《我国证券公司并购的治理因素研究》，复旦大学博士学位论文，2006。

［11］吕鹏：《我国证券业并购问题研究》，浙江大学硕士学位论文，2004。

B.8

中国证券公司治理研究（2021）

黄晓艳　郭文娟*

摘　要： 我国证券公司治理结构的建立和完善是证券公司提升自身竞争力的必然选择。证券公司作为知识密集型企业，需要重视领导层的专业化和知识化的发展，公司治理着重以创建知识型、学习型的公司文化为主。目前，我国证券公司内部治理存在着股权结构相对集中、国有性质突出、股权结构治理机制有限、产品同质化严重且竞争激烈等问题，证券公司外部治理存在治理机制缺位、缺乏经理人市场等问题。据此，我们提出了完善证券公司治理结构的基本思路，在内部治理方面，一是优化股权结构，增加融资渠道；二是强化国有大股东治理机制和产品市场的竞争。在外部治理方面，提高外部公司的自主创新能力，加强治理机制建设以适应经济发展，形成以市场为导向的、合理的自主创新环境。同时，证券公司还要加强对员工的约束力度，优化经理人薪酬结构，降低委托代理成本。

关键词： 证券公司治理　科创板　注册制改革

---

* 黄晓艳，山东大学金融学硕士，山东省亚太资本市场研究院高级研究员，研究领域为公司金融；郭文娟，聊城大学经济学硕士，山东省亚太资本市场研究院高级研究员，研究领域为普惠金融、证券投资。

根据中国证券业协会数据，截至2020年末，中国共有证券公司138家，虽然2020年新冠肺炎疫情的突袭而至给证券市场带来了一定的影响，但是从中国证券业协会公布的业绩来看，我国证券市场总体运行平稳，各项指标均表现良好。从公司治理的方面看，只有适应外部市场环境的治理结构才是合适的治理结构。本报告结合证券业行业环境分析中国证券公司内外部治理情况，并提出优化建议。

一　中国证券公司现状及治理特点

（一）中国证券公司面临的行业环境

1. 证券公司经营数据

随着经济的不断发展，证券公司的资产管理业务转型初见成效，证券公司服务居民资产管理的能力有明显提高。2020年，证券行业实现代销金融产品净收入134.38亿元，同比增长148.76%；代理买卖证券业务净收入（含交易单元席位租赁）1161.10亿元，同比增长47.42%；投资咨询业务净收入48.03亿元，同比增长26.93%；资产管理业务净收入299.60亿元，同比增长8.88%。

2020年，投资银行业积极发挥投资银行所有的作用，服务实体经济能力不断提高，成效显著。疫情期间，证券公司的投资银行抓住“疫情区域公司融资问题”这一机遇，极力推进疫情区域公司发行公司债券。经过2020年一年的发展，65家证券公司承销完成170只“疫情防控债”，22个省份142家发行人完成融资1651.06亿元。

2020年证券公司通过有效防范金融风险，使得行业内的净资本和核心净资本有大幅增加。截至2020年末，证券行业净资本为1.82万亿元，相比2019年的1.62万亿元，增加了0.2万亿元，其中，核心净资本1.60万亿元，比2019年的核心净资本1.41万亿元增加了0.19万亿元。证券业的风控水平稳定，完全符合行业的监管标准。截至2020年末，行业平均风险覆盖率为252.34%（监管标准≥100%）；平均资本杠杆率为23.59%（监管标准≥8%）；平均流动性风险覆盖率为235.89%（监管标准≥100%）；平均净稳定资金率为153.66%（监管标准≥100%）。

2. 证券业发展进入新阶段

在以创新为主导的新发展阶段下，以银行贷款为主的传统间接融资体系不仅与新经济、新产业、新业态下多层次的金融需求不匹配，而且不能满足实体经济对资本结构、成本、资源配置以及创新方面的发展需要。因此，应发挥市场的力量实现资源合理有效的配置，加快推动资本投向创新行业，使得科技、金融与实体形成良性循环。

在创新发展的新阶段，实体经济发展存在巨大的资金需求，传统的银行贷款这种间接的融资方式已经满足不了实体经济的快速发展需要。资本市场的金融工具应该在优化资本结构、降低融资成本的基础上，提高资源配置效率，以此来促进创新型企业增长。目前，大量新经济、新产业和新企业等产生形式多样的资金需求，这就要求证券业充分发挥其在资源配置中的重要作用，打通资本与创新领域之间的通道，实现科技、金融和机构间的良性循环。

党的十九届五中全会和中央经济工作会议明确提出股票发行全面实施注册制度，建立规范的退市机制，增加直接融资比重，促进资本市场健康发展。作为资本市场的主要中介机构，证券公司必须在促进实体经济高质量发展方面发挥新的作用，在各种市场导向机制中，充分发挥高效配置资源的作用，如中介股权、债务投资和融资、并购等；将各类基金准确高效地转化为资本，充分利用有潜力的领域并合作聚集各种因素，提高各种要素的质量和分配效率；在巩固资本市场独特的风险共担和利益共享机制中，要充分调动人们的积极性和创造性，加快创新资本的形成，科技的传播，提升资本和产业的水平，促进产业基础的现代化和产业链的现代化。

在建设一个规范、透明、开放、有活力和有韧性的资本市场这个总体目标的指引下，我们全面推动实施“建制度、不干预、零容忍”的新政策，实施新一轮全面深化改革，修订实施新证券法，显著提高证券注册制中证券违法行为的成本。在加强投资者保护等方面，我们创建基本制度规范；修订刑法，大幅提高对欺诈性排放、虚假信息、经纪人伪证和市场操纵的处罚力度；通过改革登记制度，完成了再融资和并购；通过政策调整，进一步优化交易结算制度，采用和实施新的划界安排，加快对一系列关键制度的创新，建立更加标准和定型的基本制度体系，进一步提高资本市场的治理能力，显著提高系统的适应性和包容性，有效改善和稳定市场预期。

证券业加快推动市场各方履行职责，在行业内大力弘扬“合规、诚信、专业、稳定”的行业文化，积极宣传理性投资理念，倡导长期投资和价值投资，加强“零容忍”的威慑力，构建行政执法、民事追偿和刑事处罚的三方问责制度，例如：提高信息披露违法罚款的最高限额，即从60万元变为1000万元；提高欺诈发行的处罚力度，即从5年变为15年；建立证券纠纷代表人诉讼机制。加大对中介机构的问责力度，对其进行经济处罚以及资格处罚，让触犯法律的人付出应有的代价，营造一个公开、公平、公正的市场环境。

股票发行制度的变化，使保荐人等中介机构的作用发生重大变化。其主要目标从之前的提高发行人在证券交易所上市的“准入”率，即通过审核，变为现在的保证发行人的“投资能力”，即可以为投资者提供更多有价值的目标。

在2019年陆家嘴论坛上，中国证监会宣布了进一步扩大资本市场对外开放的九项措施，其中一项措施为在市场和产品的互联互通、行业机构股份比例的全面放开、业务范围的扩大或者促进跨境投资和融资的制度安排问题上，全面推行准入前国民待遇加负面清单管理要求。截至2020年末，境外资本连续三年实现净流入，境外投资者持有的A股价值超过3万亿元人民币。这说明中国资本市场对外资的吸引力正在增强。

3. 全面注册制改革，中国资本市场迎来转折点

随着一系列市场化改革措施的出台，资本市场的开放程度逐渐加深，为

证券公司和投资银行带来了机会。领先的证券公司将进一步巩固和提高其优势地位，马太效应已经加剧。

科创板的诞生和发展是国家的战略部署。创立科创板，是建设多层次资本市场和资本市场供给侧结构性改革的重要国家战略构想和布局，而试点注册制度是这一国家战略布局的重要机制调控。2019 年 3 月 22 日，第一批企业受理申报，到 2020 年底，科创板已经运行了一年多，科创板上市公司达到 215 家，总价值超过 32000 亿元。

上海证券交易所聚焦科技创新定位，将科创板作为科技创新公司上市的首选。科创板运行一年后，科创板推行的重要的体制改革和示范带动作用，不断推动科技创新发展。市场整合、产业集聚和品牌得到充分展示，在科技创新和上市公司成长方面的贡献尤为明显。科创板和试点注册制度的设立服务于实体经济，支持科技创新，使相关制度得到创新，巩固了改革的共识，为注册制的全面改革提供了有益的经验，奠定了良好的基础。

2019 年 12 月 28 日，第十三届全国人民代表大会常务委员会第十五次全体会议审议通过了《中华人民共和国证券法（修订草案)》。这是证券法的第二次正式修订。修订后的证券法自 2020 年 3 月 1 日起生效。修订后的证券法第 9 条明确规定：公开发行证券，应当符合法律和行政法规规定的条件，并依法报经国务院证券监督管理机构或者国务院授权的部门注册。未依法注册，任何单位和个人不得公开发行证券。证券发行的具体范围和实施步骤由国务院规定。

值得注意的是，科创板注册制的试点已经顺利实施，为股票发行实施注册制的建立提供了良好的经验。公开发行证券由核准制转变为注册制，这种转变是一项系统工程，需要逐步实施，新证券法明确证券注册制度的具体范围和实施步骤，将法律范围留给注册制，注册制全面实施所涉及的相关行业和证券种类，可能需要逐步来实现。

2020 年 2 月发布的《国务院办公厅关于贯彻实施修订后的证券法有关工作的通知》（国办发〔2020〕5 号）提出，中国证监会要研究制定在创业板试点注册制、股票公开发行注册制的总体方案，及时总结创业板注册制度改革经验，积极创造条件，及时规划在证券交易所其他板块和全国其他证券交易场所实施股票公开发行注册制度。

2020 年 4 月 27 日，中央全面深化改革委员会第十三次会议审议通过了《创业板改革并试点注册制总体实施方案》，中国证监会发布创业板首发注册办法、创业板再融资注册办法等规则的征求意见稿，深圳证券交易所发布创业板改革并试点注册制配套业务规则征求意见稿，创业板改革拉开帷幕。

2020 年 6 月 12 日，中国证监会、深圳证券交易所同步发布了正式版的创业板注册制改革相关制度规则。创业板改革并试点注册制正式启动。

2020 年 8 月 24 日，深圳证券交易所创业板试点注册制首批企业上市仪式在深圳举行，宣布成功实施创业板改革和试点注册制。

注册制改革是本轮资本市场改革的先导。中国证监会将根据党中央、国务院的决定与安排，保证工作分步实施，稳步推进。

4. 行业环境对证券公司治理模式选择的含义

从我国证券业的市场结构来看，低集中度表明，随着竞争的加剧，证券业的并购日趋激烈，这也是我国证券业实现规模经济的必由之路，即实施充分的并购战略成为证券公司治理的重要组成部分，通过提供差异化的产品或服务占领细分市场，将成为现阶段中国证券公司的重要竞争工具。中国证券业的发展已经初具规模，但我们也应该客观认识中国证券业的发展。中国证券业的进一步发展仍然存在投资公司规模小、资本密集度低、雷同交易等问题，自从加入世界贸易组织后，中国资本市场逐步加大对外开放的力度，从而促进中国证券业规范化发展，同时也反映出一个急需解决的问题，那就是提高竞争力。

不同的市场结构会导致公司的行为和业绩之间存在差异，一个行业竞争力的强弱取决于是否有适合的市场结构。决定市场结构的一个重要因素就是市场集中度，而一个行业的市场集中度是通过企业的数量、规模、份额和比例来体现的，如果市场集中度越高，那么行业竞争力就会越强，对市场行为和业绩的影响也就越大。因此，我们通过挖掘中国证券业的集中度、规模和绩效之间的相关关系，对了解中国证券业发展情况更具有现实意义。同时这也能为证券监管机构制定相应的策略提供理论依据，提升中国证券业的竞争力，促进证券市场乃至国民经济的可持续发展。

证券公司规模竞争加剧，浮动佣金制度的实施使价格竞争合法化，证券交易工具技术水平的不断提高、市场股价结构的调整、中国证券公司传统业务的利润率不断缩水，使得来自国内证券公司的三大传统业务受到强烈的挤压。《商业银行中间业务暂行规定》允许银行作为证券公司的商业代理，资产管理业务面临着外资、基金公司、金融机构等的竞争。一些机构通过设立证券金融机构间接干预发行和承销业务。此外，保险业和银行业将设立货币市场基金，证券公司在产品和资源方面也面临重大挑战。

商业环境的变化加剧了证券公司的两极分化。中国证券公司可通过混业经营、兼并重组为未来谋求生存的资本，通过创新和寻求开放的机会作为未来证券公司发展的动力和源泉。混业经营是金融体系结构选择的根本方向，但是我国证券公司目前尚不能实现混业经营。中国加入世界贸易组织后，外资金融机构在资金、技术、服务等方面创造了超过中国证券业的竞争优势，迫使中国证券业走上混业经营的道路。

通过并购重组促进资源的有效配置和产业的集中，这是证券业发展的必然趋势，有明确的法律基础允许证券公司设立子公司和成立大型证券控股公司集团。在混业经营的趋势下，证券公司通过并购银行、证券、保险等金融机构，形成混业经营的金融控股集团。金融监管的逐步放松允许中外合资经营。资本的注入和使用将有效地促进证券公司的业务结构、人才结构和竞争模式与国际接轨。鉴于全球混合金融市场的发展趋势，中国可以采取相关策略，并对证券公司及其治理结构产生重大影响。建立和完善我国证券公司的治理结构，从治理现状看，是我国证券公司应对未来挑战、增强竞争力的必然选择。

（二）中国证券公司治理特点分析

证券公司与一般的工商企业是有差别的。首先，二者的性质不同，证券公司是金融中介机构和国家特许经营的金融企业。其次，二者的业务不同，证券公司实际经营的金融服务是以表外业务为主，如经纪咨询、上市辅导、委托理财等，正是这些业务和服务的差异导致了证券公司的公司治理特征。

1. 证券公司经营方式的特殊性分析

一般来说，证券公司是委托他人代为管理客户资金，根据委托代理关系的差异，可以分为：“单－委托－独立财务管理”和“单－委托－集合财务管理”两种方式。经纪业务中的“独立财务管理”只能按照客户的指示进行交易，公司不得违背客户的意愿或选择理财空间；在传统的委托理财业务中，“独立理财”不需要接受客户的具体指示，公司有多种可能的财务管理，不同客户的资产在一个共同账户中被登记，客户只能根据合同分红，公司有广泛的财务管理选择。银行是客户委托保管的人员，客户对银行存款的使用没有具体的限制。证券公司与一般公司相比，除了所有者与经营者之间的关系外，它们之间还存在着一种特殊的委托代理关系。通常，经营者主要负责经营客户委托的资产，如果所有者资本不足，就等于外部融资。业主投资是公司上述投资活动的必要条件。因此，我们应重视利益相关者利益管理机制、证券风险控制和客户资产安全。

2. 中国证券公司治理特点

各级财政部门和政府对投资公司治理有着根本性的影响。1995 年以来，中国政府对金融业实行了严格的政策，即银行、保险、证券、信托四个独立的部门。证券公司受中国证监会的直接监督管理。证券公司成立之初，国有银行和国有企业提供资金，导致国有资本在证券公司资本结构中占据了主导地位和优势。因此，各级财政部门和政府对证券公司管理体制的变革有着重要的影响。证券业的特殊性同时体现在其行业特征上，即它既不是劳动密集型企业，也不是资本密集型企业，如商业银行和保险公司。单纯的资本密集不能实现证券市场的长期发展，需要利用知识资源进行风险识别、风险评估、风险控制和风险应对。为了保证证券公司的资金安全和资金评估，实现证券公司的长远发展，知识密集型行业在企业管理中发挥着重要作用，因此其必须重视企业管理、董事会成员、职业素质的形成。因此，构建知识型学习文化已成为公司治理的重要组成部分。

证券公司在资本市场上占据主体地位，这一主体地位对证券公司的治理有着重要的影响。证券公司在资本市场上的主体地位体现在两个方面：一方面，证券公司是资本市场上的主要机构投资者；另一方面，上市公司必须通过证券公司上市辅导才能进入证券交易所上市。只有对中国上市公司的治理结构起到良好的“示范”作用，整个证券市场的公司治理水平才能得到提高，也就是说，证券公司治理水平直接代表着整个证券市场公司治理的总体水平。证券公司治理必须反映中国公司治理的开创性成果和发展趋势，为促进中国上市公司治理发挥更大的作用。

二　中国证券公司治理现状

公开发行股票被定义为特许行为，证券监管机构代表市场投资者做出判断，为他们选择优质的公司，并给他们公开发行股票的机会。新的证券法推行注册制。注册制本质上是一个以披露为核心的证券发行制度。这为投资者提供了选择上市公司的机会，必须保护投资者的知情权。因此，在注册制下，信息披露情况必然成为未来市场监管的核心。

（一）我国证券公司内部治理现状

目前，我国法律法规中对公司治理结构的规定基本上反映了公司内部机构之间的分权和控制的平衡关系，证券公司与内部机构的控制与平衡受公司外部环境的影响，证券公司的治理结构也得到改善。近年来，尽管中国证券业的巨额亏损乃至整个行业的亏损都有外部市场原因，但导致证券公司陷入困境的主因之一是治理失败。

1. 相对集中的股权结构

总体而言，中国证券公司的股权结构相对集中，股权集中度较高。在证券公司前十名中，第一大股东的平均持股份额为 29.57%，远远高于美国前十大投资银行。其中股权最集中的证券公司是中国银河，全部为财政部所有；其前三名股东的持股比例高达 54.27%，而美国前五名投资银行的前五名股东的持股比例仅为 16. 7%，整个行业的平均资本集中度更强，第一大股东持股比例和前三大股东持股比例两个指标分别为 36. 20% 和 63. 42%。

2. 突出的国有性质

根据我国证券公司的所有权性质，证券公司的股份可划分为两种类型：包括国有、国有独资在内的国有股份和其他性质股份。2020 年，根据统计的 113 家证券公司的数据，有 88 家国家性质的公司作为第一大股东，占证券公司总数的 77. 87%。这表明，国内证券公司的股东性质普遍单一，且股东的数量普遍较少。由于我国证券公司在成立之初是在政府的支持下产生的，并不是市场自发选择发展起来的，因此我国证券公司的所有权具有明显的国有性质。

3. 有限的股权结构治理机制

投资银行所有权结构具有分散的特点，这一特点削弱了股权治理的作用。股权分散产生了个人投资者具有高度自由流动的后果，即直接参与公司治理的成本高导致监督管理人员缺乏足够的激励，更多地考虑资本收益，缺少对管理层低效行为的约束力，进一步加剧了代理冲突；由于业绩压力，追求短期效益的机构投资者也不注重公司的长期发展，普遍不积极参与公司管理，这限制了产权结构的治理作用。

4. 产品市场竞争不足

行业缺乏透明度，导致产品市场竞争不足局面的形成。一方面，产品的复杂性导致买家和卖家信息不对称，这种现象在衍生品定价中尤为明显，从而有可能出现虚假价格和欺诈行为；另一方面，与上市公司进行投资测试的研究部门已根据利益相关性达成协议，误导投资者依赖研究报告进行投资。

5. 董事会特征

（1）直接参与公司的治理成本高导致监督管理人员缺乏足够的激励，更多地考虑资本收益，缺少对管理层低效行为的约束力，进一步加剧了代理冲突。

（2）市场经济中，董事会是公司治理体系的核心，是依照法律、政策规定及公司章程要求设立的，并由全体董事成员组成的业务执行机关。关于董事会的特征，不仅包含可以数字量化的变量，还包括很多不可量化的特征。董事会的特征是在法律允许的情况下，上市公司董事会与其他公司有一定区别，具体包括董事会结构、规模、激励方式、信息沟通的顺畅程度、人员年龄以及学历构成等多个方面的特点。

（二）我国证券公司外部治理现状

1. 外部公司治理机制缺位

完善的法律制度决定了投资者的资本投资权和获得足够的资本回报，外部法律环境是投资者保护的必要基础。公司完善的法律保护制度可以减少董事和股东的机会主义行为。显然，短期内无法对一个国家的法律进行修订以保护投资者的权利。因此，短期内科学全面的行业监管在保护投资者的权利方面显得尤为重要，例如加大行业监管机构的监管力度，在一定程度上改善公司治理的现状。对危机的监测表明：第一，对净资本和借贷资本的监管不够严格，尽管 SEC 在 1975 年已经确定投资银行净资本的计算应根据市场条件进行，但为了限制投资银行资本的增加，实施了自愿监管计划。危机爆发时，投资银行持有的大量投资级 CDO 和 MBS 被迅速降级，出现的高杠杆导致净资本严重不足；第二，美国实施的自愿监管计划使得投资银行可以自由地选择加入或者退出 SEC 的监管，从而削弱了监管当局对投资银行的外部监管力量；第三，在信息披露方面缺乏明确的披露义务规定，特别是在涉及多种金融产品和复杂定价的大型场外交易中。与此同时，因为对持仓情况和交易的保密性要求，投资银行的信息披露有限，这使得市场难以真正了解投资银行的风险。

2. 缺乏经理人市场

知识型社会对人才的要求越来越高，导致社会出现了一批具有高度专业化的职业经理人。随着公司治理结构的发展，真正管理公司的人不再是投入资本的所有者，资本投入所有者逐步被职业经理人代替。管理者可以根据自身情况在公司之间、不同岗位上自由流动，薪酬水平由市场决定，管理者的晋升或解聘取决于其创业能力的大小和企业绩效的好坏，这直接决定经理人的就业前景和薪酬水平。被认为有能力并对市场竞争中的投资者负责的经理人被高薪聘用，能够在管理市场上建立良好声誉并提高其人力资本价值；企业绩效提升不显著的管理者，其工资水平被一降再降，甚至被辞退而面临失业的窘境，声誉受损而且人力资本价值也相应贬值。管理者将监控股东利益的运营和管理，以提高利润水平和公司价值。管理市场可以评估管理者之前的绩效，而职业经理人在过往各个公司、岗位的业绩将影响其未来的收入和就业机会。这有利于管理者为了自己的名誉和未来的职业发展，在一定程度上限制自己的行为，积极保护股东的利益。市场管理在管理者评价中起着非常重要的作用。在这个市场上，经理人的价值在很大程度上取决于经理人管理的公司的业绩。如果公司业绩出现重大问题，如果一个经理人想在市场上长期工作，他必须考虑到自己的行为对自己未来价值的影响。经理市场评价是经理人员的一项重要工作，市场管理在制约经理人员行为方面起着非常重要的作用。目前，我国还没有建立完善的管理市场，也没有完善的激励机制和管理行为评价体系。管理者通常是由控股股东或政府部门选出的，他们的秘密经营和利益转移已经取代了市场机制。因此，部分管理者丧失他们原有的职业道德，忽视甚至损害许多利益相关者的利益，这也是我国证券公司道德风险较大的主因之一。

三　完善中国证券公司治理的基本思路

（一）优化内部治理结构

1. 优化股权结构，增加融资渠道

为了完善公司治理，必须充分发挥股东会的作用。因为股东大会是公司的权力机关，股东行使其权利。我国证券公司最突出的特点是股权高度集中、股东缺位、股东之间流动性差、缺乏相互制约、相互监督的活力。此外，中国证券公司的股权结构和公司绩效表明，股票流动性越高，资本分散程度越高，股票资本收益率越高。机构投资者的投资份额越高，资本回报率越高。为了显著提高中国证券公司的治理水平，最重要的一项改革在于股权结构的多元化。应鼓励政府部门或国有独资公司逐步退出证券公司，吸引外国战略投资者、国内股份制公司、民营公司、外部个人、员工、经营者和基金等参与证券公司中。特别重要的是，要吸引著名的外国投资银行带着资本和先进的管理机制、风险控制和创新的产品机构投资证券公司。

2. 强化国有大股东治理机制和产品市场的竞争

中国的所有权结构决定了中国证券行业在受到政府严格监管的同时，其行为也受到作为股东的国有持股人的影响，这表现为双重的政府与证券公司的关系，即存在政府持股和政府对证券行业竞争管制并存的现象。前者体现在第一大股东的国有性质，而后者则表现为政府产品市场的竞争的限制。在所有权性质方面，应不断强化国有大股东对证券公司的监督作用，尤其是对经理人决策行为的约束和制衡。而在行业竞争方面，证券公司需获取券商经营牌照后才可进入证券行业，作为进入门槛的券商经营牌照通常是稀缺的。且对金融新产品的开发和销售授权的审批非常严格，通常需要较长的审批时间。这些限制并弱化了产品市场竞争给公司治理造成的影响。这就需要监管部门在合理可控的范围内，鼓励券商积极满足市场需求，积极推动构建以市场为导向的产品及业务自主创新体系。

（二）优化外部市场机制

1. 加强外部公司治理机制建设

作为一个新兴市场，我国投资者的法律保护力度相对较弱。为了弥补对投资者保护的不足，必须加强对证券业的监管。考虑到我国对投资公司准入有一定的资本要求，有一套制度要求投资公司定期报告投资风险。因此，我们建议证券监管部门要对证券投资公司的风险进行更详细的监管，围绕具体的监管要求，结合证券公司行业特点，设计和完善更为严格的风险规避机制和惩罚机制。考虑到大多数证券公司的国有大股东性质，为了使证券公司的利益实现最大化，有必要加大证券公司外部监督和风险管理的力度，同时，加强金融创新制度和体系的构建。

从金融危机的角度看，适度创新和金融监管到位已成为化解危机的主要因素。因此，加强对金融创新的引导和规范，对加快建立证券业自主创新体系和制度具有重要意义。要加强风险控制，加强监管部门之间的合作，打破监管机构之间的信息壁垒，提高监管效率创造市场化、合理化的自主创新环境。鉴于我国金融业正处于蓬勃发展阶段，监管机构需要共同努力，减少监管冲突，协调一致，采取有效措施应对新兴金融产品，尤其是跨机构、市场的交叉性金融产品。重视信息披露对风险控制的作用，提高投资公司信息披露的及时性和准确性。

2. 优化经理人薪酬结构

重视对经理人的市场评价机制的建立，改革以企业绩效为首要目标的经理人薪酬激励机制，加强投资者对经理人评价的约束，保证投资者和管理者利益的一致性，有效控制证券公司的投机行为，形成良好的职业氛围。首先，为了实现管理利益与公司长远利益相协调的最终目标，实现公司可持续发展的有机统一，将科学的风险管理体系与发展优质金融资产统一起来，实现收益与风险的对等。其次，合理利用股票期权等金融工具，兼顾公司长远发展，避免短视行为和管理的机会主义倾向。

B.9
中国证券市场监管体制研究（2021）

孙国茂　姚丽婷*

摘　要：　2020年，面对疫情全球流行和国际金融复杂形势，我国证券市场稳健发展，坚持“建制度、不干预、零容忍”，统筹推进疫情防控工作，不断深化改革，有效防范风险，大力发展金融支持经济社会发展各项工作，金融机构在线业务大幅增长，证券公司经纪等业务表现突出。在中国证券市场成立30周年之际，《中华人民共和国证券法》正式实施，完善了证券市场基础制度，为证券市场全面深化改革落实落地、有效防控市场风险，提高上市公司质量，切实维护投资者合法权益提供了保障。创业板试点注册制，新三板健全退市机制等一批标志性改革落地实施，科技监管组织架构体系进一步完善，监管效能得到提升。刑法修正案获得通过，进一步完善了现代金融监管体系，提高了金融监管透明度和法治化水平，保护了投资者合法权益，维护了市场秩序，推进了注册制改革，为我国证券市场的平稳健康发展提供了法律保障。

关键词：　宏观审慎监管　新证券法　证券市场监管体制

---

* 孙国茂，青岛大学经济学院特聘教授、博士生导师，山东省亚太资本市场研究院院长，研究领域为公司金融、资本市场、制度经济学；姚丽婷，西北民族大学区域经济学硕士，山东省亚太资本市场研究院高级研究员，研究领域为中小企业、公司金融、上市公司。

近年来我国资本市场改革发展明显加速，设立科创板并试点注册制成功落地，创业板、新三板等一批重大改革相继推出，直接融资呈现加快发展的积极态势。“十三五”时期，新增直接融资38.9万亿元，占同期社会融资规模增量的32%。而IPO是直接融资的入口，中国证监会等监管机构高度重视IPO对提高直接融资比重的重要意义。引导拟上市企业遵守资本市场各项制度规定，努力提高公司治理水平和信息披露质量，共同致力于构建高质量的上市公司群体。在注册制改革不断深化的情况下，证券公司投行业务迎来新时代，IPO等各类融资项目推动证券公司加速发展。随着科学技术的加速发展，IT信息转型也持续深化，科技型证券公司加速发展，金融科技监管成为重点。QFII机制全面升级，QFII、RQFII资格和制度规则合二为一，准入门槛进一步降低，为投资运作提供了便利，外资证券公司积极进入市场，发挥鲶鱼效应。

2020年，受到新冠肺炎疫情影响，全球经济发展受阻，金融周期与经济周期匹配难度逐渐增大，中小型实体经济遭受重大打击，全球证券市场受到影响。中国证券行业监管工作全面贯彻“建制度、不干预、零容忍”九字方针，以科创板和创业板试点注册制改革为引领，健全多层次资本市场体系，加强基础制度建设，注重投资端与融资端平衡，注重扩大机构投资者力量。金融有效服务实体经济和科技创新，专业投资者持股比例也持续走高。同时，在加快构建新发展格局的背景下，资本市场要发挥经济金融体系枢纽的关键作用，通过推动科技自强自立、促进金融结构优化等有效落实“双循环”战略。资本市场自觉从“两个大局”出发，坚持稳中求进工作总基调，坚持新发展理念，坚持市场化、法治化、国际化。资本市场要统筹好发展和安全，进一步健全支持科技创新的体制机制，持续加强基础制度建设，提高上市公司质量和直接融资比重，为构建新发展格局、推动高质量发展做出新的更大贡献。2020年5月，中央政治局常委会会议首次提出了“构建以国内大循环为主体、国内国际双循环相互促进的新发展格局”。金融作为国民经济发展中的重要环节，其能够发挥关键作用支持“双循环”发展，助力“十四五”规划的有效实施，推动经济高质量发展。

一 证券市场监管体系与政策

（一）证券市场监管体系

2020年是中国证券市场成立30周年。中国证券市场发展，从1990年沪深交易所设立、2005年股权分置、改革、2019年注册制改革，中国资本市场体系逐渐得到完善，构建了多层次资本市场，证券市场国际化步伐也逐渐加速。纵观30年发展史，中国证券市场经历了初创期、审批制阶段、核准制阶段、试点推广注册制阶段，标志着我国证券市场逐渐走向成熟，对证券市场监管工作也提出不同要求。从监管角度来看，在初创时期，中国人民银行负责监管国内大部分金融活动，但缺乏专项法律保障。随着证券市场规模持续扩大，证券监管由中央与地方、中央各部门共同参与管理向集中统一管理过渡，中国人民银行证券管理办公室成立，国务院证券管理办公会议制度相继落实，最终形成了各部委、地方政府等共同参与监管的多部门监管组织系统。在审批制阶段，建立了集中统一的证券监管体制，在亚洲金融危机的影响下，全国金融工作会议着重强调了防范和化解金融风险问题，并决定进行证券监管体制改革，逐渐加强全国证券和期货的统一监管。国家通过筹建中国证监会、保监会专门负责证券业和保险业的监管，逐渐实现了分业监管，有效解决了国内商业化程度较低，缺乏多层次金融机构的问题。在核准制阶段，《中华人民共和国证券法》生效，明确规定中国证监会职能，以法律的形式确定了国务院证券监督管理机构的地位，最终形成垂直领导的模式，地方证券监管直接接受中国证监会领导，从而形成具有独立行政监管权力的管理体系。中国证券监督管理委员会采取三级监管框架，初步实现了集中统一的监管组织系统。2003年4月28日，银监会正式挂牌成立，标志着国内金融监管体制由中国人民银行的“大一统”转变为“一行三会”分业监管体制。在试点并推广注册制的阶段，2019年，证券法被修订后强化了中国证监会的监管权力，当前中国证监会行政监管全面覆盖了各类证券市场主体和行为，具有一系列监管实权，并实行“一委一行两会”的监管体系。

2018 年，随着《国务院机构改革方案》的落实，我国金融市场监管体系完成改革，在新监管格局下，形成了国务院金融稳定发展委员会（以下简称金稳委）、中国人民银行、中国证监会、中国银保监会。2017 年 11 月 8 日金稳委正式成立，作为国务院统筹协调金融稳定和改革发展重大问题的议事协调机构。此次对于金融监管机构改革调整之后，各机构之间的监管配合将会加深。按照职责分类来看，金稳委主要负责统筹与协调工作，并兼顾筹划改革发展中的重要问题。中国人民银行则针对国家经济和金融发展情况，制定货币政策，开展宏观审慎监管工作，全面推进金融基础设施建设等，并根据国家经济和金融发展需求，进行宏观审慎监管，以数字货币监管等为重点，组织实施好宏观审慎评估，不断提高国家金融治理能力。中国证监会的监管职责主要体现在实施统一的证券期货监管体系，并按照证券法等法律法规的具体规定，实行有效监管、垂直监管，全面防范证券期货市场风险，并对相关部门中与证券市场有关的工作进行指导、监督。中国银保监会则对银行业和保险业进行统筹监管，具体负责宏观审慎监管的政策执行，并要兼顾微观审慎监管，结合行为监管等，行业发展和监管职能之间的冲突也得到有效解决，进一步满足了证券市场的发展需求。在金稳委和各监管机构的协调统一指导下，各地金融监督管理局不断提升自身专业性，维护地区内金融市场的稳定发展，并与“一委一行两会”形成错位监管，形成有效补充，不断强化监管职能。

（二）证券市场监管政策

2020 年 7 月 30 日，中共中央政治局会议再次提及资本市场，并明确指出，要推进资本市场基础制度建设，依法从严打击证券违法活动，促进资本市场平稳健康发展。在此背景下，证券市场监管成为重点，针对证券公司及上市公司的监管也成为中国证监会的管理核心。2020 年 11 月 2 日，中央全面深化改革委员会第十六次会议审议通过了《健全上市公司退市机制实施方案》。中国证监会全面梳理分析上市公司退市存在的突出问题，在六个方面进一步提出改革措施：完善退市标准、简化退市程序、拓宽多元退出渠道、强化交易所退市实施的主体责任、强化退市监管力度、优化投资者保护机制。经过 30 年的发展，我国证券市场范围逐渐扩大，法律体系逐步完善，制度基础也得到改善，证券法等相关法律体系逐渐健全，金融服务实体经济作用增强。本报告通过对中国证监会在 2020 年发布的中国证监会令以及公告进行了整体梳理，对证券市场的监管重点及方向进行分析。

2020 年中国证监会发布中国证监会令 16 项、中国证监会公告 70 项，涉及创业板、科创板上市公司发行、证券发行上市保荐业务、证券期货规章制定程序规定等。以中国证监会发布中国证监会令数量来看，相较 2019 年增加了 8 项。其中，在 2020 年 6 月 12 日，中国证监会集中发布了《创业板首次公开发行股票注册管理办法（试行）》《创业板上市公司证券发行注册管理办法（试行）》《创业板上市公司持续监管办法（试行）》《证券发行上市保荐业务管理办法》4 项，针对创业板和上市保荐业务制定相关要求和管理办法（见表 1）。

表 1　中国证监会令（2020 年）

序号	发文日期	名称	文号
1	2 月 14 日	《关于修改〈上市公司证券发行管理办法〉的决定》	第 163 号
2	2 月 14 日	《关于修改〈创业板上市公司证券发行管理暂行办法〉的决定》	第 164 号
3	3 月 13 日	《证券期货规章制定程序规定》	第 165 号
4	3 月 20 日	《关于修改部分证券期货规章的决定》	第 166 号
5	6 月 12 日	《创业板首次公开发行股票注册管理办法（试行）》	第 167 号
6	6 月 12 日	《创业板上市公司证券发行注册管理办法（试行）》	第 168 号
7	6 月 12 日	《创业板上市公司持续监管办法（试行）》	第 169 号
8	6 月 12 日	《证券发行上市保荐业务管理办法》	第 170 号
9	7 月 3 日	《科创板上市公司证券发行注册管理办法（试行）》	第 171 号
10	7 月 10 日	《证券投资基金托管业务管理办法》	第 172 号

续表

序号	发文日期	名称	文号
11	7月10日	《关于修改〈首次公开发行股票并上市管理办法〉的决定》	第173号
12	7月10日	《关于修改〈科创板首次公开发行股票注册管理办法（试行）〉的决定》	第174号
13	8月28日	《公开募集证券投资基金销售机构监督管理办法》	第175号
14	9月25日	《合格境外机构投资者和人民币合格境外机构投资者境内证券期货投资管理办法》	第176号
15	10月30日	《关于修改、废止部分证券期货规章的决定》	第177号
16	12月31日	《可转换公司债券管理办法》	第178号

资料来源：中国证监会官网、山东省亚太资本市场研究院。

2020年，中国证监会发布公告70项，较2019年增加42项，主要涉及信息披露工作、证券期货管理、投资者保护、创业板、科创板上市等，反映了监管部门正在持续推进注册制落地，并注重上市公司、非上市公司信息披露等。其中，针对信息披露的监管公告有《非上市公众公司信息披露内容与格式准则第3号——定向发行说明书和发行情况报告书（2020年修订）》《公开发行证券的公司信息披露编报规则第24号——注册制下创新试点红筹企业财务报告信息特别规定》等（见表2）。

表2　中国证监会公告（2020年）

序号	发文日期	名　称	公告文号
1	1月2日	《第1号公告》	〔2020〕1号
2	1月3日	《关于第三批全国证券期货投资者教育基地命名的公告》	〔2020〕2号
3	1月13日	《非上市公众公司信息披露内容与格式准则第3号——定向发行说明书和发行情况报告书（2020年修订）》	〔2020〕3号
4	1月13日	《非上市公众公司信息披露内容与格式准则第4号——定向发行申请文件（2020年修订）》	〔2020〕4号
5	1月13日	《非上市公众公司信息披露内容与格式准则第9号——创新层挂牌公司年度报告》	〔2020〕5号

续表

序号	发文日期	名　称	公告文号
6	1月13日	《非上市公众公司信息披露内容与格式准则第10号——基础层挂牌公司年度报告》	〔2020〕6号
7	1月14日	《证券期货违法违规行为举报工作暂行规定》	〔2020〕7号
8	1月17日	《非上市公众公司信息披露内容与格式准则第11号——向不特定合格投资者公开发行股票说明书》	〔2020〕8号
9	1月17日	《非上市公众公司信息披露内容与格式准则第12号——向不特定合格投资者公开发行股票申请文件》	〔2020〕9号
10	1月23日	《证券公司风险控制指标计算标准规定》	〔2020〕10号
11	2月14日	《关于修改〈上市公司非公开发行股票实施细则〉的决定》	〔2020〕11号
12	2月14日	《中国证监会　财政部　中国人民银行　中国银保监会关于商业银行、保险机构参与中国金融期货交易所国债期货交易的公告》	〔2020〕12号
13	2月19日	《关于非上市公众公司行政许可事项的有关事宜》	〔2020〕13号
14	2月21日	《关于废止部分证券期货规范性文件的决定》	〔2020〕14号
15	2月26日	《第15号公告》	〔2020〕15号
16	3月2日	《关于信息披露媒体有关规则过渡衔接的安排》	〔2020〕16号
17	3月6日	《上市公司创业投资基金股东减持股份的特别规定》	〔2020〕17号
18	3月3日	《关于取消或调整证券公司部分行政审批项目等事项的公告》	〔2020〕18号
19	3月6日	《关于降低证券公司2019年度及2020年度证券投资者保护基金缴纳比例的公告》	〔2020〕19号
20	3月20日	《关于修改部分证券期货规范性文件的决定》	〔2020〕20号
21	3月20日	《科创属性评价指引(试行)》	〔2020〕21号
22	4月7日	《关于做好当前上市公司等年度报告审计与披露工作有关事项的公告》	〔2020〕22号
23	4月17日	《公开募集证券投资基金投资全国中小企业股份转让系统挂牌股票指引》	〔2020〕23号
24	4月30日	《关于废止〈创业板市场投资者适当性管理暂行规定〉的决定》	〔2020〕24号
25	6月12日	《公开发行证券的公司信息披露编报规则第24号——注册制下创新试点红筹企业财务报告信息特别规定》	〔2020〕25号
26	4月30日	《关于创新试点红筹企业在境内上市相关安排的公告》	〔2020〕26号
27	5月9日	《关于聘任中国证券监督管理委员会第十八届发行审核委员会增补委员的公告》	〔2020〕27号
28	5月29日	《关于修改〈证券公司次级债管理规定〉的决定》	〔2020〕28号

续表

序号	发文日期	名　称	公告文号
29	6月3日	《中国证监会关于全国中小企业股份转让系统挂牌公司转板上市的指导意见》	〔2020〕29号
30	6月12日	《第30号公告》	〔2020〕30号
31	6月12日	《公开发行证券的公司信息披露内容与格式准则第28号——创业板公司招股说明书(2020年修订)》	〔2020〕31号
32	6月12日	《公开发行证券的公司信息披露内容与格式准则第29号——首次公开发行股票并在创业板上市申请文件(2020年修订)》	〔2020〕32号
33	6月12日	《公开发行证券的公司信息披露内容与格式准则第35号——创业板上市公司向不特定对象发行证券募集说明书(2020年修订)》	〔2020〕33号
34	6月12日	《公开发行证券的公司信息披露内容与格式准则第36号——创业板上市公司向特定对象发行证券募集说明书和发行情况报告书》	〔2020〕34号
35	6月12日	《公开发行证券的公司信息披露内容与格式准则第37号——创业板上市公司发行证券申请文件(2020年修订)》	〔2020〕35号
36	6月12日	《创业板首次公开发行证券发行与承销特别规定》	〔2020〕36号
37	7月3日	《公开发行证券的公司信息披露内容与格式准则第43号——科创板上市公司向不特定对象发行证券募集说明书》	〔2020〕37号
38	7月3日	《公开发行证券的公司信息披露内容与格式准则第44号——科创板上市公司向特定对象发行证券募集说明书和发行情况报告书》	〔2020〕38号
39	7月3日	《公开发行证券的公司信息披露内容与格式准则第45号——科创板上市公司发行证券申请文件》	〔2020〕39号
40	7月17日	《第40号公告》	〔2020〕40号
41	7月10日	《公开募集证券投资基金侧袋机制指引(试行)》	〔2020〕41号
42	7月10日	《关于修改〈证券公司分类监管规定〉的决定》	〔2020〕42号
43	7月10日	《关于首次公开发行股票并上市公司招股说明书财务报告审计截止日后主要财务信息及经营状况信息披露指引(2020年修订)》	〔2020〕43号
44	7月17日	《关于免去李世伟、陈国飞、郭旭东同志第十八届发审委委员的公告》	〔2020〕44号

续表

序号	发文日期	名　称	公告文号
45	7月17日	《第45号公告》	〔2020〕45号
46	7月22日	《非上市公众公司监管指引第5号——精选层挂牌公司持续监管指引(试行)》	〔2020〕46号
47	7月22日	《非上市公众公司信息披露内容与格式准则第13号——精选层挂牌公司年度报告》	〔2020〕47号
48	7月22日	《非上市公众公司信息披露内容与格式准则第14号——精选层挂牌公司中期报告》	〔2020〕48号
49	7月22日	《非上市公众公司信息披露内容与格式准则第15号——创新层挂牌公司中期报告》	〔2020〕49号
50	7月22日	《非上市公众公司信息披露内容与格式准则第16号——基础层挂牌公司中期报告》	〔2020〕50号
51	7月22日	《非上市公众公司信息披露内容与格式准则第17号——精选层挂牌公司季度报告》	〔2020〕51号
52	7月24日	《证券服务机构从事证券服务业务备案管理规定》	〔2020〕52号
53	7月31日	《〈上市公司重大资产重组管理办法〉第二十八条、第四十五条的适用意见——证券期货法律适用意见第15号》	〔2020〕53号
54	8月7日	《公开募集基础设施证券投资基金指引(试行)》	〔2020〕54号
55	9月4日	《关于免去党小安同志第十八届发审委委员的公告》	〔2020〕55号
56	9月4日	《关于免去白剑龙同志第十八届发审委委员的公告》	〔2020〕56号
57	8月21日	《非上市公众公司监管指引第6号——股权激励和员工持股计划的监管要求(试行)》	〔2020〕57号
58	8月28日	《关于实施〈公开募集证券投资基金销售机构监督管理办法〉的规定》	〔2020〕58号
59	8月28日	《公开募集证券投资基金宣传推介材料管理暂行规定》	〔2020〕59号
60	9月11日	《关于证券市场信息披露媒体条件的规定》	〔2020〕60号
61	9月11日	《具备证券市场信息披露条件的媒体名单》	〔2020〕61号
62	9月17日	《关于修改〈关于加强上市证券公司监管的规定〉的决定》	〔2020〕62号
63	9月25日	《关于实施〈合格境外机构投资者和人民币合格境外机构投资者境内证券期货投资管理办法〉有关问题的规定》	〔2020〕63号
64	10月16日	《〈证券服务机构从事证券服务业务备案管理规定〉第九条的适用意见——证券期货法律适用意见第16号》	〔2020〕64号
65	10月30日	《关于杨光、汪超涌、相晖同志不再担任上市公司并购重组审核委员会委员的公告》	〔2020〕65号
66	10月30日	《关于修改、废止部分证券期货制度文件的决定》	〔2020〕66号

续表

序号	发文日期	名　称	公告文号
67	11 月 13 日	《第四批证券期货投资者教育基地申报工作指引》	〔2020〕67 号
68	11 月 23 日	《关于免去罗精晖同志第十八届发审委委员的公告》	〔2020〕68 号
69	12 月 11 日	《关于开展上市公司治理专项行动的公告》	〔2020〕69 号
70	12 月 23 日	《证券交易数据交换协议》《资本市场场外产品信息数据接口》	〔2020〕70 号

资料来源：中国证监会官网、山东省亚太资本市场研究院。

（三）证券市场法治建设

法治政府是依法治国的关键，证券市场监管也需要全面落实法治建设。2020 年，中国证监会严格按照《法治政府建设实施纲要（2015～2020 年）》（中发〔2015〕36 号）要求，紧扣“建制度、不干预、零容忍”工作方针，持续加强金融市场法治建设。《中华人民共和国刑法修正案（十一）》顺利出台，证券市场制度体系逐渐完善，资本市场违法犯罪成本大幅提高；《中华人民共和国期货法》立法进程取得重大突破；进一步推进《证券期货行政执法当事人承诺制度实施办法》《私募投资基金监督管理条例》制定工作等。随着创业板试点注册制的推进，中国证监会制定并发布了《创业板首次公开发行股票注册管理办法（试行）》等 6 项配套规则，并制定发布《科创板上市公司证券发行注册管理办法（试行）》等规则，针对科创板再融资问题进行规划，并以注册制改革为基点，全面统筹发行承销、交易等制度的改革。针对资本市场发展，中国证监会以提升上市公司质量为主要目标，修订发布《上市公司证券发行管理办法》等规则，积极引导再融资市场化发行；在新三板市场，积极开展深化改革，将精选层作为基础，结合证券市场需求，制定并发布相关规定文件；针对私募基金、期货市场、债券市场等出台相关政策制度。

中央全面深化改革委员会第十六次会议审议通过了《关于依法从严打击证券违法活动的若干意见》，中国证监会以“零容忍”为基本工作要求，全面落实新证券法、刑法修正案（十一），持续加强执法司法协同，坚持“一案双查”，打击财务造假、欺诈发行等恶性违法行为，追究相关机构和人员的违法责任，不断健全行政执法、民事追偿和刑事惩戒的立体式追责体系，维护市场“三公”秩序。

中国证监会2020年全年共接收行政许可申请3669件，发出受理、补正、反馈等通知5585件；依法依规履行股票发行审核职责和发行注册程序，全年核准或同意注册IPO企业共409家，新上市企业合计融资4699.64亿元，443家企业完成再融资（含核准和同意注册），融资8115.55亿元；核准48家境外上市行政许可申请，30家企业完成境外发行，合计融资1714.44亿港元。中国证监会坚持“零容忍”，打击资本市场违法活动，全年做出处罚决定349项，罚没款金额53.11亿元，市场禁入100人次，从严高效审结康得新、康美药业、獐子岛等市场高度关注的财务造假案件。

中国证监会强化交易所股票市场监管，修订《证券交易所管理办法》、沪深交易所交易规则、股票上市规则；加强上市公司财务信息披露监管，全面启动上市公司专项治理行动，修订发布《公开发行证券的公司信息披露编报规则第24号——注册制下创新试点红筹企业财务报告信息特别规定》；加强机构监管，推动出台《证券发行上市保荐业务管理办法》等16项机构监管制度；完善非上市公众公司分类监管制度，针对不同市场层次分别制定年报、中报内容格式准则7项，指导全国中小企业股份转让系统有限公司制定完善市场分层、公司治理等自律规则。

证券市场的有序发展需要不断规范市场主体的行为，中国证监会在2020年对上市公司、非上市公众公司分别采取行政监管措施612家次、159次；针对债券交易、股票质押、私募资管业务等高风险领域的违法违规行为，加大线索核查和违规查处力度，同时严肃落实责任人员追责制。中国证监会加强证券基金经营机构监管，全年对证券基金经营机构采取行政监管措施267家次，对责任人员采取行政监管措施282人次，对私募机构采取行政监管措施144家次。

中国证监会完善诚信建设制度机制，推进资本市场诚信约束和激励工作。2020 年，中国证监会修改《证券期货市场诚信监督管理办法》，稳步推进资本市场诚信数据库升级建设，收录主体信息达 101 万条，行政许可信息 3.28 万条，监管执法信息 3.46 万条，部际共享信息 2371 万条。中国证监会加强严重违法失信主体专项公示工作，互联网证券期货市场诚信信息查询平台总查询量达 1287.37 万次。

2020 年，中国证监会全年共办理案件 740 起，其中新启动调查 353 件（含立案调查 282 件），办理重大案件 84 件，同比增长 34%；全年向公安机关移送及通报案件线索 116 件，同比增长一倍，打击力度持续强化。2020 年全年新增中介机构违法立案案件 15 起，其中涉及审计机构 9 家，证券公司 2 家，评估公司 1 家。从业务种类看，年报审计、资产收购、重大资产重组等环节均有涉案。

二　证券市场监管重点

（一）宏观审慎监管持续推进

金融风险监管要结合经济发展形势，对金融监管政策做出积极调整，并划定监管重点，根据形势变化及时调整不同阶段金融风险处置的重点和优先序。2020 年，中国人民银行牵头协调中国银保监会、中国证监会顺利接管“明天系”旗下 9 家核心金融机构，妥善应对债券市场违约风险。经过集中攻坚，系统性金融风险上升势头得到有效遏制，金融脱实向虚、盲目扩张得到根本扭转。

党的十九大提出要加大金融监管力度，健全金融监管体系，在宏观经济调控中加入宏观审慎政策。在宏观审慎的框架下金融业逆周期监管能够有效规避系统性风险，进一步夯实金融风险防线，为新时代金融业发展奠定基础。金融稳定和实体经济发展的关系密不可分，新冠肺炎疫情突袭而至以来，实体经济遭遇重大挫折，金融等虚拟经济不断发展，金融产品样式逐渐增多，金融创新持续加快，全面激发了金融市场的潜能。但不可否认，金融诈骗等违法事件也时有发生，损害了投资者权益，阻碍了金融市场发展。监管部门通过开展宏观审慎监管活动，加强跨部门监管、跨机构交流，及时采取必要的监管行动，防范和化解系统性风险隐患。

2020 年，中国人民银行持续构建要素完备的宏观审慎政策框架，建立逆周期资本缓冲机制，分步实施宏观审慎压力测试，完善系统性风险监测、评估和预警体系，建立健全跨境资金流动宏观审慎管理框架；统筹监管系统重要性金融机构和金融控股公司取得重大进展。中国人民银行落实防范化解重大金融风险任务，重点领域信用风险得到有效化解，持续推进金融风险制度建设工作，丰富宏观审慎管理工具。互联网金融、影子银行等领域的金融乱象得到集中整治，系统性风险监测不断被加强化。中国人民银行通过对银行业金融机构开展金融机构评级等活动，及时掌握风险情况，根据评级结果开展宏观审慎评估、核准金融机构发债、发放再贷款和核定存款保险费率等差别化管理。针对银行业开展压力测试，中国人民银行对 1550 家银行积极开展年度压力测试，并按照季度开展大型企业风险监测，有效防范金融风险。

（二）注册制有序推进

2020 年 6 月 12 日，中国证监会发布了创业板改革并试点注册制相关制度规则。修改完善的《创业板首次公开发行股票注册管理办法（试行)》《创业板上市公司证券发行注册管理办法（试行)》《创业板上市公司持续监管办法（试行)》《证券发行上市保荐业务管理办法》4 项，这些办法针对创业板和上市保荐行为进行规范和约束。为做好创业板改革并试点注册制具体实施工作，中国证监会还配套制定、修订了《创业板首次公开发行证券发行与承销特别规定》《公开发行证券的公司信息披露内容与格式准则第 28 号——创业板公司招股说明书》等 6 部规范性文件，为创业板上市公司施行注册制奠定制度基础。中国证券登记结算有限公司制定、修订了登记结算、转融通等方面的业务规则，全面支持创业板注册制的施行，监管内容不断被丰富，监管体系逐渐得到完善。自创业板开始实施注册制以来，创业板挂牌企业数达 62 家，其中，浙江创业板注册制后挂牌企业有 14 家，居首位。《创业板首次公开发行股票注册管理办法（试行）》中对注册程序做出制度安排，实现受理和审核全流程电子化和全流程公开，减轻企业负担，提高审核透明度。

党的十九届五中全会进一步明确，全面实行股票发行注册制，建立常态化退市机制，提高直接融资比重。随着注册制改革的持续深入，各领域改革有序开展，全面推进我国证券市场结构性变革。注册制改革在全市场的逐渐推行，增强了资本市场枢纽功能，有效的退市机制得以建立，直接融资比重得以进一步提高。全面实施注册制，还需要把好入口和出口关卡，以上市公司质量为核心，全面防范化解重点领域风险，不断提高证券市场的活力，加强证券市场的规范化管理，注重证券市场的透明度，积极培养证券市场的活力，发挥证券市场的作用。

（三）《中华人民共和国证券法》稳步实施

2020 年 3 月 1 日，历经 6 年修订，新《中华人民共和国证券法》开始实施，证券法的修订，促使证券市场基础制度得以完善，证券市场全面深化改革有序落实落地，防控市场风险工作成为重点，提高上市公司质量成为关键，切实维护投资者合法权益，为证券市场全面深化改革，提供了坚强的法治保障。从内容来看，新证券法主要有三大亮点：一是引入了注册制的内容，为注册制的发展奠定了法律基础，提供了法律依据；二是提高违法违规成本，以证券市场主体质量为根本，避免违规事件发生；三是以投资者为中心，全面加强保护，引入代表人诉讼机制。从实施情况来看，注册制改革持续深入，创业板开始试点注册制，主板逐渐准备开展注册制改革。从提高违法违规成本的角度来看，中国证监会以重点领域为核心，全力打击资本市场造假等违法活动，全年办理案件 740 起，打击力度持续增强。投资者作为证券市场的参与主体，其保护工作要落到实处，中国证监会对代表人诉讼机制、上市公司退市后投资者权益等制度进行逐步完善，真正担负起保护投资者权益的责任。

新证券法做出一系列制度改革，针对证券发行注册制度，授权国务院对证券发行注册制的具体范围进行规定，为各版块和证券品种分步实施注册制预留法律空间。同时，新证券法进一步规范了证券行为，大幅提高了对证券违法行为的处罚力度，完善民事赔偿责任。规定投资者保护制度，对普通投资者与专业投资者进行了有效区分，根据注册制改革需要，调整保护机制。强化信息披露制度，不断完善信息披露体系及制度要求，细化上市公司股东等高级管理人员信息披露制度要求。调整证券交易制度，不断完善上市及退市的相关规定，细化禁止性行为，控制市场风险。另外，针对证券公司等中介机构，新证券法也全面明确了其法律责任，规定证券公司不得允许他人以其名义直接参与证券的集中交易；明确保荐人、承销的证券公司及其直接责任人员未履行职责时对受害投资者所应承担的过错推定、连带赔偿责任；提高证券服务机构未履行勤勉尽责义务的违法处罚幅度，由原来最高可处以业务收入五倍的罚款，提高到十倍，情节严重的，并处暂停或者禁止从事证券服务业务等。针对多层次资本市场体系、强化监管执法风险防控及证券法适用范围等方面，新证券法也都有明确规定。

（四）上市公司高质量发展

资本市场助力构建新发展格局，应从上市公司质量抓起，从实际出发，重点把握产业先进性、治理有效性和监管的适应性，从而有效推动上市公司高质量发展，构建新发展格局。上市公司应加强以国家产业政策为导向，逐渐实现创新驱动转型，形成与“双循环”相匹配的上市公司产业结构，并持续加大科技投入，实现高水平循环。金融监管机构应进一步将上市公司质量作为监管重点，不断扩大增量、保证质量。金融监管机构在保证上市公司先进性的同时应加快出清落后产能，实现产业升级，不断提高上市公司竞争力。针对上市公司治理问题，金融监管机构在监管工作中也应引导企业积极应对市场风险、合规风险、道德风险等，通过内部制约和外部监管相结合的方式，达到管控目的，提高上市公司质量。为有效落实上市公司治理行动，中国证监会加强规则监管，强化确定性监管，推动实施可操作性的监管规则，引导上市公司完善治理。针对上市公司治理转型行动，中国证监会对上市公司提出要求，让其全面自查，严格整改，并实现治理水平的整体提升。资本市场监管要结合国内外宏观经济形势变化增强适应性，不断健全股票发行、并购重组及退市制度，持续营造法治化监管环境，以注册制为核心，不断健全信息披露制度，提高信息披露质量，进一步推动信息披露电子化、线上化，为投资者提供便利，降低企业披露成本。

2020年10月9日，国务院发布《国务院关于进一步提高上市公司质量的意见》（国发〔2020〕14号）明确提出："资本市场在金融运行中具有牵一发而动全身的作用，上市公司是资本市场的基石。提高上市公司质量是推动资本市场健康发展的内在要求，是新时代加快完善社会主义市场经济体制的重要内容。"① 针对证券公司，《国务院关于进一步提高上市公司质量的意见》提出，要进一步加大执法力度，并严格落实证券法等相关法律法规，关注欺诈发行、内幕交易及信息披露违法等行为，并加重处罚力度；要加强行政机关与司法机关协作，不断提高工作效率，严厉查处违法犯罪行为；对于涉案证券公司或其他中介机构等一并查处，涉及从业人员的也要按照相关规定进行查处，根据情节严重或性质恶劣情况，依法采取暂停、撤销、吊销业务或从业资格等措施。针对上市公司质量监管，2020年证监稽查典型违法案例达到20起，主要包含财务造假、信息披露违法违规、内幕交易等。

目前，设立科创板并试点注册制和创业板改革并试点注册制已平稳落地。监管部门在不断拓宽入口的同时，还应全面畅通出口，化解上市公司存量风险、对严重失信主体保持"零容忍"的重要制度安排，为提高上市公司质量、发挥市场配置资源决定性作用、优化市场生态、保护投资者合法权益提供保障。为有效提高上市公司质量，监管部门还应对并购重组机制进行了完善，以便更好地发挥渠道作用。诺贝尔经济学奖得主乔治·斯蒂格勒指出，没有一家美国大公司不是通过某种程度、某种形式的兼并成长起来的。

① 中华人民共和国中央人民政府，http：//www.gov.cn/zhengce/zhengceku/2020－10/09/content_5549924.htm。

我国并购制度也需要为提高上市公司质量进行适度调整，以保证制度的适应性。同时，有效的退出机制能够保证证券市场的高质量发展，监管部门应拓宽多元化退出渠道，针对严重财务造假、丧失持续经营能力的上市公司，增强退市刚性。2020 年，中国证监会依法从严从快从重查办上市公司财务造假等违法行为，共办理该类案件 59 起，占办理信息披露类案件的 23%，向公安机关移送相关涉嫌犯罪案件 21 起。

2020 年 11 月，《健全上市公司退市机制实施方案》从推进注册制改革的全局出发，梳理分析上市公司退市存在的突出问题，针对这些问题，从完善退市标准、简化退市程序、拓宽多元退出渠道、强化交易所退市实施的主体责任、强化退市监管力度、优化投资者保护机制六个方面进一步提出改革措施，拟在全市场开展退市制度改革。信息披露制度改革也被持续推进。到目前为止，我国已经建立了以法律为基础，以行政法规为重点，以部门规章、规范性文件及自律规则为根本的多层次信息披露体系。

（五）金融科技监管全面启动

金融科技作为支持数字经济和数字货币发展的重要引擎，对其监管具有极其重要的意义。从金融科技的本质来看，其不仅能够有效增强资本市场的效能，为资本市场带来更多发展机会，也有效提升了金融风险防范能力。针对金融科技监管，中国证监会也逐渐加大技术实践投入，不断增强监管系统的规范性，打造具有开放性的资本市场。具体来看，在推进监管数据建设方面，区域性股权市场区块链登记托管基础设施试点工作得到全面展开，资本市场金融科技创新试点也得到有效开展。证券经营机构、互联网科技公司等都投入金融科技创新及监管的工作中，通过主体之间的技术交流与合作，全面打造具有创新性的生态系统，坚持不发生系统性风险的底线，抵御市场风险。中国证监会运用数字技术积极发挥监管职能，大力推进科技监管。2020 年中国证监会全面开展金融科技监管，组建科技监管组，统筹开展资本市场科技监管，不断完善科技监管制度体系，全面落实新证券法的规定，针对信息技术系统进行了统筹和规划，及时发布相关消息，设定服务机构备案管理等制度，有效促进了金融科技发展，为资本市场技术系统安全提供了保障。在基础设施建设方面，中国证监会也将上市、私募稽查等作为金融科技监管的着力点，通过各部门之间的配合，已经基本实现行政许可等政务服务的“一岗通办”，为资本市场改革创新提供了技术保障。

2020 年以来，中国证监会围绕“数据让监管更加智慧”愿景，大力推进科技监管，2020 年各项工作全面展开并取得阶段成效：中国证监会组建科技监管局，形成以科技监管局、信息中心为一体，以中证数据、中证技术为两翼的科技监管组织架构，统筹开展资本市场科技监管；建立健全科技监管制度体系，落实新证券法有关规定，发布信息技术系统服务机构备案管理等规章制度，规范促进金融科技发展，切实保障资本市场技术系统安全稳定运行，强化基础工程建设，抓好上市、私募、稽查等监管信息系统重点项目，基本实现行政许可等政务服务“一网通办”，为资本市场改革创新提供技术保障；探索金融科技创新应用，打造金融行业领先的自主区块链底层平台。

参考文献

[1] 贾康：《“双循环”新发展格局的认识框架》，《金融经济》2020 年第 12 期。

[2] 中国人民银行：《中国金融稳定报告（2020）》，2020 年 11 月。

[3] 邓建平：《新证券法的五大亮点》，《财会月刊》2020 年第 6 期。

[4] 王宏宇、刘刊：《证券公司行政备案监管的权责及边界研究》，《金融监管研究》2018 年第 5 期。

[5] 吕晓蕾：《我国证券监管模式的实践矛盾与改革——以上市公司收购资金来源的实证分析与监管为研究路径》，《上海商学院学报》2017 年第 6 期。

[6] 苏帅：《证券公司直接投资监管法律制度的完善》，中共中央党校硕士学位论文，2015。

[7] 范小云、王道平：《巴塞尔Ⅲ在监管理论与框架上的改进：微观与宏观审慎有机结合》，《国际金融研究》2012 年第 1 期。

[8] 孙国茂、李猛：《宏观审慎监管下的证券公司系统重要性评价体系研究》，《山东大学学报》（哲学社会科学版）2020 年第 5 期。

[9] 施东辉：《探索构建资本市场的宏观审慎政策》，《清华金融论》2018 年第 5 期。

[10] 李东方：《证券监管机构及其监管权的独立性研究——兼论中国证券监管机构的法律变革》，《政法论坛》2017 年第 1 期。

附　　录

Appendix

B.10 中国证券市场大事记（2020）

王大雷*

2020年面对异常严峻复杂的局面，面对新冠肺炎疫情的重大考验，我国证券市场健康运行，3月新证券法落地实施，全面推行注册制，证券市场各项制度更加完善。2020年是资本市场建立30周年，围绕“打造一个规范、透明、开放、有活力、有韧性的资本市场”目标，新三板改革全面启动、创业板改革并试点注册制顺利落地、退市新规出台等一批重大改革相继推出，资本市场全面深化改革持续推进，多层次资本市场体系日益完善，提升直接融资比重，优化资源配置，服务实体经济能力不断增强，为国家经济转型升级做出重要贡献。

1月

1月3日　为贯彻落实中央经济工作会议关于稳步推进新三板改革的重

* 王大雷，山东省亚太资本市场研究院高级研究员，研究领域为市值管理、普惠金融。

要部署，规范公募基金投资新三板挂牌股票行为，推动公募基金行业更好地服务中小企业和民营企业发展，中国证券监督管理委员会起草了《公开募集证券投资基金投资全国中小企业股份转让系统挂牌股票指引（征求意见稿）》（以下简称《指引》），向社会公开征求意见。《指引》主要做出如下安排：一是明确管理人要求和可参与投资的基金类型；二是严格防控风险，规定基金的投资范围仅限于精选层股票。中国证券监督管理委员会将按照《指引》以及相关法律法规要求，稳步推进公募基金投资新三板精选层股票。

1 月 13 日 为推动新三板各项改革措施平稳落地，依据《非上市公众公司监督管理办法》《非上市公众公司信息披露管理办法》，中国证券监督管理委员会对《非上市公众公司信息披露内容与格式准则第 3 号——定向发行说明书和发行情况报告书》《非上市公众公司信息披露内容与格式准则第 4 号——定向发行申请文件》进行修订，同时制定《非上市公众公司信息披露内容与格式准则第 9 号——创新层挂牌公司年度报告》和《非上市公众公司信息披露内容与格式准则第 10 号——基础层挂牌公司年度报告》，自发布之日起实施。

1 月 19 日 中国证券监督管理委员会发布《非上市公众公司信息披露内容与格式准则第 11 号——向不特定合格投资者公开发行股票说明书》等新三板改革配套规则。此次发布公开发行格式准则，主要依据《公众公司办法》，规范了以下几方面内容：一是提出公开发行信息披露的总体要求，明确发行人及中介机构相关各方的主体责任；二是明确公开发行说明书的披露内容和章节设置要求，要求发行人重点披露业务与技术、公司治理、财务会计信息和募集资金运用等方面信息；三是规定公开发行申请文件的制作和报送要求，并列明申请文件目录。

1 月 23 日 为推动证券行业持续稳健发展，进一步增强证券公司风控指标体系的有效性和适应性，中国证券监督管理委员会发布《证券公司风险控制指标计算标准规定》（以下简称《计算标准》），于 2020 年 6 月 1 日正式施行。《计算标准》遵循“框架不变、风险导向、局部完善、宽严相济”的原则，根据不同业务、产品的风险特征进行差异化调整，完善指标体系的科学性和完备性，进一步提升对证券公司资本配置的导向作用。

1月31日 中国人民银行、财政部、中国银保监会、中国证券监督管理委员会、外汇局联合发布《关于进一步强化金融支持防控新型冠状病毒感染肺炎疫情的通知》（以下简称《通知》）。《通知》内容包括5个方面：一是保持流动性合理充裕，加大货币信贷支持力度；二是合理调度金融资源，保障人民群众日常金融服务；三是保障金融基础设施安全，维护金融市场平稳有序运行；四是建立“绿色通道”，切实提高外汇及跨境人民币业务办理效率；五是加强金融系统党的领导，为打赢疫情防控阻击战提供坚强政治保证。

2月

2月14日 为深化金融供给侧结构性改革，完善再融资市场化约束机制，增强资本市场服务实体经济的能力，助力上市公司抗击疫情、恢复生产，中国证券监督管理委员会发布《关于修改〈上市公司证券发行管理办法〉的决定》《关于修改〈创业板上市公司证券发行管理暂行办法〉的决定》《关于修改〈上市公司非公开发行股票实施细则〉的决定》，自发布之日起施行。

2月18日 深圳证券交易所和深圳证券信息有限公司发布深证创新100指数、深证大数据50指数、深证机器人50指数、深证人工智能50指数和深证物联网50指数。

2月21日 为了做好新修订的《中华人民共和国证券法》的贯彻落实工作，进一步推动法治政府建设，构建更加科学的证券期货法规体系，中国证券监督管理委员会发布了《关于废止部分证券期货规范性文件的决定》，决定废止18部证券期货规范性文件。

2月28日 中国证监会发布《证券期货业投资者权益相关数据的内容和格式 第1部分：证券》《证券期货业投资者权益相关数据的内容和格式 第2部

分：期货》《证券期货业投资者权益相关数据的内容和格式　第 3 部分：基金》《轻量级实时 STEP 消息传输协议》《期货合约要素》《证券期货业投资者识别码》六项金融行业标准，自公布之日起施行。《证券期货业投资者权益相关数据的内容和格式》系列标准的实施，规范了证券、期货、基金市场投资者权益相关数据的内容和格式，能够指导行业机构开展投资者权益数据治理相关工作，提高市场运行效率，是行业开展投资者权益保护工作的基础。

2 月 29 日　国务院办公厅印发《国务院办公厅关于贯彻实施修订后的证券法有关工作的通知》（以下简称《通知》），部署做好修订后的《中华人民共和国证券法》贯彻实施工作。《通知》指出，此次证券法修订为打造一个规范、透明、开放、有活力、有韧性的资本市场提供了有力的法治保障，对深化金融供给侧结构性改革，健全具有高度适应性、竞争力、普惠性的现代金融体系，维护国家经济金融安全具有重要意义。各地区、各有关部门要做好学习宣传，分类分层开展培训，不断提高证券行政执法人员依法行政、依法监管、依法治市能力。

3月

3 月 1 日　修订后的《中华人民共和国证券法》开始施行。新证券法共 14 章，含 226 条。新证券法对全面推行注册制、显著提高证券违法违规成本、完善投资者保护制度等方面做了完善，还完善了上市公司收购制度、证券公司业务管理等内容。新证券法实施后，有关部门开始做好政策衔接工作，清理完善相关规章制度。新证券法建立健全多层次资本市场体系，强化监管执法和风险防控，此外还压实了中介机构市场“看门人”的法律职责。

3 月 6 日　建立转板上市机制是中国证券监督管理委员会落实党中央、国务院决策部署的重要举措，有助于丰富挂牌公司上市路径，打通中小微企业成长壮大的上升通道，加强多层次资本市场的有机联系，增强金融服务实体经济能力。中国证券监督管理委员会起草了《关于全国中小企业股份转让系统挂牌公司转板上市的指导意见》（以下简称《指导意见》），向社会公开征求意见。《指导意见》主要内容包括三个方面。一是基本原则。建立转板上市机制将坚持市场导向、统筹兼顾、试点先行、防控风险的原则。二是主要制度安排。对转入板块的范围、转板上市条件、程序、保荐要求、股份限售等事项做出原则性规定。三是监管安排。明确证券交易所、全国股转公司、中介机构等有关各方的责任。对转板上市中的违法违规行为，依法依规严肃查处。上交所、深交所、全国股转公司、中国证券登记结算有限公司等将依据《指导意见》制定或修订业务规则，进一步明确细化各项具体制度安排。

3 月 11 日 深圳证券交易所召开领导班子（扩大）会议。受中央组织部领导委派，中央组织部有关干部局主要负责同志宣布了中央决定：王建军同志任深圳证券交易所党委书记。

3 月 13 日 按照国家金融业对外开放的统一部署，落实中美第一阶段经贸协议要求，经统筹研究，自 2020 年 4 月 1 日起取消证券公司外资股比限制，符合条件的境外投资者可根据法律法规、中国证券监督管理委员会有关规定和相关服务指南的要求，依法提交设立证券公司或变更公司实际控制人的申请。下一步，中国证券监督管理委员会将继续坚定落实我国对外开放的总体部署，积极推进资本市场对外开放进程，扎实做好每一项对外开放的具体工作，继续依法、合规、高效地做好合资或外商独资证券公司设立或变更实际控制人审核工作。

3 月 13 日 中国证券监督管理委员会发布修订后的《证券期货规章制定程序规定》（以下简称《规定》），自 2020 年 4 月 13 日起施行。《规定》作为“规章”中的“规章”，对证券期货规章的立改废释程序进行了系统的修改与完善，是完善资本市场基础制度的重要组成部分。《规定》的施行，有助于深入贯彻民主立法与科学立法的原则要求，进一步规范规章制定修改等立法活动，保障规章起草、审查质量，提高证券期货规章立法水平。

3 月 19 日 中国证券监督管理委员会批准大连商品交易所开展液化石油气期货及期权交易。液化石油气期货合约正式挂牌交易时间为 2020 年 3 月 30 日，液化石油气期权合约正式挂牌交易时间为相应期货合约有成交的下一个交易日。液化石油气是重要的清洁能源和化工原料。我国是全球最大的液化石油气进口国和消费国，开展相关期货及期权交易，将为产业企业提供公开、连续、透明的价格信号和有效的风险管理工具，有助于促进相关企业稳定经营，推动液化石油气行业平稳健康发展。

3 月 20 日 为深化新三板改革，支持鼓励民营经济、中小企业创新发展，规范挂牌公司实施股权激励和员工持股计划，进一步发挥新三板市场服务实体经济的功能，中国证券监督管理委员会起草了《非上市公众公司监管指引第 X 号——股权激励和员工持股计划的监管要求（试行）》（以下简称《监管指引》），向社会公开征求意见。《监管指引》坚持市场化、法治化原则，扩大公司自主决策空间，丰富员工持股计划形式，强化市场约束机制，发挥主办证券公司督导作用，明确了适应新三板市场实践和挂牌公司特点的股权激励和员工持股计划监管规则。

3 月 20 日 为进一步贯彻落实党中央国务院关于科创板建设的部署要求，落实科创定位，更好地支持和鼓励“硬科技”企业在科创板上市，加速科技成果向现实生产力转化，促进经济发展向创新驱动转型，根据《关于在上海证券交易所设立科创板并试点注册制的实施意见》和《科创板首次公开发行股票注册管理办法（试行）》，中国证券监督管理委员会制定并发布了《科创属性评价指引（试行）》。

3 月 20 日 为做好新证券法的贯彻落实工作，中国证券监督管理委员会于近日发布了《关于修改部分证券期货规章的决定》《关于修改部分证券期货规范性文件的决定》，对 13 部规章、29 部规范性文件的部分条款予以修改。

3 月 27 日 为进一步规范监督管理措施的实施程序，充分发挥监督管理措施防范市场风险、维护市场秩序的作用，中国证券监督管理委员会在《证券期货市场监督管理措施实施办法（试行）》基础上，结合新证券法有关规定，起草了《证券期货市场监督管理措施实施办法（征求意见稿）》（以下简称《实施办法》），向社会公开征求意见。此次制定《实施办法》，主要是结合实践中反映出的突出问题及新的制度要求，在 2008 年试行办法的制度框架下进行适度调整，并以规章形式正式对外发布。

4月

4月3日 中国证券监督管理委员会高度关注瑞幸咖啡（Luckin Coffee Inc.）财务造假事件，对该公司财务造假行为表示强烈的谴责。不管在何地上市，上市公司都应当严格遵守相关市场的法律和规则，真实准确完整地履行信息披露义务。中国证券监督管理委员会将按照国际证券监管合作的有关安排，依法对相关情况进行核查，坚决打击证券欺诈行为，切实保护投资者权益。

4月7日 为统筹做好疫情防控和上市公司等年度报告审计与披露工作，妥善解决有关公司和会计师事务所面临的困难、问题，维护资本市场秩序，保护投资者合法权益，中国证券监督管理委员会在前期《关于进一步强化金融支持防控新型冠状病毒感染肺炎疫情的通知》（银发〔2020〕29号）的基础上，根据《中华人民共和国证券法》《中华人民共和国突发事件应对法》等法律法规的精神和规定，经商相关部门，依法发布了《关于做好当前上市公司等年度报告审计与披露工作有关事项的公告》，自公布之日起施行。

4月14日 中国银保监会起草《中国银保监会信托公司行政许可事项实施办法（征求意见稿）》，取消外资金融机构入股信托公司10亿美元总资产要求。

4月17日 沪深交易所发布《关于通过协议转让方式进行股票质押式回购交易违约处置相关事项的通知》，放宽了股票质押式回购违约处置涉及的协议转让办理要求，同时对符合条件的股票质押回购违约处置协议转让，适当调整最低受让比例及转让价格下限。

4月17日 为了规范证券基金投资咨询业务，保护投资者及相关当事人的合法权益，维护资本市场秩序，中国证券监督管理委员会起草了《证券基金投资咨询业务管理办法（征求意见稿）》，向社会公开征求意见。

4月17日 中国证券监督管理委员会印发了《2020年度立法工作计

划》，对全年的立法工作做了总体部署。为进一步做好2020年证券期货监管规章等立法工作，保障修订后的证券法顺利施行，完善证券期货监管法律实施规范体系，加强市场基础制度建设，依法推进资本市场长期稳定健康发展，2020年，中国证券监督管理委员会拟制定、修改的规章类立法项目合计53件，其中，列入“力争年内出台的重点项目”42件，列入“需要抓紧研究、择机出台的项目”11件。

4月17日 中国证券监督管理委员会正式发布《公开募集证券投资基金投资全国中小企业股份转让系统挂牌股票指引》（以下简称《指引》），自发布之日起实施。《指引》主要做出如下安排。一是明确基金管理人参与要求和可参与投资的基金类型。要求基金管理人应具备相应投研能力，配备充足的投研人员。可参与投资的基金类型为股票基金、混合基金及中国证券监督管理委员会认定的其他基金。二是严格防控风险。规定基金的投资范围仅限于精选层股票。要求基金管理人在机构内控、产品设计、投资限制、申赎管理、流动性风险管理工具、估值披露等方面加强流动性风险管理，采用公允估值方法估值并依照中国证券监督管理委员会规定在法定情形下启用侧袋机制。要求基金管理人严格做好信息披露及风险揭示，切实做好投资者适当性管理。要求存量公募基金履行法定程序后，方可投资精选层股票。

4月24日 上市公司真实、准确、完整、及时地披露信息是证券市场健康有序运行的重要基础。财务造假严重挑战信息披露制度的严肃性，严重毁坏市场诚信基础，严重破坏市场信心，严重损害投资者利益，是证券市场“毒瘤”，必须坚决从严从重打击。2019年以来，中国证券监督管理委员会立足于提升上市公司质量的总体目标和服务实体经济的工作要求，强化协同，严格标准，优化机制，严厉打击上市公司财务造假，已累计对22家上市公司财务造假行为立案调查，对18起典型案件做出行政处罚，向公安机关移送财务造假涉嫌犯罪案件6起。

4月27日 中央全面深化改革委员会第十三次会议审议通过了《创业板改革并试点注册制总体实施方案》（以下简称《总体方案》）。为贯彻落实《总体方案》，中国证券监督管理委员会就《创业板首次公开发行股票注册管理办法（试行）》、《创业板上市公司证券发行注册管理办法（试行）》、《创业板上市公司持续监管办法（试行）（征求意见稿）》和《证券发行上市保荐业务管理办法（修订草案征求意见稿）》，向社会公开征求意见。

4月30日　为切实提高精选层公司质量，有效控制市场风险，保护投资者合法权益，根据《中华人民共和国证券法》《非上市公众公司监督管理办法》《非上市公众公司信息披露管理办法》等有关规定，中国证券监督管理委员会起草了《非上市公众公司监管指引第X号——精选层挂牌公司持续监管指引（试行）》，向社会公开征求意见。

4月30日　为贯彻落实党中央、国务院关于深化投融资体制改革、积极稳妥降低企业杠杆率、保持基础设施补短板力度等决策部署，支持国家重大战略实施，深化金融供给侧结构性改革，进一步提升资本市场服务实体经济能力，促进基础设施高质量发展，中国证券监督管理委员会与国家发展改革委联合发布了《中国证券监督管理委员会　国家发展改革委关于推进基础设施领域不动产投资信托基金（REITs）试点相关工作的通知》，标志着境内基础设施领域公募REITs试点正式起步。

5月

5月9日　按照国家金融业对外开放的统一安排，落实中美第一阶段经贸协议，支持外国银行在华分行申请证券投资基金托管业务资格，中国证券监督管理委员会对《证券投资基金托管业务管理办法》（以下简称《托管办法》）进行了修订，向社会公开征求意见。《托管办法》修订内容主要涉及以下几个方面。一是按照国家金融业对外开放的统一安排，允许外国银行在华分行申请证券投资基金托管业务资格，净资产等财务指标可按境外总行计算，并明确境外总行应承担的责任，强化配套风险管控安排。执行中，外国银行在华子行一体适用。二是结合监管实践完善监管要求，适当调整基金托管人净资产准入标准，强化基金托管业务集中统一管理，完善基金托管人持续合规要求，进一步丰富行政监管措施，强化实施有效监管。三是持续推进简政放权，简化申请材料，优化审批程序，实行“先批后筹”。四是统一商业银行及其他金融机构的准入标准与监管要求，将非银行金融机构开展基金托管业务有关规定整合并入《托管办法》。

5月14日 中国证券监督管理委员会依法对康美药业违法违规案做出行政处罚及市场禁入决定，决定对康美药业责令改正，给予警告，并处以60万元罚款，对21名责任人员处以90万元至10万元不等罚款，对6名主要责任人采取10年至终身证券市场禁入措施。相关中介机构涉嫌违法违规行为正在行政调查审理程序中。同时，中国证券监督管理委员会已将康美药业及相关人员涉嫌犯罪行为移送司法机关。

5月22日 为优化证券公司分类监管制度，促进证券公司增强风险管理能力，引导证券行业差异化发展，中国证券监督管理委员会对《证券公司分类监管规定》（以下简称《规定》）相关条款进行修改，并向社会公开征求意见。修改后的《规定》强调，分类评价结果主要供证监会及其派出机构使用。证监会按照审慎监管、分类监管原则，对不同类别证券公司规定不同的风控指标标准和风险资本准备计算比例，进行针对性监管资源配置。证券公司不得将分类结果用于广告、宣传、营销等商业目的。

5月28日 中国证券监督管理委员会批准上海期货交易所子公司上海国际能源交易中心开展低硫燃料油期货交易。

5月29日 为落实新证券法有关要求，支持证券公司充实资本，增强风险抵御能力，更好服务实体经济，中国证券监督管理委员会发布《关于修改〈证券公司次级债管理规定〉的决定》，自发布之日起施行。

6月

6月3日 为建立转板上市机制，规范转板上市行为，统筹协调不同上市路径的制度规则，做好监管衔接，中国证券监督管理委员会发布《关于全国中小企业股份转让系统挂牌公司转板上市的指导意见》（以下简称《指导意见》）。《指导意见》主要内容包括三个方面。一是基本原则。建立转板上市机制将坚持市场导向、统筹兼顾、试点先行、防控风险的原则。二是主要制度安排。对转入板块的范围、转板上市条件、程序、保荐要求、股份限售等事项做出原则性规定。三是监管安排。明确证券交易所、全国股转公司、中介机构等有关各方的责任。对转板上市中的违法违规行为，依法依规严肃查处。上交所、深交所、全国股转公司、中国证券登记结算有限公司等将依据《指导意见》制定或修订业务规则，进一步明确细化各项具体制度安排。

6月5日 上海证券交易所发布《关于红筹企业申报科创板发行上市有关事项的通知》。

6月12日 中国证券监督管理委员会批复同意大连商品交易所开展聚丙烯、聚氯乙烯、线型低密度聚乙烯期权交易；同意郑州商品交易所开展动力煤期权交易；同意上海期货交易所开展铝、锌期权交易。

6月12日 中国证券监督管理委员会同意苏州华兴源创科技股份有限公司发行股份购买资产并募集配套资金的注册申请，这是首单科创板上市公司重大资产重组项目。

6月12日 中国证券监督管理委员会发布了《创业板首次公开发行股票注册管理办法（试行）》、《创业板上市公司证券发行注册管理办法（试行）》、《创业板上市公司持续监管办法（试行）》和《证券发行上市保荐业务管理办法》，自公布之日起施行。与此同时，中国证券监督管理委员会、深圳证券交易所、中国证券登记结算有限公司、中国证券业协会等发布了相关配套规则。

6月18日 为进一步扩大期货市场对外开放，中国证券监督管理委员会依法核准摩根大通期货为我国首家外资全资控股期货公司。

6月24日 中国证券监督管理委员会依法对獐子岛公司信息披露违法违规案做出行政处罚及市场禁入决定，对獐子岛公司给予警告，并处以60万元罚款，对15名责任人员处以3万元至30万元不等罚款，对4名主要责任人采取5年至终身市场禁入。

6月24日 为进一步落实《非上市公众公司信息披露管理办法》差

异化信息披露的相关要求，推动新三板改革相关配套规则尽快落地，中国证券监督管理委员会起草了《非上市公众公司信息披露内容与格式准则第X号——精选层挂牌公司年度报告》《非上市公众公司信息披露内容与格式准则第X号——精选层挂牌公司中期报告》《非上市公众公司信息披露内容与格式准则第X号——创新层挂牌公司中期报告》《非上市公众公司信息披露内容与格式准则第X号——基础层挂牌公司中期报告》《非上市公众公司信息披露内容与格式准则第X号——精选层挂牌公司季度报告》，向社会公开征求意见。

7月

7月3日　为贯彻落实党中央、国务院关于设立科创板并试点注册制的重大决策部署，按照《中华人民共和国证券法》和《关于在上海证券交易所设立科创板并试点注册制的实施意见》，中国证券监督管理委员会在充分调研的基础上，立足于我国资本市场实际制定了《科创板上市公司证券发行注册管理办法（试行）》，自公布之日起施行。

7月10日　中国证券监督管理委员会和中国银保监会联合修订发布了《证券投资基金托管业务管理办法》（以下简称《托管办法》）。《托管办法》修订内容主要涉及以下几个方面。一是按照国家金融业对外开放的统一安排，允许外国银行在华分行申请证券投资基金托管业务资格，净资产等财务指标可按境外总行计算，并明确境外总行应承担的责任，强化配套风险管控安排。执行中，外国银行在华子行一体适用。二是结合监管实践完善监管要求，适当调整基金托管人净资产准入标准，强化基金托管业务集中统一管理，完善基金托管人持续合规要求，进一步丰富行政监管措施，强化实施有效监管。三是持续推进简政放权，简化申请材料，优化审批程序，实行“先批后筹”。四是统一商业银行及其他金融机构的准入标准与监管要求，将非银行金融机构开展基金托管业务有关规定整合并入《托管办法》。

7月10日　为有效实施证券公司审慎监管，促进证券公司的业务活动与其治理结构、内部控制、合规管理、风险管理等情况相适应，实现持续规范发展，中国证券监督管理委员会修改了《证券公司分类监管规定》，于2020年5月22日至6月21日向社会公开征求意见。从反馈意见情况看，社会各界对修改思路和修改内容总体认同，建议尽快发布实施，同时也提出了一些修改建议。中国证券监督管理委员会吸收采纳合理意见，进一步对其进行了修改完善。

7月17日 按照全面推进依法治国、加强法治政府建设的要求，为规范证券期货行政处罚相关执法行为，维护市场秩序，保障相关公民、法人和其他组织的合法权益，根据证券期货市场监管执法实践情况，中国证券监督管理委员会在《中华人民共和国行政处罚法》基础上，结合新证券法有关规定，起草了《证券期货违法行为行政处罚办法（征求意见稿）》，向社会公开征求意见。

7月22日 《上证综合指数编制方案》修订，指数编制修订方案的实施将进一步提升上证综合指数的市场代表性与稳定性，使上证综合指数更加准确表征上海市场，更加充分反映上海市场结构变化，为投资者观测市场运行、进行财富管理提供更理想的标尺。

7月24日 为落实2020年3月1日起施行的新证券法，持续加强信息披露监管，中国证券监督管理委员会起草了《上市公司信息披露管理办法（修订稿）》，并向社会公开征求意见。主要修改了以下内容。一是完善信息披露原则规定。新增了简明清晰、通俗易懂的原则要求，完善公平披露原则，同时明确自愿披露原则的相关要求，进一步鼓励自愿披露。二是完善临时报告事项。按照新证券法对临时报告事项进行了完善，对于同时发行公司债券的上市公司，增加债券临时披露事项，明确披露要求。三是进一步强调董监高等相关主体的责任。此外，此次修订按照新证券法的相关规定，对指定媒体披露要求、会计师事务所的相关表述、法律责任等相关条文进行了调整，同时配合注册制对发行文件披露要求进行了完善、借鉴了科创板非交易时段信息披露的相关规定。

7月24日 中国证券监督管理委员会、工业和信息化部、司法部、财政部联合发布《证券服务机构从事证券服务业务备案管理规定》。

7月31日　为进一步规范公开募集指数证券投资基金（简称指数基金）设立、运作相关活动，更好发挥指数基金资产配置工具属性，推动更多中长期资金入市，保护投资者合法权益，中国证券监督管理委员会起草了《公开募集证券投资基金运作指引第3号——指数基金指引（征求意见稿）》，向社会公开征求意见。

7月31日　为增强公募基金行业服务实体经济能力，支持行业机构做优做强，创造良好的行业发展生态，中国证券监督管理委员会对《证券投资基金管理公司管理办法》进行修订，并更名为《公开募集证券投资基金管理人监督管理办法》。中国证券监督管理委员会就《公开募集证券投资基金管理人监督管理办法（征求意见稿）》及相关配套规则公开征求意见。

7月31日　最高人民法院正式发布《最高人民法院关于证券纠纷代表人诉讼若干问题的规定》，自公布之日起施行。

8月

8月7日　中国证券监督管理委员会发布《公开募集基础设施证券投资基金指引（试行）》，自公布之日起施行。

8月7日　为贯彻落实修订后的证券法，进一步发挥行政和解在化解行政资源与行政效率之间的矛盾、及时补偿投资者损失、尽快恢复市场秩序等方面的积极作用，中国证券监督管理委员会在总结实践经验的基础上，对《行政和解试点实施办法》（中国证券监督管理委员会令第114号）进行了修订，起草形成了《证券期货行政和解实施办法（征求意见稿）》及其说明，向社会公开征求意见。

8月18日　最高人民法院发布《关于为创业板改革并试点注册制提供司法保障的若干意见》（法发〔2020〕28号）。这是最高人民法院继出台设立科创板并试点注册制改革的司法保障意见后，为资本市场基础性制度改革安排而再次专门制定的又一部系统性、综合性司法文件。

8 月 21 日 中国证券监督管理委员会就《欺诈发行上市股票责令回购实施办法（试行）（征求意见稿）》公开征求意见。欺诈发行责令回购是科创板试点注册制改革时探索创立、新证券法正式确立的一项重要制度创新，是借鉴境外成熟市场实践经验的制度成果，也是注册制改革的一项重要配套措施，对于提高违法成本，维护证券市场秩序，保护投资者合法权益具有重要意义。

8 月 24 日 深圳证券交易所创业板改革并试点注册制首批企业上市仪式在深圳举行。推进创业板改革并试点注册制，是党中央、国务院做出的重要决策部署，是资本市场建设承上启下的重要环节，这对于完善我国资本市场体系、助力粤港澳大湾区建设乃至促进国民经济整体良性循环和经济高质量发展具有重大意义。

8 月 26 日 根据《证券公司分类监管规定》（证监会公告〔2020〕42 号），经证券公司自评、证监局初审、中国证券监督管理委员会证券基金机构监管部复核，以及证监局、自律组织、证券公司代表等组成的证券公司分类评价专家评审委员会审议，确定了 2020 年证券公司分类结果。

8 月 28 日 中国证券监督管理委员会准予 2 只深港 ETF 互通产品注册，产品由境内基金管理人在境内设立，采取合格境内机构投资者（QDII）模式，将不低于 90% 的基金净资产投资于香港单只目标 ETF，跟踪恒生中国企业指数、标普新中国行业（A 股上限）指数市场表现，基金份额在深圳证券交易所上市交易。

8 月 28 日 中国证券监督管理委员会发布《公开募集证券投资基金销售机构监督管理办法》及配套规则，自 2020 年 10 月 1 日起施行。

9月

9 月 11 日 中国证券监督管理委员会就《关于加强私募投资基金监管的若干规定（征求意见稿）》公开征求意见。

9 月 18 日 为进一步落实“放管服”要求，优化上市证券公司信息披露机制，结合新证券法相关规定，中国证券监督管理委员会修订了《关于加强上市证券公司监管的规定》，一是与新证券法等规则衔接，完善相关条款及表述；二是要求证券公司强化内部控制和内幕信息管理；三是取消月度经营数据的披露要求，取消中期报告关于证券公司分类结果的披露要求。

9月18日 为贯彻落实2020年3月1日起施行的新证券法，进一步规范上市公司内幕信息知情人登记和报送行为，加强内幕交易综合防控，中国证券监督管理委员会就《关于上市公司内幕信息知情人登记管理制度的规定（征求意见稿）》公开征求意见。

9月25日 为切实提高资本市场对外开放水平，经国务院批准，中国证券监督管理委员会、中国人民银行、国家外汇管理局发布《合格境外机构投资者和人民币合格境外机构投资者境内证券期货投资管理办法》（以下简称《QFII、RQFII办法》），中国证券监督管理委员会同步发布配套规则《关于实施〈合格境外机构投资者和人民币合格境外机构投资者境内证券期货投资管理办法〉有关问题的规定》。《QFII、RQFII办法》及配套规则自2020年11月1日起施行。

9月30日 中国证券监督管理委员会同意楚天科技股份有限公司（以下简称楚天科技）发行股份、可转换公司债券购买资产并募集配套资金的注册申请。创业板上市公司重大资产重组实施注册制是推进创业板改革并试点注册制的重要内容。中国证券监督管理委员会同意楚天科技重大资产重组项目注册，标志着创业板上市公司并购重组注册制正式落地。

10月

10月5日 国务院印发《国务院关于进一步提高上市公司质量的意见》（以下简称《意见》）。《意见》从加快完善社会主义市场经济体制、建设现代化经济体系、实现经济高质量发展的高度，明确了提高上市公司质量的总体要求，从提高上市公司治理水平、推动上市公司做优做强、健全上市公司退出机制、解决上市公司突出问题、提高上市公司及相关主体违法违规成本、形成提高上市公司质量的工作合力等方面，对提高上市公司质量做出了系统性、有针对性的安排，是今后一段时期推动上市公司高质量发展的纲领性文件。

10 月 9 日 为落实党中央、国务院关于研究设立创新型期货交易所的决策部署，经国务院批准，中国证券监督管理委员会决定成立广州期货交易所筹备组，开始广州期货交易所的筹建工作。

10 月 23 日 为落实新证券法，中国证券监督管理委员会发布了《证券服务机构从事证券服务业务备案管理规定》（证监会公告〔2020〕52 号）。为了做好相关配套工作，方便从事信息技术系统服务业务的证券服务机构开展备案工作，中国证券监督管理委员会制定了《〈证券服务机构从事证券服务业务备案管理规定〉第九条的适用意见——证券期货法律适用意见第 16 号》及《监管规则适用指引——科技监管类第 1 号》，自发布之日起施行。

10 月 23 日 中国证券监督管理委员会批准上海国际能源交易中心开展国际铜期货交易，同时确定国际铜期货为境内特定品种，引入境外交易者参与。国际铜期货合约正式挂牌交易时间为 2020 年 11 月 19 日。

10 月 23 日 为落实新证券法的规定，进一步完善可转换公司债券各项制度，丰富企业融资渠道，防范交易风险，保护投资者合法权益，中国证券监督管理委员会起草制定了《可转换公司债券管理办法（征求意见稿）》及其说明，向社会公开征求意见。

10 月 30 日 为贯彻落实新证券法及国务院“放管服”改革要求，提升资本市场法规体系规范化水平，中国证券监督管理委员会发布《关于修改、废止部分证券期货规章的决定》《关于修改、废止部分证券期货制度文件的决定》，对 5 件规章、27 件规范性文件、38 件其他制度文件进行集中“打包”修改、废止。

11月

11 月 2 日 中央全面深化改革委员会第十六次会议审议通过了《健全上市公司退市机制实施方案》《关于依法从严打击证券违法活动的若干意见》等。

中央全面深化改革委员会第十六次会议指出，要坚持市场化、法治化方向，完善退市标准，简化退市程序，拓宽多元退出渠道，严格退市监管，完善常态化退出机制。要加快健全证券执法司法体制机制，加大对重大违法案件的查处惩治力度。

11 月 2 日 中国人民银行、中国银保监会、中国证券监督管理委员会、国家外汇管理局对蚂蚁集团实际控制人及董事长、总经理进行了监管约谈。11 月 3 日，上海证券交易所发布公告称，决定暂缓蚂蚁集团上市。

11 月 13 日 为贯彻落实国务院常务会议精神，加大保险资金对实体经济股权融资支持力度，提升社会直接融资比重，中国银保监会发布《关于保险资金财务性股权投资有关事项的通知》（以下简称《通知》）。《通知》共 10 条，核心内容是取消保险资金财务性股权投资的行业限制，通过“负面清单 + 正面引导”机制，提升保险资金服务实体经济能力。

11 月 20 日 为了规范证券基金经营机构董事、监事、高级管理人员及从业人员的任职和执业行为，促进证券基金经营机构合规、稳健运行，保护投资者合法权益，中国证券监督管理委员会就《证券基金经营机构董事、监事、高级管理人员及从业人员监督管理办法（征求意见稿）》公开征求意见。

11 月 20 日 为适应期货市场发展，并贯彻落实中国证券监督管理委员会证券期货规章制度系统性清理工作，中国证券监督管理委员会对《期货市场客户开户管理规定》（证监会公告〔2012〕1 号）进行了修订，并同步废止《关于开展期货市场账户规范工作的决定》（证监会公告〔2011〕20 号），将其中部分规定纳入征求意见稿中。

11 月 27 日 为建立转板上市机制，全面深化新三板改革，沪深交易所发布转板上市办法，向社会公开征求意见，标志着转板上市工作即将步入实际操作阶段。

12月

12 月 4 日 上海证券交易所发布新修订的《上海证券交易所科创板股

票发行上市审核规则（2020 年修订）》和《上海证券交易所科创板上市委员会管理办法》，并均自发布之日起施行。

12 月 11 日　根据《国务院关于进一步提高上市公司质量的意见》部署，为提高上市公司治理水平，中国证券监督管理委员会决定自即日起开展上市公司治理专项行动。

12 月 14 日　沪深交易所发布被市场称为“退市新规”的一系列规则办法修订的公开征求意见稿，新一轮退市制度改革就此启动。

12 月 25 日　中国证券监督管理委员会发布《证券交易数据交换协议》《资本市场场外产品信息数据接口》两项金融行业标准，自公布之日起施行。

12 月 28 日　中国证券监督管理委员会在京举办中国资本市场建立 30 周年座谈会。会议指出，30 年来特别是党的十八大以来，资本市场从无到有、从小到大，服务实体经济取得显著成效，深化改革不断向纵深推进，市场主体的创新活力和竞争力日益增强，高水平双向开放的新格局加快形成，市场发展的法治根基不断夯实，市场监管和治理效能不断提升，实现了跨越式发展。

B.11
参考文献

[1] 孙国茂、张辉、张运才：《宏观审慎监管与证券市场系统性风险测度研究》，《济南大学学报》（社会科学版）2020年第6期。

[2] 孙国茂：《中国证券市场宏观审慎监管研究》，中国金融出版社，2020。

[3] 孙国茂主编《中国证券公司竞争力研究报告（2020）》，社会科学文献出版社，2020。

[4] 孙国茂、李猛：《宏观审慎监管下的证券公司系统重要性评价体系研究》，《山东大学学报》（哲学社会科学版）2020年第5期。

[5] 中国人民银行：《2020年金融市场运行情况》，2021年1月27日。

[6] 中央结算公司：《2020年债券市场统计分析报告》，2021年1月15日。

[7] 国家金融与发展实验室：《NIFD季报——债券市场》，2021年2月6日。

[8] 财政部政府债务研究和评估中心：《地方政府债券市场报告（2020年12月）》，2021年1月19日。

[9] 全国中小企业股份转让系统：《全国中小企业股份转让系统2020年市场统计快报》，2020年12月31日。

[10] 中航证券：《2020年年报及2021年一季报总结：政策红利推动业绩提升，强者恒强错位竞争》，2021年5月26日。

[11] 平安证券：《证券行业年报综述：市场与政策共振　通道业务转型初见成效》，2021年4月17日。

[12] 海通证券：《记录不平凡的一年——2020年公募基金市场回顾》，2021年2月10日。

[13] 中银证券：《证券行业2020年年报及2021年一季报综述：业绩维持

可观增势，业务转型进展加速》2021 年 5 月 10 日。

[14] 孙国茂主编《山东省上市公司研究报告（2020）》，中国金融出版社，2020。

[15] 孙国茂主编《中国证券公司竞争力研究报告（2019）》，社会科学文献出版社，2019。

[16] 周尚伃：《未来证券行业股权变更、并购重组有望更活跃》，《证券日报》2021 年 3 月 23 日，B01 版。

[17] 中国证券业协会：《关于推进证券行业数字化转型发展的研究报告》，2020 年 8 月。

[18] 刘春航、朱元倩：《银行业系统性风险度量框架的研究》，《金融研究》2011 年第 12 期。

[19] 苏明政、张庆君：《经济周期波动、溢出效应与系统性金融风险区域传染性——基于 VARX 模型的实证研究》，《上海金融学院学报》2015 年第 2 期。

[20] 孙碧涵:《金融危机后美国投资银行业务调整研究》，吉林大学博士学位论文，2020。

[21] 王博宁：《企业文化整合对企业并购绩效影响研究》，北京交通大学硕士学位论文，2019。

[22] 中国人民银行：《金融科技（FinTech）发展规划（2019 ~ 2021 年）》，2019 年 10 月 28 日。

[23] 刘汉西：《大力发展金融科技，加速数字化转型》，《金融电子化》2020 年第 7 期。

[24] 房汉廷：《关于科技金融理论、实践与政策的思考》，《中国科技论坛》2010 年第 11 期。

[25] 孙国茂：《抓住数字经济本质　推进证券行业数字化转型》，《上海证券报》2021 年 6 月 22 日，第 8 版。

[26] 孙越：《从技术赋能业务到全面开放生态 券商加快数字化转型》，《上海证券报》2021 年 8 月 31 日，第 3 版。

［27］俞枫：《科技赋能国泰君安数字化转型，引领金融生态建设》，《中国金融电脑》2021 年第 2 期。

［28］殷振兴、姚子骏：《证券机构数字化转型的发展模式研究》，《金融纵横》2020 年第 10 期。

［29］程娟、周雄伟：《基于人工智能的证券金融服务创新研究》，《金融科技时代》2018 年第 10 期。

［30］孙国茂：《区块链技术的本质特征及在证券业的应用》，《上海证券报》2017 年 2 月 8 日，第 8 版。

［31］韩维蜜：《思想交锋：证券业数字化转型实践》，《金融电子化》2019 年第 2 期。

［32］赵旭：《疫情冲击下国际智能投顾业务模式比较及对证券行业财富管理的启示》，《金融发展评论》2020 年第 12 期。

［33］向筱、潘娜、莫海峰、谢佳明：《证券公司固定收益业务数字化转型路径研究》，《债券》2021 年第 1 期。

［34］李东风：《金融科技公司的穿透式监管探析》，《吉林工商学院学报》2021 年第 3 期。

［35］朱太辉、陈璐：《Fintech 的潜在风险与监管应对研究》，《金融监管研究》2016 年第 7 期。

［36］王雯、张敏、王健、肖晓超：《证券行业风险管理智能化转型路径探索》，《中国证券期货》2020 年第 4 期。

［37］王玲：《证券公司数据管理模式和路径研究》，《清华金融评论》2021 年第 3 期。

［38］邱晗、黄益平、纪洋：《金融科技对传统银行行为的影响——基于互联网理财的视角》，《金融研究》2018 年第 11 期。

［39］李文红、蒋则沈：《金融科技（FinTech）发展与监管：一个监管者的视角》，《金融监管研究》2017 年第 3 期。

［40］何国军：《数字化转型升级进展评估指标体系构建》，《中国出版》2019 年第 20 期。

[41] 金成国、黄伟新、李燕清：《研发投入强度与技术创新产出探析——基于高技术产业的经验证据》，《技术经济与管理研究》2021 年第 7 期。

[42] 华泰证券课题组：《证券公司数字化财富管理发展模式与路径研究》，《证券市场导报》2020 年第 4 期。

[43] 赵亚男：《论证券公司境外并购中的问题与对策》，《环渤海经济瞭望》2019 年第 2 期。

[44] 宋贺、段军山：《财务顾问与企业并购绩效》，《中国工业经济》2019 年第 5 期。

[45] 刘洁：《中国证券公司境外并购的动因和协同效应研究》，中南财经政法大学硕士学位论文，2017。

[46] 李铀：《证券业竞争格局与并购模式研究》，大连海事大学硕士学位论文，2016。

[47] 胡瑾烨：《申银万国并购宏源证券的协同效应研究》，财政部财政科学研究所硕士学位论文，2015。

[48] 蔡恒培：《我国证券类上市公司并购中的财务风险管理研究》，财政部财政科学研究所硕士学位论文，2015。

[49] 苏帅：《证券公司直接投资监管法律制度的完善》，中共中央党校硕士学位论文，2015。

[50] 陈晓蔚：《我国证券公司并购的治理因素研究》，复旦大学博士学位论文，2006。

[51] 吕鹏：《我国证券业并购问题研究》，浙江大学硕士学位论文，2004 年。

[52] 贾康：《“双循环”新发展格局的认识框架》，《金融经济》2020 年第 12 期。

[53] 中国人民银行：《中国金融稳定报告（2020）》，2020 年 11 月。

[54] 邓建平：《新证券法的五大亮点》，《财会月刊》2020 年第 6 期。

[55] 王宏宇、刘刊：《证券公司行政备案监管的权责及边界研究》，《金融监管研究》2018 年第 5 期。

[56] 吕晓蕾：《我国证券监管模式的实践矛盾与改革——以上市公司收购资金来源的实证分析与监管为研究路径》，《上海商学院学报》2017年第6期。

[57] 范小云、王道平：《巴塞尔Ⅲ在监管理论与框架上的改进：微观与宏观审慎有机结合》，《国际金融研究》2012年第1期。

[58] 贺强、赵照：《基于因子分析法的证券公司运营绩效研究》，《投资研究》2014年第10期。

[59] 施东辉：《探索构建资本市场的宏观审慎政策》，《清华金融论》2018年第5期。

[60] 李东方：《证券监管机构及其监管权的独立性研究——兼论中国证券监管机构的法律变革》，《政法论坛》2017年第1期。

[61] 周乐峰：《互联网金融在财富管理领域的探索和实践》，上海交通大学硕士学位论文，2014。

[62] 张祺：《财富管理市场中公募基金公司的定位与发展方向》，上海交通大学硕士学位论文，2014。

[63] 罗小鸥：《M证券公司开展财富管理业务的研究》，西南交通大学硕士学位论文，2012。

[64] 江晓东：《证券公司客户分类体系问题探析》，《内蒙古财经学院学报》2004年第1期。

[65] 徐宜阳：《关于证券公司开展综合金融服务的研究》，上海交通大学硕士学位论文，2013。

[66] 孙国茂、胡汝银、陈志超：《金融资源配置、所有制结构与企业绩效》，《济南大学学报》（社会科学版）2018年第1期。

[67] 孙国茂：《金融改革的目标是实现金融服务的普惠性》，《国际融资》2017年第11期。

[68] 宣承耀：《基于因子分析法的内地上市券商竞争力综合评价研究》，安徽大学硕士学位论文，2015。

[69] 刘强：《基于主成分分析的上市证券公司竞争力研究》，《经济研究导

刊》2011 年第 28 期。
[70] 傅智能:《中国证券公司核心竞争力研究》,武汉理工大学硕士学位论文,2004。
[71] 申创:《市场集中度、竞争度与银行风险的非线性关系研究》,《国际金融研究》2018 年第 6 期。
[72] 赵胜民、申创:《发展非利息业务对银行收益和风险的影响——基于我国 49 家商业银行的实证研究》,《经济理论与经济管理》2016 年第 2 期。
[73] 左晓慧、马云:《商业银行收入结构对盈利能力影响研究——基于 28 家上市银行系统广义矩估计》,《经济问题》2019 年第 11 期。
[74] 王聪、宋慧英:《中国证券公司股权结构、市场结构与成本效率的实证研究》,《金融研究》2012 年第 5 期。
[75] 邓泽源:《我国上市证券公司竞争力研究》,广西大学硕士学位论文,2015。
[76] 涂艳艳:《我国证券公司核心竞争力实证研究》,《考试周刊》2011 年第 62 期。
[77] 田宇、马雁:《零售企业多元化布局对经营绩效的影响——基于风险与收益的视角》,《商业经济研究》2021 年第 4 期。
[78] 聂庆平:《对实行股票发行注册制的几点认识》,《清华金融评论》2019 年第 10 期。
[79] 孙宏涛、裴健博:《我国先行赔付制度存在的问题及其完善》,《证券法律评论》2020 年第 1 期。
[80] 黄江东:《新证券法强化放管结合兼顾投融资平衡》,《中国证券报》2020 年 1 月 13 日,第 A03 版。
[81] 赫国胜、郑雪:《我国商业银行经营投资银行业务对风险影响的实证研究》,《金融发展研究》2020 年第 4 期。
[82] 桂祥:《宏观审慎管理背景下证券市场宏观调控的法律思考》,《现代经济探讨》2016 年第 10 期。
[83] 范小云、王道平:《巴塞尔Ⅲ在监管理论与框架上的改进:微观与宏

观审慎有机结合》，《国际金融研究》2012 年第 1 期。
[84] 刘春长：《证券发行管制、退出机制与创业板市场的发展》，《中国金融》2010 年第 16 期。
[85] 尹振涛：《全球金融监管框架调整与中国的路径选择》，《中国银行业》2018 年第 5 期。
[86] 夏仕亮：《券商收入结构与盈利能力关系实证检验》，《财会月刊》2015 年第 32 期。
[87] 吴晓求：《深化改革 扩大开放 促进中国证券市场的健康发展》，《中国人大》2015 年第 1 期。
[88] 徐小琴、何锡红、马洁：《金融危机发生后证券分析师压力对企业投资行为的影响——来自我国上市公司的经验证据》，《科技与经济》2018 年第 2 期。
[89] 聂瑞华、石洪波：《基于贝叶斯网络的上市证券公司风险预警模型研究》，《财经理论与实践》2018 年第 6 期。
[90] 郭园园、王惠慧：《中国证券公司核心竞争力研究》，《经营管理者》2017 年第 3 期。
[91] 冯森：《论我国证券公司核心竞争力的提升》，对外经济贸易大学硕士学位论文，2016。
[92] 黄爱学：《论证券公司的利益冲突及其内部控制》，《金融教育研究》2018 年第 31（04）期。
[93] 郭照蕊、黄俊：《公司多元化经营与会计信息价值相关性——来自中国证券市场的经验证据》，《中央财经大学学报》2020 年第 1 期。
[94] 蒋彧、季慧萍：《证券公司的股票投资评级具有参考价值吗？——基于 A 股市场的实证检验》，《中国经济问题》2018 年第 4 期。
[95] 贝政新、徐辑磊：《中美证券公司盈利模式比较及我国的选择》，《北方论丛》2016 年第 4 期。
[96] 李琳：《证券公司融资融券业务风险管理与控制研究》，《江苏科技信息》2017 年第 24 期。

[97] 陈京:《我国证券公司竞争力研究》,《财政金融》2015 年第 16 期。
[98] 吴夕晖:《证券公司核心竞争力的培育与提升》,《中国证券期货》2010 年第 9 期。
[99] 石阳、王明涛、李莎姗:《投行声誉、PE 背景与 IPO 企业盈余管理》,《投资研究》2014 年第 2 期。
[100] 李江涛、秦玉霞、纪建悦:《我国证券公司高管薪酬激励有效性的实证研究——基于上市证券公司 2005 ~2015 年的经验数据》,《金融与经济》2016 年第 10 期。
[101] 侯文蕾:《我国上市证券公司财务风险控制研究》,财政部财政科学研究所硕士学位论文,2015。
[102] 李扬主编《2017 年中国经济形势分析与预测》,社会科学文献出版社,2017。
[103] 赵楠:《中国证券公司核心竞争力评价指标体系研究》,内蒙古财经大学硕士学位论文,2014。
[104] 张建锋:《浅议中国证券公司产品创新发展研究》,《大观周刊》2012 第 17 期。
[105] 宋丹丹:《基于结构方程模型的中国证券公司核心竞争力影响因素研究》,山东大学硕士学位论文,2015。
[106] 宋文涛:《证券行业的核心竞争力理论分析及实证研究》,吉林大学硕士学位论文,2009。
[107] 邵新建、薛熠、江萍、赵映雪、郑文才:《投资者情绪、承销商定价与 IPO 新股回报率》,《金融研究》2013 年第 4 期。
[108] 肖浩、孔爱国:《融资融券对股价特质性波动的影响机理研究:基于双重差分模型的检验》,《管理世界》2014 年第 8 期。
[109] 尹筑嘉、黄建欢、文凤华:《中国证券公司核心竞争力的内涵与评估——基于美国金融危机的反思》,《长沙理工大学学报》(社会科学版)2010 年第 6 期。
[110] 阳昌云:《证券公司成本管理能力研究:基于可持续发展的视角》,

中国财政经济出版社，2012。
[111] 何晓斌：《中国证券公司核心竞争力评价与提升研究》，上海社会科学院博士学位论文，2006。
[112] 张晓文、于武、胡运权：《企业竞争力的定量评价方法》，《管理评论》2003 年第 1 期。
[113] 王巍：《系统重要性金融机构的识别、监管及在我国的应用》，《财经问题研究》2013 年第 2 期。
[114] 夏婷、闻岳春、程天笑：《我国系统重要性金融机构的评估与分析：以证券公司为例》，《上海立信会计金融学院学报》2017 年第 25 期。
[115] 常嵘：《基于系统性金融风险度量方法的宏观审慎监管研究》，《东岳论丛》2013 年第 12 期。
[116] 邓向荣、曹红：《系统性风险、网络传染与金融机构系统重要性评估》，《中央财经大学学报》2016 年第 3 期。
[117] 孙国峰：《2020 年货币政策回顾与展望》，《中国金融》2021 年第 3 期。
[118] 陈倩仪、李青、傅俊辉：《创新类证券公司竞争力的综合评价与分析》，《经济科学》2009 年第 1 期。
[119] 贾彦东：《金融机构的系统重要性分析——金融网络中的系统风险衡量与成本分担》，《金融研究》2011 年第 10 期。
[120] 胡大立、卢福财、汪华林：《企业竞争力决定维度及形成过程》，《管理世界》2007 年第 10 期。
[121] 连莲：《“X 非效率”视角下的证券公司竞争力分析》，《经济论坛》2012 年第 11 期。
[122] 王建国、牛楠、刘佳鑫：《我国券商产业竞争力——基于上市证券公司的实证研究》，《武汉金融》2014 年第 7 期。
[123] 黄孝武、唐毅：《宏观审慎监管理论研究新进展》，《财经问题研究》2012 年第 5 期。
[124] 宋丽：《我国系统重要性金融机构研究综述》，《海南金融》2016 年第 2 期。

[125] 苏秀丽:《企业核心竞争力的培养与发展趋势研究》,《经营管理者》2014 年第 15 期。

[126] 马溯纲:《美国机器人投顾发展模式及对国内券商的启示》,《金融纵横》2018 年第 6 期。

[127] 张哨军:《证券公司竞争力评价指标体系的构建》,《中外企业家》2010 年第 10 期。

[128] Sarah, S., Simon, W., "Can Banks in Emerging Economies Benefit from Revenue Diversification?" *Journal of Financial Services Research*, 2011, 40 (1-2).

[129] Jorge, A. C., "Regulatory Capital Charges for Too-Connected-to-Fail Institutions: A Practical Proposal", *IMF Working Paper*, 2010.

[130] Saunders, A., Schmid, M., Walter, I., "Non-Interest Income and Bank Performance: Does Ring-Fencing Reduce Bank Risk?" *Social Science Electronic Publishing*, 2014.

[131] Jaffar, K., Mabwe, K., Webb, R., "Changing Bank Income Structure: Evidence from LargeUK Banks?" *Asian Journal of Finance & Accounting*, 2014, 6 (2).

[132] Barry, W., "The Impact of Non-interest Income on Bank Risk in Australia", *Journal of Banking and Finance*, 2016, 73.

[133] Brahmana, R., Kontesa, M., Gilbert, R. E., "Income Diversification and Bank Performance: Evidence from Malaysian Banks", *Economics Bulletin*, 2018, 38 (2).

[134] Acharya, V., Pedersen, L., Philippon, T. and Richardson, M., "Measuring Systemic Risk", *NYU Working Paper*, 2010.

[135] Hayden, E., Porath, D., Von, W. N., "Does Diversification Improve the Performance of German Banks? Evidence from Individual Bank Loan Portfolios", *Social Science Electronic Publishing*.

[136] Kahloul, I., Hallara, S., "The Impact of Diversification on Firm

Performance and Risk: An Empirical Evidence", *International Research Journal of Finance & Economics*, 2010, 35.

[137] Wang, W., Whyte, A. M., "Managerial Rights, Use of Investment Banks, and the Wealth Effects for Acquiring Firms' Shareholders", *Journal of Banking & Finance*, 2010, 34 (1).

[138] Jordan, B. D., Liu, M. H., Wu, Q., "Do Investment Banks Listen to Their Own Analysts?", *Journal of Banking & Finance*, 2012, 36 (5).

[139] Cao, K., Madura, J., "Investment Banks as Intermediaries in Asset Sell-offs", *Journal of Economics & Business*, 2014, 74.

[140] Lepetit, L., Nys, E., Rous, P., et al., "The Expansion of Services in European Banking: Implications for Loan Pricing and Interest Margins", *Journal of Banking & Finance*, 2008, 32 (11).

[141] Torna, G., Deyoung, R., "Nontraditional Banking Activities and Bank Failures During the Financial Crisis", *Journal of Financial Intermediation*, 2012, 22 (3).

[142] Segoviano, M. A. and Goodhart, C., "Banking Stability Measures", *IMF Working Paper*, 2009, 9.

[143] Gambacorta, L., Scatigna, M., Yang, J., "Diversification and Bank Profitability: A Nonlinear Approach", *Applied Economics Letters*, 2014, 21 (6).

[144] Drehmann, M. and Tarashev, N., "Systemic Importance: Some Simple Indicators", *BIS Quarterly Review*, 2001, 3.

[145] Lee, C. C., Yang, S. J., Chang, C. H., "Non-interest Income, Profitability, and Risk in Banking Industry: A Cross-country Analysis", *The North American Journal of Economics and Finance*, 2014, 27.

[146] Pejman, A., Philip, M., and Amine, T., "Non-interest Income and Banklending", *Journal of Banking and Finance*, 2018, 87.

B.12

中国证券行业数字化转型的逻辑、现实与目标

（代后记）

孙国茂

一　证券行业数字化转型迫在眉睫

党的十九届五中全会提出，加快数字化发展。“十四五”乃至今后更长时间，我国将加快发展数字经济，推进数字产业化和产业数字化，推动数字经济和实体经济深度融合，打造具有国际竞争力的数字产业集群。加强数字社会、数字政府建设，提升公共服务、社会治理等数字化智能化水平。其实早在两年前监管部门就对金融行业数字化发展做出总体规划。2019 年 8 月，中国人民银行发布的《金融科技（FinTech）发展规划（2019 ~ 2021 年）》提出，金融科技是技术驱动的金融创新，旨在运用现代科技成果改造或创新金融产品、经营模式、业务流程等，推动金融发展提质增效。在新一轮科技革命和产业变革的背景下，金融科技蓬勃发展，人工智能、大数据、云计算、物联网等信息技术与金融业务深度融合，为金融发展提供源源不断的创新活力。金融科技成为推动金融转型升级的新引擎。金融科技的核心是利用现代科技成果优化或创新金融产品、经营模式和业务流程。借助机器学习、数据挖掘、智能合约等技术，金融科技能简化供需双方交易环节，降低资金融通边际成本，开辟触达客户全新途径，推动金融机构在赢利模式、业务形态、资产负债、信贷关系、渠道拓展等方面持续优化，不断增强核心竞争力，为金融业转型升级持续赋能。

事实上，证券业是我国最早探索和尝试数字化转型的行业之一。20世纪90年代，受美国嘉信公司、E-Trade等新型投资银行的影响，国内券商开始尝试网上交易。2000年4月，中国证监会颁布《网上证券委托暂行管理办法》，首次对网上交易的业务资格和运作方式做出明确规定。此后，券商网上交易业务加速发展。到2001年，全行业104家证券公司中有71家开通网上交易业务，占证券公司总数的68.27%；网上证券交易量占比达到约6%；网上开户超过320万户，占证券市场开户总数的约10%。但是进入21世纪后，随着金融科技的迅速崛起，一些金融科技公司借助大型数字平台不断向金融领域渗透。尤其是近年来互联网、云计算、大数据和人工智能等数字技术在银行、保险等各个金融子领域的广泛应用，使得证券行业的数字化优势逐渐减退。2019年11月，中国证监会副主席李超在深圳证券交易所技术大会上指出，加快构建数字化新生态，促进资本市场健康发展。李超提出了构建资本市场数字化新生态四个方面的工作：一是加强行业数字化生态顶层规划设计；二是充分发挥交易所等核心机构的引领作用；三是加大数字化生态建设投入力度；四是高度重视数字化生态建设过程中的风险防范。2020年9月，中国证券业协会发布的《关于推进证券行业数字化转型发展的研究报告》认为，随着新一轮科技革命与产业变革的深入推进，以人工智能、区块链、云计算、大数据等为代表的数字技术在证券领域的应用场景不断拓宽，深刻改变着行业业务开展、风险控制、合规监管等，并催生了智能投顾、智能投研、金融云等新型服务或产品。数字技术在证券领域的应用提升了用户的服务体验，大大降低了运营成本，提高了市场整体的运行效率。该报告提出，作为金融科技发展的重要参与主体，证券行业应当着力于通过数字化转型提升内部管理水平，增强合规风控能力，实现金融科技与业务发展相互促进、良性循环。

尽管业界普遍将监管部门领导讲话理解为监管部门对行业数字化转型的正式表态，但学界认为，与制造业代表的实体经济和金融业中的其他子行业相比，证券行业数字化转型明显落后。一个不争的事实是，在过去的10多年里，几乎所有的中国数字平台公司无一例外地选择了在境外上市。这一现象至少说明，资本市场尚未建立能够容纳数字企业上市的制度体系。不论是考察中国证券业协会的报告，还是考察大量券商的研究报告，可以发现迄今为止，监管部门尚未完成推动证券行业数字化转型的顶层设计。但以券商为代表的证券机构却表现出比监管部门更大的数字化热情。自 2020 年以来，华泰证券、国泰君安、海通证券、招商证券、国信证券等头部券商都在半年报和年报中明确提到“数字化”。然而，到底什么是数字化转型？它包含哪些深刻内涵？证券公司的数字化转型能代表证券行业数字化转型吗？对这些重要的问题业内并没有形成统一的认识。如何推动证券行业数字化转型，在构建双循环发展格局中使资本市场发挥更大的作用，实现高质量发展，成为摆在我们面前迫切需要解决的重大课题。

二　数字技术、数字经济与证券行业数字化转型逻辑

目前，社会各界对数字化转型的理解千差万别，即使学界、业界也缺乏统一和准确的认识。从国内大量研究文献看，很多研究者将数字经济、数字技术和大数据等概念混为一谈，因此得出一些似是而非的观点。这种普遍性现象源于对数字经济的认知差异。这种认知差异在很大程度上与语境差异有关，或者说是与英语世界的知识与信息不能用汉语准确表达有关。数字经济（Digital Economy）一词最早由美国经济学家泰普斯科特（Don Tapscott）1995 年在 *The Digital Economy*：*Rethinking Promise and Peril in the Age of Networked Intelligence* 一书中提出。这本书其实应该翻译成《数字经济学》，但我们现在看到的书名却是《数据时代的经济学：对网络智能时代机遇和风险的再思考》。在本书中，泰普斯科特对数字经济的定义是：网络智能时代的经济是数字经济。他说，在新经济中，信息是以数字方式呈现的，它们以字节形式储存在电脑中，以光速传播于网络中。利用二进制代码，所有信息和传输都可以用 0 和 1 这两个数字来实现和完成。事实上，另一位美国科学家尼葛洛庞帝（Nicholas Negroponte）在泰普斯科特之前就已经提出了“数字革命”（Digital Revolution）的概念。他在《数字化生存》（*Being*

Digital）一书中说，计算不再只和计算机有关，它决定了我们的生存。尼葛洛庞帝没有直接给出“数字化”的定义，却明确告诉我们数字化的四个本质特征：去中心化、全球化、和谐效应和赋予权力。他预言数字化将改变大众传播的本质。他甚至说未来社会将“一网打尽全世界”。在过去将近30年里，尼葛洛庞帝提出的许多预言几乎全部实现——数字化彻底改变了我们生存的世界。尼葛洛庞帝曾担任过麻省理工学院建筑机械研究组组长和媒体实验室主任，长期致力于电脑、大众传播科技以及人机界面方法等领域的研究，这注定了他与泰普斯科特有着本质的不同。尼葛洛庞帝始终站在科技人文主义的角度预言未来社会，把我们带进了一个由比特（bit）构成的世界，启迪我们用“比特思维”去认知和理解“比特世界”。所以说，尼葛洛庞帝是从数字经济的本质，而不仅仅是从经济学范畴解释数字经济。他把“数字革命”置于人类文明大背景下，为我们提供了一个更加广阔的视野来审视和理解数字经济。从这个意义上说我们有理由认为，数字经济是人类社会经历了农业文明、工业文明之后，又进入了一个新的文明时期——数字文明。

回顾数字经济理论的起源和演化，我们会发现一些匪夷所思的现象。尼葛洛庞帝和泰普斯科特提出各自思想后，主流经济学对此的回应并不积极。这使得在过去近30年的时间里，与数字经济迅猛发展的社会现实相比，对数字经济理论的研究却显得很不充分。经济学界迄今为止尚未形成对数字经济的统一认识，遑论建立理论体系和研究范式了。考察最近30年来诺贝尔经济学奖得主的学术贡献，很难看到与数字相关并对数字经济发展产生影响的研究成果。事实上，自20世纪末以来，随着互联网的广泛应用，国外已经大量出现与数字经济相关的研究成果。只不过，这些研究大部分来自自然科学和社会学等领域，而不是来自经济学，尤其是那些广为人知并已经产生巨大影响的研究。从化学家普利高津（Ilya Prigogine）提出的“开放系统”和耗散结构思想，到互联网企业家安德森（Chris Anderson）提出的长尾理论；从社会学家杰里米·里夫金（Jeremy Rifkin）提出的“零边际成本”和共享经济理念，到历史学家尤瓦尔·赫拉利（Yuval Noah Harari）提出的科技人文主义和数据主义，这些被世界各国广泛应用并对当代社会产生深刻影响的思想洞见，无一例外来自经济学以外的领域。相比之下，那些建立在古典经济学和新古典经济学理论基础上，采用传统经济学研究方法的研究，看上去不仅苍白无力而且具有明显的碎片化特征，缺乏对数字经济和社会现实的整体解释力。

2016 年 9 月，G20 杭州峰会达成的《G20 数字经济发展与合作倡议》提出，数字经济是指以使用数字化的知识和信息作为关键生产要素、以现代信息网络作为重要载体、以信息通信技术的有效使用作为效率提升和经济结构优化的重要推动力的一系列经济活动。互联网、云计算、大数据、物联网、金融科技与其他新的数字技术应用于信息的采集、存储、分析和共享过程中，改变了社会互动方式。数字化、网络化、智能化的信息通信技术使现代经济活动更加灵活、敏捷、智慧。基于尼葛洛庞帝和泰普斯科特等思想，综合各种与数字经济相关的理论，本报告认为，数字经济的本质是“比特”，但数字经济绝非一种固定的和稳定的经济形态，它一直处在不断演化中。数字经济包含四个缺一不可的基本元素：一是建立在数字技术上的通信技术、数据存储技术以及计算机数据处理技术；二是互联网数字平台设施；三是海量数据；四是与数字经济相适应的制度体系。简单地说，就是技术、平台设施、数据和制度四个元素。今天我们看到的数据（信息）存储技术、数据传输技术、云计算、大数据、人工智能、移动互联网（5G）和物联网、区块链以及以计算机数据处理技术（算法）等，其实都是四大元素不断融合、相互作用的结果。这就不难理解，为什么数字经济的内涵和范畴一直在不断扩大并且越来越趋于复杂化。需要说明的是，构成数字经济的四大基本元素是在不同的经济社会条件下逐步涌现和形成的。布莱恩·阿瑟（W Brian Arther）说：“经济是技术的一种表达，并随这些技术的进化而进化。”数字经济的演化取决于数字经济基本元素的演化、融合和相互作用，但主要取决于数字技术的演化。基于技术哲学思想，数字经济应该起源于 20 世纪 40 年代甚至更早。也就是说，早在计算机理论、信息论、控制论和人工智能等思想和理论诞生时，数字经济的时代之幕就已经开启了。20 世纪 50 年代诞生的存储技术实现了数字信息的高效存储，使“比特”表示信息的巨大意义显而易见。此后半个多世纪以来，随着通信技术、存储技术和计算机软、硬件的不断改进，互联网、云计算、大数据、人工智能、物联网、区块链以及算法技术等不断涌现、形成、发展和成熟，数字经济在不同的时期曾经被称作信息经济、知识经济、新经济、虚拟经济、网络经济、互联网+、平台经济、体验经济、通证经济和共享经济等。数字经济的含义如此之多，使得定义和理解“数字经济”变得十分困难，这其实是数字经济的结构、机制、规模和底层技术演化的结果。凯文·凯利（Kevin Kelly）认为，技术元素的进化可以提高复杂性、多样性和可进化性，将科技置于进化的背景下，我们可以看到宏观规则在当前时代是如何发生作用的。数字经济四大基本元素在不同阶段、不同时期折射出了数字经济的局部性特征，于是就有了互联网金融、金融科技、数字贸易和数字医疗等概念的产生。数字经济含义的多样性、复杂性和多变性正是它的演化特征和演化效应极强的体现。

数字经济是经济社会和经济理论演化的结果，但它首先是人类文明和科学技术演化的结果。基于这样的理解，所谓的数字经济其实就是数字技术引发传统经济不断演化的一种新的经济形态。数字技术不仅催生了数字经济的四大基本元素，也从宏观和微观两个层面彻底改变了传统经济学的形态。从这个意义上说，我们从微观层面上说“数字化转型”是正确的，如“企业数字化转型”“商业银行数字化转型”；但是从宏观层面上说“数字化转型”并不准确。具体到证券行业，数字化转型既包括金融机构和各类市场主体，也包括监管部门和各类交易所、协会等自律机构。证券公司的数字化转型与证券行业的数字化转型根本就不是一回事，也不能代表整个行业的数字化转型。证券行业的数字化转型在很大程度上是演化的结果，不太可能在一个很短的时期内就能完成。

三 证券行业的数字化转型的现实与目标

《金融科技（FinTech）发展规划（2019～2021年）》提出我国金融科技

发展的目标是“推动金融转型升级”“服务实体经济”“促进普惠金融发展”“防范化解金融风险”。按照这一目标，证券行业数字化转型任重道远。比较数字经济理论和现实，从四大基本元素决定的数字化转型内容看，目前证券行业的数字化转型仍处在探索阶段。

就纯粹技术而言，行业转型主要体现为以证券公司、期货公司、基金公司以及上市公司等为代表的市场主体对数字技术的广泛应用。金融机构和市场主体已经意识到数字化转型是对自身的系统性的重新定义，将导致组织架构、业务流程、业务模式、IT 系统、人员能力等方面的变化。机构和企业通过加大对数字技术的投入来带动业务发展、创新商业模式，实现业务内生增长。目前，业内少数头部证券公司以营利为目的数字化转型主要表现在两个方面：一是探索承载零售、机构、投资、投行等业务的数字化转型，覆盖清算、运营、运维、合规、风控、办公等管理模块，全面提升内部运营效率和客户服务水平；二是金融科技自身的数字化转型，包括提升金融科技的核心竞争力，打造金融科技的“四梁八柱”，建立数字技术与业务的融合机制，实现业务发展与数字化转型的融合。

就数字平台而言，证券行业是网络效应和平台效应最明显的行业，众多的投资者和海量的信息使互联网在证券行业产生了比其他行业更大的使用价值。以交易所和头部证券公司为代表的机构都是以互联网平台为载体运行和开展业务的，这些机构和其所开展的业务已经完全平台化。互联网平台是数字经济的基础设施和载体，它不仅解决了交易双方信息搜寻、交易谈判、合约订立、产品（金融）交割以及支付清算等问题，降低了交易成本，建立了数字技术背景下的市场容量、市场结构和市场秩序，使所有市场参与者在交易过程中实现“机器信任”，也对市场主体的生产方式、组织架构和企业形态产生影响。更重要的是，互联网平台不断产生海量数据和新的信息。这些数据和信息不仅产生新的价值，也和平台一起影响和决定着整个行业未来的发展。

就数据要素而言，证券行业是最能体现数据资源作为数字经济核心生产要素价值的行业。交易所和证券公司的互联网平台既是数据存储中心，也是数据生产和处理中心，未来它们有可能成为数据交易中心。中共中央、国务院《关于构建更加完善的要素市场化配置体制机制的意见》提出，加快培育数据要素市场，推进政府数据开放共享，提升社会数据资源价值，加强数据资源整合和安全保护。这意味着数据作为新型要素资源已经进入了市场配置体系。经过数字化处理的数据本质上具有流动性、开放性和非排他性等特征，数据要素的这些特征可能使确权、定价和交易等市场功能发生变化。同时，由于数据治理过程存在数据的产生、收集、存储、流动、利用和处置等周期性环节，那些产生和拥有数据或者距离数据最近的个人和机构最容易获得数据带来的红利；那些拥有算法优势的个人和机构最渴望获得并使用数据。这就不得不令人思考，证券行业应当采用怎样的数据治理模式？未来整个行业怎样防止数据霸权和数据滥用？怎样处理和使用这些数据才是合理、合法和有效的？怎样处理和使用这些数据才能使数据价值最大化？

就数字经济的制度而言，它是决定数字经济演化方向的关键因素。作为全球首个数字经济治理的纲领性文件，《G20 数字经济发展与合作倡议》提出的制度设计原则非常重要："发展和保持公开、透明、包容及以证据为基础的数字经济政策制定方式，并考虑到所有利益相关方的意见。"科技创新的巨大的溢出效应使数字经济发展必然改变旧的制度体系。从制度经济学和演化经济学角度理解，技术进步和科技创新必然导致制度创新，但是，反过来制度又反作用于科技创新，甚至决定着科技创新的轨迹和方向。对于金融行业来说，制度是监管和治理的依据。这意味着，没有与数字技术相适应的制度设计和制度建设，整个金融行业的数字化转型将无法完成。我国近 20 年的金融科技发展历程足以证明这一点。以 P2P 网络借贷为代表的金融创新就是前车之鉴，它从另一个方面证明了制度建设对于金融行业数字化转型至关重要。目前在证券行业，与数字经济、数字金融或者金融科技相关的重要制度和关键性制度尚未出台，这可能是行业数字化转型缓慢的关键所在。

不论是《G20 数字经济发展与合作倡议》还是《金融科技（FinTech）

发展规划（2019 ~2021 年)》，都明确提出了发展目标。对于证券行业而言，数字化转型的目标或者说转型的目的是什么？这是一个非常重要且十分严肃的问题，却极少被人论及和思考。迄今为止，我们能看到的与证券行业数字化转型相关的信息大多与证券公司的盈利有关，这至少会给社会带来两个误解：一是证券行业的数字化转型就是公司数字化转型；二是证券行业的数字化转型是在机构的利益驱动下发生的。100 多年前，创新先知熊彼特（Joseph A. Schumpeter）从理论上对“创新”进行定义：建立一种新的生产函数。按照熊彼特的理论，只有给整个社会带来福利增加的生产要素组合才是“创新”。管理学之父德鲁克（Peter F. Drucker）从现实的角度也对“创新”进行定义：创新就是提供改变产品和服务，为客户提供价值和满意度。如果我们真正明白了数字经济是技术进步和科技创新的结果，那就不可能不明白证券行业数字化转型的目标是什么。

简单地说，本报告认为，证券行业数字化转型的主要目标有四个。一是保护投资者利益。中国证券市场已经走过近 30 年的发展历程，保护投资者利益既是监管部门的责任，也是亿万投资者的愿景。在前数字经济时代，证券市场投资者保护一直为社会各界所诟病。证券行业数字化转型，可以为投资者提供更好的服务和创造更多的价值。比如，交易所、证券公司和中介服务机构能否通过大数据提前发现已经进入市场和即将进入市场的“烂苹果”，减少投资者损失？二是更好地服务实体经济。构建双循环发展格局和实现创新驱动，本质上要求一个功能强大、健康发展的证券市场。通过数字化转型，证券市场的容量、结构和运行方式会发生很大变化，各种服务功能将大幅提升。三是进一步提高市场运行效率和监管效率。监管部门和交易所等机构通过数字化转型，可以建立完善的信息库和大数据中心，在不同的交易所之间和多层次资本市场之间建立数字化联系。监管部门加强监管科技应用，研究制定风险管理模型，完善监管数据采集机制，通过系统嵌入、API 等手段，实时获取风险信息，自动抓取业务特征数据，保证监管信息的真实性和时效性，将大大提高监管效率。四是防范系统性风险发生。监管部门和交易所运用云计算、大数据和人工智能等数字技术，可以实现动态监管线上线下、国际国内的资金流向流量，发现异常交易。交易所和证券公司应利用市场交易数据、开户数据以及投资者的其他相关数据等，建立预警模型，及时发布市场风险指数。监管部门应探索金融科技创新管理机制，服务金融业综合统计，增强金融监管的专业性、统一性和穿透性。总之，数字化转型为我们预测风险提供了新的工具，使我们防范系统性风险成为可能。

Abstract

2020 marks the 30th anniversary of the establishment of China's capital market and the first year of comprehensively deepening the reform of the capital market. In the face of the impact of COVID-19 in the early years, the securities regulatory authorities carried out the decision making arrangements of the CPC Central Committee and the State Council, aiming at building a standardized, transparent, open, dynamic and resilient capital market, and co ordinate efforts to prevent and control the epidemic situation, deepen reform, prevent risks and support economic and social development. The newly revised *Securities Law* was officially implemented in March, achieving major breakthroughs in comprehensively implementing the securities issuance registration system, significantly increasing the cost of securities violations, and strengthening investor protection. *Amendment* (XI) *to the criminal law* was deliberated and passed, and significant progress was made in the legislation of the futures law. The first batch of selected tier enterprises on the new third board were listed, the reform of the gem registration system was implemented, the transfer rules were issued, a series of basic systems such as issuance and listing, information disclosure and refinancing were further improved, and the basic systems were gradually optimized. While building systems and not intervening, the regulatory authorities adopted a zero tolerance attitude towards violations of laws and regulations, strictly investigated and dealt with a number of important cases, generally converged the risks in bond default, private equity funds and other fields, and improved the market ecology. Throughout 2020, the ability of capital market to serve entities will be further enhanced, which has played an important role in improving the quality of listed companies, giving play to market-oriented resource allocation, enriching residents' wealth allocation channels, and strengthening the anti risk ability of the financial system.

Securities companies are not only an important part of the capital market, but also an important service institution of the capital market. In 2020, the securities industry will actively play the intermediary function of investment banks, further improve the wealth management ability of serving residents while serving the real economy, and achieve initial results in the transformation of industry wealth management. From the perspective of the whole industry, the operation of securities companies is generally good, and the asset scale has increased steadily. The industry risk control indicators are better than the regulatory standards, and the compliance risk control level is healthy and stable. In 2020, China's capital market will be more open to the outside world. While the securities industry is developing normally, the restrictions on the proportion of foreign shares in futures, funds and securities companies will be further liberalized. This will undoubtedly lead to more and more fierce competition in the securities industry. Therefore, it is particularly necessary to evaluate the competitiveness of securities companies in a certain period by using scientific methods. Adhering to the concept of timely, effective, scientific, rigorous, objective and authoritative, this report evaluates the competitiveness, systematic importance and industry digital transformation of securities companies in 2020. It has important reference value for experts and scholars in the securities industry, senior managers engaged in the securities industry, and students and the public who pay attention to the development of China's capital market.

The book is divided into four parts: General Report, Evaluation Reports, Special Topic Reports and Appendix.

The General Report first introduces the development of the primary and secondary securities markets, and summarizes the IPO, refinancing, bond and fund markets. Secondly, it introduces the development of the new third board market, science and innovation board and M & a market. Finally, it summarizes the development of securities companies.

The Evaluation Reports makes full use of various data of securities companies and evaluates and ranks the competitiveness of securities companies through the constructed evaluation system. Firstly, it introduces the development of securities companies in the past year, and lists a number of index data; Secondly, on the basis of drawing lessons from the past experience, the competitiveness of each securities company is evaluated by innovatively using the indicators based on macro prudence and micro prudence risk control ability; Finally, rank the systemically important securities companies and the digital transformation of securities companies, which is also the core research achievement of this report.

The Special Topic Reports makes a detailed analysis of listed securities companies and their comparison with listed banking and insurance industries, as well as the M & A, governance and regulatory system of securities companies.

The Appendix combs the events in China's securities market in 2020 in the form of "memorabilia" .

Keywords: Competitiveness of Securities Companies; Systematic Importance; Digital Transformation

Contents

I General Report

Abstract: At the beginning of 2020, in response to the impact of COVID-19, the CPC Central Committee and the State Council jointly promoted the work of epidemic prevention and control, resumed work and resumed production, and supported the development of the real economy. The capital market ushered in the first year of comprehensively deepening reform, the system was more sound, the new securities law was officially implemented, the registration system was expanded to the gem, and innovations were ushered in in IPO, trading system, regulatory system, investor protection system, intermediary responsibility system and other fields. The effect of capital market supporting the development of real economy is obvious, among which IPO Financing has reached a new high in recent 10 years, especially in supporting the development of emerging science and innovation enterprises, and the refinancing scale shows signs of recovery. The issuance scale of the bond market reached a record high, and the stock scale exceeded one million billion yuan for the first time. The fund market continued to shine at a high time, the initial scale reached a record high, and industry highlights such as the frequent emergence of burst funds throughout the year and the official start of public REITs appeared frequently. The reform of the new third board has been comprehensively promoted, the selected layer has been successfully opened, the stock turnover has increased, reversing the continuous decline since 2017. At the end of the year, the detailed rules for listing on the special board have been publicly solicited for opinions, and the listing on the special board will be more smooth in the future. The market innovation system of the science and Innovation Board operated well, the market capacity increased significantly throughout the year, the proportion of scientific research investment was significantly higher than that of other sections, and the bright spots of scientific research achievement transformation flashed. The activity of the M & a market has decreased, but with the introduction of the policies to encourage M & A, the function of serving the real economy will play again in the future. As an important institution in the capital market, the operating performance of securities companies has maintained growth throughout the year. Foreign securities companies have strengthened the layout of the mainland market, and the intensified competition has made the industry head effect obvious. Accelerating the digital transformation has become a breakthrough in the differentiated competition of securities companies.

Keywords: Securities Market; Securities Companies; Fund Market; Bond Market

Ⅱ Evaluation Reports

Abstract: In the first quarter of 2020, China's economy was severely affected by COVID-19. In the second quarter, with the situation of epidemic prevention and control in China better, enterprises resumed work and resumed production in an orderly way, and the economy promoted the capital market to restore vitality. The prosperity of the securities industry continues to rise on the basis of 2019, and the industry performance continues to improve, reaching the highest level in the last three years. In terms of brokerage business, the overall commission rate of the industry continues to decline due to the dual impact of the increase of trading volume and the decrease of commission rate, but brokerage business has become the main source of annual performance growth of small and medium-sized securities companies. In terms of underwriting business, with the normalization of new share issuance and the easing of new refinancing regulations, the underwriting market is hot, and the underwriting income has become an important supporting source for the income growth of securities companies, but the industry competition is more intense, and the advantages of large securities companies are obvious. In 2020, the operating revenue and net profit of securities companies showed an upward trend. Many leading securities companies have achieved brilliant financial performance with their stronger capital strength, anti risk ability and investment ability. Some small and medium-sized securities companies have achieved steady growth with their own characteristic businesses, but some small securities companies with weak anti risk ability have poor performance.

Keywords: Securities Companies; Brokerage Business; Underwriting Business

B.3 Competitiveness Evaluation of Securities Companies in China (2021)

Abstract: In recent years, focusing on the key task of "promoting the healthy development of capital market and improving the quality of listed companies", the reform of capital market has been deepened. In 2020, with the full implementation of the new securities law, the reform of the gem and the pilot registration system, the reform of the new third board and the improvement of the delisting mechanism, we will continue to expand the development space of

securities institutions, and ranks and analyzes the systematic importance of securities companies. The research shows that the total assets of the top 20 securities companies account for 72.45% of the total assets of the whole industry, which does not meet the regulatory requirements of 75%, which indicates that the securities industry is far from "big but not collapsed". In the future, the regulatory authorities may promote the merger and reorganization in the industry to improve the systemic importance of the head institutions of the securities industry. In addition to the size of institutions, the relevance and complexity among securities institutions are also very important. They should be incorporated into China's macro prudential supervision system and serve as the specific content of the macro prudential supervision framework of the securities market. For the supervision of systemically important securities institutions, in accordance with the principle of macro prudential supervision, we should clarify the evaluation methods and scope, clarify the responsibilities of regulatory departments, establish a risk monitoring and handling mechanism for systemically important securities institutions, effectively combine micro Prudential and macro prudential supervision to prevent systemic risks.

Keywords: Securities Companies; System Importance; Macro-prudential Supervision

Abstract: Although most domestic securities companies have established information technology systems, the degree of digitization is far lower than that of other industries and the financial systems of developed countries such as Europe and America. The application scenarios of digital technologies represented by artificial intelligence, blockchain, cloud computing and big data in the securities field have been continuously expanded, which has profoundly changed the business development, risk control and compliance supervision of securities companies. This paper establishes a systematic evaluation system for the digital transformation of securities companies for the first time, which is composed of four aspects: digital strategy, digital business, digital ability and digital governance. It calculates and ranks the digital transformation of 137 securities companies in China, which provides a reference and basis for financial regulatory departments, industry organizations, financial institutions and investors, It provides guidance for securities companies to apply digital technology to reshape their business and governance system. With the rapid development of financial technology and the continuous promotion of financial regulatory reform, digital transformation has become a booster to improve the quality of securities services. It is also an effective way to promote the high-quality development of China's securities industry.

Keywords: Securities Company; Digital Transformation; Financial Technology

Ⅲ Special Topic Reports

Abstract: In 2020, with the deepening of financial supply side reform, reform measures such as new refinancing regulations, gem and registration system pilot were successively implemented, which greatly improved the financing efficiency of the capital market. After experiencing the low performance in 2018 and 2019, the securities industry has ushered in a significant improvement in the performance of the whole industry, completely reversing the continuous decline in performance. In 2020, the cumulative operating revenue of 41 listed securities companies increased by nearly 30% over the previous year; The net profit increased by nearly 40% over the previous year, more than 10 percentage points higher than the industry average. Investment business and brokerage business account for a large proportion in the profit composition of listed securities companies, but since 2019 Since, the proportion of investment banking business has been shrinking and the proportion of brokerage business has continued to expand. Compared with other financial listed companies, the average market value of Listed Companies in the securities industry accounts for 30% of the average market value of Listed Companies in the banking industry and 20% of the average market value of Listed Companies in the insurance industry. The average operating income of Listed Companies in the securities industry is less than 10% of that of banks and insurance. As an important part of the capital market, securities companies need to be further expanded and strengthened. Today, with the accelerated opening of finance, securities companies, especially listed securities companies, should improve their own quality and enhance their business ability, so as to remain invincible in the competition with the world's large investment banks.

Keywords: Listed Securities Company; Operating Revenue; Net Profit

Abstract: M & A can optimize the market structure of the securities industry and enable securities companies to allocate resources more effectively. From the development of China's securities market, M & A in China's securities industry has experienced three waves. At present, China's securities industry is in the third wave of M & A. The purpose of M & A is mainly to improve market competitiveness through business complementarity, regional integration or overseas M & A. From the development of securities companies in recent years, there are some problems in M & A, focusing on financial risks and integration in the process of M & A, including financial integration, human resources integration, corporate culture integration and so on. In the comparison of the U. S. securities industry, it is found that China's securities companies still need to adjust their business structure through M & A integration. The integration between head securities companies is conducive to building aircraft carrier securities companies in China. Securities companies should determine their market positioning according to their own advantages, provide differentiated services and realize differentiated competitive advantages. With the acceleration of China's financial opening to the outside world, the restriction on the proportion of foreign shares of securities companies has been lifted, and foreign investment has accelerated the layout of China's capital market. From the perspective of policy, the regulatory authorities encourage China's securities companies to achieve rapid development in terms of capital strength, management level and information technology, and encourage strong countries to jointly build an international first-class investment bank.

Keywords: Securities Company M & A; American Securities Company; Financial Risk

Abstract: The establishment and improvement of the governance structure of China's securities companies is an inevitable choice for securities companies to enhance their competitiveness. As a knowledge intensive enterprise, securities companies need to pay attention to the specialization and knowledge development of the leadership. The corporate governance focuses on creating a knowledge-based and learning corporate culture. At present, there are some problems in the internal governance of China's securities companies, such as relatively centralized ownership structure, prominent state-owned nature, limited ownership structure governance mechanism, serious product homogenization and fierce competition. There are some problems in the external governance of securities companies, such as the absence of governance mechanism, the lack of manager market and so on. Accordingly, we put forward the basic ideas to improve the governance structure of securities companies. In terms of internal governance, first, increase financing channels and optimize the ownership structure; second, strengthen the governance mechanism of major state-owned shareholders and the competition in the product market; In terms of external governance, improve the independent innovation ability of external companies, strengthen the governance mechanism to adapt to economic development and form a market-oriented and reasonable independent innovation environment. At the same time, we should strengthen the constraints on the company's personnel, optimize the manager's salary structure, reduce delegate agent costs.

Keywords: Securities Corporate Governance; STAR Market; Registration Reform

Abstract: In 2020, in the face of the global epidemic and the complex international financial situation, China's securities market developed steadily, adhered to "building systems, non intervention and zero tolerance", comprehensively promoted epidemic prevention and control, continuously deepened reform, effectively prevented risks, vigorously developed financial support for economic and social development, and the online business of financial institutions increased significantly, Securities companies have outstanding performance in brokerage and other businesses. On the occasion of the 30th anniversary of the establishment of China's securities market, the securities law of the people's Republic of China was officially implemented, which improved the basic system of the securities market, and provided a guarantee for comprehensively deepening the reform of the securities market, effectively preventing and controlling market risks, improving the quality of listed companies and effectively safeguarding the legitimate rights and interests of investors. The gem pilot registration system, the new third board and the improvement of the delisting mechanism were implemented, the organizational structure system of science and technology supervision was further improved, and the supervision efficiency was improved. The adoption of the amendment to the criminal law further improves the modern financial supervision system, improves the transparency and legalization of financial supervision, protects the legitimate rights and interests of investors, maintains market order and promotes the reform of the registration system, which provides a legal guarantee for the steady and healthy development of China's securities market.

Keywords: Macro Prudential Supervision; New Securities Law; Securities Market Supervision System

Ⅳ Appendix

皮 书

智库报告的主要形式
同一主题智库报告的聚合

皮书定义

皮书是对中国与世界发展状况和热点问题进行年度监测，以专业的角度、专家的视野和实证研究方法，针对某一领域或区域现状与发展态势展开分析和预测，具备前沿性、原创性、实证性、连续性、时效性等特点的公开出版物，由一系列权威研究报告组成。

皮书作者

皮书系列报告作者以国内外一流研究机构、知名高校等重点智库的研究人员为主，多为相关领域一流专家学者，他们的观点代表了当下学界对中国与世界的现实和未来最高水平的解读与分析。截至 2021 年，皮书研创机构有近千家，报告作者累计超过 7 万人。

皮书荣誉

皮书系列已成为社会科学文献出版社的著名图书品牌和中国社会科学院的知名学术品牌。2016 年皮书系列正式列入“十三五”国家重点出版规划项目；2013~2021 年，重点皮书列入中国社会科学院承担的国家哲学社会科学创新工程项目。

中国皮书网

（网址：www.pishu.cn）

发布皮书研创资讯，传播皮书精彩内容

引领皮书出版潮流，打造皮书服务平台

栏目设置

◆ **关于皮书**

何谓皮书、皮书分类、皮书大事记、皮书荣誉、皮书出版第一人、皮书编辑部

◆ **最新资讯**

通知公告、新闻动态、媒体聚焦、网站专题、视频直播、下载专区

◆ **皮书研创**

皮书规范、皮书选题、皮书出版、皮书研究、研创团队

◆ **皮书评奖评价**

指标体系、皮书评价、皮书评奖

◆ **皮书研究院理事会**

理事会章程、理事单位、个人理事、高级研究员、理事会秘书处、入会指南

◆ **互动专区**

皮书说、社科数托邦、皮书微博、留言板

所获荣誉

◆ 2008 年、2011 年、2014 年，中国皮书网均在全国新闻出版业网站荣誉评选中获得“最具商业价值网站”称号；

◆ 2012 年，获得“出版业网站百强”称号。

网库合一

2014年，中国皮书网与皮书数据库端口合一，实现资源共享。

中国皮书网

S 基本子库
SUB DATABASE

中国社会发展数据库（下设 12 个子库）

整合国内外中国社会发展研究成果，汇聚独家统计数据、深度分析报告，涉及社会、人口、政治、教育、法律等 12 个领域，为了解中国社会发展动态、跟踪社会核心热点、分析社会发展趋势提供一站式资源搜索和数据服务。

中国经济发展数据库（下设 12 个子库）

围绕国内外中国经济发展主题研究报告、学术资讯、基础数据等资料构建，内容涵盖宏观经济、农业经济、工业经济、产业经济等 12 个重点经济领域，为实时掌控经济运行态势、把握经济发展规律、洞察经济形势、进行经济决策提供参考和依据。

中国行业发展数据库（下设 17 个子库）

以中国国民经济行业分类为依据，覆盖金融业、旅游、医疗卫生、交通运输、能源矿产等 100 多个行业，跟踪分析国民经济相关行业市场运行状况和政策导向，汇集行业发展前沿资讯，为投资、从业及各种经济决策提供理论基础和实践指导。

中国区域发展数据库（下设 6 个子库）

对中国特定区域内的经济、社会、文化等领域现状与发展情况进行深度分析和预测，研究层级至县及县以下行政区，涉及省份、区域经济体、城市、农村等不同维度，为地方经济社会宏观态势研究、发展经验研究、案例分析提供数据服务。

中国文化传媒数据库（下设 18 个子库）

汇聚文化传媒领域专家观点、热点资讯，梳理国内外中国文化发展相关学术研究成果、一手统计数据，涵盖文化产业、新闻传播、电影娱乐、文学艺术、群众文化等 18 个重点研究领域。为文化传媒研究提供相关数据、研究报告和综合分析服务。

世界经济与国际关系数据库（下设 6 个子库）

立足“皮书系列”世界经济、国际关系相关学术资源，整合世界经济、国际政治、世界文化与科技、全球性问题、国际组织与国际法、区域研究 6 大领域研究成果，为世界经济与国际关系研究提供全方位数据分析，为决策和形势研判提供参考。

法律声明